기출이 답이다

[9급 공무원]

교육학개론

10개년

기출문제집

끝까지 책임진다! 시대에듀!
QR코드를 통해 도서 출간 이후 발견된 오류나 개정법령, 변경된 시험 정보, 최신기출문제, 도서 업데이트 자료 등이 있는지 확인해 보세요!
시대에듀 합격 스마트 앱을 통해서도 알려 드리고 있으니 구글 플레이나 앱 스토어에서 다운받아 사용하세요.
또한, 파본 도서인 경우에는 구입하신 곳에서 교환해 드립니다.

편집진행 박종옥 · 김연지 | **표지디자인** 박종우 | **본문디자인** 최혜윤 · 임창규

9급 공무원 채용 필수체크

❖ 다음 내용은 2025년 국가직 공무원 공개채용시험 계획 공고를 기준으로 작성되었습니다.
  세부 사항은 반드시 시행처의 최신공고를 확인하시기 바랍니다.

시험방법

제1·2차 시험(병합실시)	선택형 필기
제3차 시험	면접

응시자격

구분	내용
응시연령	• 교정·보호직 제외: 18세 이상 • 교정·보호직: 20세 이상
학력 및 경력	제한 없음

시험일정

원서접수 1월 말 ~ 2월 초 ▶ **필기시험** 3월 말 ~ 4월 초 ▶ **실기시험 (체력검사)** 5월 초 ~ 중순 ▶ **면접시험** 5월 말 ~ 6월 초 ▶ **최종합격자 발표** 6월 말

📖 가산점 적용

구분	가산비율	비고
취업지원대상자	과목별 만점의 10% 또는 5%	▶ 취업지원대상자 가점과 의사상자 등 가점은 1개만 적용 ▶ 취업지원대상자/의사상자 등 가점과 자격증 가산점은 각각 적용
의사상자 등 (의사자 유족, 의상자 본인 및 가족)	과목별 만점의 5% 또는 3%	
직렬별 가산대상 자격증 소지자	과목별 만점의 3~5% (1개의 자격증만 인정)	

※ 취득한 점수 중 한 과목이라도 40점 미만인 경우 가산점 적용 불가

📖 달라지는 제도

▶ 2025년부터 9급 공무원 국어, 영어 과목 출제기조 전환

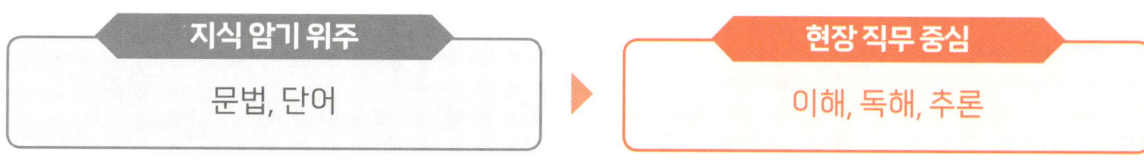

지식 암기 위주: 문법, 단어 ▶ 현장 직무 중심: 이해, 독해, 추론

▶ 2025년부터 9급 공무원 필기시험 시험시간 100분 → 110분 변경
▶ 2027년 9급 공무원 필기시험 개편

구분		공통과목			전문과목	
		한국사	국어	영어	전문과목1	전문과목2
기존	100문항 (110분)	20문항	20문항	20문항	20문항	20문항

구분		공통과목			전문과목	
2027년	100문항 (110분)	한능검 대체 (3급 이상)	25문항	25문항	25문항	25문항

2025년 교육학개론 출제경향

국가직

예년의 국가직 시험과 비교했을 때는 높은 난도로 출제되었다고 볼 수 있으나 예년의 지방직 시험에 비해서는 낮은 난도로 출제되었다. 문제 대부분이 빈출 영역에서 기본에 충실한 형태로 출제되어 작은 실수도 치명적일 수 있는 시험이었다.

출제율 순위
교육과정 > 교육행정 > 교육사 및 철학 = 교육심리 > 교수-학습 = 교육사회학 > 교육평가 및 공학

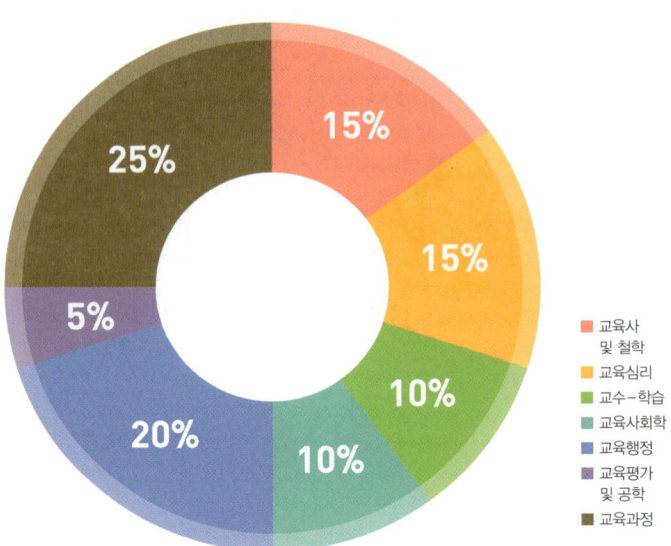

지방직

예년과 같이 지엽적인 문제가 출제될 것이라는 예상과는 다르게 대부분의 문제가 빈출 문제 범위 안에서 출제되었다. 교육행정, 교육사회학 영역이 비교적 까다롭게 출제되었으나 전반적인 문제 난도에 큰 영향을 주지 않았다. 2026년 시험은 이보다 높은 난도가 예상되기 때문에 핵심이론 및 관련 법령에 대한 대비가 필요하다.

출제율 순위
교육행정 > 교육사 및 철학 = 교육평가 및 공학 > 교육심리 = 교육사회학 = 교육과정 > 교육상담 = 교수-학습

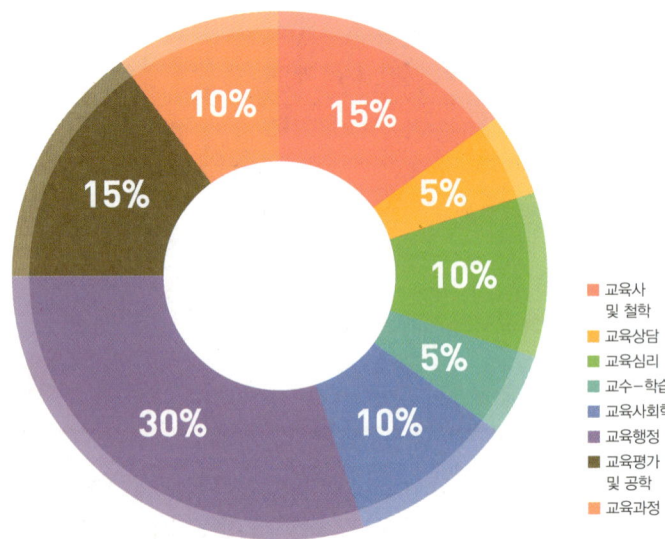

3개년 분석으로 교육학개론

국가직

출제율 순위
교육행정 > 교육심리 > 교육사 및 철학 = 교육사회학 = 교육과정 > 교수-학습 > 교육평가 및 공학 > 교육법령

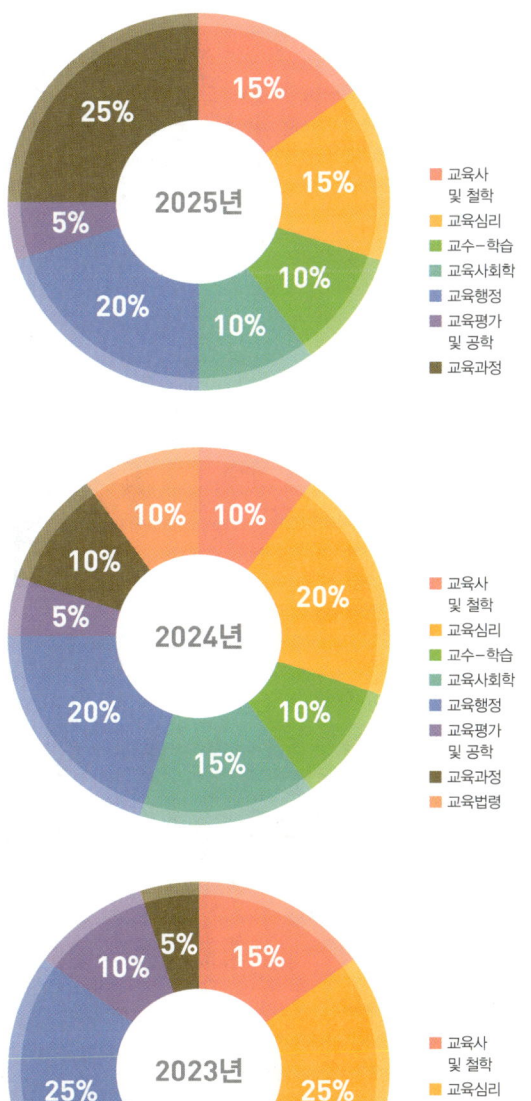

지방직

출제율 순위
교육행정 > 교육심리 > 교육사회학 > 교육사 및 철학 > 교육평가 및 공학 > 교육과정 > 교수-학습 = 교육법령 > 교육상담

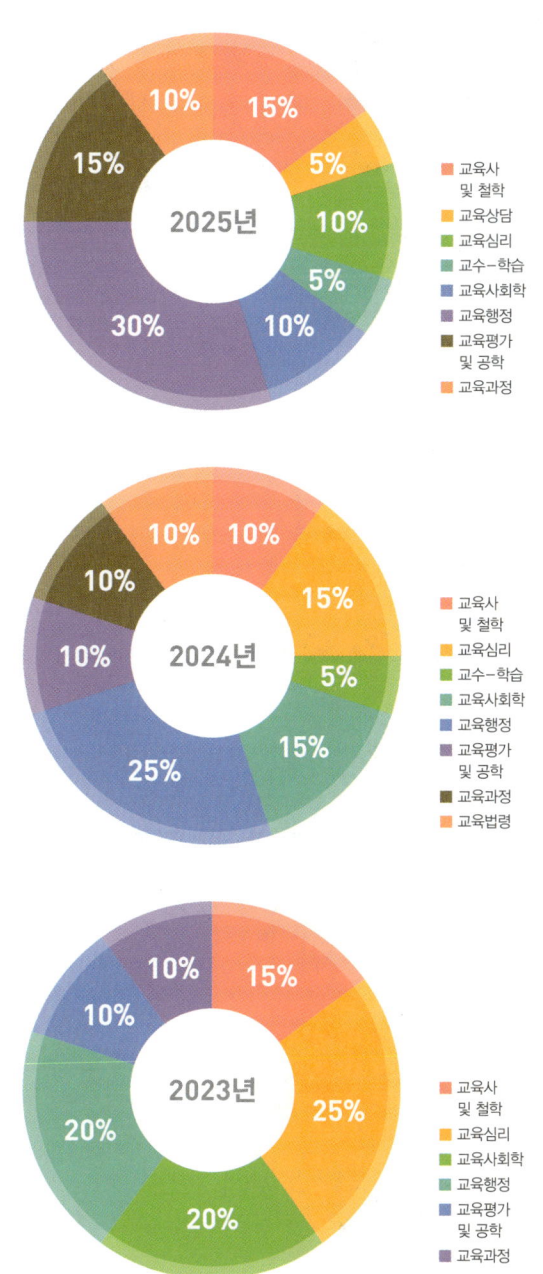

이 책의 구성과 특징

문제편

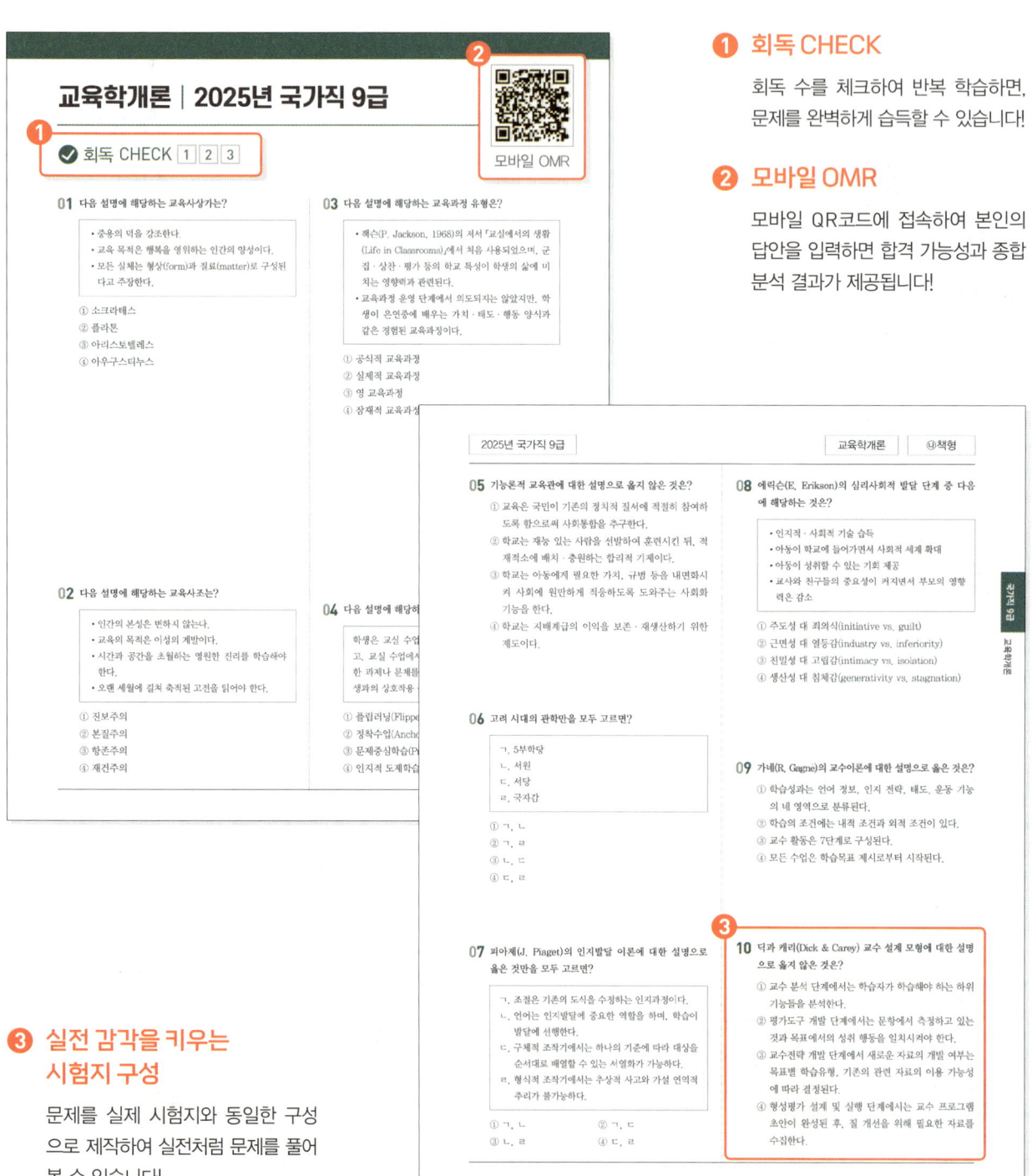

① 회독 CHECK

회독 수를 체크하여 반복 학습하면, 문제를 완벽하게 습득할 수 있습니다!

② 모바일 OMR

모바일 QR코드에 접속하여 본인의 답안을 입력하면 합격 가능성과 종합 분석 결과가 제공됩니다!

③ 실전 감각을 키우는 시험지 구성

문제를 실제 시험지와 동일한 구성으로 제작하여 실전처럼 문제를 풀어 볼 수 있습니다!

해설편

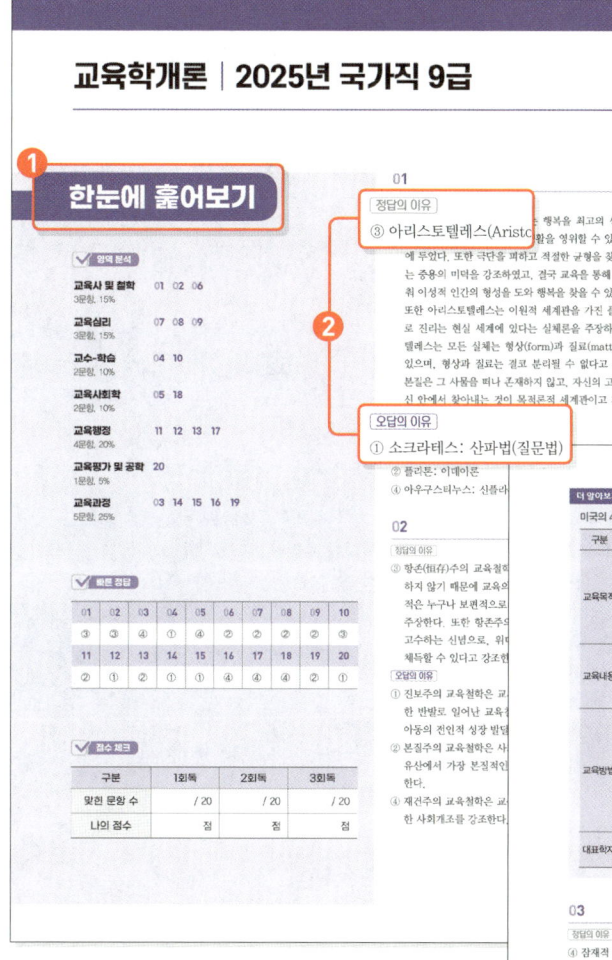

① 한눈에 훑어보기

문제가 어떤 영역에서 출제되었는지 또는 주로 출제되는 영역은 어디인지 한눈에 확인할 수 있습니다!

② 정답의 이유/오답의 이유

각 문제마다 정답의 이유와 오답의 이유를 수록하여 혼자서도 학습이 가능합니다!

③ 더 알아보기

이해도를 높일 수 있도록 문제와 관련된 핵심 이론과 개념을 알기 쉽게 정리했습니다!

이 책의 목차

		문제편	해설편
국가직	2025 국가직 9급	004	004
	2024 국가직 9급	008	010
	2023 국가직 9급	012	016
	2022 국가직 9급	016	022
	2021 국가직 9급	020	027
	2020 국가직 9급	024	033
	2019 국가직 9급	028	037
	2018 국가직 9급	032	045
	2017 국가직 9급	037	052
	2016 국가직 9급	042	059
지방직	2025 지방직 9급	048	066
	2024 지방직 9급	052	071
	2023 지방직 9급	056	076
	2022 지방직 9급	060	082
	2021 지방직 9급	064	087
	2020 지방직 9급	068	091
	2019 지방직 9급	073	095
	2018 교육청 9급	077	102
	2017 교육청 9급	081	108
	2016 교육청 9급	086	113

기출이 답이다 9급 공무원

교육학개론

문제편

PART 1
국가직

- 2025년 국가직 9급
- 2024년 국가직 9급
- 2023년 국가직 9급
- 2022년 국가직 9급
- 2021년 국가직 9급
- 2020년 국가직 9급
- 2019년 국가직 9급
- 2018년 국가직 9급
- 2017년 국가직 9급
- 2016년 국가직 9급

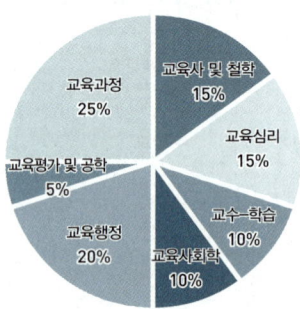

2025년 국가직

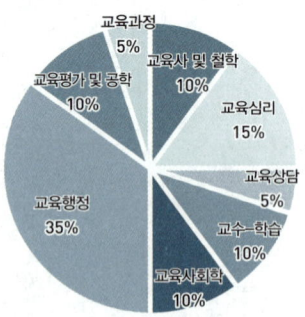

2020년 국가직

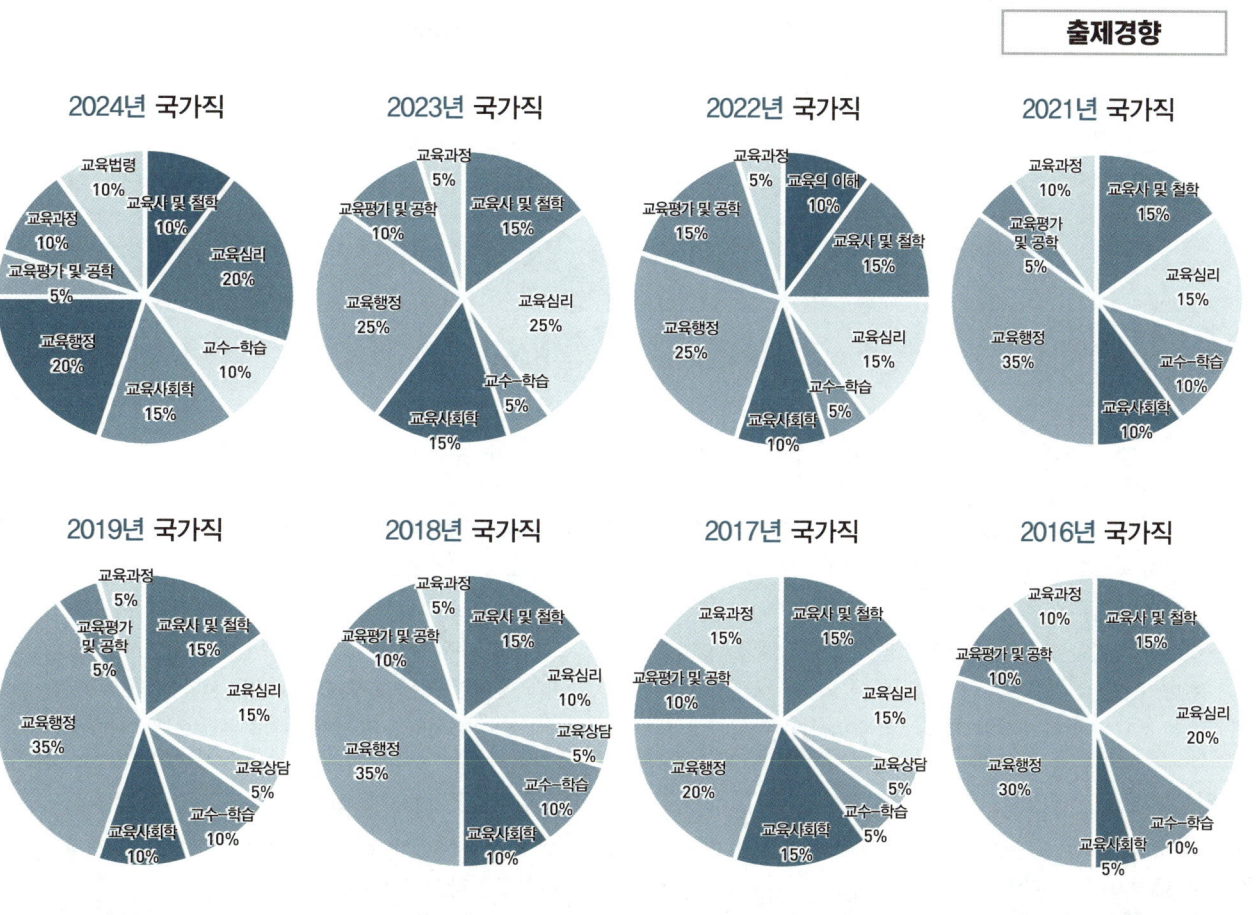

출제경향

교육학개론 | 2025년 국가직 9급

01 다음 설명에 해당하는 교육사상가는?

- 중용의 덕을 강조한다.
- 교육 목적은 행복을 영위하는 인간의 양성이다.
- 모든 실체는 형상(form)과 질료(matter)로 구성된다고 주장한다.

① 소크라테스
② 플라톤
③ 아리스토텔레스
④ 아우구스티누스

02 다음 설명에 해당하는 교육사조는?

- 인간의 본성은 변하지 않는다.
- 교육의 목적은 이성의 계발이다.
- 시간과 공간을 초월하는 영원한 진리를 학습해야 한다.
- 오랜 세월에 걸쳐 축적된 고전을 읽어야 한다.

① 진보주의
② 본질주의
③ 항존주의
④ 재건주의

03 다음 설명에 해당하는 교육과정 유형은?

- 잭슨(P. Jackson, 1968)의 저서 『교실에서의 생활(Life in Classrooms)』에서 처음 사용되었으며, 군집·상찬·평가 등의 학교 특성이 학생의 삶에 미치는 영향력과 관련된다.
- 교육과정 운영 단계에서 의도되지는 않았지만, 학생이 은연중에 배우는 가치·태도·행동 양식과 같은 경험된 교육과정이다.

① 공식적 교육과정
② 실제적 교육과정
③ 영 교육과정
④ 잠재적 교육과정

04 다음 설명에 해당하는 교육방법은?

학생은 교실 수업 전에 온라인 자료를 통해 학습하고, 교실 수업에서는 교실 전 수업에서 해결하지 못한 과제나 문제를 교사와의 심화학습 활동, 동료 학생과의 상호작용 등을 통해 해결하는 교육방법이다.

① 플립러닝(Flipped Learning)
② 정착수업(Anchored Instruction)
③ 문제중심학습(Problem-Based Learning)
④ 인지적 도제학습(Cognitive Apprenticeship)

05 기능론적 교육관에 대한 설명으로 옳지 않은 것은?

① 교육은 국민이 기존의 정치적 질서에 적절히 참여하도록 함으로써 사회통합을 추구한다.
② 학교는 재능 있는 사람을 선발하여 훈련시킨 뒤, 적재적소에 배치·충원하는 합리적 기제이다.
③ 학교는 아동에게 필요한 가치, 규범 등을 내면화시켜 사회에 원만하게 적응하도록 도와주는 사회화 기능을 한다.
④ 학교는 지배계급의 이익을 보존·재생산하기 위한 제도이다.

06 고려 시대의 관학만을 모두 고르면?

ㄱ. 5부학당
ㄴ. 서원
ㄷ. 서당
ㄹ. 국자감

① ㄱ, ㄴ
② ㄱ, ㄹ
③ ㄴ, ㄷ
④ ㄷ, ㄹ

07 피아제(J. Piaget)의 인지발달 이론에 대한 설명으로 옳은 것만을 모두 고르면?

ㄱ. 조절은 기존의 도식을 수정하는 인지과정이다.
ㄴ. 언어는 인지발달에 중요한 역할을 하며, 학습이 발달에 선행한다.
ㄷ. 구체적 조작기에서는 하나의 기준에 따라 대상을 순서대로 배열할 수 있는 서열화가 가능하다.
ㄹ. 형식적 조작기에서는 추상적 사고와 가설 연역적 추리가 불가능하다.

① ㄱ, ㄴ
② ㄱ, ㄷ
③ ㄴ, ㄹ
④ ㄷ, ㄹ

08 에릭슨(E. Erikson)의 심리사회적 발달 단계 중 다음에 해당하는 것은?

- 인지적·사회적 기술 습득
- 아동이 학교에 들어가면서 사회적 세계 확대
- 아동이 성취할 수 있는 기회 제공
- 교사와 친구들의 중요성이 커지면서 부모의 영향력은 감소

① 주도성 대 죄의식(initiative vs. guilt)
② 근면성 대 열등감(industry vs. inferiority)
③ 친밀성 대 고립감(intimacy vs. isolation)
④ 생산성 대 침체감(generativity vs. stagnation)

09 가네(R. Gagné)의 교수이론에 대한 설명으로 옳은 것은?

① 학습성과는 언어 정보, 인지 전략, 태도, 운동 기능의 네 영역으로 분류된다.
② 학습의 조건에는 내적 조건과 외적 조건이 있다.
③ 교수 활동은 7단계로 구성된다.
④ 모든 수업은 학습목표 제시로부터 시작된다.

10 딕과 캐리(Dick & Carey) 교수 설계 모형에 대한 설명으로 옳지 않은 것은?

① 교수 분석 단계에서는 학습자가 학습해야 하는 하위 기능들을 분석한다.
② 평가도구 개발 단계에서는 문항에서 측정하고 있는 것과 목표에서의 성취 행동을 일치시켜야 한다.
③ 교수전략 개발 단계에서 새로운 자료의 개발 여부는 목표별 학습유형, 기존의 관련 자료의 이용 가능성에 따라 결정된다.
④ 형성평가 설계 및 실행 단계에서는 교수 프로그램 초안이 완성된 후, 질 개선을 위해 필요한 자료를 수집한다.

11. 다음 설명에 해당하는 것은?

- 시·도 교육청 또는 교육지원청에 설치된 학생상담지원시설
- 단위학교에서 선도 및 치유가 어려워 의뢰한 위기학생에 대한 전문적인 진단·상담·치유 서비스 제공
- 임상심리사, 사회복지사, 전문상담사 등의 전문인력 상주
- 지역사회 내 관계기관과의 연계를 통한 문제해결 지원

① 청소년상담복지센터
② 위(Wee)센터
③ 청소년쉼터
④ 위(Wee)클래스

12. 교육행정의 원리에 대한 설명으로 옳은 것만을 모두 고르면?

ㄱ. 자주성: 일반행정으로부터 분리·독립되고 정치와 종교로부터 중립성을 유지해야 한다.
ㄴ. 효율성: 가장 능률적인 방법으로 최대의 목표를 달성해야 한다.
ㄷ. 안정성: 모든 국민은 능력과 적성에 따라 교육받을 권리를 가진다.
ㄹ. 전문성: 국민의 의사를 최대한 행정에 반영해야 한다.

① ㄱ, ㄴ
② ㄱ, ㄹ
③ ㄴ, ㄷ
④ ㄷ, ㄹ

13. 메이요(G. Mayo)와 뢰슬리스버거(F. Roethlisberger)에 의해 수행된 호손(Hawthorne) 실험이 계기가 되어 등장하였으며, 교육행정의 민주화에 공헌한 이론은?

① 과학적 관리론
② 인간관계론
③ 행동과학론
④ 체제이론

14. 우리나라 교육비 분류에서 공교육비에 포함되는 것만을 모두 고르면?

ㄱ. 학교법인의 교육활동비
ㄴ. 수업료
ㄷ. 교재대, 부교재대
ㄹ. 교통비

① ㄱ, ㄴ
② ㄱ, ㄷ
③ ㄴ, ㄹ
④ ㄷ, ㄹ

15. 「평생교육법」상 용어의 정의로 옳지 않은 것은?

① "평생교육"이란 학교의 정규교육과정을 포함한 학력보완교육, 성인 문해교육, 시민참여교육 등 다양한 형태의 교육활동을 말한다.
② "문해교육"이란 일상생활을 영위하는데 필요한 문자해득능력을 포함한 사회적·문화적으로 요청되는 기초생활능력 등을 갖출 수 있도록 하는 조직화된 교육프로그램을 말한다.
③ "평생교육사업"이란 국가 및 지방자치단체가 국민과 주민의 평생교육을 위하여 예산 또는 기금으로 조직적인 교육활동을 직·간접적으로 지원하는 사업을 말한다.
④ "평생교육이용권"이란 평생교육프로그램을 이용할 수 있도록 금액이 기재(전자적 또는 자기적 방법에 따른 기록을 포함한다)된 증표를 말한다.

16 「초·중등교육법」에서 규정하고 있는 내용이 아닌 것은?

① 학교운영위원회의 설치 및 기능
② 교원의 자격 및 교직원의 임무
③ 고등학교 등의 무상교육 및 고교학점제의 지원 등
④ 초·중등학교의 유치원 병설

17 교원 인사이동에 대한 설명으로 옳지 않은 것은?

① 승진은 동일 직렬 내에서의 직위 상승을 의미한다.
② 전직은 종류와 자격을 달리하는 임용이다.
③ 전보는 같은 직위 및 자격에서 근무기관이나 부서를 달리하는 임용이다.
④ 전직은 수직적 이동이고 전보는 수평적 이동이다.

18 학교교육에 대한 인간자본론(Human Capitalism)의 관점은?

① 학교교육은 자본주의 사회의 불평등 체제를 유지하는 도구적 수단이다.
② 학교교육은 은연중에 자본주의 사회의 지배층의 문화를 강조한다.
③ 학교교육에서 학생은 수동적인 존재가 아니라 불평등한 사회구조를 비판하는 능동적인 존재이다.
④ 학교교육은 개인과 사회의 수익률을 높이는 중요한 요인이다.

19 다음 설명에 해당하는 평생교육제도는?

- 고등학교를 졸업한 자 또는 이와 같은 수준 이상의 학력이 있다고 인정된 학습자는 누구나 수학 연한과 관계없이 원하는 때에 원하는 곳에서 학습할 수 있다.
- 학교에서뿐만 아니라 학교 밖에서 이루어지는 다양한 형태의 학습경험 및 자격을 인정받아 일정 기준을 충족시키면 학위취득을 가능하게 하는 제도로서 「학점인정 등에 관한 법률」에 근거하고 있다.
- 이 제도가 시행되기 이전에는 학교 이외의 비정규 교육기관에서의 학습경험을 학위로 연계할 수 있는 공적인 인정제도가 없었다.

① 평생교육사
② 학점은행제
③ 독학학위제
④ 평생학습계좌제

20 (가)~(다)에 들어갈 말을 바르게 연결한 것은?

- (가) 는 편차를 그 분포의 표준편차로 나눈 값이다.
- (나) 는 평균을 50, 표준편차를 10으로 표준화한 점수이다.
- (다) 는 평균을 5, 표준편차를 2로 표준화한 점수이다.

	(가)	(나)	(다)
①	Z점수	T점수	스테나인점수
②	Z점수	준거점수	NCE점수
③	사분편차	T점수	NCE점수
④	사분편차	준거점수	스테나인점수

교육학개론 | 2024년 국가직 9급

01. 특정 교사가 개발한 시험에 대한 전문가들의 평가가 다음과 같은 경우, 이 시험의 양호도에 대한 설명으로 옳은 것은?

> 반복 측정에서의 결과가 일관성은 있으나 측정하고자 하는 것을 충실히 측정하지 못하고 있다.

① 신뢰도는 높지만 실용도는 낮은 시험
② 신뢰도는 높지만 타당도는 낮은 시험
③ 타당도는 높지만 난이도는 낮은 시험
④ 타당도는 높지만 신뢰도는 낮은 시험

02. 다음과 같이 주장한 교육사상가는?

> • 인간이 세계에 대하여 갖는 두 가지 관계는 나-너의 관계와 나-그것의 관계이다.
> • 나-그것의 관계에서 세계는 경험과 인식과 이용의 대상이다.
> • 나-너의 관계는 직접적이고 인격적 관계이다.
> • 나-너의 관계를 통해서 만남이 이루어진다.

① 부버(Buber)
② 프뢰벨(Fröbel)
③ 피터스(Peters)
④ 헤르바르트(Herbart)

03. 켈러(Keller)가 제시한 학습자의 동기유발을 위한 4요소에 해당하지 않는 것은?

① 관련성
② 만족감
③ 자신감
④ 자율성

04. 조선 후기 실학자에 의해 직접 편찬된 한자 학습용 교재는?

① 아학편
② 천자문
③ 동몽선습
④ 입학도설

05. 생활지도의 원리로 옳은 것만을 모두 고르면?

> ㄱ. 모든 학생을 대상으로 해야 한다.
> ㄴ. 치료나 교정이 아니라 예방에 초점을 두어야 한다.
> ㄷ. 인지적 발달뿐만 아니라 정의적·신체적 발달도 함께 도모 해야 한다.

① ㄱ, ㄴ
② ㄱ, ㄷ
③ ㄴ, ㄷ
④ ㄱ, ㄴ, ㄷ

06 다음 설명에 해당하는 지능은?

- 카텔(Cattell)과 혼(Horn)이 제시한 지능 개념이다.
- 유전적 · 신경생리적 영향을 받는 지능이다.
- 기계적 암기, 지각, 일반적 추리 능력과 관련된다.
- 청소년기까지 증가하다가 성인기 이후 점차 쇠퇴한다.

① 결정지능
② 다중지능
③ 성공지능
④ 유동지능

07 마샤(Marcia)의 정체성 지위 이론에서 다음의 특징에 해당하는 것은?

- 정체성 위기의 상태에 있다.
- 구체적인 과업에 전념하지 못하고 있다.
- 자신의 정체성에 대해 적극적으로 탐색한다.

① 정체성 동요(identity agitation)
② 정체성 상실(identity foreclosure)
③ 정체성 유예(identity moratorium)
④ 정체성 혼미(identity diffusion)

08 와이너(Weiner)의 귀인 이론에 따르면 그 소재가 내부에 있고 불안정하며 통제 가능한 귀인은?

① 과제난이도
② 교사의 편견
③ 일시적인 노력
④ 시험 당일의 기분

09 참모조직과 계선조직에 대한 설명으로 옳은 것은?

① 참모조직은 전문적인 지식과 기술을 활용하여 직접적인 명령, 집행, 결정을 행사한다.
② 계선조직은 권한과 책임의 한계가 불명확하여 능률적인 업무 수행이 어려운 한계가 있다.
③ 참모조직은 계선조직이 원활하게 역할을 수행하도록 연구, 조사, 계획 등의 기능을 수행한다.
④ 계선조직은 횡적 지원을 하는 수평적 조직인 반면, 참모조직은 계층적 구조를 갖는 수직적 조직이다.

10 조하리(Johari)의 창에 따른 의사소통 모형에서 다음에 해당하는 것은?

- 마음의 문을 닫고 자기에 관해서 남에게 노출하기를 원치 않는다.
- 자기의 생각이나 감정을 표출시키지 않으면서 상대방으로부터 정보를 얻기만 하려고 한다.
- 자기 자신에 대하여 다른 사람들은 전혀 모르고 있고, 본인만이 알고 있는 정보로 구성되어 있다.

① 개방(open) 영역
② 무지(blind) 영역
③ 미지(unknown) 영역
④ 은폐(hidden) 영역

11 교육과 관련하여 우리나라 헌법에 명문화되어 있지 않은 내용은?

① 국가는 평생교육을 진흥하여야 한다.
② 모든 국민은 능력에 따라 균등하게 교육을 받을 권리를 가진다.
③ 교육의 자주성 · 전문성 · 정치적 중립성 및 대학의 자율성은 법률이 정하는 바에 의하여 보장된다.
④ 국가는 특별한 교육적 배려가 필요한 사람의 교육을 지원하기 위하여 필요한 시책을 수립 · 실시하여야 한다.

12 학교조직의 운영 원리에 대한 설명으로 옳지 않은 것은?

① '적도집권의 원리'는 분권을 중심으로 학교조직을 운영하는 것이다.
② '분업의 원리'는 조직의 업무를 직능 또는 특성별로 구분하여 한사람에게 동일한 업무를 분담시키는 것이다.
③ '조정의 원리'는 조직의 목표 달성을 위해서 구성원의 노력을 집결시키고 업무 간·집단 간 상호관계를 조화롭게 유도하는 것이다.
④ '계층의 원리'는 조직의 목표를 달성하기 위한 업무를 수행함에 있어 권한과 책임의 정도에 따라 직위를 수직적으로 서열화·등급화하는 것이다.

13 다음 설명에 해당하는 것은?

- 일정 규모의 단위학교가 현재 교육목표 및 교육과정 등 제반 교육체제를 유지한다는 전제하에서 정상적인 교육 활동을 수행하는 데 필요한 최소한의 교육비를 의미한다.
- 최저소요교육비라고도 한다.

① 간접교육비
② 직접교육비
③ 표준교육비
④ 공부담교육비

14 타일러(Tyler)가 제시한 학습경험을 효과적으로 조직하기 위해 고려할 준거에 해당하지 않는 것은?

① 범위(scope)
② 계속성(continuity)
③ 계열성(sequence)
④ 통합성(integration)

15 번스타인(Bernstein)의 계층과 언어사용에 대한 설명으로 옳지 않은 것은?

① 학교교육에서는 제한된(restricted) 언어코드가 많이 사용된다.
② 학생의 출신 배경에 따라 사용하는 언어방식이 다르다.
③ 중류층 가정의 학생들은 정교한(elaborated) 언어코드를 많이 사용한다.
④ 노동자 계층 가정의 학생들은 제한된(restricted) 언어코드를 많이 사용한다.

16 다음 설명에 해당하는 것은?

- 몸에 각인된 행동거지, 말하고 생각하고 행동하는 방식으로 계급적 배경을 반영한다.
- 문화자본의 일종이다.

① 아비투스
② 패러다임
③ 헤게모니
④ 이데올로기

17 학교의 평생교육을 규정한 「평생교육법」 제29조에 대한 설명으로 옳지 않은 것은?

① 학교의 평생교육을 실시하기 위하여 각급학교의 교실·도서관·체육관, 그 밖의 시설을 활용하여야 한다.
② 학교의 장은 학교를 개방할 경우 개방시간 동안의 해당 시설의 관리·운영에 필요한 사항을 정할 수 있다.
③ 각급학교의 장은 해당 학교의 교육여건을 고려하여 학생·학부모와 지역 주민의 요구에 부합하는 평생교육을 직접 실시하거나 지방자치단체 또는 민간(영리를 목적으로 하는 법인 및 단체는 제외)에 위탁하여 실시할 수 있다.
④ 「초·중등교육법」 및 「고등교육법」에 따른 각급학교의 장은 평생교육을 실시하는 경우 평생교육의 이념에 따라 교육과정과 방법을 수요자 관점으로 개발·시행하도록 하며 학교를 중심으로 공동체 및 지역문화 개발에 노력하여야 한다.

18 다음은 2022 개정교육과정에서 교육과정 구성의 중점 중 일부이다. (가), (나), (다)에 들어갈 말을 바르게 연결한 것은?

- 학생 개개인의 (가) 성장을 지원하고, 사회 구성원 모두의 행복을 위해 서로 존중하고 배려하며 협력하는 공동체 의식을 함양한다.
- 모든 학생이 학습의 기초인 언어·수리· (나) 기초소양을 갖출 수 있도록 하여 학교 교육과 평생학습에서 학습을 지속할 수 있게 한다.
- 다양한 (다) 수업을 활성화하고, 문제 해결 및 사고의 과정을 중시하는 평가를 통해 학습의 질을 개선한다.

	(가)	(나)	(다)
①	인격적	디지털	학생 참여형
②	인격적	외국어	학생 주도형
③	통합적	디지털	학생 주도형
④	통합적	외국어	학생 참여형

19 문화실조론에 대한 설명으로 옳은 것만을 모두 고르면?

ㄱ. 미국 헤드스타트(Head Start) 프로그램의 배경이 되었다.
ㄴ. 학생의 학업성취 격차의 원인은 학교요인에 있다고 주장한다.
ㄷ. 문화상대주의자들은 문화실조라는 개념이 성립할 수 없다고 비판한다.

① ㄱ
② ㄱ, ㄷ
③ ㄴ, ㄷ
④ ㄱ, ㄴ, ㄷ

20 다음 설명에 해당하는 것은?

- 슐만(Shulman)의 교수내용 지식에 테크놀로지 지식을 추가한 개념이다.
- 교수 지식, 내용 지식, 테크놀로지 지식 간의 상호작용을 이해하고 이를 바탕으로 수업환경에 적합한 테크놀로지를 통합하는 지식을 의미한다.

① ASSURE
② STAD
③ TPACK
④ WHERETO

교육학개론 | 2023년 국가직 9급

✓ 회독 CHECK 1 2 3

01 항존주의 교육철학에 대한 설명으로 옳은 것은?
① 아동 존중의 원리를 채택한다.
② 교육을 통한 사회 개조를 중시한다.
③ 지식이나 진리의 영원성을 강조한다.
④ 실제적인 삶의 문제를 해결하는 데 초점을 둔다.

02 비고츠키(Vygotsky)의 사회문화이론에 근거할 때, (가)에 들어갈 말은?

> 타인의 도움을 받아서 수행할 수 있는 수준과 자기 혼자서 독립적으로 수행할 수 있는 수준 사이에 (가) 이 있다.

① 집단 무의식
② 근접발달영역
③ 학습된 무기력
④ 잠재적 발달영역

03 다음에 해당하는 지도성 유형은?

> • 지도성에 대한 중앙집권적 사고를 부정한다.
> • 학교 구성원 모두가 공동의 지도성을 실행하면서 학교 조직의 효과성을 극대화하는 것을 목표로 한다.
> • 학교 조직이 크고 업무가 복잡하므로 조직 내 다양한 자원을 적극 활용하는 것을 강조한다.

① 분산적 지도성
② 상황적 지도성
③ 거래적 지도성
④ 변혁적 지도성

04 코메니우스(Comenius)의 교육사상에 대한 설명으로 옳지 않은 것은?
① 모든 사람에게 모든 것을 철저하게 가르쳐야 한다고 주장하였다.
② 그림을 넣은 교재인 『세계도회』를 제작하여 문자 위주 언어교육의 문제를 해결하고자 하였다.
③ 동굴의 비유를 통해 교육의 핵심적 원리와 지식의 단계를 제시하였다.
④ 어머니 무릎 학교, 모국어 학교, 라틴어 학교, 대학으로 이어지는 단계적 학교 제도를 제안하였다.

05 교수-학습 과정 중 출발점 행동 진단에 대한 설명으로 옳지 않은 것은?
① 학습내용과 매체를 선정하고 수업절차를 확인한다.
② 학습자가 해당 학습과제를 학습할 만한 발달 수준에 도달했는지를 확인한다.
③ 학습자의 선수학습 요소를 확인한다.
④ 해당 학습과제에 대한 학습자의 흥미나 적성을 확인한다.

06 콜버그(Kohlberg)의 도덕성 발달이론에 대한 설명으로 옳은 것은?

① 아동 초기에 초점을 둔 이론으로 도덕성 발달은 동화와 조절의 과정을 거쳐 이루어진다.
② 전인습(preconventional) 수준에서 도덕성 발달의 시작은 처벌을 피하기 위한 행동에서 비롯된다.
③ 선악을 판단하는 초자아(superego)의 작동에 의해 도덕성이 발달한다.
④ 인습(conventional) 수준에서 도덕성은 정의, 평등, 생명과 같은 보편적인 원리를 지향한다.

07 「학교폭력예방 및 대책에 관한 법률」상 학교폭력의 예방 및 대책에 대한 설명으로 옳지 않은 것은?

① 학교 안뿐만 아니라 학교 밖에서 발생한 학생 간의 상해, 폭행, 협박, 따돌림 등도 이 법의 적용대상이다.
② 경미한 학교폭력사건의 경우 가해학생 및 그 보호자가 학교폭력대책심의위원회의 개최를 원하지 않으면 학교의 장은 자체적으로 해결할 수 있다.
③ 학교의 장은 학교폭력의 예방 및 대책 등을 위한 교직원 및 학부모에 대한 교육을 학기별로 1회 이상 실시하여야 한다.
④ 피해학생의 보호를 위한 조치에는 학내외 전문가에 의한 심리상담 및 조언, 일시보호, 치료 및 치료를 위한 요양, 학급교체 등이 있다.

08 가상현실(VR) 기술을 활용한 교육에 대한 설명으로 옳지 않은 것은?

① 다양한 각도에서 수업자료를 탐구하도록 유도할 수 있다.
② 현실에서 직접 경험할 수 없었던 사물, 장소, 역사 속 사건 등을 재현할 수 있다.
③ 투사매체인 실물화상기나 OHP(overhead projector)를 핵심 장치로 활용한다.
④ 학습활동 과정에서 학습자의 흥미와 몰입감을 높일 수 있다.

09 다음 설명에 해당하는 블룸(Bloom)의 교육목표 분류 범주는?

- 복잡한 사상이나 아이디어의 구조를 파악하는 수준의 행동으로, 그 구성요소나 관계의 확인을 포함한다.
- 이 범주에 속하는 목표 진술의 예로는 사실과 추론을 구분하기, 원인과 결과를 찾아내기 등이 있다.

① 적용　　② 평가
③ 종합　　④ 분석

10 페스탈로치(Pestalozzi)의 교육사상에 대한 설명으로 옳지 않은 것은?

① 『일반교육학』을 저술하여 심리학적 원리에 기초한 교육방법을 정립하였다.
② 아동의 자발적 활동과 실물을 활용한 직관교육을 중시하였다.
③ 루소의 자연주의 교육사상을 교육 실제에 적용하여 빈민학교를 설립하였다.
④ 전체적인 구조 속에서 신체적 능력, 도덕적 능력, 지적 능력의 조화로운 발달을 주장하였다.

11 다음 설명에 해당하는 교육행정의 과정은?

> 조직의 목표를 설정하고 목표 달성에 필요한 수단을 선택하여 미래의 행동을 준비한다.

① 기획(planning)
② 자극(stimulating)
③ 조정(coordinating)
④ 평가(evaluating)

12 (가), (나)에 들어갈 말을 바르게 연결한 것은?

> - 허즈버그(Herzberg)는 직무 불만족을 야기하는 근무조건, 직업안정성, 보수 등을 (가) 으로 보았다.
> - 맥그리거(McGregor)는 적절하게 동기부여가 되면 누구나 자율적이고 창의적으로 행동한다는 관점을 (나) 로 불렀다.

	(가)	(나)
①	동기요인	이론 X
②	동기요인	이론 Y
③	위생요인	이론 X
④	위생요인	이론 Y

13 정신분석 상담의 주요 기법에 해당하지 않는 것은?

① 전이 분석
② 저항의 분석
③ 자유연상법
④ 비합리적 신념 논박

14 「초·중등교육법」상 학교운영위원회의 심의사항에 해당하지 않는 것은?

① 학교급식
② 자유학기제 실시 여부
③ 교과용 도서와 교육 자료의 선정
④ 대학입학 특별전형 중 학교장 추천

15 다음과 같이 주장한 교육사회학자는?

> - 학교가 지배집단의 의미체계와 가치체계인 헤게모니를 주입하여 기존 질서를 정당화한다.
> - 학교 교육과정과 수업에서 가르치는 지식은 이데올로기적 속성을 갖는다.

① 애플(Apple)
② 파슨스(Parsons)
③ 로젠탈(Rosenthal)
④ 드리븐(Dreeben)

16 콜만(Coleman)의 사회자본(Social Capital)에 대한 설명으로 옳지 않은 것은?

① 부모-자녀 간의 상호신뢰, 긍정적 상호작용, 자녀에 대한 높은 기대 등으로 나타난다.
② 지역사회 주민들이 생활지도, 학습지원 방법, 학습 분위기 조성 등에 대해 협력하는 활동이다.
③ 학생의 학업성취 격차를 설명하는 주요 변인이다.
④ 학교시설, 실험실 등 물리적·객관적 여건에 따라 좌우된다.

17 다음 설명에 해당하는 것은?

- 학습 정도를 시간의 함수로 본다.
- 적성은 최적의 학습 조건하에서 학습 과제를 일정한 수준으로 성취하는 데 필요한 시간으로 표현된다.
- 수업 이해력은 학습자가 수업내용, 교사의 설명, 제시된 과제를 이해하는 정도를 의미한다.

① 글래이저(Glaser)의 교수과정
② 캐롤(Carroll)의 학교학습모형
③ 브루너(Bruner)의 발견학습
④ 가네(Gagné)의 학습위계

18 교육평가에 관한 설명으로 옳은 것은?

① 속도검사: 모든 학생이 모든 문항을 풀어볼 수 있도록 충분한 시간을 준 다음 측정한다.
② 준거지향평가: 학생의 점수를 다른 학생들의 점수와 비교하여 상대적 서열 또는 순위를 매긴다.
③ 형성평가: 학기 중 학습의 진척 상황을 점검하여 학습속도 조절이나 학습자 강화에 활용한다.
④ 표준화검사: 교사가 제작하여 수업 진행 중 학생들의 학업성취도나 행동 특성을 측정한다.

19 다음 설명에 해당하는 청소년 비행 관련 이론은?

- 뒤르켐(Durkheim)의 이론을 발전시켜 머톤(Merton)이 정립하였다.
- 문화적인 가치와 사회적 수단 간의 불일치로 인한 사회·심리적 긴장 상태에서 벗어나고자 비행을 시도한다.

① 낙인 이론
② 사회통제 이론
③ 아노미 이론
④ 합리적 선택 이론

20 생활지도 활동과 적용 사례가 바르게 짝지어진 것은?

① 학생조사 활동 – 진로 탐색을 위한 학생 맞춤형 프로그램을 실시하였다.
② 정보제공 활동 – 신입생에게 학교의 교육과정 및 특별활동에 관한 안내 자료를 배부하였다.
③ 배치(placement) 활동 – 학생들의 수업 적응 정도를 점검하고 부적응 학생을 상담하였다.
④ 추수(follow-up) 활동 – 학기 초에 학생에 관한 신체적·지적 특성과 가정환경 등 기초적인 정보를 수집하였다.

교육학개론 | 2022년 국가직 9급

회독 CHECK 1 2 3

01 다음에 해당하는 학습 형태는?

- 학습자가 언제 어디에서나 어떤 내용이건, 어떤 단말기로도 학습 가능한 지능화된 학습 형태
- 획일적이거나 강제적이지 않으며, 창의적이고 학습자 중심적인 교육과정 실현 가능
- 원하는 정보를 찾기 위해 학습자가 특정 시간에 특정 장소를 찾아가는 것이 아니라, 학습정보가 학습자를 찾아다니는 방식

① e-러닝(Electronic Learning)
② m-러닝(Mobile Learning)
③ u-러닝(Ubiquitous Learning)
④ 기계학습(Machine Learning)

02 다음에 해당하는 교육의 사회적 기능은?

- 산업구조와 사회구조의 급격한 변화에 대응하는 인력 수급의 기능을 담당한다.
- 사회의 존속을 위해 필요한 다양한 기능에 적합한 학생을 교육하여 적재적소에 배치한다.

① 문화전승의 기능
② 사회이동의 기능
③ 사회통합의 기능
④ 사회충원의 기능

03 능력주의 평등화론에 대한 설명으로 옳지 않은 것은?

① 지능과 노력의 합을 능력으로 보았다.
② 현대 서구 교육평등관의 바탕이 되었다.
③ 능력에서의 사회구조적 불평등을 고려하였다.
④ 학교교육을 대표적인 능력주의 실현 장치로 보았다.

04 협동학습의 일반적인 원리로 옳지 않은 것은?

① 개별 책무성
② 동질적 집단구성
③ 긍정적 상호의존성
④ 공동의 목표 달성 노력

05 평가도구의 신뢰도 및 타당도에 대한 설명으로 옳지 않은 것은?

① 신뢰도는 얼마나 정확하게 오차 없이 측정하는가와 관련된다.
② 평가도구가 높은 타당도를 갖기 위해서는 평가도구의 신뢰도가 높아야 한다.
③ 공인타당도는 새로운 평가도구의 타당도를 기존의 타당성을 인정받고 있는 도구와의 유사성 혹은 연관성에 의해 검증한다.
④ 동형검사신뢰도는 동일한 피험자 집단에게 동일한 평가도구를 일정 간격을 두고 반복 실시한 결과로 파악한다.

06 다음과 가장 관계가 깊은 학습 이론은?

> 영수는 국어 성적이 좋지 않아서 시험 성적이 나올 때마다 여러 번 국어 선생님으로부터 꾸중을 들었고, 꾸중을 들을 때마다 기분이 상해서 얼굴이 붉어졌다. 어느 날 영수는 우연히 국어 선생님을 복도에서 마주쳤는데, 잘못한 일이 없음에도 불구하고 자신도 모르게 얼굴이 붉어졌다.

① 구성주의 이론
② 정보처리 이론
③ 고전적 조건형성 이론
④ 조작적 조건형성 이론

07 다음에 해당하는 프로이트(Freud)의 성격 구조 요소는?

> - 도덕적 원리를 추구한다.
> - 부모나 양육자로부터 영향을 많이 받는다.
> - 양심과 자아이상이라는 두 가지 하위체계로 구성된다.

① 무의식   ② 원초아
③ 자아   ④ 초자아

08 반두라(Bandura)의 관찰학습 단계 중 모델의 행동을 언어적·시각적으로 부호화하는 단계는?

① 재생   ② 파지
③ 동기화   ④ 주의집중

09 성장참조평가에 대한 설명으로 옳은 것만을 모두 고르면?

> ㄱ. 교육과정을 통하여 학생이 얼마나 성장하였는지에 관심을 둔다.
> ㄴ. 학업 증진의 기회를 부여하고 평가의 개별화를 강조한다.
> ㄷ. 사전 측정치와 현재 측정치의 상관이 높을수록 타당한 결과를 얻을 수 있다.
> ㄹ. 대학 진학이나 자격증 취득을 위한 행정적 기능이 강조되는 고부담검사에 적합하다.

① ㄱ, ㄴ   ② ㄷ, ㄹ
③ ㄱ, ㄴ, ㄷ   ④ ㄴ, ㄷ, ㄹ

10 교육과정 유형에 대한 설명으로 옳지 않은 것은?

① 경험중심 교육과정은 아동의 성장과 발달에 목적을 둔다.
② 교과중심 교육과정은 교사 중심의 설명식 교수법을 요구하는 경우가 많다.
③ 학문중심 교육과정은 전통적으로 내려오는 가치와 문화의 전수를 교육과정의 핵심으로 본다.
④ 인간중심 교육과정은 개인적 의미의 중요성을 강조하고 전인적 발달을 추구함으로써 학습자의 자아실현을 돕는다.

11 분석적 교육철학에 대한 설명으로 옳지 않은 것은?

① 위대한 사상가의 교육사상이나 교육적 주장에서 교육의 목적과 방향을 찾으려 하였다.
② 전통적 교육철학에서 애매하거나 모호하게 사용되고 있는 개념의 의미를 명료화하는 데 치중하였다.
③ 교육을 과학적·논리적 방법으로 탐구함으로써 교육철학을 객관적인 체계를 갖춘 독립 학문으로 발전시키려 하였다.
④ 이차적 또는 반성적이라는 철학적 방법의 성격상 교육의 가치나 실천의 문제에 소홀한 한계를 지닌다.

12 다음에 해당하는 교육 개념은?

- 정규 학교교육 체제 밖에서 이루어지는 조직적 교육활동이다.
- 교수자의 자격 요건이나 교육 방법이 프로그램의 상황과 조건에 따라 유동적인 경우가 많다.

① 형식 교육
② 비형식 교육
③ 무형식 교육
④ 우연적 학습

13 다음에 해당하는 리더십 유형은?

- 구성원으로 하여금 조직 목적에 헌신하도록 하고, 의식과 능력 향상을 격려함으로써 자신과 타인의 발전에 보다 큰 책임감을 갖고 조직을 변화시키고 높은 성취를 이루도록 유도한다.
- 이상적 영향력, 영감적 동기화, 지적 자극, 개별적 고려 등의 특징을 갖는다.

① 변혁적 리더십
② 문화적 리더십
③ 도덕적 리더십
④ 슈퍼 리더십

14 고구려의 경당에 대한 설명으로 옳지 않은 것은?

① 문과 무를 아울러 교육하였다.
② 미혼 자제들을 위한 교육기관이다.
③ 『문선(文選)』을 교재로 사용하였다.
④ 유교 경전으로는 사서(四書)를 중시하였다.

15 다음에 해당하는 조선 후기의 자찬 교재는?

- 『천자문』이 갖고 있던 문자학습 교재로서의 결함을 극복하기 위해 만든 한자 학습서이다.
- 상·하권으로 나누어, 상권은 유형적 개념, 하권은 무형적 개념 위주로 2,000자를 수록하였다.

① 사소절
② 아학편
③ 아희원람
④ 하학지남

16 「학점인정 등에 관한 법률」상 교육부장관이 그에 상당하는 학점을 인정할 수 있는 자에 해당하지 않는 것은? 〈변형〉

① 외국이나 군사분계선 이북지역에서 중등교육에 상응하는 교육과정을 마친 자
② 대통령령으로 정하는 자격을 취득하거나 그 자격 취득에 필요한 교육과정을 마친 자
③ 「고등교육법」 제36조 제1항, 「평생교육법」 제32조 또는 제33조에 따라 시간제로 등록하여 수업을 받은 자
④ 「무형유산의 보전 및 진흥에 관한 법률」 제17조에 따라 국가무형유산의 보유자로 인정된 사람과 그 전수교육을 받은 사람으로서 대통령령으로 정하는 사람

17 교육정책 결정 모형에 대한 설명으로 옳은 것은?

① 혼합 모형은 만족 모형의 이상주의와 합리성 모형의 보수주의를 혼합하여 발전시킨 모형이다.

② 점증 모형은 인간의 이성과 합리적 행동에 대한 믿음을 바탕으로 가장 합리적인 최선의 대안을 찾고자 하는 모형이다.

③ 만족 모형은 최선의 결정은 이론적으로 가능할 뿐이며 실제로는 제한된 범위 안에서의 합리성만 추구할 수 있다고 본다.

④ 합리성 모형에서는 기존의 정책 대안과 경험을 기초로 약간의 개선을 도모할 수 있는 제한된 수의 대안을 검토하여 현실성 있는 정책을 선택한다.

18 보비트(Bobbit)가 학교행정에 적용한 과학적 관리의 원칙으로 옳지 않은 것은?

① 교육에서의 낭비를 최대한 제거한다.

② 가능한 모든 시간에 교육시설을 활용한다.

③ 교직원의 작업능률을 최대한 유지하고 교직원 수를 최소화한다.

④ 교원은 학생을 가르치는 일과 함께 학교행정의 책임도 져야 한다.

19 호이(Hoy)와 미스켈(Miskel)이 구분한 학교풍토의 네 가지 유형에 대한 설명으로 옳지 않은 것은?

① 개방풍토 – 교장은 교사들의 의견과 전문성을 존중하고, 교사들은 과업에 헌신한다.

② 폐쇄풍토 – 교장은 일상적이거나 불필요한 잡무만을 강요하고, 교사들은 업무에 대한 관심과 책임감이 없다.

③ 몰입풍토 – 교장은 효과적인 통제를 시도하지만, 교사들은 낮은 전문적 업무수행에 그친다.

④ 일탈풍토 – 교장은 개방적이고 지원적이지만, 교사들은 교장을 무시하거나 무력화하려 하고 교사 간 불화와 편견이 심하다.

20 다음에 해당하는 학교예산 편성 기법은?

- 달성하려는 목표와 사업이 무엇인가를 표시하고 이를 달성하는 데 필요한 비용을 명시해 주는 장점이 있다.
- 예산 관리에 치중하여 계획을 소홀히 하거나 회계 책임이 불분명한 단점도 있다.

① 기획 예산제도

② 성과주의 예산제도

③ 영기준 예산제도

④ 품목별 예산제도

교육학개론 | 2021년 국가직 9급

01 다음에 해당하는 교육과정 개념은?

> 만약 우리가 학교의 프로그램이 가져오는 결과나, 그런 결과를 초래하는 측면에서 교육과정의 역할에 대하여 관심을 갖는다면, …(중략)… 학교가 가르치지 않는 것에 대하여도 고려할 필요가 있다.

① 공식적 교육과정
② 잠재적 교육과정
③ 영 교육과정
④ 의도된 교육과정

02 좋은 검사도구가 갖추어야 할 다음의 조건은?

> • 여러 검사자(채점자)가 어느 정도로 일치된 평가를 하느냐를 의미한다.
> • 검사자의 신뢰도를 의미하기도 한다.

① 타당도
② 객관도
③ 실용도
④ 변별도

03 다음에 해당하는 학습원리는?

> • 학습태도가 좋은 학생을 칭찬한다.
> • 미술시간에 과제를 잘 수행한 학생의 작품을 전시한다.

① 정적 강화
② 부적 강화
③ 수여성 벌
④ 제거성 벌

04 다음에 해당하는 개념은?

> • 특정 계급적 환경에서 내면화된 지속적 성향이나 태도를 의미한다.
> • 내면화된 문화자본으로서 계급적 행동유형과 가치체계를 반영한다.

① 아노미(Anomie)
② 쿠레레(Currere)
③ 패러다임(Paradigm)
④ 아비투스(Habitus)

05 다음의 교수설계 전략에 해당하는 ARCS 모형의 요소는?

> • 학습에서 성공기회를 제시한다.
> • 학습의 필요조건을 제시한다.
> • 개인적 조절감 증대 기회를 제시한다.

① 주의집중
② 관련성
③ 자신감
④ 만족감

06 교수설계를 위한 ADDIE 모형 중 다음에 해당하는 단계는?

- 학습목표 명세화
- 평가도구 개발
- 교수매체 선정

① 분석 ② 설계
③ 개발 ④ 실행

07 와이너(Weiner)의 귀인이론에 의하면 그 요소가 외적이며, 안정적이고, 통제불가능한 귀인은?

① 운 ② 능력
③ 노력 ④ 과제난이도

08 2015 개정 교육과정에서 현재 고시하고 있는 국가 수준의 지원 사항에 해당하는 것은?

① 학교가 새 학년도 시작에 앞서 교육과정 편성·운영에 관한 계획을 수립할 수 있도록 교육과정 편성·운영 자료를 개발·보급하고, 교원의 전보를 적기에 시행한다.
② 교과와 창의적 체험활동에 필요한 교과용 도서의 인정, 개발, 보급을 위해 노력한다.
③ 교과별 평가 활동에 활용할 수 있는 다양한 평가방법, 절차, 도구 등을 개발하여 학교에 제공한다.
④ 안정적인 원격수업을 지원하기 위해 학교의 원격수업 인프라 구축, 교원의 원격수업 역량강화 등에 필요한 행·재정적인 지원을 한다.

09 신교육사회학에 대한 설명으로 옳지 않은 것은?

① 학교 교육과정 또는 교육내용에 주목한다.
② 불평등의 문제를 학교 교육 안에서 찾는다.
③ 학교에서 가르치는 지식의 사회적 성격을 탐구한다.
④ 구조 기능주의에 기반하여 교육의 사회적 기능을 탐구한다.

10 조선 시대의 향교에 대한 설명으로 옳지 않은 것은?

① 전국의 부·목·군·현에 일읍일교(一邑一校)의 원칙에 따라 설립된 지방 관학이다.
② 교관으로는 중앙에서 파견하는 교수(敎授)나 훈도(訓導)가 있었다.
③ 성균관과 마찬가지로 문묘와 학당으로 구성된 묘학(廟學)의 구조를 갖추고 있었다.
④ 향교 유생들은 성균관 유생들을 대상으로 거행하는 알성시나 황감제, 도기과 등의 시험에 함께 응시할 수 있었다.

11 다음에 해당하는 우리나라의 평생교육 제도는?

- 국민의 학력·자격이수 결과에 대한 사회적 인정 및 활용기반을 확대하기 위한 제도이다.
- 학교교육, 비형식교육 등 국민의 다양한 개인적 학습 경험을 학습이력관리시스템으로 누적·관리한다.

① 학습휴가제
② 학습계좌제
③ 시간제 등록제
④ 평생교육 바우처

12 다음과 같은 학교조직의 특성에 가장 부합하는 조직 유형은?

> 학교의 목적은 구체적이지도 않고 분명하지도 않다. 비록 그 목적이 명료하게 나타나 있다고 하더라도 그 해석은 사람마다 다르며, 그것을 달성할 수단과 방법도 분명하게 제시하기 어렵다. 또한 학교의 구성원인 교사와 행정직원들은 수시로 학교를 이동하며, 학생들도 일정한 시간이 지나면 졸업하여 학교를 떠나게 된다.

① 야생 조직(Wild Organization)
② 관료제 조직(Bureaucratic Organization)
③ 조직화된 무질서(Organized Anarchy) 조직
④ 온상 조직(Domesticated Organization)

13 다음과 가장 관계가 깊은 이론은?

> 직무 만족과 직무 불만족은 서로 독립된 별개의 차원이며, 각 차원에 작용하는 요인 역시 별개이다. 직무 만족을 가져다주는 요인에는 성취, 책임감 등이 있으며, 충족되지 않으면 직무 불만족을 가져오는 요인에는 대인관계, 근무 조건 등이 있다.

① 허즈버그(Herzberg)의 동기-위생이론
② 매슬로우(Maslow)의 욕구위계이론
③ 맥그리거(McGregor)의 X-Y이론
④ 헤크만과 올드함(Hackman & Oldham)의 직무특성이론

14 다음에 해당하는 자아정체감의 개념은?

> 의사결정을 할 때, 대안을 고려하지 않고 부모 등이 제시하는 역할이나 가치를 그대로 선택하거나 수용한다.

① 정체감 성취(Achievement)
② 정체감 유예(Moratorium)
③ 정체감 유실(Foreclosure)
④ 정체감 혼미(Diffusion)

15 다음의 주장과 가장 관계가 깊은 현대 교육철학자는?

> 교육의 내용은 일차적으로 특정한 사회적 활동(Social Practices)의 영역에 학생을 입문시키는 일로 이루어져야 한다. 그러한 활동들은 '사회적으로' 발전되거나 형성된 것들로서, 해당 사회를 구성하는 사람들이 개인적으로나 집단적으로 종사하는 행위의 패턴들이다. 교육에서 가장 근본적인 것은 건강한 삶을 사는 것이며, 바로 이 활동들이야말로 개인의 건강한 삶을 구성하는 요소들이 된다.

① 피터스(Peters)
② 허스트(Hirst)
③ 프레이리(Freire)
④ 마르쿠제(Marcuse)

16 교육행정의 접근에서 인간관계론의 관점으로 보기 어려운 것은?

① 개인은 적극적이며 능동적인 존재이다.
② 경제적 유인가가 유일한 동기유발 요인은 아니다.
③ 고도의 전문화가 집단을 가장 효율적인 조직으로 이끈다.
④ 생산 수준은 개인의 능력이 아니라 비공식 집단의 사회적 규범에 따라 결정된다.

17 피들러(Fiedler)의 리더십 상황 이론에서 강조하는 '상황' 요소에 포함되지 않는 것은?

① 구성원의 성숙도
② 과업의 구조화 정도
③ 지도자와 구성원의 관계
④ 지도자가 구성원에 대해 가지고 있는 영향력의 정도

18 다음 내용을 포함하고 있는 일제강점기의 조선교육령은?

- 보통학교의 수업연한은 6년으로 한다. 단, 지역의 상황에 따라 5년 또는 4년으로 할 수 있다.
- 전문교육은 전문학교령에, 대학교육 및 그 예비교육은 대학령에 의한다.

① 제1차 조선교육령
② 제2차 조선교육령
③ 제3차 조선교육령
④ 제4차 조선교육령

19 다음 중 우리나라의 현행 평생교육사 제도에 대한 설명으로 옳은 것만을 모두 고르면?

ㄱ. 평생교육사의 등급은 1급부터 3급까지로 구분한다.
ㄴ. 평생교육사 2급은 대학 수준에서, 평생교육사 3급은 전문대학 수준에서 각각 양성한다.
ㄷ. 「학점인정 등에 관한 법률」에 따라 평가인정을 받은 학습과정을 운영하는 교육훈련기관에서도 평생교육사 자격 취득에 필요한 학점을 이수할 수 있다.

① ㄱ
② ㄱ, ㄷ
③ ㄴ, ㄷ
④ ㄱ, ㄴ, ㄷ

20 우리나라의 현행 교육재정의 구조에 대한 설명으로 옳지 않은 것은?

① 국가가 지방자치단체에 교부하는 교부금은 보통교부금과 특별교부금으로 나눈다.
② 교육부의 일반회계와 특별회계는 정부가 교육과 학예 활동을 위해 투자하는 예산을 말한다.
③ 교육부 일반회계의 세출 내역 중에서 가장 규모가 큰 것은 지방교육재정교부금이다.
④ 시·도 교육비특별회계의 세입 중에서 가장 큰 비중을 차지하는 것은 지방자치단체 일반회계로부터의 전입금이다.

교육학개론 | 2020년 국가직 9급

01 타일러(Tyler)가 제시한 학습경험을 효과적으로 조직하는 원리에 해당하지 않는 것은?

① 계열성의 원리
② 유용성의 원리
③ 계속성의 원리
④ 통합성의 원리

02 밑줄 친 부분에서 설명하고 있는 시험의 기능으로 보기 어려운 것은?

> 시험은 학문적으로 무엇이 가치가 있으며 교육제도가 선택적으로 가르치고자 하는 것이 무엇인가를 가장 극명하게 표출하지만, 시험의 의미는 그것만이 아니다. 지식의 사회적 의미규정과 그 표현방식을 학교의 시험을 통하여 학생들에게 강요함으로써, 지배문화와 지배문화의 가치관을 주입하는 가장 효과적인 도구로 시험이 이용되고 있는 것이다.

① 교육과정과 교수방법 개선
② 지식의 공식화와 위계화
③ 기존 사회질서의 정당화와 재생산
④ 규범과 가치관 통제

03 형식 학습과 비교한 비형식 학습에 대한 설명으로 옳지 않은 것은?

① 시간 – 단기간 및 시간제 학생
② 목적 – 일반적인 목적 및 학위수여
③ 내용 – 개인화된 내용 및 학습자가 입학조건 결정
④ 전달방식 – 자원의 절약 및 유연한 체제

04 다음 설명에 해당하는 교육행정 과정의 요소는?

> • 각 부서별 업무 수행의 관계를 상호 관련시키고 원만하게 통합, 조절하는 일이다.
> • 이것이 잘 이루어지면 노력 · 시간 · 재정의 낭비를 막고, 각 부서 간의 부조화 및 직원 간의 갈등을 예방할 수 있다.

① 기획
② 명령
③ 조정
④ 통제

05 학부모가 지출한 교재비를 교육비의 기준에 따라 분류할 때, 옳은 것으로만 묶은 것은?

① 직접교육비, 사교육비, 공부담 교육비
② 직접교육비, 사교육비, 사부담 교육비
③ 간접교육비, 공교육비, 공부담 교육비
④ 간접교육비, 공교육비, 사부담 교육비

06 비판적 교육철학 또는 비판교육학(Critical Pedagogy)에 대한 설명으로 옳지 않은 것은?

① 인간의 자유로운 의식의 형성을 억압하고 왜곡하는 사회적, 경제적, 정치적 제약요인들을 분석하고 비판한다.
② 하버마스(J. Habermas), 지루(H. Giroux), 프레이리(P. Freire) 등이 대표적인 학자이다.
③ 지식 획득을 포함한 인간의 모든 인식행위는 가치중립적인 것으로 간주한다.
④ 교육문제에 대해 좀 더 실제적이고 정치사회적인 관점을 취한다.

07 다음 설명에 해당하는 조선 시대 교재는?

- 소학(小學) 등 유학 입문용 교재이다.
- 중종 때 박세무가 저술하였다.
- 학습내용을 경(經)과 사(史)로 나누어 제시하였다.
- 일제 강점기에는 우리 역사를 다룬다는 이유로 서당의 교재로 쓰지 못하게 하였다.

① 『동몽선습』
② 『유합』
③ 『입학도설』
④ 『훈몽자회』

08 전직에 해당하지 않는 것은?

① 초등학교 교감이 장학사가 되었다.
② 초등학교 교사가 중학교 교사가 되었다.
③ 중학교 교장이 교육장이 되었다.
④ 중학교 교사가 특성화 고등학교 교사가 되었다.

09 다음 설명에 해당하는 평생교육 문헌은?

- 국제교육의 해와 개발연대를 맞아서 전 세계적으로 보급되었다.
- 평생교육 개념 확산에 크게 기여하였다.
- 평생교육의 개념 정립보다는 평생교육의 대두 배경을 제시한 입문서로 볼 수 있다.

① 렝그랑(Lengrand)의 『평생교육에 대한 입문』
② 포르(Faure)의 『존재를 위한 학습』
③ 다베(Dave)의 『평생교육과 학교 교육과정』
④ OECD의 『순환교육 보고서』

10 교육법의 존재형식과 그 구체적인 예의 연결이 옳지 않은 것은?

① 법률 – 초·중등교육법
② 조약 – 유네스코 헌장
③ 법규명령 – 고등교육법 시행령
④ 규칙 – 학생인권조례

11 다음 설명에 해당하는 이론은?

- 전문가의 사고과정을 내면화하는 것이다.
- 콜린스(Collins)와 동료들이 발전시켰다.
- 학습환경을 구성하는 내용, 방법, 순서, 사회학의 네 차원을 중시한다.
- 모델링, 코칭, 비계설정, 발화, 반성, 탐구의 수업방법을 활용한다.

① 완전학습
② 전환학습
③ 학습공동체이론
④ 인지적 도제학습

12 다음 설명에 해당하는 교육정책 결정 모형은?

- 의사결정은 합리성보다는 우연성에 의존한다.
- 문제와 해결책이 조화를 이룰 때 좋은 의사결정이 이루어진다.
- 조직의 목적은 사전에 설정되는 것이 아니라 자연스럽게 나타난다.
- 높은 불확실성을 경험하고 있는 조직에서 가장 많이 일어나는 정책결정 모형이다.

① 합리 모형　② 만족 모형
③ 점증 모형　④ 쓰레기통 모형

13 다음 설명에 해당하는 정의적 특성 측정방법은?

- 의견, 태도, 감정, 가치관 등을 측정하기 용이하다.
- 단시간에 다양한 자료를 수집하고 결과 또한 신속하게 처리할 수 있다.
- 응답 내용의 진위 확인이 어려워 결과 해석에 유의해야 한다.

① 관찰법　② 사례연구
③ 질문지법　④ 내용분석법

14 숙달목표지향성의 특징에 해당하지 않는 것은?

① 도전 추구
② 능력 입증
③ 노력 귀인
④ 절대적, 내적 자기참조 기준

15 홀랜드(Holland)가 제안한 직업흥미유형 간 유사성이 가장 낮은 조합은?

① 탐구적(I) - 기업적(E)
② 예술적(A) - 사회적(S)
③ 사회적(S) - 기업적(E)
④ 예술적(A) - 탐구적(I)

16 인지주의 학습이론에 대한 설명으로 옳지 않은 것은?

① 부호화 - 제시된 정보를 처리가능한 형태로 변형하는 과정
② 인출 - 장기기억 속에 있는 정보를 작업기억으로 가져오는 과정
③ 조직화 - 기존에 가지고 있던 정보를 새 정보에 연결하여 정보를 유의미한 형태로 저장하는 과정
④ 메타인지 - 사고과정에 대한 지식으로 자신의 인지과정 전체를 지각하고 통제하는 정신활동

17 구인타당도에 대한 설명으로 옳지 않은 것은?

① 측정을 통해 얻은 사실로 미래의 행동특성을 예견한다.
② 타당도 증거를 수집하기 위해 요인분석 등 여러 통계적 방법이 사용된다.
③ 한 검사가 어떤 심리적 개념이나 논리적 구인을 제대로 측정하는가를 검증한다.
④ 검사가 의도한 바의 특성을 측정하고 있는지에 대한 증거를 수집하는 과정이다.

18 장학개념의 변천에 대한 설명으로 옳은 것은?

① 관리장학은 학문중심 교육과정으로 인해 등장하였다.
② 협동장학은 조직의 규율과 절차, 효율성을 강조하였다.
③ 수업장학은 교육과정의 개발과 수업효과 증진을 강조하였다.
④ 아동 중심 교육이 강조되던 시기에 발달장학이 널리 퍼졌다.

19 가네(Gagné)가 제시한 학습의 결과에 해당하지 않는 것은?

① 태도
② 언어정보
③ 탐구기능
④ 운동기능

20 지능에 대한 설명으로 옳지 않은 것은?

① 서스톤(Thurstone) - 지능의 구성요인으로 7개의 기본정신능력이 존재한다.
② 길포드(Guilford) - 지능은 내용, 산출, 조작(Operation)의 세 차원으로 구성되어 있다.
③ 가드너(Gardner) - 8개의 독립적인 지능이 존재하며, 각각의 지능의 가치는 문화나 시대에 따라 달라진다.
④ 스턴버그(Sternberg) - 지능은 유동적 지능과 결정적 지능으로 구성되며 결정적 지능은 경험에 따라 변할 수 있다.

교육학개론 | 2019년 국가직 9급

01 교육재정의 특성으로 옳지 않은 것은?

① 재정은 공공의 이익을 도모하는 국가활동과 정부의 시책을 위해 사용되어야 한다는 공공성이 있다.
② 공권력을 통하여 기업과 국민 소득의 일부를 조세를 통해 정부의 수입으로 이전하는 강제성을 가지고 있다.
③ 수입이 결정된 후에 지출을 조정하는 양입제출(量入制出)의 원칙이 적용된다.
④ 존속기간이 길다고 하는 영속성을 특성으로 한다.

02 학교 조직이 갖고 있는 관료제의 특성에 해당하지 않는 것은?

① 교장-교감-교사의 위계구조
② 과업 수행의 통일성을 기하기 위한 규정과 규칙
③ 연공서열과 업적에 의해 결정되는 승진 체계
④ 인간적인 감정 교류가 중시되는 교사-학생의 관계

03 2급 정교사인 사람이 1급 정교사가 되고자 할 때 받아야 하는 연수는?

① 직무연수
② 자격연수
③ 특별연수
④ 지정연수

04 다음 설명에 해당하는 방어기제는?

- 사회적으로 용인될 수 없는 충동을 정반대의 말이나 행동으로 표출하는 과정
- 친구를 좋아하면서도 표현하기가 힘든 아이가 긴장된 상황에서 '난 네가 싫어!'라고 말하는 것

① 억압(Repression)
② 반동형성(Reaction Formation)
③ 치환(Displacement)
④ 부인(Denial)

05 구성원의 성숙도를 지도자 행동의 효과성에 영향을 주는 주요 요인으로 보는 리더십 이론에 대한 설명으로 옳은 것은?

① 조직의 상황과 관련 없이 최선의 리더십 유형이 있다고 본다.
② 허시(P. Hersey)와 블랜차드(K. Blanchard)의 상황적 리더십 이론이 대표적이다.
③ 블레이크(R. Blake)와 모튼(J. Mouton)에 의해 완성된 리더십 이론이다.
④ 유능한 지도자는 환경보다는 유전적인 특성에 달려 있다고 본다.

06 「초·중등교육법」상 국·공립학교 학교회계의 세입(歲入)에 해당하지 않는 것은?

① 지방자치단체의 교육비특별회계로부터 받은 전입금
② 학교발전기금으로부터 받은 전입금
③ 사용료 및 수수료
④ 지방교육세

07 법적용의 우선원칙에 대한 설명으로 옳은 것은?

① 「지방자치법」과 「지방교육자치에 관한 법률」이 충돌할 경우 전자를 우선적으로 적용한다.
② 「초·중등교육법」과 「초·중등교육법 시행령」이 충돌할 경우 후자를 우선적으로 적용한다.
③ 「노동조합 및 노동관계조정법」과 「교원의 노동조합 설립 및 운영 등에 관한 법률」이 충돌할 경우 후자를 우선적으로 적용한다.
④ 신법과 구법이 충돌할 때에는 먼저 제정된 법을 우선적으로 적용한다.

08 초·중등학교에 근무하는 교원과 직원의 신분에 대한 설명으로 옳은 것은?

① 수석교사는 교육전문직원이다.
② 공립학교 행정실장은 교육공무원이다.
③ 교장은 별정직 공무원이다.
④ 공무원인 교원은 특정직 공무원이다.

09 실존주의 교육철학관에 대한 설명으로 옳지 않은 것은?

① 교육의 목적은 자유롭고 주체적이며 창조적인 인간 형성에 있다.
② 교육은 자기결정적인 자아의 형성을 위한 것이다.
③ 교육에서는 인간적인 만남이 중요하다.
④ 인간의 본질을 규격화된 것으로 이해한다.

10 코메니우스(J. A. Comenius)의 교육사상에 대한 설명으로 옳지 않은 것은?

① 고전(古典)의 내용을 체계적으로 전달하고 이해하는 것이 중요하다.
② 감각교육의 중요성을 강조한다.
③ 교육을 이끌어가는 방법상의 원리를 자연에서 찾는다.
④ 수업에서는 사물이 사물에 대한 언어보다 앞서야 한다.

11 학생이 사전에 온라인 등으로 학습내용을 공부해 오게 한 후 학교 수업에서는 문제해결이나 토론 등의 상호작용에 중점을 두는 수업 형태는?

① 플립러닝(Flipped Learning)
② 탐구수업
③ 토론수업
④ 문제기반학습(Problem-Based Learning)

12. "학교의 시설, 교사의 자질, 교육과정 등의 측면에서 학교 간의 차이가 없어야 한다."라는 관점에 해당하는 것은?

① 교육기회의 허용적 평등
② 장학금 제도
③ 교육조건의 평등
④ 대학입학 특별전형제도

13. 학교교육의 기능을 보는 관점이 다른 것은?

① 학교는 불평등한 경제적 구조를 재생산한다.
② 학교의 문화전달과 사회통합적 기능을 높이 평가한다.
③ 학교는 능력에 맞게 인재를 사회의 적재적소에 배치하는 데 기여한다.
④ 학교교육의 사회화 기능을 긍정적으로 평가한다.

14. 인지주의 학습전략 중 기존에 가지고 있던 정보를 새로운 정보에 연결하여 정보를 유의미한 형태로 바꾸는 것은?

① 정적 강화
② 부적 강화
③ 체계적 둔감화
④ 정교화

15. 형태주의 심리학(Gestalt Psychology)에 대한 설명으로 옳지 않은 것은?

① 학습자는 세상을 지각할 때 외부자극을 단순히 합하는 것 이상의 작업을 수행한다.
② 문제 장면에 존재하는 다양한 요소의 관계를 파악하는 통찰에 주목한다.
③ 학습은 인지구조의 변화가 아니라 행동의 변화를 나타낸다.
④ 쾰러(W. Köhler)의 유인원 실험은 중요한 근거를 제공한다.

16. 조선 시대 성균관 유생의 출석 확인을 위한 방식은?

① 학교모범(學校模範)
② 원점법(圓點法)
③ 탕평책(蕩平策)
④ 학교사목(學校事目)

17. (가)와 (나)에 해당하는 평가의 유형을 옳게 짝지은 것은?

(가) 학습목표를 설정해 놓고 이 목표에 비추어 학습자 개개인의 학업성취 정도를 따지려는 것이다.
(나) 최종 성취 수준 그 자체보다 사전 능력 수준과 평가시점에 측정된 능력 수준 간의 차이에 관심을 두는 평가로 개별화교육을 촉진할 수 있다.

	(가)	(나)
①	준거참조평가	성장참조평가
②	준거참조평가	능력참조평가
③	규준참조평가	성장참조평가
④	규준참조평가	능력참조평가

18 사회인지이론에서 주장하는 관찰학습의 단계를 순서대로 바르게 나열한 것은?

① 파지단계 → 재생단계 → 동기화단계 → 주의집중단계
② 주의집중단계 → 파지단계 → 재생단계 → 동기화단계
③ 동기화단계 → 주의집중단계 → 파지단계 → 재생단계
④ 재생단계 → 주의집중단계 → 동기화단계 → 파지단계

19 상황학습(Situated Learning)의 설계 원리에 대한 설명으로 옳지 않은 것은?

① 지식이나 기능은 유의미한 맥락 안에서 제공되어야 한다.
② 교실에서 학습한 것과 교실 밖에서 필요로 하는 것의 관계형성을 돕는다.
③ 전이(Transfer)를 촉진할 수 있도록 추상적인 형태의 지식을 제공한다.
④ 다양한 사례를 활용하여 능동적인 문제해결을 유도한다.

20 타일러(R. W. Tyler)의 교육과정 이론에 대한 설명으로 옳지 않은 것은?

① 교육목표를 설정할 때 학습자, 사회, 교과를 균형 있게 고려한다.
② 교육과정을 교육목적, 교육내용, 교육방법, 학습활동까지 포함하는 경험으로 파악한다.
③ 학습목표를 행위동사로 진술할 것을 주장한다.
④ 기존 교육과정에 대해 기계적이고 절차적인 모형이라는 비판을 가하였다.

교육학개론 | 2018년 국가직 9급

01 다음은 뒤르껭(E. Durkheim) 저술의 일부이다. ㉠~㉢에 해당하지 않는 것은?

"교육은 아직 사회생활에 준비를 갖추지 못한 어린 세대들에 대한 성인 세대들의 영향력 행사이다. 그 목적은 전체 사회로서의 정치 사회와 그가 종사해야 할 특수 환경의 양편에서 요구하는 (㉠), (㉡), (㉢) 제 특성을 아동에게 육성 계발하게 하는 데 있다."

① 지적
② 예술적
③ 도덕적
④ 신체적

02 정신분석 상담과 행동주의 상담의 공통점에 해당하는 것은?

① 상담과정에서 과거 경험보다 미래 경험을 중시한다.
② 상담기법보다는 상담자의 인간적 자질과 진솔한 태도를 중시한다.
③ 인간의 행동을 인과적 관계로 해석하는 결정론적 관점을 가진다.
④ 비합리적 신념을 인식하고 수정하는 논박 과정을 중시한다.

03 특수 학습자 유형을 바르게 설명한 것은?

① 학습부진(Under Achiever) – 정서적 혼란과 같은 의미로 사용되며 개인적 불만, 사회적 갈등, 학교성적 부진이 지속적으로 나타난다.
② 학습장애(Learning Disabilities) – 지능 수준이 낮지 않으면서도 말하기, 쓰기, 읽기, 셈하기 등 특정 학습에서 장애를 보인다.
③ 행동장애(Behavior Disorders) – 지적 수준이 심각할 정도로 낮고, 동시에 적응적 행동의 결함을 보인다.
④ 정신지체(Mental Retardation) – 선수학습 결손으로 인해 자신의 지적 능력에 비해서 최저 수준에 미달하는 학업 성취를 보인다.

04 렝그랑(P. Lengrand)의 평생교육에 대한 견해와 가장 거리가 먼 것은?

① 학교교육과 학교 외 교육의 시간적·공간적 분리를 강조한다.
② 개인에게 사회의 발전에 충분히 참여할 수 있게 하는 교육이다.
③ 평생을 통해 개인이 가진 다방면의 소질을 계속적으로 발전시키는 교육이다.
④ 급속한 사회변화와 인구증가, 과학기술의 발달, 생활양식과 인간관계의 균형상실 등이 그 필요성을 증가시킨 배경이다.

05 다음은 지능 원점수 4개를 서로 다른 척도로 나타낸 것이다. 지능 원점수가 가장 낮은 것은?(단, 지능 원점수는 정규분포를 따른다)

① Z점수 1.5
② 백분위 90
③ T점수 60
④ 스테나인 2등급

06 에릭슨(E. Erikson)의 심리사회적 발달 단계에 대한 설명으로 옳은 것만을 모두 고른 것은?

> ㄱ. 인생 주기 단계에서 심리사회적 위기가 우세하게 출현하는 최적의 시기는 개인에 따라 차이가 있지만, 그것이 출현하는 순서는 불변한다고 가정한다.
> ㄴ. 현 단계에서는 직전 단계에서 실패한 과업을 해결할 수 없다고 본다.
> ㄷ. 청소년기에는 이전 단계에서의 발달적 위기가 반복하여 나타난다고 본다.

① ㄱ
② ㄴ
③ ㄱ, ㄷ
④ ㄱ, ㄴ, ㄷ

07 베버(M. Weber)의 관료제 특성과 순기능 및 역기능을 연결한 것으로 옳지 않은 것은?

	관료제 특성	순기능	역기능
①	분업과 전문화	전문성	권태
②	몰인정성	합리성	사기 저하
③	규정과 규칙	계속성과 통일성	경직성, 본말전도
④	경력지향성	유인체제	의사소통 저해

08 학교운영위원회에 대한 설명으로 옳지 않은 것은?

① 위원 수는 5명 이상 20명 이하의 범위에서 학교의 규모 등을 고려하여 교육부령으로 정한다.
② 국립·공립 학교의 경우 학교의 예산안과 결산, 학교교육과정의 운영방법, 학교급식 등을 심의한다.
③ 국립·공립 학교의 경우「교육공무원법」제29조의3 제8항에 따른 공모 교장의 공모 방법, 임용, 평가 등을 심의한다.
④ 학교운영의 자율성을 높이고 지역의 실정과 특성에 맞는 다양하고도 창의적인 교육을 할 수 있도록 하는 데 그 목적이 있다.

09 자유학기제에 대한 설명으로 옳은 것은?

① 자유학기제 기간에는 중간고사, 기말고사, 수행평가 등의 평가를 실시할 수 없다.
② 2013년도에 연구학교에서 시작되었고, 2015년도부터 모든 중학교에서 시행되었다.
③ 자유학기 활동으로는 진로탐색 활동, 주제선택 활동, 예술·체육 활동, 동아리 활동이 있다.
④ 중학교의 장은 해당 학교 교원 및 학부모의 의견을 수렴하여 자유학기제의 실시 여부를 결정할 수 있다.

10 지방교육재정교부금제도에 대한 설명으로 옳지 않은 것은?

① 기준재정수입액은 교육·학예에 관한 지방자치단체 교육비특별회계의 수입예상액으로 한다.
② 기준재정수입액을 산정하기 위한 각 측정단위의 단위당 금액을 단위비용이라 한다.
③ 교육부장관은 기준재정수입액이 기준재정수요액에 미치지 못하는 지방자치단체에 대해서는 그 부족한 금액을 기준으로 하여 보통교부금을 총액으로 교부한다.
④ 특별교부금은 지방교육행정 및 지방교육재정의 운용실적이 우수한 지방자치단체에 재정지원이 필요할 때 교부한다.

11 17세기 서양의 실학주의 철학 사조에서 강조하는 교육의 특징으로 옳지 않은 것은?

① 인문적 실학주의 - 고전연구를 통해 현실생활에 잘 적응하는 유능한 인간 양성을 강조하였다.
② 사회적 실학주의 - 여행과 같은 경험중심 교육을 통하여 사회적 조화와 신사 양성을 교육목적으로 강조하였다.
③ 감각적 실학주의 - 감각적 경험을 통하여 생활의 지식을 습득하며, 이해와 판단을 중시하는 교육방법을 강조하였다.
④ 인문적 실학주의 - 고전중심의 교과를 토의와 설명에 의해 개별적으로 교육하는 것을 강조하였다.

12 다음은 자녀의 학업성취 향상에 도움을 줄 수 있는 부모활동이다. 이 활동에 해당하는 자본의 명칭은?

- 부모가 이웃에 사는 친구 부모들과 자녀교육, 학습 보조 방법, 학습 분위기 조성에 관하여 대화하였다.
- 부모가 자신의 자녀가 다니는 학교의 학부모회에 참석하고 학생지도에 협력하였다.

① 재정자본(Financial Capital)
② 인간자본(Human Capital)
③ 문화자본(Cultural Capital)
④ 사회자본(Social Capital)

13 (가)와 (나)에 해당하는 교육과정 유형을 바르게 짝지은 것은?

(가) 교사가 계획하거나 의식하지 않았음에도 불구하고 학생들의 지식·태도·행동에 영향을 미치는 '교육실천과 환경' 및 '그 결과'를 의미한다.
(나) 가르칠 만한 가치가 있음에도 불구하고, 공식적 교육과정이나 수업에서 빠져 있는 교육내용이다.

	(가)	(나)
①	실제적 교육과정	영 교육과정
②	잠재적 교육과정	영 교육과정
③	영 교육과정	실제적 교육과정
④	영 교육과정	잠재적 교육과정

14 다음은 켈러(J. Keller)의 ARCS 이론에 기초하여 동기 유발·유지를 위해 수립한 교수학습 전략들이다. (가)~(라)에 해당하는 ARCS 요소를 바르게 짝지은 것은?

> (가) 비일상적인 내용이나 사건을 제시함으로써 학습자의 흥미를 유발한다.
> (나) 쉬운 것에서부터 어려운 것 순으로 과제를 제시해 준다.
> (다) 친밀한 예문이나 배경지식, 실용성에 중점을 둔 목표를 제시한다.
> (라) 적절한 강화계획을 세워, 의미 있는 강화나 보상을 제공한다.

	(가)	(나)	(다)	(라)
①	주의집중	관련성	만족감	자신감
②	자신감	주의집중	관련성	만족감
③	만족감	관련성	주의집중	자신감
④	주의집중	자신감	관련성	만족감

15 다음 설명에 해당하는 가네(R. Gagné)의 학습 결과 유형은?

> • 학습자가 그의 주위 환경을 개념화하여 반응하는 능력을 말한다.
> • 지식이나 정보의 내용(what)을 아는 것이 아니라, 그 방법(how)을 아는 것으로 정의한다.
> • 복잡성 수준에 따라 가장 단순한 것에서부터 변별, 개념, 규칙, 문제해결 등의 형태로 이루어져 있다.

① 지적기능　　② 인지전략
③ 언어정보　　④ 운동기능

16 새로운 교육의 방향을 제시하기 위해 고종이 갑오개혁 시기에 반포한 「교육입국조서」의 내용으로 옳은 것만을 모두 고른 것은?

> ㄱ. 초등단계의 의무교육을 시행할 것임을 선언하였다.
> ㄴ. 유교식 교육기관인 성균관을 근대식 대학으로 전환할 것을 천명하였다.
> ㄷ. 교육의 3대 강령으로 덕양(德養), 체양(體養), 지양(智養)을 제시하였다.
> ㄹ. 과거의 허명(虛名)교육을 버리고 실용(實用)교육을 중시할 것임을 밝혔다.

① ㄱ, ㄴ　　② ㄱ, ㄹ
③ ㄴ, ㄷ　　④ ㄷ, ㄹ

17 장학의 유형에 대한 설명으로 옳지 않은 것은?

① 임상장학 - 학급 내에서 수업의 질을 개선하기 위한 것으로, 교사와 학생 사이에서 이루어지는 상호작용에 초점을 둔다.
② 약식장학 - 평상시에 교장 및 교감의 계획과 주도하에 이루어지는 것으로, 다른 장학형태의 보완적인 성격을 지닌다.
③ 동료장학 - 수업전략을 개발하기 위한 것으로, 교사 간에 상호협력하는 장학형태이다.
④ 요청장학 - 교내 자율장학으로, 사전 예방차원에서 전문적이고 집중적인 지원이 필요한 경우 이루어지는 장학형태이다.

18 문항들 간의 동질성을 평가하기 위한 지수로 부적합한 것은?

① Cronbach's α 계수
② Kuder-Richardson 20
③ Kuder-Richardson 21
④ Kappa 계수

19 독학학위제에 대한 설명으로 옳은 것만을 모두 고른 것은?

> ㄱ. 교양과정, 전공기초과정, 전공심화과정 등의 3개 인정시험을 통과하면, 학사학위를 수여하는 제도이다.
> ㄴ. 학점은행제로 취득한 학점은 일정 조건을 갖추게 되면, 독학학위제의 시험 응시자격에 활용될 수 있다.
> ㄷ. 특성화고등학교를 졸업한 사람은 독학학위제에 응시할 수 없다.
> ㄹ. 교육부장관은 독학학위제의 시험 실시 권한을 평생교육진흥원장에게 위탁하고 있다.

① ㄱ, ㄷ
② ㄱ, ㄹ
③ ㄴ, ㄷ
④ ㄴ, ㄹ

20 피터스(R. Peters)는 교육의 개념을 3가지 준거로 구분하였다. 그중 규범적 준거(Normative Criterion)에 근거한 교육의 개념으로 옳은 것만을 모두 고른 것은?

> ㄱ. '무엇인가 가치 있는 것'을 추구하는 활동이다.
> ㄴ. 학습자의 의식과 자발성을 전제하는 것이다.
> ㄷ. 지식, 이해, 인지적 안목을 길러주는 것이다.

① ㄱ
② ㄷ
③ ㄴ, ㄷ
④ ㄱ, ㄴ, ㄷ

교육학개론 | 2017년 국가직 9급

01 구성주의 학습이론에 기반한 교사의 교수기술로 적절하지 않은 것은?

① 지식을 효과적으로 전달하기 위해 구조화된 문제와 반복학습을 강조한다.
② 학생 스스로 사고과정을 통해 문제를 해결하도록 촉진한다.
③ 협동학습을 통해 학생이 생각을 능동적으로 발전시키도록 돕는다.
④ 실제 환경에서 직면하게 되는 문제를 학습과제로 제시하여 학습한 내용과 실제 세계를 연결하도록 한다.

02 다음에서 설명하는 개념은?

- 학습자에게 교수학습 내용을 전달하는 모든 수단이나 방법을 총칭한다.
- 교수학습을 위해 사용하는 시청각 기자재와 수업 자료를 총칭한다.

① 교수매체 ② 시청각매체
③ 실물매체 ④ 디지털매체

03 피아제(J. Piaget)는 인지발달이론에서 "인간은 적응을 위해 새로운 경험과 도식을 서로 조정한다"라고 하였다. 다음의 예와 피아제가 제시한 적응의 유형이 옳게 짝지어진 것은?

(가) 다른 나라를 방문할 때 그 나라의 문화와 음식, 언어에 빠르게 순응하려고 노력하는 것
(나) 아빠는 양복을 입은 사람이라는 생각을 가진 유아가 양복을 입은 사람을 모두 '아빠'라고 부르는 것

	(가)	(나)
①	탈중심화	중심화
②	조절	동화
③	중심화	탈중심화
④	동화	조절

04 교육사상가들에 대한 설명으로 옳지 않은 것은?

① 파크허스트(H. Parkhurst)는 달톤플랜(Dalton plan)에서 학생과 교사가 계약을 맺는 계약학습을 제시하였다.
② 아들러(M. J. Adler)는 파이데이아 제안서(Paideia Proposal)에서 학생들이 동일한 교육목표를 가지는 교육과정을 주장하였다.
③ 허친스(R. M. Hutchins)는 듀이(J. Dewey)와 함께 진보주의 교육협회를 설립하고 진보주의 교육운동을 전개하였다.
④ 킬패트릭(W. H. Kilpatrick)은 학생이 자신의 학습을 계획하고 활동을 수행하는 프로젝트 학습법(Project Method)을 제시하였다.

05 교실생활의 군집성, 상찬, 권력구조 등이 학생들의 행동과 학습 결과에 미치는 영향을 설명하면서, 잠재적 교육과정의 개념을 제시한 인물은?

① 잭슨(P. Jackson)
② 보비트(F. Bobbitt)
③ 프레리(P. Freire)
④ 위긴스(G. Wiggins)

06 「초·중등교육법」상 우리나라 국·공립 초등학교·중학교·고등학교 및 특수학교의 학교회계제도에 대한 설명으로 옳지 않은 것은?

① 학교회계의 회계연도는 매년 3월 1일에 시작하여 다음 해 2월 말일에 끝난다.
② 학교운영위원회 심의를 거쳐 학부모가 부담하는 경비는 학교회계의 세입으로 한다.
③ 학교의 장은 회계연도마다 학교회계 세입세출예산안을 편성하여 학교운영위원회에 제출하여야 한다.
④ 지방자치단체의 교육비특별회계의 전입금은 학교회계의 세입 항목이 아니다.

07 로저스(C. Rogers)의 인간중심 상담이론에 대한 설명으로 적절하지 않은 것은?

① 인간에게는 선천적으로 자아실현의 경향이 있다고 본다.
② 내면의 경험을 자각하고 수용할 수 있도록 하기 위해 지금-여기보다 과거에 더 주목한다.
③ 상담자가 갖추어야 할 중요한 태도로 진솔성, 무조건적 긍정적 존중, 공감적 이해를 제안하였다.
④ 외적으로 부여된 가치의 조건화가 주관적인 경험을 왜곡하고 부정할 때 문제가 발생한다고 본다.

08 지방교육자치에 관한 법령상 교육감에 대한 설명으로 옳은 것만을 모두 고른 것은?

> ㄱ. 교육규칙의 제정에 관한 사항은 교육감의 관장사무에 해당한다.
> ㄴ. 주민은 교육감을 소환할 권리를 가진다.
> ㄷ. 시·도의회에 제출할 교육·학예에 관한 조례안과 관련하여 심의·의결할 권한을 가진다.
> ㄹ. 교육감의 임기는 4년으로 하며, 교육감의 계속 재임은 3기에 한한다.

① ㄱ, ㄴ
② ㄷ, ㄹ
③ ㄱ, ㄴ, ㄹ
④ ㄱ, ㄴ, ㄷ, ㄹ

09 스키너(B. F. Skinner)의 행동주의 학습과 반두라(A. Bandura)의 사회인지학습의 공통점에 해당하지 않는 것은?

① 강화와 처벌의 개념을 받아들인다.
② 학습의 요인으로 경험의 중요성을 인정한다.
③ 신념과 기대가 행동의 변화를 가져온다고 본다.
④ 행동을 촉진하기 위해서는 피드백이 중요하다고 본다.

10 우리나라 의무교육제도에 대한 설명으로 옳지 않은 것은?

① 지방자치단체는 국립 또는 사립의 초등학교·중학교 또는 특수학교에 일부 의무교육대상자에 대한 교육을 위탁할 수 있다.
② 지방자치단체로부터 의무교육대상자의 교육을 위탁받은 사립학교의 설립자·경영자는 의무교육을 받는 사람으로부터 수업료와 학교운영지원비를 받을 수 있다.
③ 모든 국민은 그 보호하는 자녀에게 6년의 초등교육과 3년의 중등교육을 받게 할 의무를 진다.
④ 취학아동명부의 작성을 담당하는 읍·면·동의 장은 입학연기 신청서를 제출받은 경우 입학연기대상자를 취학아동명부에서 제외하고, 입학연기대상자 명단을 교육장에게 통보하여야 한다.

11 다음의 내용을 모두 포함하는 교육과정개발 이론은?

- 강령을 표방하고, 해당 강령을 지지하는 자료를 검토하는 강령(Platform) 단계
- 다양한 대안을 검토하고 이를 토대로 적절한 대안을 도출하는 숙의(Deliberation) 단계
- 선택한 대안을 구체적 프로그램으로 만드는 설계(Design) 단계

① 타일러(R. Tyler)의 이론
② 아이스너(E. Eisner)의 이론
③ 타바(H. Taba)의 이론
④ 워커(D. Walker)의 이론

12 다음 설명에 해당하는 저서는?

- 체계적 한자 학습을 위하여 엮은 교육용 교재로서 천자문의 결점을 극복하기 위하여 만들어졌다.
- 상하 각각 1,000자를 수록하여 2,000자로 구성이 되었다.
- 상권에는 유형적 개념에 해당하는 한자를 담았고, 하권에는 계절, 기구, 방위 등의 무형적 개념에 해당하는 한자를 담았다.

① 『아학편(兒學編)』
② 『성학집요(聖學輯要)』
③ 『격몽요결(擊蒙要訣)』
④ 『학교모범(學校模範)』

13. 다음에서 설명하는 개념은?

- 학생의 인지발달을 위해서 교사가 찾아야 하는 것
- 학습자가 주위의 도움을 받아서 문제를 해결할 수 있는 범위
- 학습자의 실제적 발달 수준과 잠재적 발달 수준 간의 차이

① 비계(Scaffolding)
② 근접발달영역(ZPD)
③ 내면화(Internalization)
④ 메타인지(Metacognition)

14. 우리나라 평생교육제도에 대한 설명으로 옳지 않은 것은?

① 국가무형문화재의 보유자로 인정된 사람과 그 전수교육을 받은 사람으로서 대통령령으로 정하는 사람은 그에 상당하는 학점을 인정받을 수 있다.
② 헌법은 "국가가 평생교육을 진흥하여야 한다"라고 규정하고 있다.
③ 평생교육사는 평생교육의 기획·진행·분석·평가 및 교수 업무를 수행한다.
④ 대표적인 평생교육제도인 독학학위제, 학점은행제, 평생학습 계좌제, 내일배움카드제는 국가평생교육진흥원에서 운영하고 있다.

15. 「교육기본법」에 명시된 교원에 관한 규정이 아닌 것은?

① 교원은 법률로 정하는 바에 따라 다른 공직에 취임할 수 있다.
② 교원은 특정한 정당이나 정파를 지지하거나 반대하기 위하여 학생을 지도하거나 선동하여서는 아니 된다.
③ 교사는 전문성을 바탕으로 학생을 교육한다.
④ 교원은 교원의 경제적·사회적 지위를 향상시키기 위하여 각 지방자치단체와 중앙에 교원단체를 조직할 수 있다.

16. 학교교육에 대한 다음 주장과 가장 거리가 먼 것은?

- 학교는 지배집단의 '문화자본'을 재창조하고 정당화하는 역할을 수행한다.
- 학습결과인 성적도 학생이 속해 있는 계급의 영향에서 벗어나지 못한다.
- 경제구조가 학교교육을 일방적으로 결정한다고 비판한다.

① 부르디외(P. Bourdieu)
② 구조기능주의
③ 재생산이론
④ 보울스(S. Bowls)와 진티스(H. Gintis)

17 교육 평등에 관한 관점 중 교육결과의 평등을 위한 정책에 해당하는 것은?

① 취학을 가로막는 경제적, 지리적, 사회적 제반 장애를 제거해 주는 취학 보장 대책
② 저소득층의 취학 전 어린이들을 위한 보상교육(Compensatory Education)
③ 한국의 고교평준화 정책
④ 초·중등교육의 의무무상화

18 서양교육사에서 나타난 사실로 옳은 것은?

① 고대 그리스의 스파르타에서는 신체와 영혼의 균형을 교육의 목적으로 추구하여 교육과정에서 읽기, 쓰기, 문학, 철학의 비중이 컸다.
② 고대 로마시대에는 초기부터 공립학교 중심의 공교육 체제가 확립되어 유행하였다.
③ 17세기 감각적 실학주의는 감각을 통한 지각, 관찰학습, 실물학습을 중시하였다.
④ 산업혁명기 벨(A. Bell)과 랭커스터(J. Lancaster)의 조교법(Monitorial System)은 소규모 토론식 수업방법이었다.

19 표준화 검사 도구를 활용할 때 유의할 점으로 적절하지 않은 것은?

① 검사 실시 목적에 적합한 내용의 검사를 선택한다.
② 검사의 타당도, 신뢰도, 객관도, 실용도를 고려하여 검사를 선택한다.
③ 상황에 맞춰 검사의 실시·채점·결과의 해석을 융통성 있게 변경한다.
④ 검사를 사용하는 사람이 검사에 대한 객관적인 식견이 있어야 한다.

20 2015 개정 국가교육과정에 대한 설명으로 옳지 않은 것은?

① 추구하는 인간상을 구현하기 위한 핵심 역량으로 자기관리, 지식정보처리, 창의적 사고, 심미적 감성, 의사소통, 공동체 역량을 제시하였다.
② 고등학교 공통과목으로 통합사회와 통합과학을 신설하였다.
③ 초등학교에 '안전한 생활'을 신설하였다.
④ 초등학교 1~2학년의 학습부담을 줄이기 위하여 총 수업시간 수를 감축하였다.

교육학개론 | 2016년 국가직 9급

01 다음에 해당하는 교육과정 관점은?

- 교사가 아니라 학생 중심의 수업을 강조한다.
- 교육내용을 학생과 환경 간의 상호작용이라는 측면에서 이해한다.
- 교육과정은 사전에 계획되는 것이 아니라 교육의 과정에서 생성되는 것으로 본다.

① 경험중심 교육과정
② 교과중심 교육과정
③ 학문중심 교육과정
④ 행동주의 교육과정

02 다음에 해당하는 현대 교육철학 사조는?

- 교육이 처해 있는 사회 구조나 제도에 대해 의문을 제기한다.
- 의사소통적 합리성이라는 개념을 통해 교육에서 조작이나 기만, 부당한 권력 남용 등을 극복할 수 있는 발판을 마련하였다.
- 교육을 교육의 논리가 아니라 정치·경제·사회의 논리에 의해 해석하는 경향이 있다.

① 실존주의 교육철학
② 분석적 교육철학
③ 비판적 교육철학
④ 포스트모더니즘 교육철학

03 다음에 해당하는 장학의 유형은?

- 학생들의 수업평가 결과 활용
- 자신의 수업을 녹화하여 분석·평가
- 대학원에 진학하여 전공 교과 또는 교육학 영역의 전문성 신장

① 약식 장학
② 자기 장학
③ 컨설팅 장학
④ 동료 장학

04 발달학자들이 제시하는 발달의 일반적 원리로 볼 수 없는 것은?

① 발달은 일정한 순서와 단계를 따른다.
② 발달은 성숙과 학습의 상호작용의 결과이다.
③ 발달 속도는 개인 간 및 개인 내 차이가 있다.
④ 특수한 반응에서 전체적인 반응으로 이행하며 발달해 나간다.

05 2015 개정 교육과정에 대한 설명으로 옳은 것은? 〈변형〉

① 고등학교 공통과목으로 통합사회와 통합과학을 신설하였다.
② 초등학교에 '우리들은 1학년' 과목을 폐지 후 창의적 체험활동을 신설하였다.
③ 중학교와 고등학교에 재량활동을 신설하였다.
④ 초등학교 1학년부터 고등학교 1학년까지 국민공통 기본 교육과정을 적용하였다.

06 학교교육의 사회적 기능에 대한 기능주의적 관점으로 볼 수 없는 것은?

① 사회구성원을 선발·분류하여 적재적소에 배치한다.
② 체제 적응 기능을 수행해 전체 사회의 유지에 기여한다.
③ 지배집단의 신념과 가치를 보편적 가치로 내면화시킨다.
④ 새로운 세대에게 기존 사회의 생활양식, 가치와 규범을 전수한다.

07 조선 시대 성균관에 대한 설명으로 옳지 않은 것은?

① 문묘와 학당이 공존하는 묘학(廟學)의 형태를 띠고 있었다.
② 고려의 국자감과 달리 순수한 유학(儒學) 교육기관으로 운영되었다.
③ 유생들이 생활하며 공부할 때 지켜야 할 수칙으로 학령(學令)이 존재하였다.
④ 재학 유생이 정원에 미달하면 지방 향교(鄕校)의 교생을 우선적으로 승보시켰다.

08 다음에 해당하는 학습이론은?

- 강화 없이 관찰하는 것만으로 학습이 일어날 수 있다.
- 강화는 수행을 위해 필요한 조건이지 학습을 위해 반드시 필요한 조건은 아니다.
- 인간의 행동은 보상이나 처벌보다는 자기 조절에 의해 이루어진다.

① 형태주의 학습이론
② 사회인지 이론
③ 행동주의 학습이론
④ 병렬분산처리 이론

09 변별도에 대한 설명으로 옳은 것만을 모두 고른 것은?

ㄱ. 난이도가 어려울수록 변별도는 높아진다.
ㄴ. 정답률이 50%인 문항의 변별도는 1이다.
ㄷ. 모든 학생이 맞힌 문항의 변별도는 0이다.

① ㄴ
② ㄷ
③ ㄱ, ㄴ
④ ㄱ, ㄷ

10 지능에 대한 학자의 설명으로 옳은 것은?

① 길포드(J. P. Guilford)는 지능이 내용, 형식, 조작, 산출이라는 4개의 차원으로 구성된다고 가정하였다.
② 스턴버그(R. J. Sternberg)는 지능이 맥락적 요소, 정신적 요소, 시간적 요소로 구성된다는 삼위일체 이론을 주장하였다.
③ 가드너(H. Gardner)는 지능이 사회문화적 맥락의 영향을 받지 않는, 서로 독립적이며 다양한 능력으로 구성되어 있다고 보았다.
④ 카텔(R. B. Cattell)은 지능을 유동적 지능과 결정적 지능으로 구분하고, 결정적 지능은 교육이나 훈련의 결과로 형성되는 것으로 보았다.

11 르네상스 시기의 인문주의 교육에 대한 설명으로 옳지 않은 것은?

① 인간 중심적 사고를 강조하였다.
② 감각적 실학주의를 비판하며 등장하였다.
③ 북유럽의 인문주의 교육은 개인보다는 사회개혁에 주된 관심을 가졌다.
④ 이탈리아의 인문주의 교육에서는 자기 표현 및 창조적 능력의 실현을 강조하였다.

12 다음 「교육기본법」 제6조의 내용과 관계가 깊은 교육행정의 원리는?

> 교육은 교육 본래의 목적에 따라 그 기능을 다하도록 운영되어야 하며, 정치적·파당적 또는 개인적 편견을 전파하기 위한 방편으로 이용되어서는 아니 된다.

① 자주성의 원리
② 합법성의 원리
③ 기회균등의 원리
④ 지방분권의 원리

13 개별화 수업의 특징으로 볼 수 없는 것은?

① 교육목표는 학습자 개인의 동기·능력·희망·흥미에 따라 선택되고 결정된다.
② 평가 결과에 따라 교정이 이루어지거나 보충·심화 과제가 주어진다.
③ 효율적인 수업을 위해 교수자가 주도권을 가진다.
④ 학생의 수준과 속도에 따라 학습내용의 분량과 진도 등이 결정된다.

14 「초·중등교육법」에 따른 각급학교의 장이 「평생교육법」에 의거하여 학교의 평생교육을 실시하고자 할 때, 그 방법으로 옳지 않은 것은?

① 평생교육을 직접 실시하거나 영리를 목적으로 하는 법인 및 단체에 위탁하여 실시할 수 있다.
② 학교의 평생교육을 실시하기 위하여 각급 학교의 교실·도서관·체육관, 그 밖의 시설을 활용하여야 한다.
③ 평생교육을 실시함에 있어서 평생교육의 이념에 따라 교육과정과 방법을 수요자 관점으로 개발·시행하도록 한다.
④ 학교를 개방할 경우 개방시간 동안의 해당 시설의 관리·운영에 필요한 사항은 해당 지방자치단체의 조례로 정한다.

15 학교예산 편성 기법 중 영기준 예산제도(Zero Based Budgeting System)의 장점으로 볼 수 없는 것은?

① 우선순위가 높은 사업에 대한 집중 지원이 가능하다.
② 학교경영에 구성원의 폭넓은 참여를 유도할 수 있다.
③ 점증주의적 예산 편성 방식을 통해 시간과 노력의 부담을 경감할 수 있다.
④ 학교경영 계획과 예산이 일치함으로써 교장의 합리적이고 과학적인 학교경영을 지원할 수 있다.

16 「공교육 정상화 촉진 및 선행교육 규제에 관한 특별법」에서 금지하는 행위에 포함되지 않는 것은?

① 지필평가, 수행평가 등 학교 시험에서 학생이 배운 학교교육 과정의 범위와 수준을 벗어난 내용을 출제하여 평가하는 행위
② 각종 교내 대회에서 학생이 배운 학교교육과정의 범위와 수준을 벗어난 내용을 출제하여 평가하는 행위
③ 「영재교육 진흥법」에 따른 영재교육기관에서 학교교육과정의 범위와 수준을 벗어난 내용으로 영재교육을 실시하는 행위
④ 대학의 입학전형에서 고등학교 교육과정의 범위와 수준을 벗어난 내용을 출제 또는 평가하는 대학별고사를 실시하는 행위

17 브루너(J. Bruner)의 교수이론에 근거한 수업으로 보기 어려운 것은?

① 내재적 보상보다 외재적 보상을 강조한다.
② 각각의 교과목이 가지고 있는 나름의 지식의 구조를 학생에게 탐색하도록 한다.
③ 기본적 원리나 개념의 이해를 통해 전이의 가능성을 최대로 한다.
④ 아동의 사고방식과 지적 수준을 고려하여 교과의 내용을 가르친다.

18 수학성취도 평가를 실시한 결과, 전체 학생의 수학 원점수는 평균이 70, 표준편차가 10인 정규분포를 따랐다. 원점수 80을 받은 학생이 포함된 백분위 구간은?

① 60 이상 70 미만
② 70 이상 80 미만
③ 80 이상 90 미만
④ 90 이상 100 미만

19 다음은 유네스코의 21세기 국제교육위원회에서 제시한 21세기를 준비하는 4가지 학습이다. 이 내용을 담고 있는 보고서는?

- 알기 위한 학습(Learning to Know)
- 행하기 위한 학습(Learning to Do)
- 존재하기 위한 학습(Learning to Be)
- 함께 살기 위한 학습(Learning to Live Together)

① 만인을 위한 평생학습(Lifelong Learning for All)
② 학습: 감추어진 보물(Learning: The Treasure Within)
③ 지구 지식경제에서의 평생학습(Lifelong Learning in the Global Knowledge Economy)
④ 순환교육: 평생학습을 위한 전략(Recurrent Education: A Strategy for Lifelong Learning)

20 정보처리 이론의 부호화 과정에 해당하지 않는 것은?

① 필요한 정보를 도표, 개념지도, 개요 등으로 조직화한다.
② 새로운 정보를 장기기억에 저장되어 있는 선행지식과 연결시키는 작업을 한다.
③ 새로운 정보를 유사하고 유관한 정보 조각과 연합하여 유의미하게 한다.
④ 새로운 자극에 주의를 기울일 수 있도록 화려한 멀티미디어를 사용한다.

PART 2
지방직

- 2025년 지방직 9급
- 2024년 지방직 9급
- 2023년 지방직 9급
- 2022년 지방직 9급
- 2021년 지방직 9급
- 2020년 지방직 9급
- 2019년 지방직 9급
- 2018년 교육청 9급
- 2017년 교육청 9급
- 2016년 교육청 9급

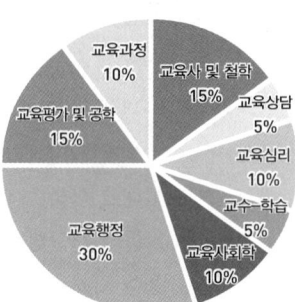

2025년 **지방직**

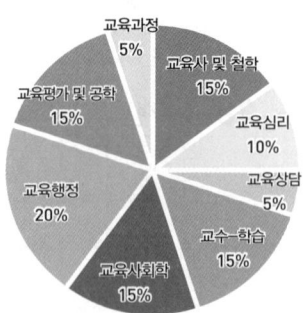

2020년 **지방직**

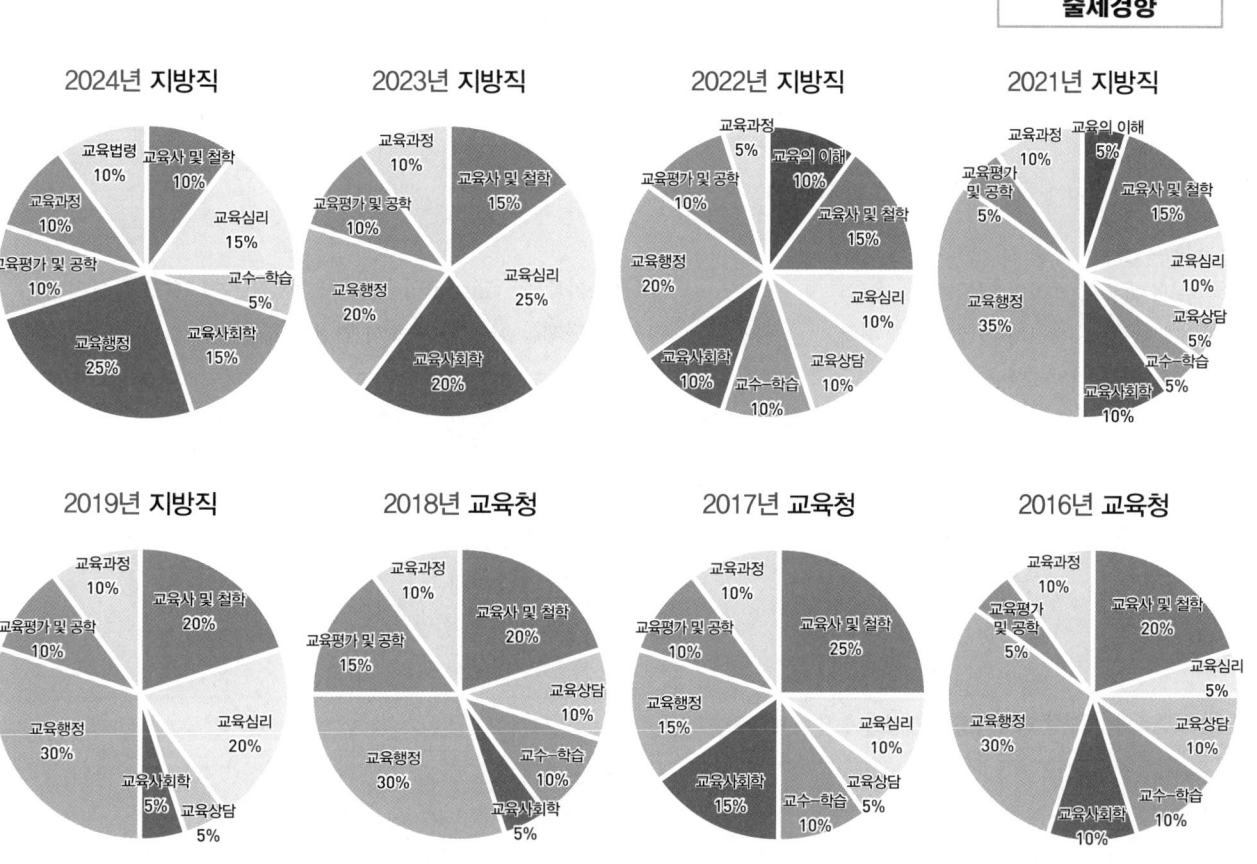

교육학개론 | 2025년 지방직 9급

01 다음 설명에 해당하는 고려 시대 교육기관은?

- 성종 11년(992년)에 설립되었다.
- 육학으로 구성되었다.
- 교과목으로 효경, 논어 등이 있었다.

① 국학
② 경당
③ 국자감
④ 육영공원

02 진보주의 교육철학에 대한 설명으로 옳지 않은 것은?

① 교육은 현재의 생활 그 자체이다.
② 학습은 아동의 흥미와 관련되어야 한다.
③ 학교는 협동을 장려하는 곳이어야 한다.
④ 위대한 고전 읽기 교육을 강조한다.

03 지식의 구조와 나선형 교육과정의 개념을 주장한 학자는?

① 파이나(W. Pinar)
② 아이즈너(E. Eisner)
③ 브루너(J. Bruner)
④ 보빗(F. Bobbitt)

04 생활지도를 받은 학생을 진학 혹은 졸업 후에도 계속 체계적으로 지도하는 생활지도 활동은?

① 정치 활동(Placement Service)
② 추수 활동(Follow-Up Service)
③ 학생조사 활동(Inventory Service)
④ 정보제공 활동(Information Service)

05 가네(R. Gagné)의 수업 사태에서 (가)~(다)에 들어갈 단계를 A~C와 바르게 연결한 것은?

[(가)] - 학습목표 제시 - 선수학습 재생 자극 - 자극자료 제시 - [(나)] - 수행 유도 - 피드백 제공 - 수행 평가 - [(다)]

A. 학습안내 제공
B. 파지 및 전이 촉진
C. 주의집중 획득

	(가)	(나)	(다)
①	A	B	C
②	A	C	B
③	C	A	B
④	C	B	A

06 교육평가 유형에 대한 설명으로 옳지 않은 것은?

① 규준지향평가는 상대적인 서열과 관계없이 판단하는 평가이다.
② 준거지향평가는 학습자가 정해진 목표에 도달하였는지 판단하는 평가이다.
③ 형성평가는 교수·학습이 진행되는 동안 실시되며, 수업 방법의 개선을 위한 평가이다.
④ 총합평가는 학기말 또는 학년말에 교육목표의 달성 정도를 종합적으로 판정하는 평가이다.

07 갈등론적 관점에서 학교교육을 바라본 학자에 해당하지 않는 사람은?

① 뒤르켐(E. Durkheim)
② 보울즈(S. Bowles)와 진티스(H. Gintis)
③ 부르디외(P. Bourdieu)
④ 애플(M. Apple)

08 교수매체의 효과적인 선정과 활용을 위한 ASSURE 모형에서 R 단계는?

① 학습자 분석
② 학습목표 진술
③ 평가와 수정
④ 학습자 참여 유도

09 교육사회학 연구에서 해석적 접근에 대한 설명으로 옳지 않은 것은?

① 질적연구방법을 선호한다.
② 연역적 접근과 사고를 강조한다.
③ 교육의 내적과정에 대한 미시적 분석을 강조한다.
④ 기능론과 갈등론적 접근을 비판하면서 등장한 대안적 접근이다.

10 「초·중등교육법」상 교직원의 임무로서 옳지 않은 것은?

① 교사는 법령에서 정하는 바에 따라 학생을 교육한다.
② 수석교사는 교사의 교수·연구 활동을 지원하며, 학생을 교육한다.
③ 행정직원은 법령에서 정하는 바에 따라 학교의 행정사무를 담당하고, 학생을 교육한다.
④ 교장은 교무를 총괄하고, 민원처리를 책임지며, 소속 교직원을 지도·감독하고, 학생을 교육한다.

11 수행평가에 대한 설명으로 옳지 않은 것은?

① 실험·실습은 자연과학 분야에서 많이 사용된다.
② 면접에서는 평가자가 학생과의 대화를 통해 정보를 수집한다.
③ 토론법은 특정 주제에 대한 학생들의 토론을 보고 평가하는 방법이다.
④ 실기시험은 자연스러운 상황이 아니라 잘 통제된 상황에서 실시한다.

12 지능 이론 및 검사에 대한 설명으로 옳은 것은?

① 가드너(H. Gardner)는 세계 최초로 표준화된 지능검사를 개발하였다.
② 카우프만(Kaufman) 아동용 지능검사(K-ABC)는 비언어적 척도를 포함한다.
③ 웩슬러(Wechsler) 지능검사는 언어, 논리·수학, 공간, 음악 지능으로 구성된다.
④ 스탠포드-비네(Stanford-Binet) 지능검사에서 IQ는 생활연령을 정신연령으로 나눈 값에 10을 곱해 계산한다.

13 다음 설명에 해당하는 강화계획은?

- 강화물은 일정한 시간 간격이 경과한 후 제공된다.
- 다음 강화물이 주어질 시간을 예측할 수 있다.
- 적용 사례로 기말고사에 대한 성적을 제공하는 것을 들 수 있다.

① 고정간격
② 변동간격
③ 고정비율
④ 변동비율

14 다음 설명에 해당하는 리더십 이론은?

- 번즈(J. Burns)가 제안하였으며, 바스(B. Bass)가 발전시켰다.
- 리더십의 핵심요소로 이상적 영향력, 영감적 동기화, 지적인 자극, 개별화된 배려를 제시하였다.
- 리더는 구성원에게 인센티브를 제공하는 단순한 상호교환적인 차원을 뛰어 넘어 조직목적에 헌신하도록 하고, 기대 이상의 성과를 달성하게 한다.

① 분산적 리더십
② 거래적 리더십
③ 문화적 리더십
④ 변혁적 리더십

15 다음 설명에 해당하는 장학의 유형은?

- 단위학교에서 일상적으로 빈번하게 수행되기 때문에 일상장학이라고도 부른다.
- 교장이나 교감이 간헐적으로 짧은 시간 동안 학급순시나 수업 참관을 통하여 교사의 수업 및 학급경영 활동을 관찰하고 교사에게 지도·조언을 제공하는 활동이다.

① 자기장학
② 약식장학
③ 임상장학
④ 동료장학

16 평생교육에 대한 설명으로 옳지 않은 것은?

① 학교가 교육을 독점하는 것을 인정한다.
② 계획적인 학습과 우발적인 학습을 모두 포함한다.
③ 모든 기관과 모든 장소에서 이루어지는 교육을 수평적으로 통합한 것이다.
④ 한 개인의 생존기간 전체에 걸쳐 이루어지는 교육을 수직적으로 통합한 것이다.

17 「평생교육법」상 평생교육사에 대한 설명으로 옳지 않은 것은?

① 평생교육사는 평생교육의 기획·진행·분석·평가 및 교수업무를 수행한다.
② 평생교육사 자격증은 다른 사람에게 빌려주거나 빌려서는 아니 되며, 이를 알선하여서도 아니 된다.
③ 평생교육사의 등급, 직무범위, 이수과정, 연수 및 자격증의 교부절차 등에 필요한 사항은 대통령령으로 정한다.
④ 거짓이나 그 밖의 부정한 방법으로 평생교육사 자격을 취득하여 자격이 취소된 경우, 그 자격이 취소된 날부터 1년이 경과하면 다시 평생교육사가 될 수 있다.

18 5·31 교육개혁 방안이 발표된 1995년 이후 이루어진 조치에 해당하지 않는 것은?

① 교원정년 단축
② 교원노조 합법화
③ 고교평준화 정책 도입
④ 교육복지투자우선지역 사업 시행

19 플라톤의 사상에 대한 설명으로 옳은 것은?

① 이데아의 세계는 지속적으로 변화한다.
② 귀족주의, 엘리트주의적인 특징을 갖는다.
③ 통치자 계급에게 절제의 덕을 강조하였다.
④ 이상국가에서 인간의 계급은 네 개로 분류된다.

20 「지방교육자치에 관한 법률」상 교육지원청에 대한 내용으로 옳지 않은 것은?

① 교육지원청의 관할구역과 명칭은 대통령령으로 정한다.
② 교육지원청에 교육장을 두되 장학관으로 보하고, 그 임용에 관하여 필요한 사항은 대통령령으로 정한다.
③ 교육지원청은 지방의 교육·학예에 관한 사무를 담당하기 위해 설치된 하급교육행정기관으로 특별시·광역시에는 설치할 수 없다.
④ 시·도의 교육·학예에 관한 사무를 분장하기 위하여 1개 또는 2개 이상의 시·군 및 자치구를 관할구역으로 하는 하급교육행정기관으로서 교육지원청을 둔다.

교육학개론 | 2024년 지방직 9급

회독 CHECK 1 2 3

01 다음 설명에 해당하는 모형은?

> 체제적 교수모형으로, 요구사정, 교수분석, 학습자 및 상황 분석, 수행목표 진술, 평가도구 개발, 교수전략 개발, 교수자료 개발 및 선정, 형성평가 개발 및 시행, 교수 수정, 총괄평가 설계 및 시행의 10단계로 구성된다.

① ADDIE 모형
② 글레이저(Glaser) 모형
③ 켈러(Keller) 동기설계 모형
④ 딕과 캐리(Dick & Carey) 모형

02 다음 설명에 해당하는 척도는?

> - 사물이나 사람을 구분하거나 분류하기 위해 사용되는 척도이다.
> - 예를 들어 성별을 표시할 때, 여학생을 0, 남학생을 1로 표시한다.

① 명명척도
② 서열척도
③ 동간척도
④ 비율척도

03 우리나라 교육사에 관한 설명으로 옳지 않은 것은?

① 백제에서는 교육기관으로 국학을 세웠다.
② 고구려에서는 교육기관으로 태학을 세웠다.
③ 유형원은 『반계수록』에서 교육제도 개혁을 주장하였다.
④ 근대적 관립학교인 육영공원을 세웠다.

04 (가)에 해당하는 타당도는?

> 새로 개발한 A시험의 (가) 를 구하기 위하여 기존에 타당도를 검증한 B검사의 점수와 A시험의 점수와의 상관계수를 구하였다. (단, A시험과 B검사의 점수 획득 시기가 같다)

① 공인타당도
② 구인타당도
③ 내용타당도
④ 예측타당도

05 형태주의(Gestalt) 심리학의 관점으로 옳지 않은 것은?

① 학습의 과정에 통찰도 포함된다.
② 지각은 실제와 차이가 있을 수 있다.
③ 전체는 부분의 합이 아니라 그 이상이다.
④ 복잡한 현상을 단순한 요소로 나누어 설명한다.

06 「평생교육법」상 (가), (나)에 들어갈 말을 바르게 연결한 것은?

> "평생교육"이란 학교의 정규교육과정을 [(가)] 학력보완교육, 성인 문해교육, 직업능력 향상교육, 성인 진로개발역량 향상교육, 인문교양교육, 문화예술교육, 시민참여교육 등을 포함하는 모든 형태의 [(나)] 교육활동을 말한다.

　　　(가)　　　　(나)
① 포함한　　　조직적인
② 포함한　　　비조직적인
③ 제외한　　　조직적인
④ 제외한　　　비조직적인

07 (가), (나)에 들어갈 말을 바르게 연결한 것은?

> 학습동기에 대한 목표지향성 이론에 따르면, 학습자가 [(가)] 목표를 갖고 있으면, 자신의 능력을 높이기 위한 목표를 성취하기 위해 도전적인 새로운 과제를 선택하는 경향이 높지만, 학습자가 [(나)] 목표를 갖고 있으면, 자신의 능력이 부족해 보이는 것을 피하기 위해 새롭고 도전적인 과제보다 이미 충분히 학습된 쉬운 과제를 선택하려는 경향이 높다.

　　　(가)　　　　(나)
① 수행　　　　숙달
② 숙달　　　　수행
③ 사회적　　　숙달
④ 수행접근　　과제회피

08 다음에서 설명하는 교육정책 의사결정 관점은?

> • 관료제, 중앙집권적 조직에 적합하다.
> • 조직목표 달성이 의사결정의 목적이다.
> • 목표 달성을 극대화하는 최적의 대안을 선택하는 것이 가능하다고 본다.

① 우연적 관점
② 정치적 관점
③ 참여적 관점
④ 합리적 관점

09 다음에서 설명하는 교육행정의 기본원리는?

> • 교육활동에 투입되는 인적·물적 자원에 대한 교육산출의 비율을 최대한 높이는 것이다.
> • 예를 들어 국가재정의 한계로 인해 학급당 학생 수를 늘리는 것이다.

① 민주성의 원리
② 합법성의 원리
③ 효율성의 원리
④ 기회균등의 원리

10 다음과 같이 주장한 교육학자는?

> • 이상적인 성인의 활동분석을 통하여 교육목표를 설정한다.
> • 과학적인 방법에 따른 교육과정 개발이 필요하다.
> • 교육은 학생이 성인이 되어서 할 일을 미리 준비시켜 주는 것이다.

① 애플(Apple)
② 보빗(Bobbitt)
③ 듀이(Dewey)
④ 위긴스와 맥타이(Wiggins & McTighe)

11 (가)~(다)와 개인상담 기법을 바르게 연결한 것은?

> (가) 내담자가 하는 말의 이면에 담겨 있는 의미와 내면의 감정에까지 귀 기울이는 것을 의미한다.
> (나) 내담자의 감정상태를 공감하여, 그 공감내용을 내담자에게 다시 되비쳐 주는 기법이다.
> (다) 정보수집을 위한 기능 외에도 내담자가 자신의 내면을 탐색하도록 자극하거나 유도하는 기능을 한다.

	(가)	(나)	(다)
①	감정 반영	재진술	직면
②	경청	감정 반영	질문
③	주의집중	감정 반영	구조화
④	주의집중	재진술	질문

12 간접교육비에 대한 설명으로 옳지 않은 것은?

① 학생이 학교에 다니기 때문에 취업할 수 없는 데서 오는 유실소득을 포함한다.
② 비영리기관인 학교에 대해 세금을 면제해주는 면세의 비용을 포함한다.
③ 학교건물과 장비 사용에 따라 발생하는 감가상각비와 이자도 포함된다.
④ 유아의 어머니가 취업 대신 자녀 교육을 위해 가정에 머물면서 포기된 소득은 제외한다.

13 다음은 서지오바니(Sergiovanni)의 도덕적 지도성 이론에 따라 분류한 네 가지 학교 유형이다. (가)에 해당하는 것은?

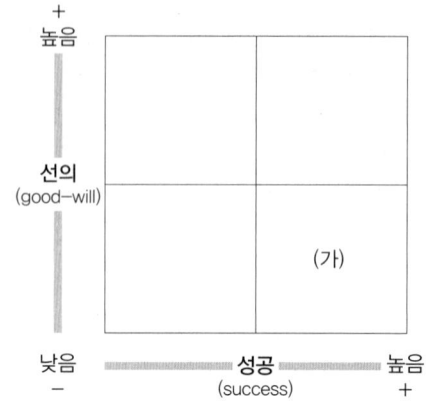

① 도덕적인 학교
② 정략적인 학교
③ 도덕적이고 효과적인 학교
④ 비도덕적이고 비효과적인 학교

14 다음 설명에 해당하는 학교컨설팅의 원리는?

> • 학교 컨설턴트가 의뢰인을 대신하여 교육활동을 전개하거나 학교를 경영하지 않아야 한다.
> • 컨설팅 결과에 대한 최종 책임은 의뢰인에게 있다.

① 자문성의 원리
② 자발성의 원리
③ 전문성의 원리
④ 한시성의 원리

15 타일러(Tyler)가 제시한 교육과정 개발에서 고려할 네 가지 질문에 해당하지 않는 것은?

① 학교는 어떤 교육목표 달성을 위해 노력해야 하는가
② 교육목표 달성을 위하여 어떤 교육경험을 제공해야 하는가
③ 교육경험을 효과적으로 조직할 때 필요한 교육매체는 무엇인가
④ 교육목표 달성여부를 어떻게 판단할 것인가

16 다음과 같이 주장한 교육학자는?

> 역사 교과서에서 자본가 집단에 유리한 내용을 비중 있게 다루고 노동자들의 기여를 언급하지 않거나 부정적으로 다루고 있다.

① 애니언(Anyon)
② 드리븐(Dreeben)
③ 프레이리(Freire)
④ 보울즈와 진티스(Bowles & Gintis)

17 포스트모더니즘 교육론의 특징으로 옳지 않은 것은?

① 획일적 교육방식에서 벗어나 교육내용과 방법의 다원화를 추구한다.
② 국가주도의 공교육 체제보다는 유연하고 다양한 교육체제를 요구한다.
③ 교육에서 다루는 지식의 가치를 절대적이고 보편적인 것으로 인식하고 있다.
④ 교육과정은 지식의 논리적 특성보다 지식의 사회문화적 특성에 근거해야 한다고 본다.

18 평생교육 참여의 장애요인 중 크로스(Cross)가 분류한 세 가지 요인에 해당하지 않는 것은?

① 기질적(dispositional) 요인
② 상황적(situational) 요인
③ 기관적(institutional) 요인
④ 정보적(informational) 요인

19 뱅크스(Banks)의 다문화교육을 위한 교육과정 접근법에 해당하지 않는 것은?

① 기여적 접근
② 변혁적 접근
③ 동화주의적 접근
④ 의사결정 및 사회적 행동 접근

20 「초·중등교육법 시행령」상 (가), (나)에 들어갈 말을 바르게 연결한 것은?

> 제48조의2(자유학기의 수업운영방법 등) ① 중학교 및 특수학교(중학교의 과정을 교육하는 특수학교로 한정한다)의 장은 자유학기에 (가) 을 실시하고 학생의 진로탐색 등 다양한 체험을 위한 (나) 을 운영해야 한다.

	(가)	(나)
①	학생 참여형 수업	진로교육
②	학생 참여형 수업	체험활동
③	학생 주도형 수업	진로교육
④	학생 주도형 수업	체험활동

교육학개론 | 2023년 지방직 9급

✓ 회독 CHECK 1 2 3

01 아이즈너(Eisner)의 교육과정 이론에 대한 설명으로 옳은 것만을 모두 고르면?

> ㄱ. 행동목표 중심으로 교육과정을 개발해야 한다.
> ㄴ. 내용선정 과정에서 영 교육과정에 대해서 신중히 고려해야 한다.
> ㄷ. 학습기회의 유형을 개발할 때 교육적 상상력을 동원해야 한다.
> ㄹ. 교육과정 개발 과정은 목표설정부터 평가방법 개발에 이르는 직선적 과정이다.

① ㄱ, ㄴ
② ㄱ, ㄹ
③ ㄴ, ㄷ
④ ㄷ, ㄹ

02 ADDIE모형에 대한 설명으로 옳지 않은 것은?

① 분석 - 요구 분석, 학습자 분석, 환경 분석, 과제 분석 등이 실시된다.
② 설계 - 수행 목표 명세화, 교수전략 및 매체 선정 등이 실시된다.
③ 개발 - 설계명세서를 토대로 교수학습자료를 개발한다.
④ 평가 - 평가도구를 제작하고 평가를 실시한다.

03 행동주의 학습이론과 관련이 없는 것은?

① 강화
② 사회학습이론
③ 조작적 조건화
④ 통찰학습이론

04 학문중심 교육과정에 대한 설명으로 옳지 않은 것은?

① 경험을 통한 생활적응학습을 강조한다.
② 지식의 구조를 중요시한다.
③ 나선형 교육과정으로 내용을 조직한다.
④ 발견학습을 강조한다.

05 다음 설명에 해당하는 이론은?

> • 사회질서는 상징적 폭력을 매개로 하여 재생산된다.
> • 체화된 상태의 자본(취향, 태도 등), 객관화된 상태의 자본(책, 예술작품 등), 제도화된 상태의 자본(졸업장, 학위 등)을 강조한다.

① 경제재생산이론
② 문화재생산이론
③ 저항이론
④ 지위경쟁이론

06 의무교육의 대안으로 '학습망(Learning Web)'이라는 개념을 제시한 학자는?

① 영(Young)
② 일리치(Illich)
③ 지루(Giroux)
④ 프레이리(Freire)

07 성인학습에 대한 린드만(Lindeman)의 설명으로 옳지 않은 것은?

① 성인학습자의 개인차는 나이가 들수록 감소한다.
② 경험은 성인학습의 중요한 자원이다.
③ 토론은 성인교육의 실천적 방법이다.
④ 성인학습은 삶 혹은 현장 중심적이다.

08 다음 설명에 해당하는 피터스(Peters)가 제시한 교육의 개념적 기준은?

- 교육은 일반적인 훈련과 달리 전인적 계발을 지향해야 한다.
- 교육받은 사람은 폭넓은 안목을 가짐으로써 자신과 분야가 다른 인간의 삶과 어떤 관련을 맺고 있는지를 깊이 이해할 수 있어야 한다.

① 규범적 기준
② 내재적 기준
③ 과정적 기준
④ 인지적 기준

09 1894년부터 1896년까지 추진된 갑오개혁의 과정에 관제(官制) 또는 영(令)에 의해 설립된 근대 교육기관이 아닌 것은?

① 소학교
② 중학교
③ 외국어학교
④ 한성사범학교

10 다음과 같이 주장한 교육학자는?

교육의 목적은 궁극적으로 학생의 도덕적 품성을 강화하는 것이다. 도덕적 품성은 다섯 가지 기본 이념으로 이루어져 있으며, 내적 자유의 이념, 완전성의 이념, 호의(선의지)의 이념, 정의(권리)의 이념, 공정성(보상)의 이념이다.

① 페스탈로치(Pestalozzi)
② 피히테(Fichte)
③ 프뢰벨(Fröbel)
④ 헤르바르트(Herbart)

11 「사립학교법」의 내용으로 옳지 않은 것은?

① 학교법인의 설립 당초의 임원은 정관으로 정하여야 한다.
② 기간제교원의 임용기간은 1년 이내로 하되, 필요한 경우 4년의 범위에서 그 기간을 연장할 수 있다.
③ 사립학교 교원은 권고에 의하여 사직을 당하지 아니한다.
④ 각급 학교의 장은 해당 학교를 설치·경영하는 학교법인 또는 사립학교경영자가 임용한다.

12 고전검사이론에 대한 설명으로 옳지 않은 것은?

① 문항난이도는 문항의 쉽고 어려운 정도를 나타낸다.
② 피험자의 능력과 문항의 답을 맞힐 확률 간의 관계를 나타내는 문항특성곡선을 사용한다.
③ 문항변별도는 문항이 피험자의 능력을 변별하는 정도를 나타낸다.
④ 관찰점수는 진점수와 오차점수의 합으로 가정한다.

13 다음의 상담기법이 활용되는 상담이론은?

- 숙련된 질문 기술
- 적절한 유머
- 토의와 논쟁
- 직면하기
- 역설적 기법

① 게슈탈트 상담
② 인간중심 상담
③ 행동주의 상담
④ 현실치료

14 다음 설명에 해당하는 청소년 비행 관련 이론은?

- 일탈행위가 오히려 정상행동이며, 규범준수행위가 비정상적인 행동이다.
- 인간의 본성은 악하기 때문에 사람은 항상 규범을 위반할 수 있으며, 개인과 사회 간의 결속이 약화될수록 일탈할 확률이 높아진다.

① 낙인이론
② 사회통제이론
③ 아노미이론
④ 차별접촉이론

15 다음 설명에 해당하는 교육정책 형성의 관점은?

- 공동의 목표가 있고 이를 달성하기 위해 최선의 선택을 하며, 체제 내의 작용에 의해 의사결정이 이루어진다.
- 의사결정을 관련 당사자 간의 논의를 통한 합의의 결과로 이해한다.
- 폐쇄적 체제로, 환경의 다양한 변화에 민감하게 반응하지 않는다.
- 관료제 조직보다 전문직 조직에 적합하다.

① 합리적 관점
② 참여적 관점
③ 정치적 관점
④ 우연적 관점

16 「독학에 의한 학위취득에 관한 법률」의 내용으로 옳지 않은 것은?

① 국가는 독학자가 학사학위를 취득하는 데에 필요한 편의를 제공하여야 한다.
② 학위취득시험에 응시할 수 있는 사람은 고등학교 졸업이나 이와 같은 수준 이상의 학력이 있다고 인정된 사람이어야 한다.
③ 일정한 학력이나 자격이 있는 사람에 대하여는 학위취득 종합시험을 면제할 수 있다.
④ 교육부장관은 학위취득 종합시험에 합격한 사람에게는 학위를 수여한다.

17 교육재정의 구조와 배분에 대한 설명으로 옳지 않은 것은?

① 학생이 교육을 받는 기간 동안 미취업에 따른 유실소득은 공부담 교육기회비용에 해당된다.
② 국가는 지방교육재정상 부득이한 수요가 있는 경우, 국가예산으로 정하는 바에 따라 보통교부금과 특별교부금 외에 따로 증액교부할 수 있다.
③ 시·도 및 시·군·자치구는 관할구역에 있는 고등학교 이하 각급학교의 교육경비를 보조할 수 있다.
④ 시·도의 교육·학예에 필요한 경비는 해당 지방자치단체의 교육비특별회계에서 부담한다.

18 허즈버그(Herzberg)의 동기-위생이론에서 교사의 직무만족을 가져다 주는 동기요인에 해당하는 것만을 모두 고르면?

| ㄱ. 근무조건 |
| ㄴ. 동료와의 관계 |
| ㄷ. 가르치는 일 자체 |
| ㄹ. 발전감 |

① ㄱ, ㄴ
② ㄱ, ㄹ
③ ㄴ, ㄷ
④ ㄷ, ㄹ

19 다음 설명에 해당하는 교육평가의 유형은?

- 평가의 교수적 기능을 중시한다.
- 최종 성취 수준에 대한 관심보다는 사전 능력 수준과 현재 능력 수준의 차이에 관심을 둔다.
- 고부담시험보다는 영향력이 낮은 평가에서 사용하는 것이 바람직하다.

① 규준참조평가
② 준거참조평가
③ 능력참조평가
④ 성장참조평가

20 다음 사례에 해당하는 학습의 전이(Transfer)가 아닌 것은?

수학 시간에 사칙연산을 배우는 것은 가게에서 물건 값을 지불하고 잔돈을 계산하는 데 도움을 준다.

① 긍정적(Positive) 전이
② 특수(Specific) 전이
③ 일반(General) 전이
④ 수평적(Lateral) 전이

교육학개론 | 2022년 지방직 9급

01 새로운 환경변화에 신축적으로 대응하고 능동적으로 대처함으로써 변화를 주도해 나가야한다는 교육행정의 원리는?

① 민주성의 원리
② 안정성의 원리
③ 전문성의 원리
④ 적응성의 원리

02 다음 설명에 해당하는 것은?

- 지능은 사회문화적 맥락의 영향을 받는, 서로 독립적인 다양한 능력으로 구성되어 있다.
- 지능의 예로 언어 지능, 논리수학 지능, 음악 지능, 공간 지능, 신체운동 지능, 대인관계 지능 등이 있다.
- 학습자는 누구나 강점 지능과 약점 지능을 가지고 있으므로, 수업방식을 다양화하는 교육방식이 필요하다.

① 스피어만(Spearman)의 일반요인이론
② 길포드(Guilford)의 지능구조모형
③ 가드너(Gardner)의 다중지능론
④ 캐롤(Carroll)의 지능위계모형

03 학교조직의 특성으로 옳지 않은 것은?

① 중심적 활동인 수업에 대한 교사의 재량권이 발휘되는 이완조직이다.
② 통일된 직무수행 기준에 따라 엄격하게 통제되는 순수한 관료제 조직이다.
③ 불분명한 목표, 불확실한 기술, 유동적인 참여를 특징으로 하는 조직화된 무질서 조직이다.
④ 느슨한 결합구조와 엄격한 결합구조를 동시에 가지고 있는 이중조직이다.

04 (가), (나)에 들어갈 말을 바르게 나열한 것은?

  (가) 은 학교가 개인을 사회적 존재로 성장시킨다고 본다. 학교는 능력주의에 따라 학생을 선발하고 교육 수준에 따라 인재를 적재적소에 배치하는 기능을 한다. 반면, (나) 은 학교가 기존의 불평등한 계층구조를 재생산한다고 본다. 학교는 교육내용뿐만 아니라 교육분위기를 통해 기존의 계층구조를 정당화하는 교육을 한다.

	(가)	(나)
①	기능주의적 관점	갈등론적 관점
②	갈등론적 관점	기능주의적 관점
③	해석적 관점	기능주의적 관점
④	현상학적 관점	갈등론적 관점

05 로저스(Rogers)의 인간중심적 상담에서 상담자에게 필요한 태도로 옳지 않은 것은?

① 체계적 둔감
② 공감적 이해
③ 일치성
④ 무조건적 긍정적 존중

06 다음 설명에 해당하는 학습법은?

- 면대면 수업이 갖는 시간적·공간적 제한점을 온라인학습의 장점을 통해 극복한다.
- 인간접촉의 부재, 홀로 학습하는 것에 대한 두려움, 동기 저하 등의 문제를 면대면 교육으로 보완한다.

① 상황학습(Situated Learning)
② 블렌디드 러닝(Blended Learning)
③ 모바일 러닝(Mobile Learning)
④ 팀기반학습(Team-based Learning)

07 다음 설명에 해당하는 교육사상가는?

- 아동이 무엇을 배울 수 있을 것인가에 대해 생각하지 않고, 성인이 알아야 할 것에 대해서만 열중하고 있다는 점을 비판하였다.
- 자연주의 교육사상을 주장하였다.
- 자신의 교육관을 담은 『에밀(Emile)』을 저술하였다.

① 루소(Rousseau)
② 페스탈로치(Pestalozzi)
③ 듀이(Dewey)
④ 허친스(Hutchins)

08 진보주의 교육원리에 대한 설명으로 옳지 않은 것은?

① 미래의 생활을 위한 준비가 아니라 현재의 생활 자체를 의미 있게 만들어야 한다.
② 학습자의 관심과 흥미를 강조한다.
③ 고대 그리스의 자유교양교육을 교육적 이상으로 삼는다.
④ 경험에 의한 학습과 학습자의 참여를 중시한다.

09 평생교육 제도에 대한 설명으로 옳지 않은 것은?

① 학습휴가제 - 평생학습 기회를 확대하기 위하여 소속 직원에게 유급 또는 무급의 학습휴가를 실시할 수 있다.
② 평생교육이용권 - 국민에게 평생교육의 기회를 제공하기 위하여 신청을 받아 평생교육이용권을 발급할 수 있다.
③ 학습계좌제 - 평생교육을 촉진하고 인적자원의 개발·관리를 위해 국민의 개인적 학습경험을 종합적으로 집중 관리한다.
④ 독학학위제 - 고등학교 졸업이나 이와 같은 수준 이상의 학력을 인정받지 못한 경우에도 학사학위 취득시험의 응시자격이 있다.

10 다음에서 설명하는 교육내용의 조직 원리는?

- 학습내용과 경험의 여러 요소는 그 깊이와 너비가 점진적으로 증가되도록 조직된다.
- 예를 들어 단순한 내용에서 복잡한 내용으로, 친숙한 내용에서 친숙하지 않은 내용으로, 선수학습에 기초해서 다음 내용으로, 사건의 역사적 발생의 순서대로, 구체적인 개념에서 추상적인 개념으로 내용을 조직할 수 있다.

① 적절성
② 스코프
③ 통합성
④ 계열성

11 「지방교육자치에 관한 법률」상 교육감에 대한 설명으로 옳지 않은 것은?

① 시·도의 교육·학예에 관한 사무의 집행기관이다.
② 교육·학예에 관한 교육규칙의 제정에 관한 사항을 관장한다.
③ 교육감후보자가 되려면 교육경력과 교육행정경력을 각각 최소 1년 이상 갖추어야 한다.
④ 주민은 교육감을 소환할 권리를 가진다.

12 다음 설명에 해당하는 타당도는?

- 검사도구에서 구한 점수와 미래에 피험자에게 나타날 행동 특성을 수량화한 준거점수 간의 상관을 토대로 한다.
- 선발, 채용, 배치를 목적으로 하는 적성검사나 선발시험 등에서 요구된다.

① 예언타당도
② 공인타당도
③ 구인타당도
④ 내용타당도

13 학습에 대한 관점 중 정보처리이론에 대한 설명으로 옳은 것은?

① 감각기억 - 인지과정에 대한 자각과 통제로 자신의 사고를 확인하고 점검하는 기능을 한다.
② 시연 - 관련 있는 내용을 공통 범주나 유형으로 묶는 과정이다.
③ 정교화 - 새로운 정보를 저장된 지식에 연결하고 의미를 부여하기 위해 정보를 재처리하는 과정이다.
④ 조직화 - 정보에 대한 시각적 이미지를 머릿속에 표상하는 과정이다.

14 다음 내용에 해당하는 교수학습이론은?

- 새로운 지식·정보와 선행 학습내용의 통합을 강조한다.
- 학습자의 인지구조에 알맞게 포섭 및 동화되도록 학습과제를 제시한다.
- 일반적이고 포괄적인 지식을 먼저 제시하고, 그다음에 세부적이고 상세한 지식을 제시한다.

① 블룸(Bloom)의 완전학습이론
② 오수벨(Ausubel)의 유의미학습이론
③ 스키너(Skinner)의 행동주의 학습이론
④ 콜린스(Collins)의 인지적 도제학습이론

15 현행법상 교육의 중립성에 대한 설명으로 옳지 않은 것은?

① 교육은 정치적·파당적 또는 개인적 편견을 전파하기 위한 방편으로 이용되어서는 아니 된다.
② 교원노동조합은 정치활동을 할 수 없다.
③ 교원은 특정한 정당이나 정파를 지지하거나 반대하기 위하여 학생을 지도하거나 선동하여서는 아니 된다.
④ 공립학교에서는 학교운영위원회의 동의가 있는 경우 특정한 종교를 위한 종교교육을 할 수 있다.

16 다음 설명에 해당하는 상담은?

- 엘리스(Ellis)가 창시자이다.
- 상담과정은 A(Activating Events, 선행사건) → B(Beliefs, 신념) → C(Consequences, 결과) → D(Disputing, 논박) → E(Effects, 효과) 과정으로 진행된다.
- 자신, 타인, 세상에 대한 비현실적인 기대와 요구를 합리적으로 변화시키는 데 초점을 둔다.

① 합리적·정서적 행동 상담
② 게슈탈트 상담
③ 개인심리학적 상담
④ 정신분석적 상담

17 교수학습 방법에 대한 설명으로 옳지 않은 것은?

① 문제중심학습(Problem-Based Learning) – 문제의 성격이 불분명한 비구조적 문제를 교수자가 사전에 제거할수록 학습자의 학습효과를 높일 수 있다.
② 토의법(Discussion Method) – 학습자 상호간의 상호작용을 전제로 학습구성원의 자발성, 창의성 및 미지에 대한 인내심을 요구한다.
③ 직소모형(Jigsaw Model) – 협동학습 교수모형의 하나로 모집단이 전문가집단으로 갈라졌다가 다시 모집단으로 돌아오는 과정에서 구성원 간 상호의존성과 협동성을 유발하게 된다.
④ 발견학습(Discovery Learning) – 교수자는 학습자의 발견과정을 촉진하고 안내하는 역할을 담당하고, 학습자는 가설 검증을 통해 능동적으로 학습하는 주체가 된다.

18 실존주의 교육철학에 대한 설명으로 옳지 않은 것은?

① '나–너'의 진정한 만남을 통해 인간의 본래 모습을 회복한다.
② 불안, 초조, 위기, 각성, 모험 등의 개념에 주목한다.
③ 부버(Buber), 볼르노(Bollnow) 등이 대표적인 학자이다.
④ 의도적인 사전 계획과 지속적인 훈련을 강조한다.

19 지방교육재정교부금에 대한 설명으로 옳지 않은 것은?

① 교육의 균형 있는 발전을 목적으로 확보·배분된다.
② 지방자치단체 교육비특별회계의 세입 재원에 포함되지 않는다.
③ 국가는 회계연도마다 「지방교육재정교부금법」에 따른 교부금을 국가예산에 계상(計上)하여야 한다.
④ 「지방교육재정교부금법」상 지방자치단체에 교부하는 교부금은 보통교부금과 특별교부금으로 나눈다.

20 다음 설명에 해당하는 교육평등의 관점은?

- 단지 취학의 평등만으로는 충분하지 않다.
- 고교평준화 정책이 지향한 목적이다.
- 시설, 교사의 자질, 교육과정 등에서 학교 간에 차이가 없어야 교육평등이 실현된다.

① 교육기회의 허용적 평등
② 교육기회의 보장적 평등
③ 교육조건의 평등
④ 교육결과의 평등

교육학개론 | 2021년 지방직 9급

01 다음 설명에 해당하는 교내 자율장학의 형태는?

- 교사들의 교수-학습 기술 향상을 위해 교장·교감이나 외부 장학요원, 전문가, 자원인사 등이 주도하는 개별적이고 체계적인 성격이 강한 조언 활동이다.
- 주로 초임교사, 저경력교사 등을 대상으로 진행된다.
- 구체적인 형태로는 임상장학, 마이크로티칭 등이 있다.

① 동료장학　　② 발달장학
③ 수업장학　　④ 자기장학

02 경제협력개발기구(OECD)에 의하여 구상된 혁신적 교육프로그램으로, 사회에 진출한 사람들을 다시 정규교육 기관에 입학하게 하여 재학습의 기회를 주는 교육은?

① 계속교육　　② 생애교육
③ 성인교육　　④ 순환교육

03 (가), (나)에 들어갈 단어를 바르게 나열한 것은?

(가) 은(는) 사회화를 보편적 사회화와 특수 사회화로 구분하면서 도덕교육을 강조하였다. 그리고 사회의 동질성을 유지하기 위해 한 사회의 공통적인 감성과 신념, 집단의식을 새로운 세대에 내면화시키는 (나) 가 필요하다고 주장하였다.

	(가)	(나)
①	뒤르켐(Durkheim)	특수 사회화
②	뒤르켐(Durkheim)	보편적 사회화
③	파슨스(Parsons)	특수 사회화
④	파슨스(Parsons)	보편적 사회화

04 교육행정의 원리에 대한 설명으로 옳지 않은 것은?

① 안정성의 원리는 교육정책을 일관되고 지속적으로 추진해야 한다는 것이다.
② 효율성의 원리는 교육에 투입되는 비용을 상대적으로 적게 하면서 교육목표를 달성하려는 것이다.
③ 자주성의 원리는 지역의 특수성과 다양성을 반영하여 주민의 적극적인 의사와 자발적인 참여를 강조하는 것이다.
④ 민주성의 원리는 이해당사자들의 의사를 적극적으로 반영하고 그들을 의사결정과정에 적절하게 참여시켜야 한다는 것이다.

05 교사의 동기과정이론에 대한 설명으로 옳은 것은?

① 목표설정 이론은 직무에서 만족을 주는 요인과 불만족을 주는 요인을 독립된 별개의 차원으로 본다.
② 공정성 이론은 보상의 양뿐 아니라 그 보상이 공정하다고 지각하는 정도가 만족을 결정한다고 본다.
③ 기대 이론은 동기를 개인의 여러 가지 자발적인 행위 중에서 자신의 선택을 지배하는 과정으로 본다.
④ 성과-만족 이론은 자신이 투자한 투입 대 결과의 비율을 타인의 그것과 비교하여 공정성을 판단한다고 본다.

06 문화실조론의 주장으로 옳지 않은 것은?

① 학생의 학습실패 중요 요인으로 학생의 문화적 경험 부족을 지목한다.
② 문화적 상대주의 관점이며, 학생 간의 교육격차가 문화적 결핍보다는 문화적 차이 때문이라고 본다.
③ 빈곤가정의 결핍된 문화적 환경을 보상하기 위한 프로그램 중 하나가 헤드스타트 프로그램이다.
④ 학교에서 학생들의 성공과 실패는 유전적으로 결정된 것이 아니라고 본다.

07 「평생교육법」상 평생학습도시에 대한 설명으로 옳지 않은 것은?

① 평생학습도시의 지정 및 지원에 필요한 사항은 교육부장관이 정한다.
② 전국평생학습도시협의회의 구성 및 운영에 필요한 사항은 교육부령으로 정한다.
③ 평생학습도시 간의 연계·협력 및 정보교류의 증진을 위하여 전국평생학습도시협의회를 둘 수 있다.
④ 국가는 지역사회의 평생교육 활성화를 위하여 시·군 및 자치구를 대상으로 평생학습도시를 지정 및 지원할 수 있다.

08 우리나라의 현행 지방교육자치제도에 대한 설명으로 옳은 것은?

① 부교육감은 대통령이 임명한다.
② 교육감의 임기는 4년이며 2기에 걸쳐 재임할 수 있다.
③ 지방교육자치제의 실시 단위는 시·군·구 기초자치단체를 단위로 한다.
④ 시·도 교육청에 교육위원회를 두고 교육의원은 주민이 직접 선거하여 선출한다.

09 2015 개정 교육과정에 근거해 볼 때, (가)에 들어갈 말은?

(가) 은(는) 학생들이 교과를 통해 배워야 할 내용과 이를 통해 수업 후 할 수 있거나 할 수 있기를 기대하는 능력을 결합하여 나타낸 활동의 기준을 의미하며, 학생의 특성·학교 여건 등에 따라 교육과정 및 교과서 내용을 분석하여 교과협의회를 통해 재구조화할 수 있다.

① 성취기준 ② 성취수준
③ 평가기준 ④ 평가요소

10 개화기에 설립된 우리나라 관립 신식학교에 해당하는 것만을 모두 고르면?

ㄱ. 동문학
ㄴ. 육영공원
ㄷ. 연무공원

① ㄱ, ㄴ ② ㄱ, ㄷ
③ ㄴ, ㄷ ④ ㄱ, ㄴ, ㄷ

11 포스트모더니즘의 특징으로 옳지 않은 것은?

① 다원주의를 표방한다.
② 반권위주의를 표방한다.
③ 반연대의식을 표방한다.
④ 반정초주의를 표방한다.

12 렌줄리(Renzulli)가 제시한 영재성의 세 가지 요소에 해당하지 않는 것은?

① 높은 도덕성
② 높은 창의성
③ 높은 과제집착력
④ 평균 이상의 능력

13 강화에 대한 설명으로 옳은 것만을 모두 고르면?

ㄱ. 행동의 강도와 빈도를 높이는 데 있어 강화보다 벌이 더 효과적이다.
ㄴ. 선호하지 않는 것을 제거함으로써 행동의 강도와 빈도를 높일 수 있다.
ㄷ. 선호하는 것을 제공함으로써 행동의 강도와 빈도를 높일 수 있다.

① ㄱ, ㄴ
② ㄱ, ㄷ
③ ㄴ, ㄷ
④ ㄱ, ㄴ, ㄷ

14 학습이론에 대한 설명으로 옳지 않은 것은?

① 형태주의 심리학에 따르면 학습은 계속적인 시행착오의 결과이다.
② 사회인지이론에 따르면 개인, 행동, 환경의 상호작용에 의해 학습이 이루어진다.
③ 행동주의 학습이론에 따르면 학습의 근본적인 원리는 자극과 반응 간의 연합이다.
④ 정보처리이론에 따르면 정보저장소는 감각기억, 작업기억, 장기기억의 세 가지로 구분된다.

15 다음 설명에 해당하는 교수-학습 이론은?

전문가와 초심자 간의 특정한 관계 속에서 실제적 과제를 해결해 나가는 과정을 통하여 새로운 지식을 구성함으로써 개념을 발전시켜 나간다. 전문가는 초심자의 지식 구성과정을 도와주는 역할을 하며, 초심자는 전문가와의 토론이나 초심자 간의 토론을 통하여 사회적 학습행동을 습득하고 자신의 인지적 활동을 통제하면서 인지능력을 개발한다.

① 상황학습 이론
② 문제기반학습 이론
③ 인지적 융통성 이론
④ 인지적 도제학습 이론

16. 다음 설명에 해당하는 상담이론은?

> 이 상담이론에서는 인간이 통제력 또는 선택할 수 있는 능력을 갖고 있으므로, 궁극적으로 자기 삶에 책임을 가져야 한다고 주장한다. 상담의 목표는 내담자로 하여금 책임 있는 행동을 학습하여 성공정체감을 발달시키게 하는 것이다. 따라서 상담자는 내담자에게 '원하는 게 무엇인지를 확인한 후 지금부터 계획을 세우자'고 유도함으로써 내담자가 변명이나 구실을 찾지 못하게 하고 자신의 감정이나 행동에 책임을 지도록 도와준다.

① 인간중심 상담
② 정신분석적 상담
③ 행동주의 상담
④ 현실 요법

17. 준거참조평가의 특징으로 옳은 것만을 모두 고르면?

> ㄱ. 경쟁을 통한 학습자의 외적 동기 유발에 부족하다.
> ㄴ. 탐구정신 함양, 지적인 성취동기 자극 등을 장점으로 들 수 있다.
> ㄷ. 고등 정신능력의 함양보다는 암기 위주의 학습을 유도할 가능성이 있다.
> ㄹ. 일정 점수 이상을 획득한 대상에게 자격증을 부여할 때 주로 사용하는 평가이다.

① ㄴ, ㄷ
② ㄷ, ㄹ
③ ㄱ, ㄴ, ㄹ
④ ㄱ, ㄴ, ㄷ, ㄹ

18. 2015 개정 교육과정 총론에서 제시된 핵심역량에 해당하지 않는 것은?

① 세계시민 역량
② 자기관리 역량
③ 심미적 감성 역량
④ 창의적 사고 역량

19. 교육재정 제도와 정책에 대한 설명으로 옳지 않은 것은?

① 사립학교의 재원은 학생 등록금, 학교 법인으로부터의 전입금 두 가지로만 구성된다.
② 학부모 재원은 수업료, 입학금, 기성회비 혹은 학교운영지원비로 구분할 수 있다.
③ 국세교육세는 「교육세법」에 의하여 세원과 세율이 결정되고, 지방교육세는 「지방세법」에 의하여 세원과 세율이 결정된다.
④ 중앙정부가 부담하는 지방교육재정 교부금 재원은 교육세 세입액 중 일부와 내국세의 일정 비율에 해당하는 금액으로 구성된다.

20. 통일신라의 국학과 고려의 국자감에서 공통으로 필수 과목이었던 두 책은?

① 『논어』와 『맹자』
② 『논어』와 『효경』
③ 『소학』과 『가례』
④ 『소학』과 『대학』

교육학개론 | 2020년 지방직 9급

01 실존주의 교육철학의 특징에 해당하는 것은?

① 삶의 긍정적 · 부정적 측면을 통해 학습자 스스로가 삶의 문제를 해결하고 주체적으로 성장할 수 있다.
② 교육의 사회적 역할을 강조하고 교육을 통한 사회개조를 강조한다.
③ 교육의 주도권은 교사에게 있고 교육과정의 핵심은 소정의 교과를 철저하게 이수하는 것이다.
④ 교육에서 현실의 학문을 무시하고 고전의 지식을 영원한 것으로 여기며 지적인 훈련을 매우 강조한다.

02 다음과 관련된 교육과정은?

- 교실풍토의 영향
- 잭슨(Jackson)
- 군집, 상찬, 평가 등이 학생의 삶에 미치는 영향
- 학생에게 무(無)의도적으로 전달되는 교육과정

① 공식적 교육과정
② 영 교육과정
③ 잠재적 교육과정
④ 실제적 교육과정

03 파슨스(Parsons)의 관점으로 옳은 것만을 모두 고르면?

ㄱ. 사회화는 장차 성인이 되어 담당하게 될 역할수행에 필요한 정신적 자세와 자질을 기르는 것이다.
ㄴ. 학교교육은 지배와 종속의 관계를 유지시켜 주는 역할을 한다.
ㄷ. 역할을 담당할 인재를 선발하여 적재적소에 배치하는 것이 교육의 중요한 기능이다.

① ㄱ, ㄴ
② ㄱ, ㄷ
③ ㄴ, ㄷ
④ ㄱ, ㄴ, ㄷ

04 다음 주장을 한 학자는?

- 학교는 자본주의적 사회관계의 유지에 필수적인 통합기능을 수행하는 기관이라고 보았다.
- 경제적 재생산이라는 개념을 사용하여 학교교육이 자본주의 경제체제를 재생산하는 데 어떻게 기여하는지 그 메커니즘을 설명하고자 하였다.
- 학교 교육체제에서 학생이 미래에 차지할 경제적 위치를 반영하여 차별적 사회화가 이루어진다고 주장하였다.

① 해비거스트(Havighurst)
② 보울스와 진티스(Bowles & Gintis)
③ 콜만(Coleman)
④ 번스타인과 영(Bernstein & Young)

05 다음 설명에 해당하는 롤스(Rawls)의 교육평등 원리는?

- 모든 이익이 평등하게 분배되도록 요구하지는 않지만 평등한 분배로부터의 일탈은 결과적으로 모든 사람에게 이득이 될 경우에만 인정되어야 함을 요구한다.
- 사회적으로 가장 불리한 입장에 있는 사람의 필요에 특히 신경 쓸 것을 요구한다.
- 모든 사람이 평등하게 살아야 한다는 것이 아니라 어떤 사람이 다른 사람의 희생으로 잘 살게 되는 것을 금지하는 것이다.

① 공정한 경쟁의 원리
② 최대이익의 원리
③ 차등의 원리
④ 인간존중의 원리

06 평생교육의 영역 중 인문교양교육에 해당하는 것은?
〈변형〉

① 건강심성 프로그램
② 시민참여활동 프로그램
③ 생활문화예술 프로그램
④ 레저생활스포츠 프로그램

07 우리나라 개화기 교육에 대한 설명으로 옳지 않은 것은?

① 동문학은 통역관 양성을 위한 목적으로 출발하였다.
② 배재학당은 우리나라 최초로 설립된 민간 신식교육기관이다.
③ 육영공원은 엘리트 양성을 위한 목적으로 설립된 관립 신식교육기관이다.
④ 안창호는 대성학교를 설립하여 무실역행을 강조하였다.

08 검사도구의 양호도에 대한 설명으로 옳은 것은?

① 실용도는 시간, 비용, 노력 측면에서 검사가 얼마나 경제적인지를 나타낸다.
② Cronbach's α계수는 재검사 신뢰도의 일종이다.
③ 객관도는 신뢰도보다는 타당도에 가까운 개념이다.
④ 높은 신뢰도는 높은 타당도가 되기 위한 충분조건이다.

09 아리스토텔레스의 교육사상에 대한 설명으로 옳은 것만을 모두 고르면?

ㄱ. 모든 인간은 장차 실현될 모습을 스스로 지니고 있다는 목적론적 세계관을 지향한다.
ㄴ. 교육의 최종적인 목적은 행복한 삶을 영위할 수 있는 인간을 기르는 것이다.
ㄷ. 자유교육은 직업을 준비하거나 실용적인 목적을 위해 행해지는 것이 아니라 지식 자체의 목적에 맞추어져 있다.

① ㄱ, ㄴ
② ㄱ, ㄷ
③ ㄴ, ㄷ
④ ㄱ, ㄴ, ㄷ

10 피어슨(Pearson)의 적률상관계수를 활용하여 독서량과 국어 원점수 간의 상관을 분석하는 과정에 나타날 수 있는 현상으로 옳은 것만을 모두 고르면?

> ㄱ. 극단한 값(Outlier)의 영향을 크게 받을 수 있다.
> ㄴ. 두 변수가 곡선적인 관계를 보이면 상관이 과소추정될 우려가 있다.
> ㄷ. 국어 원점수를 T점수로 변환하면 두 변수 간의 상관계수는 달라진다.

① ㄱ, ㄴ
② ㄱ, ㄷ
③ ㄴ, ㄷ
④ ㄱ, ㄴ, ㄷ

11 원격교육에 대한 설명으로 옳지 않은 것은?

① 원격교육은 컴퓨터 통신망을 기반으로 등장하였다.
② 각종 교재개발과 학생지원 서비스 등을 위한 물리적·인적 조직이 필요하다.
③ 교수자와 학습자가 물리적으로 떨어져 있으나 교수·학습매체를 통해 의사소통을 한다.
④ 다수를 대상으로 하면서도 공학적인 기재를 사용하여 사전에 계획, 준비, 조직된 교재로 개별학습이 이루어진다.

12 구성주의 교육에 대한 설명으로 옳은 것만을 모두 고르면?

> ㄱ. 교수의 내용은 객관적 법칙이라고 밝혀진 체계화된 지식이다.
> ㄴ. 실재하는 지식을 효과적으로 전달할 수 있는 교수·학습방법을 강조한다.
> ㄷ. 학습자가 정보를 획득하고 의미를 재구성할 수 있도록 복잡하고 비구조화된 과제를 제시한다.
> ㄹ. 협동 수업, 소집단 활동, 문제해결학습 등을 통해 사고와 메타인지를 촉진하는 다양한 교육방법을 적용한다.

① ㄱ, ㄴ
② ㄱ, ㄹ
③ ㄴ, ㄷ
④ ㄷ, ㄹ

13 다음 설명에 해당하는 것은?

> • 학교교사가 공동으로 노력하도록 함으로써 장학활동을 위해 학교의 인적 자원을 최대한 활용할 수 있다.
> • 수업개선 전략에 대한 책임감을 부여함으로써 수업개선에 기여할 수 있다는 성취감을 갖게 할 수 있다.
> • 교사관계를 증진할 수 있고, 학교 및 학생 교육에 대한 적극적인 자세와 전문적 신장을 도모할 수 있다.

① 임상장학
② 동료장학
③ 약식장학
④ 자기장학

14 칼슨(Carlson)의 분류에 따를 때, 공립학교가 해당되는 유형은?

조직의 고객선택권 \ 고객의 참여결정권	유	무
유	유형 I	유형 III
무	유형 II	유형 IV

① 유형 I
② 유형 II
③ 유형 III
④ 유형 IV

15 배스(Bass)의 변혁적 리더십 요인에 대한 설명으로 옳지 않은 것은?

① 지적 자극 – 기존 상황에 새롭고 개방적인 방식으로 접근함으로써 구성원이 혁신적이고 창의적이 되도록 유도한다.
② 개별적 배려 – 구성원의 개인적 성장 욕구에 세심한 관심을 기울이고 학습 기회를 만들어 그들의 잠재력을 발전시킨다.
③ 추진력 – 결단력과 업무 추진력으로 조직을 변혁하고 높은 성과를 유도해야 한다.
④ 이상화된 영향력 – 구성원으로부터 신뢰와 존경을 받고 동일시와 모방의 대상이 되어 이상적인 영향력을 행사한다.

16 브루너(Bruner)의 교수이론에 대한 설명으로 옳지 않은 것은?

① 어떤 교과든지 지적으로 올바른 형식으로 표현하면 어떤 발달 단계에 있는 아동에게도 효과적으로 가르칠 수 있다.
② 학습자의 발달 단계에 맞게 학습내용을 구조화하고 조직함으로써 학습자가 교과내용을 잘 이해할 수 있다.
③ 지식의 표상 양식은 영상적 표상으로부터 작동(행동)적 표상을 거쳐 상징적 표상의 순서로 발달해 나간다.
④ 지식의 구조를 이해하게 되면 학습자 스스로가 사고를 진행할 수 있으며, 최소한의 지식으로 많은 것을 알 수 있다.

17 교수설계이론에 대한 설명으로 옳은 것은?

① 개발단계 – 학습을 위해 개발된 자원과 과정을 실제로 사용하는 것을 말한다.
② 실행단계 – 설계에서 구체화된 내용을 물리적으로 완성하는 단계로 실제 수업에서 사용할 자료를 만든다.
③ 평가단계 – 앞으로의 효과 및 결과를 예견하고 평가하는 과정으로 학습과 관련된 요인과 학습자 요구를 면밀히 분석한다.
④ 설계단계 – 설정된 목표를 달성하기 위해 어떤 내용을 어떻게 조직하고 제시해야 효과적인 결과를 얻을 것인가를 핵심질문으로 하는 수업의 청사진이다.

18 아동의 인지발달과정에 대한 피아제(Piaget)와 비고츠키(Vygotsky) 이론의 차이점으로 옳지 않은 것은?

① 피아제는 학습이 발달을 주도한다고 보는 반면 비고츠키는 발달에 기초하여 학습이 이루어진다고 본다.
② 피아제는 아동은 스스로 세계를 구조화하고 이해하는 존재라고 생각한 반면 비고츠키는 아동이 타인과의 관계에서 영향받아 성장하는 사회적 존재임을 강조한다.
③ 피아제는 혼잣말을 미성숙하고 자기중심적 언어로 보지만 비고츠키는 혼잣말이 자신의 사고를 위한 수단, 문제해결을 위한 사고의 도구라고 생각한다.
④ 피아제는 개인 내적 지식이 사회적 지식으로 확대 또는 외면화된다고 보는 반면 비고츠키는 사회적 지식이 개인 내적 지식으로 내면화된다고 본다.

19 행동주의 학습이론에 대한 설명으로 옳은 것은?

① 고정비율 강화계획은 일정한 시간 간격을 기준으로 강화가 제시되는 것을 의미한다.
② 부적 강화란 어떤 행동 후 싫어하는 자극을 제거함으로써 특정 행동을 증가시키는 것을 의미한다.
③ 일차적 강화물은 그 자체로 강화능력을 가지고 있지 않는 자극이 다른 강화물과 연합하여 가치를 얻게 된 강화물이다.
④ 프리맥 원리는 차별적 강화를 이용하여 목표와 근접한 행동을 단계적으로 형성해 나가는 것이다.

20 상담이론에 대한 설명으로 옳은 것은?

① 내담자 중심 상담 – 미해결 갈등을 이해하는 것이 개인의 정신역동을 이해하는 방법이다.
② 행동주의 상담 – 인간의 행동을 개인이 선택한 것으로 바라보며 행동의 원인보다는 목적에 더 주목하면서 자아실현을 강조한다.
③ 의사교류분석 – 가족치료에서 시작된 이론으로 내담자의 욕구를 파악한 후 현실과 맞서도록 심리적인 힘을 개발할 수 있도록 돕는다.
④ 합리적·정서적 행동 상담 – 인간의 감정, 즉 정서적 문제의 원인이 비합리적 신념임을 가정하고 이를 합리적 신념으로 변화시키기 위한 치료기법을 개발하였다.

교육학개론 | 2019년 지방직 9급

01 「학교폭력예방 및 대책에 관한 법률」상 중학교에서 발생한 학교폭력 문제 처리과정에서 중학생인 가해학생에 대해 취할 수 있는 조치가 아닌 것은?

① 출석정지
② 학급교체
③ 전학
④ 퇴학처분

02 ㉠~㉢에 들어갈 평가 유형을 바르게 연결한 것은?

유형	(㉠)	(㉡)	(㉢)
시행 시기	수업 전	수업 중	수업 후
목적	출발점 행동과 학습결손의 원인을 확인하고자 한다.	수업지도방법을 개선하거나 학습행동을 강화하고자 한다.	수업 목표의 달성 여부를 판단하고자 한다.

	㉠	㉡	㉢
①	진단평가	총괄평가	형성평가
②	진단평가	형성평가	총괄평가
③	형성평가	진단평가	총괄평가
④	총괄평가	형성평가	진단평가

03 행동주의 학습이론에 대한 설명으로 옳지 않은 것은?

① 환경은 학습자의 행동에 영향을 끼치는 변인이다.
② 학습자는 상황에 관계없이 스스로 사고하고 판단하는 존재이다.
③ 바람직한 행동뿐만 아니라 부적응 행동도 학습의 결과이다.
④ 학습은 외현적 행동으로 나타나기 때문에 과학적 연구가 가능하다.

04 교육과정 이론에 대한 설명으로 옳지 않은 것은?

① 학문중심 교육과정은 나선형 교육과정의 원리를 채택한다.
② 인간중심 교육과정은 정의적 특성의 발달보다는 지적 능력의 성취를 강조한다.
③ 경험중심 교육과정은 학습자의 삶과 관련이 있는 다양한 경험을 주된 교육내용으로 삼는다.
④ 교과중심 교육과정은 문화유산의 전달을 목적으로 하는 내용을 논리적으로 체계화하여 교과로 분류한다.

05 신라 시대의 국학(國學)에 대한 설명으로 옳은 것은?

① 교수와 훈도를 교관으로 두어 교육하게 하였다.
② 6두품 출신 자제들에게만 입학 자격이 부여되었다.
③ 독서삼품과를 도입하여 독서의 정도에 따라 관직에 진출시켰다.
④ 수학 기간은 관직에 진출할 때까지 누구에게도 제한하지 않았다.

06 우리나라 지방교육자치제도에 대한 설명으로 옳지 않은 것은?

① 시·도의 교육·학예에 관한 경비를 따로 경리하기 위하여 당해 지방자치단체에 교육비특별회계를 둔다.
② 정당은 교육감선거에 후보자를 추천할 수 없다.
③ 지방자치단체의 교육·학예에 관한 사무를 효율적으로 처리하기 위하여 지방교육행정협의회를 둔다.
④ 시·도의 교육·학예에 관한 사무의 심의기관으로 교육감을 둔다.

07 다음 설명에 해당하는 동기이론은?

- 동기 행동이 유발되는 과정에 초점을 맞춘다.
- 유인가, 성과기대, 보상기대의 세 가지 기본 요소를 토대로 이론적 틀을 구축하였다.
- 개인의 가치와 태도는 역할기대, 학교문화와 같은 요소와 상호작용하여 행동에 영향을 미친다고 가정한다.

① 브룸(V. H. Vroom)의 기대이론
② 허즈버그(F. Herzberg)의 동기-위생이론
③ 아담스(J. H. Adams)의 공정성이론
④ 알더퍼(C. P. Alderfer)의 생존-관계-성장이론

08 부르디외(P. Bourdieu)의 문화재생산 이론에 부합하는 내용만을 모두 고르면?

ㄱ. 교육은 사회에 적합한 인간을 양성하는 순기능적인 사회화 과정이다.
ㄴ. 문화자본은 가정에서 자녀의 교육을 위해 지출하는 직접적인 교육비를 의미한다.
ㄷ. 지배집단은 자신들의 문화를 학교교육에 투입시켜 불평등한 사회적 관계를 정당화한다.
ㄹ. 학교에서 가치 있다고 여겨지는 문화자본을 많이 소유한 사람이 그렇지 못한 사람에 비해 성공할 가능성이 높다.

① ㄱ, ㄴ
② ㄱ, ㄷ
③ ㄴ, ㄹ
④ ㄷ, ㄹ

09 「교육공무원법」상 고등학교 이하 각급학교 기간제교원으로 임용할 수 있는 경우가 아닌 것은?

① 교원이 병역 복무를 사유로 휴직하게 되어 후임자의 보충이 불가피한 경우
② 특정 교과를 한시적으로 담당하도록 할 필요가 있는 경우
③ 유치원 방과후 과정을 담당하도록 할 필요가 있는 경우
④ 학부모의 요구가 있는 경우

10 검사도구의 신뢰도를 높이기 위한 방법에 해당하지 않는 것은?

① 새로 실시한 검사와 이미 공인된 검사 사이의 유사도를 추정한다.
② 실시한 하나의 검사를 두 부분으로 나누어 각 부분의 측정 결과 간의 유사도를 추정한다.
③ 동일한 집단에게 동일한 검사를 일정한 간격을 두고 반복 실시하여 두 검사 간의 일관성 정도를 추정한다.
④ 동일한 집단에게 검사의 특성이 거의 같은 두 개의 검사를 실시하여 두 점수 간의 유사성 정도를 추정한다.

11 다음과 같은 주장을 하는 현대교육사상가는?

현대의 위기상황에서 잃어버린 인간의 본래적 모습을 회복할 수 있는 방안은 인간들 간의 대화적, 실존적 만남 속에서 서로의 독특성을 발견하는 데 있다. 교육도 이러한 인격적 만남에 기초해야만 한다. 따라서 교수 목표는 지식 교육이 아니라 아동과의 관계형성을 통한 정체성 확립에 있다.

① 부버(M. Buber)
② 듀이(J. Dewey)
③ 브라멜드(T. Brameld)
④ 허친스(R. M. Hutchins)

12 피아제(J. Piaget)의 인지발달단계를 순서대로 바르게 나열한 것은?

ㄱ. 전조작기
ㄴ. 형식적 조작기
ㄷ. 감각운동기
ㄹ. 구체적 조작기

① ㄱ → ㄴ → ㄷ → ㄹ
② ㄱ → ㄷ → ㄴ → ㄹ
③ ㄷ → ㄱ → ㄹ → ㄴ
④ ㄷ → ㄴ → ㄱ → ㄹ

13 다음의 특징을 가진 상담기법은?

- 비(非)지시적 상담이라는 별칭을 갖고 있다.
- 상담자와 내담자 사이의 촉진적 관계를 강조한다.
- 인간은 합목적적이고 건설적이며 선한 존재라고 가정한다.
- 상담의 목표는 내담자가 자신의 모습대로 살아가게 하고 잠재력을 실현하도록 하는 데 있다.

① 인지적 상담기법
② 행동주의 상담기법
③ 인간중심 상담기법
④ 정신분석 상담기법

14 브루너(J. S. Bruner)의 '지식의 구조'에 대한 설명으로 옳지 않은 것은?

① 경험중심 교육과정의 핵심적인 원리이다.
② 특정 학문에서의 학문 현상을 이해하기 위한 개념적 수단이다.
③ 학문에 내재해 있는 기본적인 아이디어나 개념들을 구조화한 것이다.
④ 배운 내용을 사태에 적용하기 쉽고 위계적인 지식 사이의 간격을 좁힐 수 있게 해준다.

15 플라톤이 『국가론』에서 주장한 내용으로 옳은 것은?

① 교육의 궁극적인 목적은 개인의 자아실현에 있다.
② 국가는 능력에 따라 구분된 계급에 적합한 교육을 시켜야 한다.
③ 모든 인간은 백지상태에서 태어나므로 개인의 사회적 역할은 평등하다.
④ 국가는 교육에 최소한으로 개입하여 개인의 발달을 보장해야 한다.

16 헌법 제31조에서 규정하고 있는 교육에 관한 내용으로 옳지 않은 것은?

① 균등하게 교육받을 권리
② 고등학교까지의 의무교육 무상화
③ 교육의 정치적 중립성
④ 교육제도의 법정주의

17 헤르바르트(J. F. Herbart) 4단계 교수론에서 다음이 설명하는 단계는?

이 단계에서는 지식 사이의 중요한 관련과 중요하지 않은 관련이 명백히 구분되고, 지식은 하나의 통일된 전체로 배열된다. 이 단계에서 학습의 성공은 학습자의 내부에 들어 있는 표상들이 완전한 통합을 이루도록 하는 데 있다.

① 명료화(Clearness)
② 연합(Association)
③ 방법(Method)
④ 체계(System)

18 경제협력개발기구(OECD)가 제안한 순환교육에 대한 설명으로 옳지 않은 것은?

① 의무교육과 같은 정규교육 영역을 중심으로 제안한 전략이다.
② 사적 영역에서 이루어지고 있는 직무교육을 포함한다.
③ 교육은 개인의 전 생애 동안 순환적인 방법으로 배분될 수 있다고 가정한다.
④ 교육과 일, 자발적 비고용 기간, 은퇴가 서로 교차할 수 있다는 것을 기본 원리로 삼는다.

19 공·사교육비를 '공공의 회계절차를 거치는가'에 따라 분류할 때, 공교육비에 해당하지 않는 것은?

① 학생이 학교에 내는 입학금
② 학생이 사설학원에 내는 학원비
③ 학부모가 부담하는 학교운영지원비
④ 학교법인이 부담하는 법인전입금

20 콜버그(L. Kohlberg)의 도덕성 발달이론에 비추어 볼 때, 다음 상황에 대한 아동의 대답이 해당하는 발달단계는?

― 〈상 황〉 ―
한 남자의 아내가 죽어가고 있다. 아내를 살릴 수 있는 약이 있지만 너무 비싸고, 약사는 싼 가격에는 약을 팔려고 하지 않는다. 남자는 아내를 위해 하는 수 없이 약을 훔쳤다. 남자는 정당한 일을 하였는가?

― 〈아동의 대답〉 ―
"나는 찬성한다. 좋은 남편은 아내를 잘 돌보아야 하기 때문에 사랑하는 아내를 살리기 위한 이러한 행위는 정당하다."

① 1단계: 복종과 처벌 지향
② 2단계: 개인적 쾌락주의
③ 3단계: 착한 소년/소녀 지향
④ 4단계: 사회질서와 권위 지향

교육학개론 | 2018년 교육청 9급

01 다음 내용과 가장 관련이 깊은 것은?

- 핵심 주제는 정의, 즉 올바른 삶이다.
- 올바른 삶을 위해 가장 중요한 것은 이성의 덕인 지혜를 갖추는 것이다.
- 초기교육은 음악과 체육을 중심으로 하고, 후기 교육은 철학 또는 변증법을 강조한다.

① 플라톤(Platon)의 『국가론』
② 루소(J. J. Rousseau)의 『에밀』
③ 듀이(J. Dewey)의 『민주주의와 교육』
④ 피터스(R. S. Peters)의 『윤리학과 교육』

02 다음은 학교장이 학부모 연수에서 강조한 내용이다. 이에 가장 부합하는 교육철학은?

우리 학교는 지금까지 지식 교육에 매진해 온 결과, 학업성취도에서는 우수한 성과를 거두었습니다. 하지만 학생들은 그다지 행복하지 않은 것 같고, 왜 교과 지식을 배우는지도 모르는 것 같습니다. 그래서 저는 앞으로 교과보다는 학생에 관심을 기울이고, 교사와 학생의 인격적 만남을 중시하며, 교과 지식도 학생 개개인의 삶에 의미 있는 것이 되도록 하는 학교를 만들어 가겠습니다.

① 분석적 교육철학
② 항존주의 교육철학
③ 본질주의 교육철학
④ 실존주의 교육철학

03 서양의 감각적 실학주의(Sensual Realism)에 관한 설명으로 가장 적절한 것은?

① 인문주의 교육을 비판한 몽테뉴(Montaigne)가 대표적인 사상가이다.
② 고전을 중시하지만, 고전을 가르치는 목적이 현실 생활을 이해하는 데 있다.
③ 세상은 가장 훌륭한 교과서이며, 세상사에 밝은 인간을 기르는 데 교육의 목적이 있다.
④ 자연과학의 지식과 방법론을 활용하여 교육의 현실적 적합성과 실용성을 추구한다.

04 조선 시대 성균관의 학령에 대한 설명으로 옳은 것을 〈보기〉에서 고른 것은?

〈보 기〉

ㄱ. 사서오경과 역사서뿐만 아니라 노자와 장자, 불교, 제자백가 관련 서적도 함께 공부하도록 하였다.
ㄴ. 매월 옷을 세탁하도록 주어지는 휴가일에는 활쏘기와 장기, 바둑, 사냥, 낚시 등의 여가활동을 허용하였다.
ㄷ. 유생으로서 재물과 뇌물을 상의하는 자, 주색을 즐겨 말하는 자, 권세에 아부하여 벼슬을 꾀하는 자는 벌하도록 하였다.
ㄹ. 매년 여러 유생이 함께 의논하여 유생들 중 품행이 탁월하고 재주가 출중하며 시무에 통달한 자 한두 명을 천거하도록 하였다.

① ㄱ, ㄴ   ② ㄱ, ㄹ
③ ㄴ, ㄷ   ④ ㄷ, ㄹ

05 「평생교육법」상 학습휴가제에 대한 설명으로 옳은 것은?

① 도서비·교육비·연구비 등 학습비를 지원할 수 있다.
② 공공기관 소속 직원의 경우에는 무급으로만 가능하다.
③ 100인 이상의 사업장에서는 의무적으로 실시해야 한다.
④ 지방자치단체 소속 직원의 경우에는 적용 대상에서 제외한다.

06 다음 내용과 가장 관련이 깊은 학자는?

- 교육과정이란 교육 속에서 개인들이 갖는 경험의 의미와 성질을 탐구하는 것이다.
- 교수(Teaching)는 학생들이 자신의 경험을 이해하고 해석하는 학습활동에 적극적으로 임할 수 있도록 안내하고 조력해 가는 과정이다.
- 인간의 내면세계에 보다 가까이 다가가기 위해 학생 자신의 전기적(Biographical) 상황에 주목하는 쿠레레(Currere) 방법을 제시하였다.

① 보비트(F. Bobbit)
② 파이너(W. Pinar)
③ 타일러(R. W. Tyler)
④ 브루너(J. S. Bruner)

07 20개의 문항으로 구성된 검사 도구를 앞의 10개 문항과 뒤의 10개 문항으로 나누어 반분검사신뢰도(Split-Half Reliability)를 추정하려고 할 때, 이 검사 도구가 갖추어야 할 가장 적절한 조건은?

	문항 간 동질성	평가 유형
①	낮음	속도검사
②	낮음	역량검사
③	높음	속도검사
④	높음	역량검사

08 2015 개정 교육과정(교육부 고시 제2015-74호)에서 신설된 것을 〈보기〉에서 모두 고른 것은?

〈보 기〉
ㄱ. 통합사회
ㄴ. 통합과학
ㄷ. 안전한 생활
ㄹ. 창의적 체험활동
ㅁ. 우리들은 1학년

① ㄱ, ㄴ
② ㄱ, ㄴ, ㄷ
③ ㄱ, ㄷ, ㄹ, ㅁ
④ ㄴ, ㄷ, ㄹ, ㅁ

09 정의적 영역의 평가를 위한 사회성 측정법에 관한 설명으로 옳지 않은 것은?

① 선택 집단의 범위가 명확해야 한다.
② 측정 결과를 개인 및 집단에 적용할 수 있다.
③ 문항 작성 절차가 복잡하고 검사 시간이 길다.
④ 집단 내 개인의 사회적 위치를 알아낼 수 있다.

10 다음 내용과 가장 관련이 깊은 학습 이론은?

굶주린 침팬지가 들어 있는 우리의 높은 곳에 바나나를 매달아 놓았다. 침팬지는 처음에는 이 바나나를 먹으려고 손을 위로 뻗거나 뛰어 오르는 등 시행착오 행동을 보였다. 몇 차례의 시도 후에 막대를 갖고 놀던 침팬지는 마치 무엇을 생각한 듯 행동을 멈추고 잠시 서 있다가 재빠르게 그 막대로 바나나를 쳐서 떨어뜨렸다. 쾰러(W. Köhler)는 이것이 통찰에 의해 전체적 관계를 파악함으로써 학습이 이루어지는 좋은 예라고 주장하였다.

① 구성주의
② 인간주의
③ 행동주의
④ 형태주의

11 (가), (나)에 해당하는 생활지도 영역을 바르게 짝지은 것은?

> (가) 생활지도 업무를 담당하는 김 교사는 학기 초에 생활지도 계획을 수립하기 위해 전교생에게 학교생활 적응검사를 실시하였다.
> (나) 취업지도 업무를 담당하는 송 교사는 기업체에 취업한 졸업생들에게 전화를 걸어 직장생활에 잘 적응하고 있는지를 점검하고 격려하였다.

	(가)	(나)
①	조사(調査)활동	정치(定置)활동
②	정보(情報)활동	정치(定置)활동
③	조사(調査)활동	추수(追隨)활동
④	정보(情報)활동	추수(追隨)활동

12 조건형성 원리에 기초한 상담기법을 〈보기〉에서 고른 것은?

〈보 기〉

ㄱ. 상담자는 내담자에게 상담 약속을 이행할 때마다 칭찬 스티커를 주고 그것을 다섯 개 모으면 즐거운 게임을 함께 하였다.
ㄴ. 상담자는 '두 개의 빈 의자'를 사용하여 대인갈등 상황에서 내담자가 경험하는 자신의 숨은 욕구와 감정을 자각하도록 촉진하였다.
ㄷ. 집단상담자는 '타임아웃(Time-Out)'을 적용하여 집단원이 집단상담 규칙을 어길 때마다 지정된 공간에서 3분간 머물게 하여 참여를 제한하였다.
ㄹ. 집단상담자는 집단원에게 "기적이 일어나서 각자의 소망이 이루어진다면 여러분의 삶은 어떻게 달라질까요?"라고 질문하여 변화에 대한 욕구를 확인하였다.

① ㄱ, ㄴ   ② ㄱ, ㄷ
③ ㄴ, ㄹ   ④ ㄷ, ㄹ

13 「초·중등교육법」및 동법 시행령상 학생 징계의 종류 중 징계처분을 받은 학생 또는 그 보호자가 시·도학생 징계조정위원회에 재심을 청구할 수 있는 것은?

① 사회봉사   ② 출석정지
③ 퇴학처분   ④ 특별교육이수

14 다음 내용과 가장 관련이 깊은 학습 형태는?

> • 무선 환경에서 네트워크에 접속하여 학습한다.
> • PDA, 태블릿 PC 등을 활용하여 물리적 공간에서 이동하면서 가상공간을 통하여 학습한다.
> • 기기의 4C(Content, Capture, Compute, Communicate) 기능을 활용하여 교수·학습을 촉진할 수 있다.

① 모바일 러닝(M-Learning)
② 플립드 러닝(Flipped Learning)
③ 마이크로 러닝(Micro Learning)
④ 블렌디드 러닝(Blended Learning)

15 다음 내용과 가장 관련이 깊은 학자는?

> • 문화 자본에는 예술 작품과 같이 개체화된 것, 학력이나 자격과 같이 제도화된 것, 일종의 행동성향처럼 습성화된 것이 있다.
> • 지배집단의 자녀들은 자신들이 상속받은 문화 자본을 학교가 제공하는 학벌과 같은 다른 형태의 문화 자본으로 쉽게 전환하여 부모 세대의 사회 경제적 지위를 재획득한다.
> • 능력주의가 지배하는 현대사회에서 부모의 사회 경제적 지위는 문화 재생산을 통해 자녀에게 합법적으로 세습된다.

① 베버(M. Weber)
② 일리치(I. Illich)
③ 파슨스(T. Parsons)
④ 부르디외(P. Bourdieu)

16 교사 중심의 교수·학습 방법은?

① 학생들에게 정해진 교과 지식을 제시하고 설명한 후 형성평가를 실시하여 학습결과를 확인하였다.
② 학생들이 현실 생활에서 당면할 수 있는 문제를 소집단 협동학습을 통해 해결하도록 안내하였다.
③ 학생들의 사고력과 창의력을 향상시키기 위해 신문에 나온 기사와 칼럼을 활용하여 토론하게 하였다.
④ 학생들에게 학습 팀을 구성하여 자신들이 실제로 겪고 있는 문제를 확인하고 자료를 수집하여 해결방안을 모색하게 하였다.

17 현행 법령상 교원을 〈보기〉에서 고른 것은?

〈보 기〉
ㄱ. 교장   ㄴ. 교감
ㄷ. 행정실장   ㄹ. 교육연구사

① ㄱ, ㄴ   ② ㄱ, ㄷ
③ ㄴ, ㄹ   ④ ㄷ, ㄹ

18 「초·중등교육법」상 수석교사의 역할을 〈보기〉에서 모두 고른 것은?

〈보 기〉
ㄱ. 학생을 교육한다.
ㄴ. 교사의 교수·연구 활동을 지원한다.
ㄷ. 교무를 통할하고, 소속 교직원을 지도·감독한다.

① ㄱ   ② ㄱ, ㄴ
③ ㄴ, ㄷ   ④ ㄱ, ㄴ, ㄷ

19 교원의 특별연수에 해당하는 것은?

① 박 교사는 특수분야 연수기관에서 개설한 종이접기 연수에 참여하였다.
② 황 교사는 교육청 소속 교육연수원에서 교육 과정개정에 따른 연수를 받았다.
③ 최 교사는 학습연구년 교사로 선정되어 대학의 연구소에서 1년간 연구 활동을 수행하였다.
④ 교직 4년차인 김 교사는 특수학교 1급 정교사 자격증을 취득하기 위한 연수에 참여하였다.

20 김 교장이 실시하고자 하는 장학의 종류는?

김 교장: 교사들이 좀 더 수업을 잘 하도록 지원하기 위해서는 수업 장면을 살펴봐야겠습니다.
박 교감: 공개수업을 참관해 보면 미리 짠 각본처럼 준비된 수업을 하니 정확한 실상을 알기가 어렵습니다.
김 교장: 교사들이 거부반응을 보일지 모르지만 복도에서라도 교실 수업 장면을 살펴보고 필요한 조언을 해야겠습니다.

① 약식장학   ② 자기장학
③ 중앙장학   ④ 확인장학

교육학개론 | 2017년 교육청 9급

✓ 회독 CHECK 1 2 3

01 다음 내용에 가장 부합하는 것은?

- 교육은 학습자와 교육내용을 모두 고려해야 한다.
- 교육내용의 내재적 가치는 선험적으로 정당화된다.
- 교육은 합리적인 사고와 지적 안목을 도덕적인 방식으로 전달하는 과정이다.
- 교육은 인류의 문화유산이라는 공적(公的) 전통으로 학생을 안내하는 과정이다.

① 주입(注入)으로서의 교육
② 주형(鑄型)으로서의 교육
③ 성년식(成年式)으로서의 교육
④ 행동수정(行動修正)으로서의 교육

02 조선 시대 교육기관인 서원(書院)에 대한 설명으로 옳지 않은 것은?

① 관학(官學)인 향교(鄕校)와 대비되는 사학(私學)이다.
② 퇴계 이황은 서원의 교육목적을 위인지학(爲人之學)에 두었다.
③ 원규(院規) 혹은 학규(學規)라고 불리는 자체의 규약을 갖추고 있었다.
④ 교육의 기능뿐만 아니라 선현(先賢)을 숭상하고 그의 학덕을 기리는 제사의 기능도 겸하였다.

03 다음 내용과 관련이 있는 교육철학은?

- 프랑크푸르트 학파의 이론적 성과를 수용하였다.
- 교육 현상에 대해 규범적, 평가적, 실천적으로 접근하였다.
- 자본주의 사회의 불평등 문제와 교육의 관련성에 주목하였다.
- 인간의 의식과 지식이 사회, 정치, 경제에 의해 결정되는 것으로 보았다.

① 비판적 교육철학
② 분석적 교육철학
③ 홀리스틱 교육철학
④ 프래그머티즘 교육철학

04 16세기 서양의 인문주의 교육사상에 대한 설명으로 옳은 것은?

① 고대 그리스·로마의 자유교육의 이상을 계승하였다.
② 자연이나 실재하는 사물을 매개로 하는 실물교육을 도입하였다.
③ 민족적으로 각성된 관점에서 공동체 의식을 기르는 데 주력하였다.
④ 고등교육이 아닌 초등교육 수준에서 구체적인 교육 방안을 제안하였다.

05 다음 내용과 관련이 있는 교육사상가는?

> 교사는 학생에게 정답을 미리 알려주지 않고 학생이 알고 있는 것이 참인지 거짓인지를 판단하면서 학생 스스로 진리의 세계로 들어갈 수 있도록 돕는 역할을 한다. 이를 위해 교사는 반어적인 질문을 학생에게 던짐으로써 학생 자신이 무지를 깨닫게 한다. 지적(知的)인 혼란에 빠진 학생은 교사와의 끊임없는 대화를 통해 진리를 성찰하게 되면서 점차 참된 지식에 이를 수 있게 된다.

① 아퀴나스(T. Aquinas)
② 소크라테스(Socrates)
③ 프로타고라스(Protagoras)
④ 아리스토텔레스(Aristoteles)

06 〈보기〉는 타일러(R. Tyler)의 교육목표 설정 절차에 대한 것이다. 그 순서가 올바른 것은?

〈보 기〉
㉠ 잠정적인 교육목표를 진술한다.
㉡ 교육철학과 학습심리학이라는 체에 거른다.
㉢ 학습자, 사회, 교과의 세 자원을 조사·연구한다.
㉣ 행동의 변화를 명시한 최종 교육목표를 진술한다.

① ㉠ → ㉡ → ㉢ → ㉣
② ㉠ → ㉢ → ㉡ → ㉣
③ ㉢ → ㉠ → ㉡ → ㉣
④ ㉢ → ㉡ → ㉠ → ㉣

07 (가)~(다)에 해당하는 교육과정의 개념을 바르게 짝지은 것은?

> (가) 교육적 가치가 있는 내용임에도 불구하고 학교 교육과정에서 배제하여 가르치지 않았다.
> (나) 국가 교육과정과 시·도 교육청 교육과정 편성·운영 지침에 의거해 학교교육과정을 편성하였다.
> (다) 학교교육과정에서 계획하거나 의도하지 않았지만, 교육과정이 전개되는 동안 학생들은 바람직하지 못한 가치와 태도도 은연중에 배우게 되었다.

	(가)	(나)	(다)
①	잠재적 교육과정	공식적 교육과정	영 교육과정
②	잠재적 교육과정	영 교육과정	공식적 교육과정
③	영 교육과정	잠재적 교육과정	공식적 교육과정
④	영 교육과정	공식적 교육과정	잠재적 교육과정

08 다음 내용에 가장 부합하는 교수·학습 방법은?

> • 거꾸로 학습이나 거꾸로 교실로 알려져 있다.
> • 학습할 내용을 수업 이전에 온라인으로 미리 공부한다.
> • 일종의 블렌디드 러닝(Blended Learning)으로서 학습의 효과를 높이기 위한 전략이다.
> • 학교 수업에서 학습자는 질문, 토론, 모둠활동과 같은 형태로 수업에 적극적으로 참여한다.

① 플립드 러닝(Flipped Learning)
② 문제중심학습(Problem-Based Learning)
③ 자원기반학습(Resource-Based Learning)
④ 교사주도학습(Teacher-Directed Learning)

09 다음 내용에 해당하는 가네(R. Gagné)의 학습 성과(Learning Outcomes) 영역은?

- 방법적 지식 혹은 절차적 지식에 해당한다.
- 여러 가지 기호나 상징을 규칙에 따라 활용하는 것을 말한다.
- 변별학습, 구체적 개념학습, 정의된 개념학습, 원리학습, 고차원리학습으로 세분되며, 이들은 위계적 관계에 있다.

① 언어정보
② 운동기능
③ 인지전략
④ 지적기능

10 아동의 혼잣말(Private Speech)에 대한 비고츠키(L. Vygotsky)의 견해로 옳지 않은 것은?

① 자기 중심적 언어로서 미성숙한 사고를 보여준다.
② 자신의 사고과정과 행동을 스스로 조절하고 주도한다.
③ 연령이 증가함에 따라 점차 줄어들면서 내적언어로 바뀐다.
④ 쉬운 과제보다 어려운 과제를 해결할 때 더 많이 사용한다.

11 프로이트(S. Freud)의 정신분석학적 상담이론에 대한 설명으로 옳지 않은 것은?

① 내담자는 합리적으로 불안을 조절할 수 없을 때 자아방어기제에 의존한다.
② 상담자는 내담자의 불안을 초래한 행동자극을 분석하고 체계적 둔감법을 활용한다.
③ 상담자는 내담자의 저항과 전이 감정을 분석하여 무의식적 갈등을 해결하도록 돕는다.
④ 내담자의 행동은 무의식 속에 억압된 과거의 경험과 심리성적인 에너지에 의해서 결정된다.

12 다음 내용에 가장 부합하는 교육평가 유형은?

- 교과내용 및 평가 전문가가 제작한 검사를 주로 사용한다.
- 서열화, 자격증 부여, 프로그램 시행 여부 결정의 목적을 위해 시행한다.
- 교수·학습이 완료된 시점에서 교육목표의 달성 정도를 종합적으로 판정한다.

① 총괄평가(Summative Evaluation)
② 형성평가(Formative Evaluation)
③ 능력참조평가(Ability-Referenced Evaluation)
④ 성장참조평가(Growth-Referenced Evaluation)

13 검사도구의 타당도에 대한 옳은 설명을 〈보기〉에서 고른 것은?

〈보 기〉
- ㄱ. 검사점수가 사용 목적에 얼마나 부합하는가를 의미한다.
- ㄴ. 검사대상을 얼마나 정확하게 무선오차(Random Error) 없이 측정하는지를 의미한다.
- ㄷ. 동일한 검사에 대한 채점자들 간 채점 결과의 일치 정도를 의미한다.
- ㄹ. 측정하고자 하는 특성을 검사점수가 얼마나 잘 나타내 주는지를 의미한다.

① ㄱ, ㄷ　　② ㄱ, ㄹ
③ ㄴ, ㄷ　　④ ㄴ, ㄹ

14 다음은 정보처리이론에서 부호화(Encoding)를 촉진하기 위한 전략을 설명한 것이다. (가)~(다)에 해당하는 전략을 바르게 짝지은 것은?

- (가) 개별적 정보를 범주나 유형으로 묶는다. 도표나 그래프, 위계도를 작성하는 것이 그 예이다.
- (나) 정보를 시각적인 형태인 그림으로 저장한다. 자동차를 언어적 서술 대신에 그림으로 기억하는 것이 그 예이다.
- (다) 새로운 정보를 기존의 지식과 관련짓는다. 학습한 정보를 자신의 말로 바꾸어 보거나 또래에게 설명해 보는 것이 그 예이다.

	(가)	(나)	(다)
①	정교화	심상	조직화
②	정교화	조직화	심상
③	조직화	정교화	심상
④	조직화	심상	정교화

15 보상적(補償的) 교육평등관에 해당하는 내용을 〈보기〉에서 고른 것은?

〈보 기〉
- ㄱ. 성별이나 인종의 차별 없이 교육에 접근할 수 있는 기회를 부여한다.
- ㄴ. 교육복지우선지원사업으로 사회적 취약 계층의 교육결과를 제고한다.
- ㄷ. 대학 입시에서 농어촌지역 학생들을 배려하기 위한 특별전형을 실시한다.
- ㄹ. 학교의 시설 및 여건, 교사의 전문성, 교육과정에서 학교 간 차이를 줄인다.

① ㄱ, ㄷ　　② ㄱ, ㄹ
③ ㄴ, ㄷ　　④ ㄴ, ㄹ

16 학교교육의 측면에서, 콜만(J. Coleman)의 사회자본에 대한 설명으로 가장 적절한 것은?

① 학교에서 배운 지식과 기술에 따라 개인의 노동력에 차이가 발생한다.
② 학교교육과 경제생산체제 간의 상응관계를 통해 학교가 자본주의 경제구조를 재생산한다.
③ 교사, 학생, 학부모 간의 친밀한 관계 형성은 학생의 학업성취도에 긍정적인 영향을 미친다.
④ 학교가 특정 계층의 문화를 보편적 가치로 가르치기 때문에 학업에서 상위 계층의 자녀가 유리하다.

17 다음 내용과 관련이 있는 학자는?

- 문해교육에서는 성인 각자의 삶이 반영된 일상용어를 활용해야 효과적이다.
- 진정한 교육은 학습자가 탐구(Inquiry)와 의식적 실천(Praxis) 활동을 하는 것이다.
- 교육은 주어진 지식을 전달하는 은행저금식이 아니라 문제제기식으로 이루어져야 한다.

① 일리치(I. Illich)
② 프레이리(P. Freire)
③ 노울즈(M. Knowles)
④ 메지로우(J. Mezirow)

18 현행 「교육공무원법」에 규정된 용어의 정의로 옳지 않은 것은?

① 직위란 1명의 교육공무원에게 부여할 수 있는 직무와 책임을 말한다.
② 전직이란 교육공무원의 종류와 자격을 달리하여 임용하는 것을 말한다.
③ 강임이란 교육공무원의 직렬을 달리하여 하위직위에 임용하는 것을 말한다.
④ 전보란 교육공무원을 같은 직위 및 자격에서 근무기관이나 부서를 달리하여 임용하는 것을 말한다.

19 다음 내용에 해당하는 교육행정의 원리는?

- 이 원리를 지나치게 강조하면 교육행정의 전문성이 경시될 수 있다.
- 이 원리로 공무원의 부당한 직무수행과 행정 재량권의 남용을 방지할 수 있다.
- 이 원리에 따라 교육공무원으로서의 신분을 보장받아서 업무를 소신 있게 수행할 수 있다.

① 수월성 ② 능률성
③ 효과성 ④ 합법성

20 국·공립학교의 학교운영위원회에 대한 옳은 설명만을 〈보기〉에서 있는 대로 고른 것은?

〈보 기〉
ㄱ. 학칙의 제정 또는 개정 사항을 심의한다.
ㄴ. 학교운동부의 구성·운영 사항을 심의한다.
ㄷ. 학부모위원은 교직원전체회의에서 선출한다.
ㄹ. 학교의 장은 운영위원회의 당연직 교원위원이다.

① ㄱ, ㄷ ② ㄱ, ㄴ, ㄹ
③ ㄴ, ㄷ, ㄹ ④ ㄱ, ㄴ, ㄷ, ㄹ

교육학개론 | 2016년 교육청 9급

회독 CHECK 1 2 3

01 다음과 같이 주장하는 교육철학은?

> 교육철학은 철학 이론들로부터 교육실천의 함의를 이끌어 내는 데 주력하지 말고, 교육의 목적이나 교육의 실제 그 자체에 대해 철학적으로 사고하는 일에 집중해야 한다. 또한 기존 교육 사상들이 가정하고 있는 개념적 구조를 명료화하고 개념의 일관성과 타당성을 검토함으로써 언어의 혼란으로 인해 빚어진 교육 문제를 제거하는 일에 관심을 두어야 한다.

① 분석적 교육철학
② 비판적 교육철학
③ 실존주의 교육철학
④ 프래그머티즘 교육철학

02 포스트모던 교육철학을 반영한 교육적 실천으로 볼 수 없는 것은?

① 학교 내 소수자를 보호하는 방안을 모색한다.
② 발표 수업에서 학생들의 다양한 관점을 수용한다.
③ 대화와 타협의 과정에 충실한 토론식 수업을 권장한다.
④ 학습 과정에서 지식의 실재성과 가치의 중립성을 강조한다.

03 다음에서 조선의 성리학자들이 공통적으로 말하고 있는 것은?

> • 도리(道理)를 우리들이 마땅히 알아야 할 것으로 삼고 덕행(德行)을 우리들이 마땅히 실천해야 할 것으로 삼아 먼 곳보다 가까운 데서 겉보다 속부터 공부를 시작해서 마음으로 터득하여 몸소 실천해야 한다.
> — 퇴계 이황, 『퇴계집』의 「언행록」—
>
> • 처음 배우는 이는 먼저 뜻을 세우되, 반드시 성인(聖人)이 될 것을 스스로 기약해야 하며 조금이라도 자신을 별 볼 일 없게 여겨 물러나려는 생각을 가져서는 안 된다.
> — 율곡 이이, 『격몽요결』의 「입지」—

① 위기지학(爲己之學)
② 격물치지(格物致知)
③ 실사구시(實事求是)
④ 권학절목(勸學節目)

04 아리스토텔레스의 교육 사상에 대한 설명으로 옳지 않은 것은?

① 교육은 시민들의 행복한 삶을 다룬다는 점에서 정치와 동일하다.
② 도덕적 탁월성이란 개인이 가진 내적 소질을 최대한 발현시키는 것이다.
③ 인간을 포함하여 존재하는 모든 것은 장차 실현될 모습을 스스로 지니고 있다.
④ 반어법(反語法)과 산파술(産婆術)은 학습자의 무지를 일깨우기 위한 교수법이다.

05 다음 (가), (나)의 내용에 부합하는 교육과정 유형을 바르게 짝지은 것은?

(가) 인류가 축적한 문화유산을 체계화한 지식을 중심으로 교육과정을 설계한다. 교육의 주된 목적을 지식의 전수에 두고 있으며, 교사 중심의 강의식 수업을 중시한다.
(나) 이론적 체계가 갖추어진 지식의 구조를 중심으로 교육과정을 설계한다. 학생의 탐구활동을 통한 발견학습과 지식의 전이를 강조한다.

	(가)	(나)
①	인간중심 교육과정	학문중심 교육과정
②	인간중심 교육과정	경험중심 교육과정
③	교과중심 교육과정	학문중심 교육과정
④	교과중심 교육과정	경험중심 교육과정

06 영 교육과정(Null Curriculum)에 대한 설명으로 옳은 것을 〈보기〉에서 고른 것은?

〈보 기〉
ㄱ. 아이즈너(E. Eisner)가 제시한 개념이다.
ㄴ. 교과 지식을 아동의 흥미와 요구에 맞추어 재구성한 것이다.
ㄷ. 학생이 학교생활을 통해 은연중에 가지게 되는 경험의 총화이다.
ㄹ. 교육적 가치가 있음에도 불구하고 학교에서 학생들이 학습할 기회를 갖지 못하는 내용이다.

① ㄱ, ㄷ
② ㄱ, ㄹ
③ ㄴ, ㄷ
④ ㄴ, ㄹ

07 다음 사례에 가장 잘 부합하는 협동학습 모형은?

박 교사는 한국사 수업을 다음과 같이 진행하였다.
(1) 고려 시대의 학습내용을 사회, 경제, 정치, 문화의 4개 주제로 구분하였다.
(2) 학급 인원수를 고려하여 모둠을 구성하고, 모둠에서 각 주제를 담당할 학생을 지정하였다.
(3) 주제별 담당 학생을 따로 모아 전문가 집단에서 학습하도록 하였다.
(4) 전문가 집단에서 학습한 학생들을 원래의 모둠으로 돌려보내 각자 학습한 내용을 서로 가르쳐 주도록 하였다.
(5) 모둠학습이 끝난 후, 쪽지 시험을 실시하여 우수 학생에게 개별보상을 하고 수업을 종료하였다.

① 팀경쟁학습(TGT) 모형
② 팀보조개별학습(TAI) 모형
③ 과제분담학습 I(Jigsaw I) 모형
④ 학습자팀성취분담(STAD) 모형

08 딕과 캐리(W. Dick & L. Carey)의 교수설계모형에 대한 설명으로 옳지 않은 것은?

① 교수설계자의 입장에 초점을 두어 개발된 체제적 교수설계모형이다.
② 교수분석 단계에서는 수업목표의 유형을 구분하고 세부과제를 도출한다.
③ 수행목표 진술 단계에서는 학습자에게 기대되는 성과를 구체적으로 진술한다.
④ 각 단계명의 영어 첫째 글자를 조합하여 ASSURE 모형으로 명명하기도 한다.

09 생활지도의 활동 중 정치(定置)활동으로 옳은 것을 〈보기〉에서 고른 것은?

― 〈보 기〉 ―
ㄱ. 학생의 희망 및 능력에 맞추어 동아리를 선택하도록 도와주고 배정하는 활동
ㄴ. 학생을 이해하고 지도하는 데 필요한 가정환경, 교우관계, 심리적 특성 등에 관한 기초 자료를 수집하는 활동
ㄷ. 학생이 진로를 현명하게 선택할 수 있도록 학생의 적성과 흥미 등을 고려하여 도와주거나 안내하는 활동
ㄹ. 생활지도를 일차 완료한 후 학생의 적응 상태와 변화 정도를 점검하고, 필요하면 추가로 도움을 제공하는 활동

① ㄱ, ㄷ ② ㄱ, ㄹ
③ ㄴ, ㄷ ④ ㄴ, ㄹ

10 엘리스(A. Ellis)의 합리적·정서적 상담에 대한 설명으로 옳은 것은?

① 내담자의 이상적 자아와 현실적 자아의 일치를 정신건강의 지표로 간주한다.
② 주요 상담기법으로 자유연상, 꿈의 분석, 전이의 분석, 저항의 해석이 있다.
③ 상담자는 내담자로 하여금 자신의 문제가 왜곡된 지각과 신념에 기인한 것임을 깨닫도록 논박한다.
④ 내담자는 부모, 어른, 아이의 세 가지 자아를 필요에 따라 적절하게 사용할 수 있는 능력을 갖추는 것이 중요하다.

11 고전검사이론에서의 문항변별도에 대한 설명으로 옳은 것을 〈보기〉에서 고른 것은?

― 〈보 기〉 ―
ㄱ. 문항변별도 지수는 0~100 사이의 값을 갖는다.
ㄴ. 각 문항이 학생들의 능력 수준을 구분해 주는 정도를 나타낸다.
ㄷ. 능력 수준이 다른 두 집단을 대상으로 각각 계산하더라도 문항변별도는 동일하다.
ㄹ. 검사 총점이 높은 학생이 낮은 학생에 비해 문항변별도가 높은 문항에서 정답을 맞힐 가능성이 높다.

① ㄱ, ㄷ ② ㄱ, ㄹ
③ ㄴ, ㄷ ④ ㄴ, ㄹ

12 콜버그(L. Kohlberg)의 도덕성 발달이론에 대한 설명으로 옳은 것을 〈보기〉에서 고른 것은?

― 〈보 기〉 ―
ㄱ. 피아제(J. Piaget)가 구분한 아동의 도덕성 발달단계를 더 세분화하여 성인기까지 확장하였다.
ㄴ. 도덕적 사고력을 길러 주기 위해서는 성인에 의한 사회적 전수가 중요한 교육방법이라고 하였다.
ㄷ. 다섯 번째 단계인 '사회계약 정신 지향' 단계에서는 '착한 소년·소녀'처럼 타인으로부터 도덕적이라고 인정받는 것이 중요하다.
ㄹ. 길리건(C. Gilligan)은 콜버그의 도덕성 발달이론에 대해 남성 중심의 이론이며 여성의 도덕성 판단기준은 남성과 다르다고 비판하였다.

① ㄱ, ㄷ ② ㄱ, ㄹ
③ ㄴ, ㄷ ④ ㄴ, ㄹ

13 학교교육에 대한 기능론적 관점으로 옳은 것만을 〈보기〉에서 모두 고른 것은?

〈보 기〉
ㄱ. 기존의 계층 간 사회 불평등을 유지·심화한다.
ㄴ. 자본주의 이데올로기에 순응하는 노동력을 양산한다.
ㄷ. 개인을 능력에 따라 합리적으로 분류·선발·배치한다.
ㄹ. 사회구성원에게 보편적 가치를 내면화하여 구성원의 동질성을 확보한다.

① ㄱ, ㄴ   ② ㄷ, ㄹ
③ ㄱ, ㄴ, ㄷ   ④ ㄴ, ㄷ, ㄹ

14 학생의 학업성취에 관한 학자의 주장을 바르게 진술한 것은?

① 젠슨(A. Jensen)은 유전적 요인이 아닌 환경적 요인 때문에 소수 인종의 학업성취가 낮다고 주장하였다.
② 콜만(J. Coleman)은 학교 시설·자원이 가정배경보다 학업성취에 더 큰 영향을 미친다고 주장하였다.
③ 로젠탈(R. Rosenthal)과 제이콥슨(L. Jacobson)은 학업 성취가 올라가리라는 교사의 기대가 학생의 학업성취를 높인다고 주장하였다.
④ 번스타인(B. Bernstein)은 노동자 계층 자녀의 학업성취가 낮은 이유는 가정에서 제한된 언어 코드가 아닌 정교한 언어 코드를 사용하기 때문이라고 주장하였다.

15 「평생교육법」에 근거할 때, 평생교육기관이 아닌 것은?

① 교육감에게 등록된 학교교과교습학원
② 관할청에 보고된 대학 부설 평생교육원
③ 교육감에게 신고된 시민사회단체의 평생교육시설
④ 교육부장관의 인가를 받은 사업장 부설 사내대학

16 다음 (가), (나)의 내용에 해당하는 평생교육제도를 바르게 짝지은 것은?

(가) 개인의 다양한 학습경험을 공식적인 이력부에 종합적으로 누적·관리하고 그 결과를 학력이나 자격 인정과 연계하거나 고용 정보로 활용하는 제도이다.
(나) 학교에서뿐만 아니라 학교 밖에서 이루어지는 다양한 형태의 학습경험 및 자격을 학점으로 인정하고, 학점이 누적되어 일정 기준을 충족하면 학위취득을 가능하게 하는 제도이다.

	(가)	(나)
①	평생학습계좌제	학점은행제
②	문하생학력인정제	학점은행제
③	평생학습계좌제	독학학위제
④	문하생학력인정제	독학학위제

17 과학적 관리론을 학교 상황에 적용한 것으로 가장 적절한 것은?

① 학교장은 구성원들의 동기를 파악하여, 내재적 동기를 적극적으로 유발한다.
② 학교장은 학교조직을 개방체제로 파악하고, 학교 문제 해결을 위해 학부모들의 요구를 적극 반영한다.
③ 교사들 간의 적절한 갈등은 학교의 발전에 도움이 된다고 보고, 학교장은 적절한 갈등 자극전략을 사용한다.
④ 교사는 교수자로서 학생을 가르치는 데 전념하고, 학교장은 관리자로서 학교행정을 책임지는 일에 집중한다.

18 학교장의 변혁적 지도성 행동으로 볼 수 없는 것은?

① 학교구성원이 혁신적이고 창의적으로 사고하고 행동하도록 유도한다.
② 높은 기준의 도덕적 행위를 보여 줌으로써 학교구성원의 신뢰를 얻는다.
③ 학교구성원이 원하는 보상을 제공하고 그 대가로 주어진 과업을 달성하도록 한다.
④ 학교구성원과 더불어 학교의 비전을 설정하고 공유하여 학교의 변화를 도모한다.

19 교육공무원의 징계 효력에 대한 설명으로 옳은 것은?

① 정직된 자는 직무에는 종사하지만 3개월간 보수를 받지 못한다.
② 견책된 자는 직무에는 종사하지만 6개월간 승진과 승급이 제한된다.
③ 해임된 자는 공무원 신분은 보유하나 3개월간 직무에 종사할 수 없다.
④ 파면된 자는 공무원 관계로부터 배제되고 1년간 공무원으로 임용될 수 없다.

20 「초·중등교육법」에 근거할 때, 학교회계에 대한 설명으로 옳은 것은?

① 단위 학교 행정실장이 학교회계 세입세출예산안을 편성한다.
② 학교회계 세입세출예산안은 학교운영위원회의 심의를 거쳐야 한다.
③ 학교회계의 회계연도는 매년 1월 1일에 시작하여 12월 말일에 종료된다.
④ 학교발전기금으로부터 받은 전입금은 학교회계의 세입으로 할 수 없다.

인생의 실패는 성공이 얼마나 가까이 있는지도 모르고 포기했을 때 생긴다.

− 토마스 에디슨 −

시대에듀의
지텔프 최강 라인업

1주일 만에 끝내는 지텔프 문법

10회 만에 끝내는 지텔프 문법 모의고사

답이 보이는 지텔프 독해

스피드 지텔프 레벨2

※ 도서의 이미지 및 구성은 변경될 수 있습니다.

2026
최/신/개/정/판

국가직·지방직 등 공무원 채용 대비

합격에듀
시대에듀

기출이 답이다

[9급 공무원]

교육학개론

10개년

기출문제집

정답 및 해설

문제편, 해설편으로 구성된 「기출이 답이다」는 깊이가 다른 해설로 오직 여러분의 합격을 목표로 합니다.

▲합격의 모든 것!

시대에듀

편저 | 시대공무원시험연구소

기출이 답이다 9급 공무원

교육학개론

해설편

끝까지 책임진다! 시대에듀!

QR코드를 통해 도서 출간 이후 발견된 오류나 개정법령, 변경된 시험 정보, 최신기출문제, 도서 업데이트 자료 등이 있는지 확인해 보세요! **시대에듀 합격 스마트 앱**을 통해서도 알려 드리고 있으니 구글 플레이나 앱 스토어에서 다운받아 사용하세요. 또한, 파본 도서인 경우에는 구입하신 곳에서 교환해 드립니다.

PART 1
국가직

- 2025년 국가직 9급
- 2024년 국가직 9급
- 2023년 국가직 9급
- 2022년 국가직 9급
- 2021년 국가직 9급
- 2020년 국가직 9급
- 2019년 국가직 9급
- 2018년 국가직 9급
- 2017년 국가직 9급
- 2016년 국가직 9급

교육학개론 | 2025년 국가직 9급

한눈에 훑어보기

✔ 영역 분석

교육사 및 철학   01 02 06
3문항, 15%

교육심리   07 08 09
3문항, 15%

교수-학습   04 10
2문항, 10%

교육사회학   05 18
2문항, 10%

교육행정   11 12 13 17
4문항, 20%

교육평가 및 공학   20
1문항, 5%

교육과정   03 14 15 16 19
5문항, 25%

✔ 빠른 정답

01	02	03	04	05	06	07	08	09	10
③	③	④	①	④	②	②	②	②	③
11	12	13	14	15	16	17	18	19	20
②	①	②	①	①	④	④	④	②	①

✔ 점수 체크

구분	1회독	2회독	3회독
맞힌 문항 수	/ 20	/ 20	/ 20
나의 점수	점	점	점

01   정답 ③

정답의 이유

③ 아리스토텔레스(Aristoteles)는 행복을 최고의 선으로 보고, 교육의 궁극적 목적을 행복한 생활을 영위할 수 있는 인간의 육성에 두었다. 또한 극단을 피하고 적절한 균형을 찾는 것을 의미하는 중용의 미덕을 강조하였고, 결국 교육을 통해 중용의 덕을 갖춰 이성적 인간의 형성을 도와 행복을 찾을 수 있다고 보았다.
또한 아리스토텔레스는 이원적 세계관을 가진 플라톤과는 반대로 진리는 현실 세계에 있다는 실체론을 주장하였다. 아리스토텔레스는 모든 실체는 형상(form)과 질료(matter)로 구성되어 있으며, 형상과 질료는 결코 분리될 수 없다고 보았다. 사물의 본질은 그 사물을 떠나 존재하지 않고, 자신의 고유한 형상을 자신 안에서 찾아내는 것이 목적론적 세계관이고 자아실현이라고 보았다.

오답의 이유

① 소크라테스: 산파법(질문법)
② 플라톤: 이데아론
④ 아우구스티누스: 신플라톤주의

02   정답 ③

정답의 이유

③ 항존(恒存)주의 교육철학은 인간의 본성은 시간을 초월하여 변하지 않기 때문에 교육의 본질도 변하지 않아야 하며, 교육의 목적은 누구나 보편적으로 가지고 있는 이성을 계발하는 것이라고 주장한다. 또한 항존주의는 진리의 절대성과 불변성, 영원성을 고수하는 신념으로, 위대한 고전을 읽음으로써 불변의 진리를 체득할 수 있다고 강조한다.

오답의 이유

① 진보주의 교육철학은 교사 중심의 전통적 교육과 비인간화에 대한 반발로 일어난 교육철학으로, 아동 존중의 원리를 채택하며 아동의 전인적 성장 발달에 초점을 맞춘다.
② 본질주의 교육철학은 사회적 경험, 정신적·도덕적 전통과 문화유산에서 가장 본질적인 것을 다음 세대에 전달하는 것을 강조한다.
④ 재건주의 교육철학은 교육의 사회적 역할을 강조하고 교육을 통한 사회개조를 강조한다.

더 알아보기

미국의 4대 교육철학

구분	진보주의	본질주의	항존주의	재건주의
교육목적	전인양성	사회의 근간을 이루는 지식, 정보, 기술 등을 다음 세대로 전달하여 이성도야	이성의 도야와 신훈련	사회의 재건과 개혁
교육내용	아동의 필요·흥미·요구, 현실의 생활 경험	문화유산	위대한 고전 + 형이상학	사회적 자아실현이 가능한 내용
교육방법	아동의 흥미 중심, 문제해결 학습	전통적인 지식, 교과(고전)를 중시하며, 사회와 국가를 사랑하는 바람직한 구성원이 되게 하는 내용	교사 중심의 훈육 방법, 고전 읽기	민주적 토론 중심
대표학자	존 듀이, 킬패트릭	베글리, 울릭	허친스, 마리탱	브라멜드

03　　　　　　　　　　　　　　　　　　　정답 ④

정답의 이유

④ 잠재적 교육과정: 학교에서 의도하지 않았지만 학교생활을 하는 동안 학생들의 가치관, 태도 및 행동에 영향을 미치는 학교 환경과 교육실천과정을 의미한다. 즉, 계획하거나 의식하지 않는 가운데 영향을 주는 것이다. 잭슨(P. Jackson, 1968)이 잠재적 교육과정이라는 용어를 최초로 사용하였으며, 교실생활 연구를 통해 잠재적 교육과정의 원천으로 군집성, 상찬, 평가, 권력 등을 제시하였다.

오답의 이유

① 공식적 교육과정: 표면적 교육과정이라고도 하며, 국가와 학교가 특정한 의도를 가지고 계획해서 가르치는 교육과정을 의미한다. 우리나라에서는 국가 수준의 교육과정, 시·도 교육청의 교육과정 지침, 지역 교육청의 장학자료, 학교 교육과정이 공식적 교육과정에 속한다.

② 실제적 교육과정: 교과지식을 아동의 흥미와 요구에 맞추어 재구성한 것이다. 워커(Walker)는 학교 교육과정이 실제로 어떻게 만들어지는가에 관심을 가지고 여러 가지 교육과정 개발 프로젝트에 참가하면서, 그 과정을 직접 관찰하고 평가하여 실제적 교육과정 개발 모형을 제안하였다.

③ 영 교육과정: 공식적인 교육과정에 편성되지 않았거나 편성되었더라도 학교에서 가르치지 않는 교육내용을 의미한다. 예를 들어 음악, 미술, 창의적 체험활동 등이 공식적 교육과정에 포함되어 있더라도, 활동 시간을 줄여 국어, 영어, 수학 등 주요 과목 수업에 시간을 추가로 배정할 경우, 가르치지 않은 내용은 영 교육과정이 된다.

04　　　　　　　　　　　　　　　　　　　정답 ①

정답의 이유

① 플립러닝(Flipped Learning): 혼합형 학습의 하나로, 수업 전 동영상 자료 등 온라인을 통한 자기주도학습을 한 후에 수업시간에는 토론이나 문제해결 위주로 진행하는 수업 방식이다.

오답의 이유

② 정착수업(Anchored Instruction): 실제 상황을 제시하고, 그 상황을 해결하기 위해 다양한 정보를 탐색하며 학습하는 방식이다. 정착수업은 실제적 과제를 제시하여 학습자가 현실 문제를 해결하는 데 필요한 능력을 기를 수 있도록 하며, 협동 학습을 통해 학습자가 서로의 관점을 나누고 함께 문제를 해결하는 과정을 강조한다.

③ 문제중심학습(Problem-Based Learning): 실제적인 문제 즉, 비구조적인 문제를 교실로 가져와 그 문제를 해결하는 과정에서 학습이 일어나도록 하는 수업 방식으로, 학생 중심의 학습 환경이자 모형이다. 비구조적인 문제는 학습자가 어떻게 접근하는지에 따라 문제의 결론이 달라질 수 있으며, 한 가지 정답이 아니라 다양한 정답을 도출할 수 있고, 또한 문제를 규명해 가는 과정에서 문제가 변경될 수 있다.

④ 인지적 도제학습(Cognitive Apprenticeship): 전통적인 도제 이론의 원리를 인지적 영역에 적용한 것으로, 교수자의 사고 과정을 학습자가 직접 볼 수 있도록 하는 교수-학습 방법이며, 콜린스(A. Collins)와 브라운(J. S. Brown)이 구체화하였다. 전문가는 문제에 대해 효과적으로 사고하고 인지적으로 처리하는 방법에 대해 시범을 보이고, 초심자와 함께 토론이나 분석을 통해 최적의 해결방안을 모색한다.

더 알아보기

플립러닝(Flipped Learning, 플립드 러닝)의 특징

- 다양한 학습자 중심 수업 적용 가능: 수업 전에 학습 내용과 수업 진행 방법에 대해 미리 설명하고 수업을 할 경우 학생과 교사, 학생들 간의 상호작용 시간이 증가하므로 학습자 중심의 수업을 실시할 수 있다.
- 학습자의 특성과 수준에 맞는 수업을 통한 학습 효율 증진: 선행학습을 한 학생이나 학습내용이 어려워 심화학습이 필요했던 학생 모두 개인의 특성과 수준에 맞는 질문과 설명 및 과제 제시가 가능해지므로 학습의 효율을 높일 수 있다.
- 고차원적 인지능력 신장: 사전에 교사가 제공하는 학습자료와 강의를 통해 수업에 대한 이해도를 높일 수 있으므로 교실 수업에서는 적용, 분석, 종합, 평가와 같은 고차원적 학습이 가능해진다.

05 정답 ④

정답의 이유

④ 학교를 지배계급의 이익을 보존·재생산하기 위한 제도라고 보는 입장은 갈등론적 교육관이다.

오답의 이유

①·②·③은 기능론적 교육관에 대한 설명이다.

더 알아보기

기능론과 갈등론의 비교

구분	기능론	갈등론
기본 관점	학교, 교육, 사회의 기능에 대해 낙관적인 태도	학교, 교육, 사회의 기능에 대해 부정적·비판적 태도
가정	안정성·통합성·기능적 조정·합의	갈등·변동·변화·강제
교육의 기능	사회화, 선발 및 배치, 사회의 이념 유지 기능 수행	사회적·경제적 불평등을 확대·재생산
이론	• 기술기능이론 • 근대화이론 • 인간자본론	• 경제적 재생산이론 • 문화적 재생산이론 • 저항이론 • 지위경쟁이론

06 정답 ②

정답의 이유

ㄱ. 5부학당은 고려 수도 개경의 5부에 설치된 관학으로, 처음 동서학당에서 5부학당으로 확대되었다.
ㄹ. 국자감은 고려 최고의 중앙 관학으로, 귀족 자제를 위한 교육기관이다.

오답의 이유

ㄴ. 서원은 조선 중기 이후에 생긴 지방 사립 교육기관이다.
ㄷ. 서당은 민간에서 운영된 사학으로, 초등 교육 기관에 해당한다.

07 정답 ②

정답의 이유

ㄱ. 동화(Assimilation)는 외계의 사물을 기존의 도식, 즉 이미 경험이나 학습으로 형성된 개념에 맞게 해석하고 이해하는 과정이다. 조절(Accommodation)은 기존의 도식으로 해석되지 않을 때 기존의 도식을 수정하는 과정이다. 조절을 통해 도식의 형태에 질적인 변화가 발생하기 때문에 조절은 새로운 도식이 형성되는 과정이라고도 할 수 있다. 이러한 동화와 조절은 서로 보완적인 작용을 하며, 이 과정은 어릴 때부터 노인에 이르기까지 인지발달의 모든 단계에서 동일하게 일어난다.
ㄷ. 구체적 조작기에서는 사물을 일정한 속성에 따라 분류할 수 있게 되어 전체와 부분과의 관계를 이해할 수 있다. 또한 하나의 기준에 따라 대상을 순서대로 배열하는 서열화 능력도 갖는다.

오답의 이유

ㄴ. 비고츠키(Vygotsky)의 인지발달 이론에 대한 설명이다. 비고츠키는 사회적 상호작용과 언어가 인지발달에 핵심적인 역할을 한다고 주장하였으며, '근접발달영역(ZPD)' 개념을 통해 학습이 발달을 이끈다고 보았다.
ㄹ. 형식적 조작기에서는 추상적 사고와 가설 연역적 추리가 가능하다. 형식적 조작기의 청소년들은 문제를 해결할 때 가능한 모든 방법을 고려하여 그 결과를 가정하고, 가장 가능성 있는 것을 시도한다. 또한 정의, 자유, 사랑, 평등 등 추상적 이념에 자신의 사고를 집중하여 현실세계와 다른 가상적 사회를 꿈꾸기도 한다.

더 알아보기

피아제(J. Piaget)의 인지발달단계

감각운동기 (0~2세)	• 감각과 운동을 통해 외부 환경을 이해 • 대상영속성	
전조작기 (2~7세)	• 중심화 • 표상행동 • 물활론적 사고	• 언어의 발달 • 자기중심성 • 혼합적 사고
구체적 조작기 (7~12세)	• 보존성 • 논리적 사고 발달 • 귀납적 사고	• 가역적 사고 • 언어의 사회화 • 전환성(서열화)
형식적 조작기 (12세 이후)	• 추상적 사고 • 가설연역적 사고능력 • 명제적 사고와 조합적 사고 • 복합적 사고와 사물의 인과관계	• 가설 설정

08 정답 ②

정답의 이유

② 근면성 대 열등감(industry vs. inferiority) : 아동이 학교생활을 하면서 사회성 및 성취감이 발달하는 단계인 학령기(6~12세)에 해당하며, 주어진 과제의 긍정적 해결 여부에 따라 근면성 또는 열등감을 형성하게 된다.

오답의 이유

① 주도성 대 죄의식(initiative vs. guilt) : 학령 전기(3~6세)에 해당하는 단계로, 탐구심 및 주변 환경에 대한 관심이 증가한다. 이 시기에는 자발적 행동을 통해 책임감이 발달하게 되며, 과제의 긍정적 해결 시 자발성(주도성) 발달 및 창의력 증가, 부정적 해결 시 죄책감 및 위축을 형성하게 된다.
③ 친밀성 대 고립감(intimacy vs. isolation) : 성인기(18~40세)에 해당하는 단계로, 타인과의 관계 형성 및 결혼과 가족 형성이 중요한 시기이다. 이때의 과제를 긍정적으로 해결했을 때 친밀한 관계 형성 및 사랑과 유대감 증가가 형성되며, 부정적 해결 시 고립감 및 외로움을 형성하게 된다.
④ 생산성 대 침체감(generativity vs. stagnation) : 중년기(40~65세)에 해당하는 단계로, 가정과 사회에서 자녀 양육 및 직업적 성공 등 의미 있는 역할을 수행하는 시기이다. 이때의 과제를 긍정적으로 해결했을 때 가정과 사회에서 보람을 느끼고 생산적인 삶을 영위하게 되며, 부정적 해결 시 무기력 및 삶에 대한 허무감을 경험하게 된다.

09 정답 ②

정답의 이유

② 가네는 학습이 효과적으로 일어나기 위해서는 내적 조건과 외적 조건이 필요하다고 보았으며, 학습의 내적 조건인 학습자의 내적 상태(학습자의 선수학습 능력, 동기 등)와 학습의 외적 조건(교수자의 자극 제시, 피드백, 연습 기회 등)이 상호작용하는 과정을 통해 학습성과(학습결과)가 도출된다고 보았다.

오답의 이유

① 학습성과는 언어 정보, 지적 기능, 인지 전략, 태도, 운동 기능의 5가지 영역으로 분류된다.

③ 가네는 효율적 수업을 위한 9가지 교수 활동(수업 절차)을 제시하였다.

> 1. 주의 집중시키기 – 2. 학습자에게 목표 제시하기 – 3. 선행학습 회상시키기 – 4. 자극 제시하기 – 5. 학습 안내 제공하기 – 6. 수행 유도하기 – 7. 피드백 제공하기 – 8. 수행 평가하기 – 9. 파지와 전이 높이기

④ 가네의 수업 절차에 따르면 모든 수업은 학습자의 주의를 집중시키는 것부터 시작한다. 학습목표 제시는 그 다음 단계(2단계)이다.

10 정답 ③

정답의 이유

③ 교수자료 개발 및 선정 단계에서 새로운 자료의 개발 여부가 목표별 학습유형과 기존의 관련 자료의 이용 가능성 등에 따라 결정되며, 기존의 수업자료를 선택하고 수정하여 사용할 수도 있다. 교수전략 개발 단계는 수업을 전개하는 방법과 절차를 개발하고 매체의 활용에 대한 계획을 세우는 단계이다.

더 알아보기

딕과 캐리(Dick & Carey)의 교수 설계 모형

> 1. 교수목적 설정(요구사정) → 2. 교수 분석 → 3. 학습자 및 환경 분석 → 4. 학습목표 진술 → 5. 평가도구 개발 → 6. 교수전략 개발 → 7. 교수자료 개발 및 선정 → 8. 형성평가 → 9. 교수 프로그램 수정 → 10. 총괄평가

11 정답 ②

정답의 이유

② 위(Wee)센터
- 설치 장소: 지역 교육지원청(시·군·구 단위)
- 조직 구조: 교육청 산하 전문기관으로, 2차 안전망 기능
- 특징: 학교에서 해결이 어려운 심층적 상담 및 치유가 필요한 학생 대상

오답의 이유

① 청소년상담복지센터: 청소년의 정서, 심리, 학업, 대인관계 등의 다양한 고민을 상담하고 해결을 돕는 공공기관으로, 전국에서 운영되고 있다. 청소년뿐만 아니라 부모도 상담 받을 수 있다.

③ 청소년쉼터: 가정에서 필요한 보호를 받지 못하는 청소년들에게 의식주 제공, 학업 지원, 심리정서 지원, 문화여가활동 지원 등의 서비스와 안전한 보호를 제공하는 청소년 복지시설이며, 여성가족부에서 정책을 주관한다.

④ 위(Wee)클래스
- 설치 장소: 각 단위학교(초·중·고) 내부
- 조직 구조: 학교 내부 상담실로, 1차 안전망 역할 수행
- 특징: 학생들이 평소 다니는 학교 내에 위치하여 접근성이 매우 높음

12 정답 ①

정답의 이유

ㄱ. 자주성의 원리는 교육이 본질을 추구하기 위해 일반행정에서 분리·독립하고 정치와 종교로부터 중립을 유지해야 한다는 것이다.

ㄴ. 효율성의 원리는 가장 능률적인 방법으로 최대의 성과를 달성해야 한다는 것이다.

오답의 이유

ㄷ. 안정성의 원리는 교육정책은 장기적 안목에서 지속성과 일관성을 유지해야 한다는 것이다.

ㄹ. 전문성의 원리는 전문가가 교육행정을 담당해야 한다는 것이다.

더 알아보기

교육행정의 원리

합법성의 원리	교육행정의 모든 활동이 합법적으로 제정된 법령, 명령 등에 따라야 한다는 것이다.
기회균등의 원리	교육 기회를 실질적으로 보장하겠다는 원리로, 교육의 허용적·보장적·과정적·결과적 평등을 모두 포함하고 있다.
지방분권의 원리	교육의 권한과 책임을 지방교육행정기관에 분산시키는 것이다.
자주성의 원리	교육이 본질을 추구하기 위해 일반행정에서 분리·독립하고 정치와 종교로부터 중립을 유지해야 한다는 것이다.
효율성의 원리	가장 능률적인 방법으로 최대의 성과를 달성해야 한다는 것이다.
민주성의 원리	국민의 참여를 통한 공정한 민의를 반영해야 한다는 것이다.
안정성의 원리	교육정책은 장기적 안목에서 지속성과 일관성을 유지해야 한다는 것이다.
적응성의 원리	급격하게 변화하는 상황을 반영할 수 있어야 한다는 것이다.
전문성의 원리	전문가가 교육행정을 담당해야 한다는 것이다.

13 정답 ②

정답의 이유

② 인간관계론: 메이요(G. Mayo)와 뢰슬리스버거(F. Roethlisberger)는 호손 공장에서 수행한 실험연구를 바탕으로 정립되었다. 인간관계론에서는 조직 구성원들의 사회적·심리적 요인이 학교의 교육목표를 달성하는 데 가장 큰 영향을 미친다고 보았다. 이에 따라 구성원이 의사결정 과정에 참여할 수 있도록 보장하고, 비공식 조직을 중시함으로써 교직원의 사기와 인화를 촉진해야 한다고 주장하였다. 따라서 인간관계론은 민주적 교육행정의 발전뿐만 아니라, 협동적이고 인간주의적인 장학의 발전에도 기여하였다.

오답의 이유

① 과학적 관리론: 인간의 작업 과정을 분석하여 직무수행을 규격화하고 표준화하여 과학적으로 관리하면 능률과 생산성을 극대화할 수 있다는 행정 이론이다.
③ 행동과학론: 과학적 관리론과 인간관계론에서 야기되는 조직관리의 비판점을 적극 수렴하고, 인간 존중의 사상과 생산성 향상을 동시에 충족시키려는 이론이다. 따라서 행동과학론은 고전이론에서의 과학적 관리기법과 행정관리론 및 관료제론은 물론, 인간관계론을 포함하여 심리학, 인류, 정치, 교육, 사회학 등 전반적인 이론을 바탕으로 조직을 관리 운영해야 한다는 입장이다.
④ 체제이론: 학교사회를 하나의 체제로 보고, 학교사회를 구성하는 요소들과 그것의 구조와 기능을 파악해 학교를 체계적으로 이해하려는 접근방법이다.

14 정답 ①

정답의 이유

ㄱ. 학교법인의 교육활동비는 공부담 공교육비에 해당한다.
ㄴ. 수업료는 사부담 공교육비에 해당한다.

오답의 이유

ㄷ, ㄹ. 교재대, 부교재대, 교통비는 사교육비에 해당한다.

더 알아보기

교육비의 구분	

공교육비	• 공공의 회계절차를 거쳐 교육에 투입되는 경비
	• 모든 학생에게 동일한 질의 교육 서비스 제공이 원칙
	  – 공부담 공교육비: 국가, 지자체 및 학교법인이 지출하는 비용
	  – 사부담 공교육비: 입학금, 수업료, 학급운영지원비 등 학생 및 학부모가 지출하는 것이지만, 개개인이 아닌 학교 전체를 위해 쓰이는 비용

사교육비	• 개인을 위해 학부모가 추가로 부담하는 경비 • 개인에 따라 다른 질의 교육서비스 비용 – 교재대, 부교재대, 학용품비, 과외비, 교통비, 하숙비, 피복비 등

15 정답 ①

정답의 이유

① "평생교육"이란 학교의 정규교육과정을 제외한 학력보완교육, 성인 문해교육, 직업능력 향상교육, 성인 진로개발역량 향상교육, 인문교양교육, 문화예술교육, 시민참여교육 등을 포함하는 모든 형태의 조직적인 교육활동을 말한다(평생교육법 제2조 제1호).

오답의 이유

② 평생교육법 제2조 제3호
③ 평생교육법 제2조 제4호
④ 평생교육법 제2조 제5호

16 정답 ④

정답의 이유

④ 초·중등학교의 유치원 병설은 유아교육법에서 규정하고 있다. 유치원은 초·중등교육법 제2조에 따른 초등학교·중학교 및 고등학교에 병설될 수 있다(유아교육법 제9조).

오답의 이유

① 초·중등교육법 제31조, 제32조에서 규정하고 있다.
② 초·중등교육법 제20조, 제21조에서 규정하고 있다.
③ 초·중등교육법 제10조의2, 제48조의2에서 규정하고 있다.

17 정답 ④

정답의 이유

④ 전직과 전보는 모두 수평적 이동에 해당된다. 수직적 이동에는 승진, 강임, 승급 등이 있다.

더 알아보기

교육공무원법상 전직과 전보의 정의

• '전직'이란 교육공무원의 종류와 자격을 달리하여 임용하는 것을 말한다(교육공무원법 제2조 제8항).
• '전보'란 교육공무원을 같은 직위 및 자격에서 근무기관이나 부서를 달리하여 임용하는 것을 말한다(교육공무원법 제2조 제9항).

18 정답 ④

정답의 이유

④ 인간자본론은 인간을 자본과 동일시하고 인간의 가치를 노동시장 균형에서 그의 노동 한계생산성으로 정의한다. 슐츠 등은 인간의 생산수단을 인간으로부터 분리할 수 없다는 점에 착안하여 교육을 인간자본에 대한 투자로 보았다. 이에 따라 교육은 한계생산성을 높이고, 이는 개인의 소득 증가뿐 아니라 사회 전체의 경제 성장으로도 이어진다고 주장한다.

오답의 이유

① 보울스와 진티스(Bowles & Gintis)의 경제재생산이론의 관점이다. 이 이론에서는 경제적 불평등에 따른 교육의 불평등(차별적 사회화)과 뒤이은 새로운 경제불평등을 비판한다.
② 부르디외와 파세론(Bourdieu & Passeron)의 문화재생산이론의 관점이다. 문화재생산이론에서 교육은 하나의 문화현상이지만,

계급관계의 영향으로 사회구조의 불평등을 영속화하는 작용을 한다고 보았다.
③ 윌리스, 에버하트 등의 저항이론의 관점이다. 이 이론에서는 재생산이론에서 상정하고 있는 인간의 수동성을 비판하며, 학교 안에서 벌어지는 다양한 저항에 주목한다.

19 정답 ②

[정답의 이유]

② 학점은행제: 「학점인정 등에 관한 법률」에 의거하여 학교에서뿐만 아니라 학교 밖에서 이루어지는 다양한 형태의 학습과 자격을 학점으로 인정하고, 학점이 누적되어 일정 기준을 충족하면 학위취득을 가능하게 함으로써 궁극적으로 열린 교육사회, 평생학습사회를 구현하기 위한 제도이다. 이는 다양한 수단과 미디어를 통해 학습자의 학습권을 보장하고, 소외계층에게 평생교육을 통해 자기발전을 추구하는 제2의 기회를 제공하며, 공식적 영역과 비공식적 영역에 걸친 다양한 교육기관들을 연결하여 유기적 협력체제를 구축한다.

[오답의 이유]

① 평생교육사: 평생교육법 제24조에 따라 평생교육의 기획, 진행, 분석, 평가 및 교수업무 등을 수행하는 평생교육 전문인력에 해당한다. 평생교육사의 등급은 1급부터 3급까지로 구분된다.
③ 독학학위제: 「독학에 의한 학위취득에 관한 법률」에 의거하여 고교 졸업자 중 국가가 시행하는 단계별 시험에 합격하면 학사학위를 취득할 수 있는 제도이다. 국어국문학, 영어영문학, 심리학, 경영학, 법학, 행정학, 유아교육학, 가정학, 컴퓨터공학, 정보통신학, 간호학의 11개 전공영역의 학위를 수여한다.
④ 평생학습계좌제: 개인의 다양한 학습경험을 온라인 학습계좌에 누적·관리하고 그 결과를 학력이나 자격인정과 연계하거나 고용정보로 활용하는 제도이다. 이러한 평생학습계좌제는 개인의 평생학습 이력에 대한 사회적 인정 및 활용과 학습자의 학습선택권 보장 및 자기주도적 학습 설계 촉진에 필요하다.

20 정답 ①

[정답의 이유]

(가) Z점수: 평균을 0, 표준편차를 1로 표준화한 점수로, 편차(원점수에서 평균을 뺀 값)를 표준편차로 나눈 값이다. Z점수는 마이너스 값과 소수점이 나오는 것이 특징이다.

$$Z점수 = (원점수 - 평균)/표준편차$$

(나) T점수: 평균을 50, 표준편차를 10으로 표준화한 점수로, Z점수에 10을 곱하여 50을 더한 값이다.

$$T점수 = 10Z + 50$$

(다) 스테나인점수(C점수): 평균을 5, 표준편차를 2로 표준화한 점수로, Z점수의 두 배에 5를 더한 값이다.

$$C점수 = 2Z + 5$$

교육학개론 | 2024년 국가직 9급

한눈에 훑어보기

✔ 영역 분석

교육사 및 철학 02 04
2문항, 10%

교육심리 05 06 07 08
4문항, 20%

교수-학습 03 20
2문항, 10%

교육사회학 15 16 19
3문항, 15%

교육행정 09 10 12 13
4문항, 20%

교육평가 및 공학 01
1문항, 5%

교육과정 14 18
2문항, 10%

교육법령 11 17
2문항, 10%

✔ 빠른 정답

01	02	03	04	05	06	07	08	09	10
②	①	④	①	④	④	③	③	③	④
11	12	13	14	15	16	17	18	19	20
④	①	③	①	①	①	②	①	②	③

✔ 점수 체크

구분	1회독	2회독	3회독
맞힌 문항 수	/ 20	/ 20	/ 20
나의 점수	점	점	점

01 정답 ②

정답의 이유

② 시험의 양호도 중 '결과의 일관성'은 신뢰도, '충실한 측정'은 타당도를 의미한다. 즉, 반복 측정 결과에 일관성이 있다는 것은 신뢰도가 높다는 의미이고, 충실히 측정하지 못하고 있다는 것은 타당도가 낮다는 의미이다.

더 알아보기

검사도구의 양호도

타당도	• 검사점수가 사용 목적에 얼마나 부합하는가, 측정하고자 하는 목표나 내용을 제대로 측정하는가를 의미한다. • 타당도 없이도 신뢰도는 정확할 수 있으나 신뢰도 없는 타당도란 있을 수 없다. • 종류: 내용타당도, 예언타당도, 공인타당도, 구인타당도 등
신뢰도	• 어떤 평가도구를 가지고 설정된 교육내용이나 목표를 얼마나 정확하게 평가하였는가를 의미한다(정확성, 안정성). • 측정 대상 자체에 변화가 없는 한 몇 회를 측정해도 측정치가 동일하다면 그 측정치는 신뢰할 수 있다. • 평가도구가 높은 타당도를 갖기 위해서는 평가도구의 신뢰도가 높아야 한다.
객관도	• 검사의 공정성과 채점의 일관성을 나타내는 척도이다. • 검사자의 신뢰도를 의미하기도 한다. • 여러 검사자(채점자)가 어느 정도로 일치된 평가를 하느냐를 의미한다.
실용도	• 시간, 비용, 노력 측면에서 검사가 얼마나 경제적인지를 나타낸다. • 조건: 채점의 간편성, 해석과 활용의 용이성, 실시 절차의 간편성, 비용·시간·노력의 절약 등

02 정답 ①

정답의 이유

① 부버(Buber)는 실존주의 교육철학의 사상가이다. 부버는 학생의 사람됨은 인간적인 교사와 인간적인 만남의 교육 방법에 의해 계발될 수 있으며, 교사와 학생은 동등한 인격자로서 서로 '만남'이 이루어졌을 때 참다운 교육이 일어난다고 보았다.

오답의 이유

② 프뢰벨(Fröbel)은 독일의 교육학자이자 교사로, 페스탈로치의 사상을 계승하여 포괄적이고 독창적인 교육철학과 유치원 및 유아교육 이론을 발전시켰다.

③ 피터스(Peters)는 교육은 교육의 개념 속에 내포해 있는 내재적 가치를 실현하는 활동으로 세상과 삶에 대한 지적 이해와 안목, 즉 합리적인 마음을 계발하도록 하여 행복한 삶을 살도록 함으로써 실현될 수 있다고 주장하였다.

④ 헤르바르트(Herbart)는 교육의 목적이 궁극적으로 학생의 도덕적 품성을 강화하는 것이며, 도덕적 품성은 내적 자유의 이념, 완전성의 이념, 호의(선의지)의 이념, 정의(권리)의 이념, 공정성(보상)의 이념과 같은 다섯 가지 기본 이념으로 이루어져 있다고 주장하였다.

03 정답 ④

정답의 이유

④ 켈러(Keller)가 제시한 학습자의 동기유발을 위한 4요소 중 나머지 하나는 '주의집중'이다.

더 알아보기

켈러(Keller)의 ARCS 모형

- 켈러는 수업의 세 가지 결과변인인 효과성, 효율성, 매력성 중 매력성과 관련하여 학습자의 학습 동기를 유발하고 유지하기 위한 교수설계 전략인 ARCS 모형을 제시하였다.
- ARCS 모형의 4가지 요소

주의집중 (Attention)	• 학습자의 주의와 호기심을 유발·유지시키는 것과 관련된다. • 시각적 매체를 활용하거나 일상적 내용을 제시하는 지각적 주의환기 전략과 질문과 응답을 통해 능동적 반응을 유도하거나 적절한 피드백을 제공하는 등 학생의 호기심과 탐구심을 자극하여 학습에 대한 기대감을 높이는 탐구적 주의환기 전략이 있다. • 다양한 교수 방법과 자료를 사용하여 수업의 요소를 변화시켜 학습자의 흥미와 주의를 계속 유지시키는 다양성 전략도 주의집중 요소에 해당한다.
관련성 (Relevance)	• 학습할 내용을 학생의 필요와 가치에 관련시키는 것이다. • 관련성 요소에는 친밀한 인물이나 사건, 예시, 그림 등을 활용하여 수업과 학생의 경험을 긴밀하게 연결하는 친밀성 전략이 있다. • 학습의 목적을 다양하게 제시하여 학생이 학습할 내용을 자신의 미래 가치와 관련지을 수 있도록 하는 목적 지향성 전략과 학생의 현재 필요와 욕구, 동기와 연결하는 필요나 동기와의 부합 전략이 있다.
자신감 (Confidence)	• 학습에서 성공기회와 학습의 필요조건을 제시하고, 개인적 조절감 증대의 기회를 제시하는 것 등이 자신감 요소에 해당한다. • 학습자는 자신이 무엇을 해야 하는지 분명히 알고, 학습에서의 성공을 경험할 때 자신감이 높아진다.
만족감 (Satisfaction)	• 강화를 관리하고 학습에 대한 자기통제가 가능하도록 하는 것과 관련된다. • 연습 문제를 통해 배운 것을 적용해 볼 기회를 제공하거나 적절한 강화 계획을 활용하여 바람직한 행동을 계속 유지하도록 하는 것, 수업목표와 내용의 일관성을 유지하고 수업내용과 시험내용이 일치하도록 하여 학생들이 공정하게 대우받고 있다고 느끼게 하는 것 등이 만족감 요소에 해당한다.

04 정답 ①

정답의 이유

① 『아학편』은 조선 후기 실학자 정약용이 체계적 한자 학습을 위하여 엮은 교육용 교재로 『천자문』의 결점을 극복하기 위하여 만들어졌다. 상권에는 유형적 개념에 해당하는 한자를 담았고, 하권에는 계절, 기구, 방위 등의 무형적 개념에 해당하는 한자를 담았다.

오답의 이유

② 『천자문』은 중국 양나라의 주흥사(周興嗣)가 쓴 책으로, 한문 학습 입문서로 사용되었다.

③ 『동몽선습』은 조선 시대 동몽(童蒙) 교재 중에서 가장 이른 시기에 저술되었고, 초학 아동들이 『천자문』 다음 단계에서 필수로 학습하였던 대표적인 아동 교재였다.

④ 『입학도설』은 고려 시대 공양왕 때 권근이 성리학의 원리를 쉽게 가르치기 위해 그림으로 그려 풀이한 책이다.

05 정답 ④

정답의 이유

ㄱ. 균등의 원리에 대한 설명이다.
ㄴ. 적극적 예방의 원리에 대한 설명이다.
ㄷ. 전인(통합)의 원리에 대한 설명이다.

더 알아보기

생활지도의 원리

개인 존중과 수용	학생 개개인을 존엄성을 가진 인간으로 존중한다.
자율성 존중	학생들의 다양성과 자율성, 가치를 인정하고 존중한다.
계속성의 원리	체계적이고 종합적인 계획하에 지속적으로 실시되어야 한다.
통합성의 원리	전인적 발달을 위해 개인의 특정 영역이나 기능과 같은 일부분만이 아닌 전체적인 면을 다루고 지도하여야 한다.
균등의 원리	문제나 부적응 학생뿐만이 아니라 모든 학생을 대상으로 학생 개개인의 잠재 가능성을 실현하도록 도와야 한다.

과학성의 원리	학생에 대한 올바른 이해를 위해 구체적이고 객관적인 자료를 수집·활용함으로써 과학적으로 접근한다.
적극성의 원리	사후 치료나 교정보다 적극적인 예방지도에 중점을 두어야 한다.
협동성의 원리	생활지도는 담임교사나 상담자뿐 아니라 전 교직원과 가정, 지역사회와의 긴밀하게 협동하여 실시해야 한다.
조직의 원리	상담교사를 중심으로 구체적인 조직 기구가 형성·운영되어야 한다.

06 정답 ④

정답의 이유

④ 카텔(Cattell)과 혼(Horn)은 지능에는 유동지능과 결정지능이 있다고 하였다. 이 중 유동지능은 연령과 건강 등 신체적인 요인의 영향을 받는 지능으로 개념 형성, 기억력과 도형지각능력 등 정보처리의 속도와 정확성에 관여하는 능력을 가리킨다. 10대 후반이 되면 완전히 발달하며, 성인이 되면서 낮아진다.

오답의 이유

① 결정지능은 카텔(Cattell)과 혼(Horn)이 유동지능과 함께 제시한 개념으로 경험, 교육 및 훈련을 통하여 발달하는 지식과 능력을 가리킨다. 독해력, 문제해결 능력, 커뮤니케이션 능력 등이 이에 해당한다. 교육이나 경험의 축적된 효과를 반영하므로 생의 말기까지 계속 증가한다.
② 다중지능은 가드너(Gardner)가 제시한 개념이다. 가드너는 다중지능이론에서 인간의 지능은 단일능력이 아니라 상호독립적이며, 사회문화적 맥락의 영향을 받는다고 주장하였다.
③ 성공지능(삼위일체 지능이론)은 스턴버그(Sternberg)가 제시한 개념이다. 스턴버그는 더 완전한 지능이 되기 위해서는 개인, 행동, 상황 등 세 가지를 모두 고려해야 한다고 주장하면서 지능을 상황적 지능(실천적 지능), 경험적 지능(창조적 지능), 요소적 지능(분석적 지능) 등으로 분류하였다.

07 정답 ③

정답의 이유

③ 정체성 위기의 상태에 있으나 적극적으로 정체성을 탐색하며, 정체성 확립을 위해 노력하는 단계는 정체성 유예 단계이다.

더 알아보기

마샤(Marcia)의 정체성 이론

마샤는 청소년기에 나타나는 정체감 유형을 '자신의 정체감 확립을 위해 얼마나 큰 위기를 겪었는가[탐색(Exploration)]'와 '정체감 확립을 위해 개인이 실제로 얼마나 노력하였는가[헌신(Commitment)]'라는 두 가지 요소에 근거하여 정체성 지위를 다음과 같이 4가지로 구분하였다.

정체감 성취 (Achievement)	• 정체성을 확립한 단계이다. • 삶의 목표를 능동적으로 선택할 수 있다.
정체감 유예 (Moratorium)	• 정체성 확립을 위해 노력하는 단계이다. • 적극적으로 정체성을 탐색하는 과정이다.
정체감 유실 (Foreclosure)	• 정체성이 확립된 것처럼 행동하는 단계로, 남의 가치관을 그대로 따르는 것을 말한다. • 의사결정을 할 때 대안을 고려하지 않고 부모 등이 제시하는 역할이나 가치를 그대로 선택하고 수용하는 것이 이에 해당한다.
정체감 혼미 (Diffusion)	• 정체성을 찾기 위해 노력하지 않는 단계이다. • 가치 있는 활동에 전념하지 않는 상태이다.

08 정답 ③

정답의 이유

③ 와이너(Weiner)는 귀인 이론에서 귀인의 4가지 요소(능력, 노력, 운, 과제난이도)와 귀인의 3가지 차원(원인의 소재, 안정성, 통제 가능성)을 제시하였다. 이에 따르면 소재가 내부에 있고 불안정하며 통제 가능한 귀인은 일시적인(특수한) 노력이다.

오답의 이유

① 과제난이도: 소재가 외부에 있고 안정하며 통제 불가능한 귀인
② 교사의 편견: 소재가 외부에 있고 안정하며 통제 가능한 귀인
④ 시험 당일의 기분: 소재가 내부에 있고 불안정하며 통제 불가능한 귀인

더 알아보기

와이너(Weiner)의 귀인 이론

• 인간 행동의 원인이 개인의 특성 및 환경이 아닌 자신이 어떻게 생각하는지에 따라 달라진다는 관점에서 출발하였다.
• 개인이 특정 상황에서 성공이나 실패의 원인을 무엇으로 인지하느냐에 따라 개인의 행동 양식이 결정된다.

구분	내부		외부	
	안정	불안정	안정	불안정
통제 가능	평소의 노력 (꾸준한 장기적인 노력)	특수한 노력	타인의 지속적인 도움이나 방해 예 친구의 도움	타인의 특수한 도움이나 방해 예 외부인의 방해
통제 불가능	능력·적성	기분	과목 특성 혹은 과제난이도	운(행운·불운) 혹은 우연한 기회

09 정답 ③

[정답의 이유]
③ 참모조직은 정보수집, 조사, 계획 등을 수행하며, 계선조직에 권고·조언을 함으로써 경영 목적 달성에 간접 기여하는 결정권 및 명령권이 없는 조직이다.

[오답의 이유]
① 계선조직은 전문적인 지식과 기술을 활용하여 직접적인 명령, 집행, 결정을 행사한다.
② 참모조직은 권한과 책임의 한계가 불명확하여 능률적인 업무 수행이 어렵다는 한계가 있다.
④ 참모조직은 횡적 지원을 하는 수평적 조직인 반면, 계선조직은 계층적 구조를 갖는 수직적 조직이다.

10 정답 ④

[정답의 이유]
④ 조하리(Johari)의 창에 따른 의사소통 모형에서 자신에게는 알려져 있으나 타인에게는 알려지지 않은 영역은 은폐(hidden) 영역이다.

[더 알아보기]
조하리의 창(Johari's Window)

구분	자신에게 알려진 영역	자신에게 알려지지 않은 영역
타인에게 알려진 영역	개방영역 (Open Area)	무지영역 (Blind Area)
타인에게 알려지지 않은 영역	은폐영역 (Hidden Area)	미지영역 (Unknown Area)

- 개방영역(Open Area)
  - 자신에 관한 정보가 자신이나 타인에게 잘 알려져 있다.
  - 자기표현을 적절히 잘할 뿐만 아니라 다른 사람의 말도 경청할 줄 안다.
  - 인간관계가 원만하고, 다른 사람에게 호감과 친밀감을 주어 인기가 있다.
- 무지영역(Blind Area)
  - 자신에 관한 정보가 타인에게는 알려져 있지만, 자신에게는 알려져 있지 않다.
  - 자신의 기분이나 의견을 잘 표현하며 거침없이 이야기한다.
  - 다른 사람의 반응에 무관심하거나 둔감하여 독단·독선적으로 비칠 수 있다.
- 은폐영역(Hidden Area)
  - 자신에 관한 정보가 자신에게는 알려져 있지만 타인에게는 알려져 있지 않다.
  - 다른 사람에 대해서 수용적이며 속이 깊고 신중하다.
  - 다른 사람의 이야기는 잘 경청하지만, 자신의 이야기는 잘 하지 않는다.
- 미지영역(Unknown Area)
  - 자신에 관한 정보가 자신이나 타인에게 모두 알려져 있지 않다.
  - 인간관계에 소극적이며 혼자 있는 것을 좋아한다.
  - 다른 사람과 접촉하는 것을 불편하거나 무관심하여 고립된 생활을 하는 경우가 많다.

11 정답 ④

[정답의 이유]
④ 헌법에 명문화되어 있지 않은 내용이다.

> 교육기본법 제18조(특수교육)
> 국가와 지방자치단체는 신체적·정신적·지적 장애 등으로 특별한 교육적 배려가 필요한 사람을 위한 학교를 설립·경영하여야 하며, 이들의 교육을 지원하기 위하여 필요한 시책을 수립·실시하여야 한다.

[오답의 이유]
① 헌법 제31조 제5항
② 헌법 제31조 제1항
③ 헌법 제31조 제4항

12 정답 ①

[정답의 이유]
① '적도집권의 원리'는 능률성 향상을 도모하는 중앙 집권과 민주적 권한과 참여의 기회 보장을 추구하는 지방 분권 사이 적도(適度)의 균형을 찾아야 한다는 원리이다. 분권을 중심으로 학교조직을 운영하는 것은 '지방 분권의 원리'이다.

[오답의 이유]
② '분업의 원리'는 업무를 성질별로 나누어 한 사람에게 한 가지의 주된 업무를 분담하는 원리이다.
③ '조정의 원리'는 조직의 공동목표를 달성하기 위해 하위체계 사이의 노력을 통합하고 조정하는 원리를 말한다.
④ '계층의 원리'는 권한과 책임의 정도에 따라 업무를 등급화하여 상하 조직 단위의 관계를 만드는 것을 말한다.

13 정답 ③

[정답의 이유]
③ 표준교육비는 일정 크기의 단위학교가 정상적으로 교육활동을 실시하기 위해 드는 필수적인 경비를 의미하며, 최저소요교육비 혹은 적정단위교육비라고도 한다.

더 알아보기
교육비의 구분

직접 교육비	교육활동에 직접적으로 지출되는 비용	
	공교육비	• 법적인 예산회계 절차를 거쳐 교육활동에 투입되는 비용 • 공부담 공교육비와 사부담 공교육비로 분류
	사교육비 (사부담 사교육비)	법적인 예산회계 결산 절차를 거칠 필요 없이 학부모 혹은 학생이 자의적으로 지출하는 비용
간접 교육비 (교육 기회비용)	교육활동을 함으로써 포기하게 되는 모든 형태의 기회비용	
	사부담 간접교육비	교육 기간 학생이 취업을 포기함으로써 발생하는 유실소득
	공부담 간접교육비	학교에 주어진 각종 면세 혜택 비용. 학교건물과 교육 시설을 경제적 수익사업을 위해 사용하지 않았기 때문에 발생한 비용 및 이자. 학교시설 감가상각비 등

14 정답 ①

정답의 이유

① 타일러(Tyler)가 제시한 학습경험의 조직원리에는 계속성의 원리, 계열성의 원리, 통합성의 원리가 있다. 범위(scope)는 수평적(횡적) 원리로, 특정한 시점에서 학생들에게 제공되는 내용의 깊이(배당시간 수)와 폭(교과목 이름)을 말하는데, 교육과정 설계의 원리에 해당한다.

오답의 이유

② 계속성(continuity): 교육내용과 경험의 조직에 있어서 내용과 경험의 계속성이 유지되도록 조직하자는 원리이다.
③ 계열성(sequence): 교육내용과 경험의 여러 요인이 깊이와 넓이에 있어서 점진적으로 심화·확대되도록 조직되어야 한다는 원리로, 계속성의 원리가 동일내용의 반복적 학습을 의미한다면, 계열성의 원리는 수준을 높인 동일내용의 반복적 학습을 의미한다.
④ 통합성(integration): 교육내용과 경험 사이에 관련이 이루어질 수 있도록 통합성이 유지되어야 한다는 원리이다.

15 정답 ①

정답의 이유

① 번스타인(Bernstein)은 미시적 교육사회학의 입장으로 인간의 주체적 인식과 해석을 중요시한다. 번스타인은 학교가 정교한 (elaborated) 어법을 사용함으로써 계급의 재생산을 이룬다고 보았다. 또한 노동자 계층 자녀의 학업성취가 낮은 이유는 가정에서 제한된 언어코드를 사용하기 때문이라고 본다.

16 정답 ①

정답의 이유

① 아비투스는 부르디외(Bourdieu)에 의해 제시된 개념으로, 특정한 계급적 환경에 의해 형성된 성향이나 사고, 인지, 판단과 행동 체계가 지속되어 내면화된 것을 의미한다. 즉, 아비투스는 사회화 과정을 거치는 동안에 개인이 획득하는 영구적인 성향체계로, 특정 계급적 환경에서 내면화된 지속적 성향이나 태도를 의미하며, 내면화된 문화자본으로서 계급적 행동유형과 가치체계를 반영한다.

오답의 이유

② 패러다임은 토마스 쿤(Thomas Kuhn)이 제시한 개념으로, 어떤 한 시대 사람들의 견해나 사고를 지배하고 있는 이론적 틀이나 개념의 집합체를 말한다.
③ 헤게모니는 애플(M. Apple)이 교육사회학 이론에 활용한 그람시(A. Gramsci)의 개념으로, 한 집단이나 국가, 문화가 다른 집단이나 국가, 문화를 지배하는 것을 의미한다.
④ 이데올로기는 사회를 구성하는 이념이나 가치를 의미한다.

17 정답 ②

정답의 이유

② 학교의 장이 학교를 개방할 경우 개방시간 동안의 해당 시설의 관리·운영에 필요한 사항은 해당 지방자치단체의 조례로 정한다.

> **평생교육법 제29조(학교의 평생교육)**
> ① 「초·중등교육법」 및 「고등교육법」에 따른 각급학교의 장은 평생교육을 실시하는 경우 평생교육의 이념에 따라 교육과정과 방법을 수요자 관점으로 개발·시행하도록 하며, 학교를 중심으로 공동체 및 지역문화 개발에 노력하여야 한다.
> ② 각급학교의 장은 해당 학교의 교육여건을 고려하여 학생·학부모와 지역 주민의 요구에 부합하는 평생교육을 직접 실시하거나 지방자치단체 또는 민간에 위탁하여 실시할 수 있다. 다만, 영리를 목적으로 하는 법인 및 단체는 제외한다.
> ③ 제2항에 따른 학교의 평생교육을 실시하기 위하여 각급학교의 교실·도서관·체육관, 그 밖의 시설을 활용하여야 한다.
> ④ 제2항 및 제3항에 따라 학교의 장이 학교를 개방할 경우 개방시간 동안의 해당 시설의 관리·운영에 필요한 사항은 해당 지방자치단체의 조례로 정한다.

18 정답 ①

정답의 이유

(가) 학생 개개인의 인격적 성장을 지원하고, 사회 구성원 모두의 행복을 위해 서로 존중하고 배려하며 협력하는 공동체 의식을 함양한다.
(나) 모든 학생이 학습의 기초인 언어·수리·디지털 기초소양을 갖출 수 있도록 하여 학교 교육과 평생 학습에서 학습을 지속할 수 있게 한다.

(다) 다양한 학생 참여형 수업을 활성화하고, 문제 해결 및 사고의 과정을 중시하는 평가를 통해 학습의 질을 개선한다.

> **더 알아보기**
>
> **2022 개정교육과정에서 교육과정 구성의 중점**
> - 디지털 전환, 기후·생태환경 변화 등에 따른 미래 사회의 불확실성에 능동적으로 대응할 수 있는 능력과 자신의 삶과 학습을 스스로 이끌어가는 주도성을 함양한다.
> - 학생 개개인의 인격적 성장을 지원하고, 사회 구성원 모두의 행복을 위해 서로 존중하고 배려하며 협력하는 공동체 의식을 함양한다.
> - 모든 학생이 학습의 기초인 언어·수리·디지털 기초소양을 갖출 수 있도록 하여 학교 교육과 평생 학습에서 학습을 지속할 수 있게 한다.
> - 학생들이 자신의 진로와 학습을 주도적으로 설계하고, 적절한 시기에 학습할 수 있도록 학습자 맞춤형 교육과정 체제를 구축한다.
> - 교과 교육에서 깊이 있는 학습을 통해 역량을 함양할 수 있도록 교과 간 연계와 통합, 학생의 삶과 연계된 학습, 학습에 대한 성찰 등을 강화한다.
> - 다양한 학생 참여형 수업을 활성화하고, 문제 해결 및 사고의 과정을 중시하는 평가를 통해 학습의 질을 개선한다.
> - 교육과정 자율화·분권화를 기반으로 학교, 교사, 학부모, 시·도교육청, 교육부 등 교육 주체들 간의 협조 체제를 구축하여 학습자의 특성과 학교 여건에 적합한 학습이 이루어질 수 있도록 한다.

19 정답 ②

정답의 이유

ㄱ. 빈곤 가정의 결핍된 문화적 환경을 보상하기 위한 프로그램 중 하나가 헤드스타트 프로그램이다.

ㄷ. 문화실조론은 문화적 절대주의(자민족 우월주의)의 관점이며, 이에 대해 문화상대주의자들은 문화실조라는 개념이 성립할 수 없다고 비판한다.

오답의 이유

ㄴ. 학생의 학업성취 격차의 원인은 사회·문화적 환경요인에 있다고 주장한다.

> **더 알아보기**
>
> **문화실조론**
> - '문화실조(Cultural Deprivation)'란 발달과정 초기에 문화적으로 취약한 환경에서 성장한 아동은 발달상의 결손을 가져온다는 것을 설명하는 개념이다.
> - 개인의 발달에 필요한 문화적 요소의 결핍 현상을 의미하는 것으로서, 대개 사회경제적 지위가 낮은 계층의 아동들에게 많이 발생한다.
> - 문화실조론은 문화적 절대주의(자민족 우월주의)의 관점으로, 문화실조론자들은 사회·문화적 환경의 차이로 인해 학업성취의 격차가 발생한다고 주장하였다.
> - 브룩스에 의하면, 문화적으로 실조된 아동이란 마땅히 지녀야 할 풍부한 경험들로부터 유리된 아동을 말하며, 이와 같은 유리 현상은 그의 가정환경의 지적 자원이 빈약하거나 주위 연장자들의 문맹 또한 무관심, 혹은 지역사회 전반의 풍토에 기인한다.
> - 문화실조는 언어장애나 학업부진, 중도탈락, 비행 등의 주요 원인으로 지적되고 있다.
> - 학생의 학습실패 중요 요인으로 학생의 문화적 경험 부족을 지목한다.
> - 학교에서 학생들의 성공과 실패는 유전적으로 결정된 것이 아니라고 본다.

20 정답 ③

정답의 이유

③ 기술적 교수법적 내용 지식(TPACK)은 슐만(Shulman)의 교수학적 내용 지식(Pedagogical content knowledge)을 기반으로 한 이론이다. 그는 교사가 갖추어야 할 지식 7가지(교과내용 지식, 교수내용 지식, 교육과정 지식, 교수법 지식, 학습자 지식, 교육환경 지식, 교육목적 지식)를 제시하였다. TPACK은 이 중 내용 지식, 교수법 지식, 기술 지식의 통합을 강조한다.

오답의 이유

① ASSURE는 하이니히(Heinich)의 수업 매체 선정 및 활용 모형이다. A(Analyze Learner Characteristic)는 학습자의 태도, 선행학습능력, 학습양식 등을 분석하는 단계이고, S(State Objective)는 성취목표의 유형을 분석하고, 목표를 확립하는 단계이다. S(Select Media and Materials)는 수업목표를 달성하는 데 가장 효율적인 수업전략과 이에 적합한 매체 유형을 결정하고 자료를 선정하는 단계이며, U(Utilizing Materials) 단계에서는 매체 및 자료에 대한 사전 검토, 매체 및 자료 준비, 환경 준비, 학습자 준비, 학습경험 제공을 진행한다. R(Require Learner Participation)은 수업 중 기회 제공 및 피드백 제공을, E(Evaluation)는 학습자 성취의 평가, 전략 및 매체의 평가, 피드백을 통한 수정을 진행하는 단계이다.

② STAD는 슬래빈(Slavin)의 팀 성취 분담학습 모형을 의미한다. 교사의 설명, 모둠학습, 평가, 모둠점수 게시와 보상으로 이루어지며, 교사가 전체 학습 내용을 설명하고 모둠학습을 실시한다. 평가는 개인별 퀴즈를 통해 이루어지며, 모둠점수는 구성원들의 점수의 합을 평균하여 계산한다. 모둠점수에 따라 적절한 보상을 제공해야 한다.

④ WHERETO는 위긴스와 맥타이(Wiggins & McTighe)가 백워드 설계 모형에서 언급한 학습 경험과 수업 계획의 원리에 해당한다.

교육학개론 | 2023년 국가직 9급

한눈에 훑어보기

✓ 영역 분석

교육사 및 철학 01 04 10
3문항, 15%

교육심리 02 06 13 18 20
5문항, 25%

교수-학습 05
1문항, 5%

교육사회학 15 16 19
3문항, 15%

교육행정 03 07 11 12 14
5문항, 25%

교육평가 및 공학 08 17
2문항, 10%

교육과정 09
1문항, 5%

✓ 빠른 정답

01	02	03	04	05	06	07	08	09	10
③	②	①	③	①	②	②	③	④	①
11	12	13	14	15	16	17	18	19	20
①	④	④	②	①	④	②	③	③	②

✓ 점수 체크

구분	1회독	2회독	3회독
맞힌 문항 수	/ 20	/ 20	/ 20
나의 점수	점	점	점

01 정답 ③

정답의 이유

③ 항존(恒存)주의는 진리의 절대성과 불변성, 영원성을 고수하는 신념으로 항존주의 교육철학에서는 지식이나 진리의 영원성을 강조한다.

오답의 이유

① 진보주의 교육철학에 대한 설명으로 교사 중심의 전통적 교육과 비인간화에 대한 반발로 일어난 교육철학으로 아동 존중의 원리를 채택하며 아동의 전인적 성장 발달에 초점을 맞춘다.
② 개조주의(재건주의)에 대한 설명으로 아동 중심에 초점을 둔 진보주의와 달리 사회 중심으로 적극 전환하기를 주장하는 교육철학으로 교육의 사회적 역할과 교육을 통한 사회 개조를 강조한다.
④ 실제적 교육철학은 실제적인 삶이나 교육의 문제를 해결하는 데 초점을 두고 있다.

02 정답 ②

정답의 이유

② 근접발달영역(ZPD; Zone of Proximal Development): 비고츠키가 사회문화이론에서 주장한 개념으로, 아동 스스로 문제해결할 수 있는 실제적 발달 수준과 타인의 도움으로 문제해결이 가능한 잠재적 발달 수준 간의 중간 영역을 의미한다. 즉, 혼자서 성취하기는 어렵지만 도움을 받으면 성취 가능한 것의 범위를 말하며, 아동의 학습이 발생하는 영역이다.

오답의 이유

① 집단 무의식: 칼 융은 인간의 무의식에는 개인의 경험과 생각뿐만 아니라 인류의 역사와 문화 등 집단의 공통적인 무의식을 공유하고 있다고 보았으며, 신화나 상징 등의 형태로 드러날 수 있다고 보았다.
③ 학습된 무기력: 마틴 셀리그먼은 동물실험을 통해 충격을 받은 동물이 뒤에는 피할 수 있는 충격이 주어져도 더 이상 피하지 않는 현상을 발견하였다. 이를 통해 좌절을 경험한 사람들이 더 이상 변화를 시도하지 않게 되는 경향을 설명한다.
④ 잠재적 발달영역(PDZ; Potential Development Zone): 비고츠키는 개인이 아직 스스로 해결하지 못한 문제를 해결할 수 있는 능력이 잠재되어 발달 가능성이 있는 구간이 있으며, 이 구간을 타인의 지도와 도움을 받으면 스스로 발달할 수 있다고 주장하였다.

03 정답①

정답의 이유

① 분산적 지도성(Distributed Cognition): 중앙집권적 사고를 부정하고 지식은 개인과 환경, 타인과 공유되며 발생하고 이용된다는 공동의 지도성을 지향하는 개념이다.

오답의 이유

② 상황적 지도성(Situated Cognition): 지식은 특정한 상황에서 형성되며, 그 상황에서만 유용하게 사용될 수 있다는 개념이다.

③ 거래적 지도성(Transaction Cognition): 지식이 두 개체 간의 상호작용에서 형성되며, 거래적인 측면이 지식 형성에 중요한 역할을 한다는 개념이다.

④ 변혁적 지도성(Transformative Cognition): 지식이 개인의 생각이나 행동을 변혁시켜, 개인의 발전과 성장에 중요한 역할을 한다고 보는 개념이다.

04 정답③

정답의 이유

③ 동굴의 비유를 통해 교육의 핵심적 원리와 지식의 단계를 제시한 사상가는 플라톤이다.

오답의 이유

①·②·④ 코메니우스는 17세기 감각적 실학주의 사상가로 교육을 이끌어가는 방법상의 원리를 자연에서 찾고 인간의 감각적 직관에 기초한 사물 교육, 실물이나 표본을 감각적으로 직접 관찰·학습할 것을 강조하며 모든 사람에게 모든 것을 철저하게 가르쳐야 한다는 범지학을 주장하였다. 라틴어 도설(圖說)류인 『세계도회』를 제작하여 문자 위주 언어교육의 문제를 해결하고자 하였다. 가정교육(어머니 무릎 학교) → 초등교육(모국어 학교) → 중등교육(라틴어 학교) → 고등교육(대학)으로 이어지는 공교육의 단계적 학제를 제안하였다.

05 정답①

정답의 이유

① 학습내용과 매체를 선정하고 수업절차를 확인하는 것은 교수-학습 과정이 아닌 글레이저(Glaser)의 수업 과정 중 출발점 행동 다음 단계인 수업절차에 해당한다.

더 알아보기

글레이저의 수업 과정 모형

1. 수업 목표(도착점 행동)의 설정과 진술
   - 수업 목표: 관찰, 측정, 기술이 가능한 행동으로 세분화하는 것으로부터 시작한다.
   - 도착점 행동: 어떤 교수과정이 끝났을 때 학생들이 보여줄 수 있는 성취를 의미한다.
2. 출발점 행동(시발점 행동/투입 행동)의 진단과 확인
   - 새로운 도착점 행동을 시작할 때 학생이 이미 습득한 지식이나 기능과 태도를 의미한다.
   - 주요하게 고려되는 출발점 행동은 선행학습의 정도, 적성, 지능이나 흥미, 태도, 자아개념과 같은 학습자의 정의적(情意的)인 요인이다.
   - 수업절차에 앞서 출발점 행동의 진단을 위한 진단평가를 실시하여 학습 결손아를 발견하고 처치 방안을 강구할 필요가 있다.
   - 수업절차에서의 학습지도 방법이 모색되어야 한다.
3. 수업절차의 선정과 실행
   - 교사의 수업 전개의 활동을 내포하며 학생의 출발점 행동에서 시작하여 학생이 학습 상황을 떠나는 사이의 과정으로 학습지도의 장면을 의미한다.
   - 수업 목표에 따라 수업 방법과 매체를 선정하고 적절한 수업방법을 처방한다.
   - 학습지도 방법과 형성평가에 의한 교정 학습이 중요시된다.
4. 학습 성취도 평가
   - 수업절차가 끝난 다음, 설정된 수업 목표에 비추어 학습성과의 평가를 의미한다.
   - 도착점 행동의 성취를 알아보는 것으로, 평가에 의한 연속적인 피드백이 행하여진다.

06 정답②

정답의 이유

② 콜버그(Kohlberg)는 도덕성 발달단계를 전인습 수준, 인습 수준, 후인습 수준으로 구분하였고, 전인습 수준은 처벌을 회피하려는 1단계와 욕구 충족 수단의 2단계로 구성된다.

더 알아보기

콜버그의 도덕성 발달단계

수준	단계	도덕성 기준
전인습 수준 (4~10세)	제1단계	처벌 회피
	제2단계	욕구 충족 수단
인습 수준 (10~13세)	제3단계	대인관계 유지
	제4단계	법과 질서
후인습 수준 (13세 이상)	제5단계	사회계약
	제6단계	보편적 도덕 원리

오답의 이유

① 피아제(Piaget)의 인지발달 이론에 해당한다.

> **더 알아보기**
>
> **피아제의 인지발달 이론**
>
> | | |
> |---|---|
> | 동화 | 새로운 지각물이나 자극이 되는 사건을 자신이 이미 가지고 있는 도식이나 행동양식에 맞추거는 인지적 과정 |
> | 조절 | 기존 도식이 새로운 대상을 동화하는 데 적합하지 않은 경우, 새로운 대상에 맞도록 기존의 도식을 변경하여 인지하는 과정 |
> | 평형상태 | 동화와 조절의 결과 조직화한 유기체의 각 구조가 균형을 이루는 것을 말함 |

③ 프로이트의 정신분석 이론에 해당한다.

> **더 알아보기**
>
> **프로이트의 정신분석 이론**
>
> | 성격 구조 | 내용 |
> |---|---|
> | 원초아(Id) | 쾌락의 원리, 성격의 기초가 되는 기본욕구와 충동을 대표 |
> | 자아(Ego) | 현실의 원리, 사회규범·규칙·관습과 같은 사회적 현실을 고려하여 행동을 결정 |
> | 초자아(Superego) | 자기 스스로 본인의 행동에 대해 일정한 상과 벌을 줄 수 있는 개인의 내적인 기준과 힘에 의해 선악 판단 |

④ 콜버그의 후인습(인습 후기) 수준에 해당한다.

07 정답 ②

정답의 이유

② 가해학생이 아니라 피해학생 및 그 보호자가 심의위원회의 개최를 원하지 아니하는 경미한 학교폭력의 경우 학교의 장은 자체적으로 해결할 수 있다(학교폭력예방 및 대책에 관한 법률 제13조의2 제1항).

오답의 이유

① 학교폭력예방 및 대책에 관한 법률 제2조 제1호
③ 학교폭력예방 및 대책에 관한 법률 제15조 제2항
④ 학교폭력예방 및 대책에 관한 법률 제16조 제1항

> **제2조(정의)**
> 이 법에서 사용하는 용어의 정의는 다음 각 호와 같다.
> 1. "학교폭력"이란 학교 내외에서 학생을 대상으로 발생한 상해, 폭행, 감금, 협박, 약취·유인, 명예훼손·모욕, 공갈, 강요·강제적인 심부름 및 성폭력, 따돌림, 사이버 따돌림, 정보통신망을 이용한 음란·폭력 정보 등에 의하여 신체·정신 또는 재산상의 피해를 수반하는 행위를 말한다.
>
> **제13조의2(학교의 장의 자체해결)**
> ① 제13조 제2항 제4호 및 제5호에도 불구하고 피해학생 및 그 보호자가 심의위원회의 개최를 원하지 아니하는 다음 각 호에 모두 해당하는 경미한 학교폭력의 경우 학교의 장은 학교폭력사건을 자체적으로 해결할 수 있다. 이 경우 학교의 장은 지체 없이 이를 심의위원회에 보고하여야 한다.
>
> **제15조(학교폭력 예방교육 등)**
> ② 학교의 장은 학교폭력의 예방 및 대책 등을 위한 교직원 및 학부모에 대한 교육을 학기별로 1회 이상 실시하여야 한다.
>
> **제16조(피해학생의 보호)**
> ① 심의위원회는 피해학생의 보호를 위하여 필요하다고 인정하는 때에는 피해학생에 대하여 다음 각 호의 어느 하나에 해당하는 조치(수 개의 조치를 동시에 부과하는 경우를 포함한다)를 할 것을 교육장(교육장이 없는 경우 제12조 제1항에 따라 조례로 정한 기관의 장으로 한다. 이하 같다)에게 요청할 수 있다. 다만, 학교의 장은 학교폭력사건을 인지한 경우 피해학생의 반대의사 등 대통령령으로 정하는 특별한 사정이 없으면 지체 없이 가해자(교사를 포함한다)와 피해학생을 분리하여야 하며, 피해학생이 긴급보호를 요청하는 경우에는 제1호, 제2호 및 제6호의 조치를 할 수 있다. 이 경우 학교의 장은 심의위원회에 즉시 보고하여야 한다.
>   1. 학내외 전문가에 의한 심리상담 및 조언
>   2. 일시보호
>   3. 치료 및 치료를 위한 요양
>   4. 학급교체
>   5. 삭제
>   6. 그 밖에 피해학생의 보호를 위하여 필요한 조치

08 정답 ③

정답의 이유

③ 광학적·전기적 투사 방법을 사용하는 투사매체인 실물화상기나 OHP는 가상현실 기술을 활용한 매체가 아니다.

> **더 알아보기**
>
> **가상현실(VR; Virtual Reality)**
> - 가상의 공간에서 영상을 보여주는 기술로, 사용자가 360도 영상을 바탕으로 3D 환경을 체험할 수 있게 해준다.
> - 교육 현장에서의 활용
>   - e-러닝(Electronic Learning)이나 u-러닝(Ubiquitous Learning) 등에서 원격교육의 방법으로 활용되고 있다.
>   - 학생들은 가상의 환경에서 다양한 각도로 실험, 시뮬레이션 등을 진행하며 학습할 수 있으며, 이를 통해 현실에서는 어려운 상황이나 위험한 환경에서도 안전하게 학습할 수 있다.
>   - 학생들은 또한 전 세계의 명소를 체험하거나, 역사 속 사건을 경험해 보며 흥미와 몰입감을 높일 수 있다.
> - VR 헤드셋: 가상현실을 체험하기 위해 필요한 기기로, 사용자의 눈앞에 디스플레이를 위치시켜 가상 세계를 보여주고, 머리의 움직임을 추적하여 사용자의 시선에 따라 화면이 변한다.

09 정답 ④

> 정답의 이유

④ 블룸의 교육목표 분류 중 분석에 해당한다.

> 더 알아보기

블룸의 교육목표 분류

지식(암기)	자료와 정보를 기억해 내는 초보적인 단계
이해	의미를 이해하고 본인의 표현으로 문제를 규정할 수 있는 단계
적용(응용)	하나의 개념을 새로운 상황에 적용하는 단계
분석	자료나 개념을 그것의 구성 부분으로 분해하여 구조를 이해할 수 있는 단계
종합	다양한 요소들 속에서 구조와 패턴을 찾아낼 수 있는 단계
평가	자료의 착상 혹은 사상의 가치를 평가할 수 있는 단계

10 정답 ①

> 정답의 이유

① 헤르바르트(Herbart)에 대한 설명이다. 헤르바르트는 스승인 페스탈로치의 민주주의적 원리를 이어받은 독일의 관념론 철학자, 심리학자, 교육학자로 다원론을 주장하였으며 저서 『일반교육학』을 저술하였다. 그는 교육 방법을 표상 심리학(연합심리학)에서 찾아 교육학을 하나의 독립된 학문으로 체계화하는 데 기여하였다. 또한 교육 내용으로서의 다면적 흥미를 중시하였고 교육 방법으로는 '명료 → 연합 → 계통 → 방법'으로 이어지는 4단계 교수법을 주장하였다.

> 더 알아보기

페스탈로치의 교육사상

- 19세기 교육사상가로, 루소(J. J. Rousseau)의 자연주의 교육사상을 교육 방법론적으로 계승하여 빈민 학교를 세우고 전 능력의 자발 활동을 통하여 조화·발전시키는 직관적 방법을 중시한 근대 교육의 아버지라 불리는 실천가이다.
- 지·덕·체의 모든 능력을 의미하는 인간성을 계발하는 것이 교육이라고 보았으며, 더 나아가 불평등한 사회를 개혁하자고 강조하였다.
- 합자연(合自然)의 교육 방법적 원리로서 자발성의 원리, 도덕성 중시의 원리(통합의 원리, 조화적 발전의 원리), 안방(거실) 교육의 원리, 방법의 원리 등을 중시하였다.

11 정답 ①

> 정답의 이유

① 교육행정 과정 중 기획에 해당한다.

> 더 알아보기

페이욜(Fayol)의 교육행정 과정

기획	조직의 목표를 설정하고 계획을 수립하여 미래의 행동을 준비하는 것
조직	인적·물적 자원을 확보하고 이를 구조화하는 것
명령	조직 구성원이 부과된 작업을 자율적이고 능동적으로 수행하도록 하는 것
조정	각 활동을 조절하고 통합하는 것
통제	모든 활동이 이미 정해진 규칙이나 지시에 따라 수행되고 있는가를 감독하는 것

12 정답 ④

> 정답의 이유

④ (가)는 허즈버그의 동기-위생이론 중 '위생요인'이며, (나)는 맥그리거의 X-Y이론 중 '이론 Y(Y이론)'이다.

> 더 알아보기

허즈버그와 맥그리거의 이론

허즈버그	동기-위생 이론	동기(만족)요인	• 동기부여 요인에 있어서 만족을 얻으려는 접근 욕구와 관련된 일 자체를 의미한다. • 개인 내적인 구성요소로는 성장, 인정, 성취감, 자아실현, 승진 가능성, 책임감 등이 있다.
		위생(불만족)요인	• 직무에 대해 불만족을 느끼게 하는 환경요인으로, 불만족을 회피하려는 욕구이다. • 충족 시에 불만이 줄지만 만족감이 생기지는 않고, 충족되지 않으면 불만이 발생한다. • 개인 외적인 구성요소로는 근무조건, 직업의 안정성, 보수, 대인관계 등이 있다.
맥그리거	X-Y이론	X이론	인간의 본성을 부정적(인간을 수동적이고 일과 책임을 회피하는 경향이 있으며 지시를 선호하는 존재로 파악)으로 보고 경제적 보상을 제시하고 권위주의적 지도성이 필요하다고 보았다.
		Y이론	인간의 본성을 긍정적(인간을 능동적이며 스스로 책임을 지고 자기통제와 자기만족, 자기실현이 보상으로 주어져야 하는 존재로 파악)으로 보고 동기부여를 위해서 사회·심리적 욕구를 충족시키고 구성원을 신뢰하여야 한다고 보았다.

13 정답 ④

정답의 이유

④ 엘리스(A. Ellis)는 합리적·정의적 상담이론의 상담기법에서 비합리적 신념을 논박하며 인지 재구조화를 통해 합리적인 사고로 대체하고자 하였다.

더 알아보기

정신분석 상담의 주요 기법

전이 분석	애정, 욕망, 기대, 적개심 등 과거 중요한 사람에게 가졌던 감정을 상담자에게 표현하도록 격려한다.
저항의 분석	집단원이 무의식적 내용의 의식화에 따른 불안감에서 벗어나도록 하여 집단원의 갈등을 해소하고 상담의 진행을 원활히 한다.
꿈의 분석	집단원의 꿈속에 내재된 억압된 감정과 무의식적인 욕구를 꿈의 내용을 분석함으로써 통찰하도록 한다.
해석	집단원의 저항이나 전이 등이 해석의 주요 대상이 된다.
자유연상법	집단원의 무의식적 감정과 동기를 통찰하기 위해 마음속에 떠오르는 것을 의식의 검열을 거치지 않은 채 표현하도록 격려한다.

14 정답 ②

정답의 이유

② 자유학기제는 중학교 과정 중 한 학기 동안 학생들이 시험 부담에서 벗어나 꿈과 끼를 찾을 수 있도록 토론·실습 등 학생 참여형으로 수업을 운영하고, 진로탐색 활동 등 다양한 체험 활동이 가능하도록 교육과정을 자율적으로 운영하는 것을 말한다. 자유학기제의 교육과정은 교과와 자유학기 활동으로 구성·운영하며, 전국 모든 중학교에서 반드시 이행하여야 하는 필수사항으로, 학교운영위원회의 심의사항에 해당하지 않는다.

오답의 이유

① 초·중등교육법 제32조 제1항 제10호
③ 초·중등교육법 제32조 제1항 제4호
④ 초·중등교육법 제32조 제1항 제11호

제32조(기능)
① 학교에 두는 학교운영위원회는 다음 각호의 사항을 심의한다.
1. 학교 헌장과 학칙의 제정 또는 개정
2. 학교의 예산안과 결산
3. 학교 교육과정의 운영 방법
4. 교과용 도서와 교육 자료의 선정
5. 교복·체육복·졸업앨범 등 학부모 경비 부담 사항
6. 정규학습 시간 종료 후 또는 방학 기간 중의 교육활동 및 수련 활동
7. 공모 교장의 공모 방법, 임용, 평가 등
8. 초빙교사의 추천
9. 학교운영지원비의 조성·운용 및 사용
10. 학교급식
11. 대학입학 특별전형 중 학교장 추천
12. 학교 운동부의 구성·운영
13. 학교 운영에 대한 제안 및 건의 사항
14. 그 밖에 대통령령이나 시·도의 조례로 정하는 사항

15 정답 ①

정답의 이유

① 제시된 자료는 애플(Apple)의 문화적 헤게모니론에 해당한다. 애플은 학교의 기능을 잠재적 교육과정을 통해 관료주의적인 위계관계, 상벌체계와 같은 통제나 권위주의적인 억압에 순종하도록 함으로써 지배집단의 이데올로기와 헤게모니를 재생산하는 데 있다고 하였다. 뿐만 아니라 상대적 자율성을 지니고 있어서 지배 헤게모니를 비판하는 반헤게모니를 생성하는 기능도 가지고 있다고 하였다.

오답의 이유

② 파슨스는 '학교사회화 이론'에서 학교는 '사회화와 선발'을 통해 사회 구성원으로서의 역할 개발이라는 중요 기능을 담당한다고 주장하였다.
③ 로젠탈은 학업성취도에 있어서 교사의 기대나 관심이 끼치는 영향이 중요하다고 여기는 피그말리온 효과(Pygmalion effect)를 주장하였다.
④ 드리븐은 잠재적 교육과정을 통한 규범적 사회화를 주장하였다.

16 정답 ④

정답의 이유

④ 콜만은 「사회적 자본론(Social Capital Theory)」과 「교육 기회의 평등(Equality of Educational Opportunity)」 보고서(1966)에서 학생의 학업성취 격차에 가장 큰 영향을 미치는 요인은 학교의 교육 조건 차이보다는 가정 배경이 훨씬 강한 영향을 준다고 주장했다.

17 정답 ②

정답의 이유

② 캐롤은 학교학습모형에서 완전 학습을 위한 학교학습모형으로서, 학습에 필요한 시간을 최소화하고, 학습에 투입한 시간을 최대화하면 완전 학습이 가능하다고 주장하였다.

더 알아보기

캐롤의 학교학습모형 방정식

$$\text{학습의 정도} = f\left(\frac{\text{학습에 투입한 시간}}{\text{학습에 필요한 시간}} = \frac{\text{학습기회} \cdot \text{지구력}}{\text{적성} \cdot \text{수업이해력} \cdot \text{수업의 질}}\right)$$

[오답의 이유]
① 글래이저의 교수과정은 수업목표의 설정과 진술 → 출발점 행동의 진단과 확인 → 수업절차의 선정과 실행 → 학습 성취의 평가 단계로 이루어진다.
③ 브루너는 과학학습에서 학생 스스로 지식을 발견하고 획득하도록 하는 발견학습을 제안했다.
④ 가네는 인간의 학습 또는 능력은 저차원에서 고차원으로 위계를 이루고 있고, 한 단계의 학습 또는 능력은 다음 단계의 학습에 필수적인 선행요건이 되고 있다는 학습위계를 주장했다.

18 정답 ③

[오답의 이유]
① 모든 학생이 모든 문항을 풀어볼 수 있도록 충분한 시간을 준 다음 측정하는 것은 역량검사에 해당한다. 역량검사는 시간적인 제약이 시험점수에 결정적으로 작용하지 않도록 제작된 검사로, 다양한 난이도의 문항들을 비교적 충분한 시간 내에 풀도록 하는 검사이다.
② 학생의 점수를 다른 학생들의 점수와 비교하여 상대적 서열 또는 순위를 매기기는 것은 규준지향평가(상대 비교평가)에 해당한다. 규준지향평가는 학습자의 평가 결과를 그가 속해 있는 집단에 비추어서 상대적인 위치를 밝혀보는 평가 방법으로 개인차의 변별이 가능하며 교사의 편견이 배제되는 평가이다.
④ 교사가 제작하여 수업 진행 중 학생들의 학업성취도나 행동 특성을 측정하는 것은 교사 제작 검사에 대한 내용이다. 교사 제작 검사는 교사 개인이나 집단이 비공식적으로 제작하여 특정 집단에 사용하는 비(非)규준 검사이다.

[더 알아보기]
교육평가

속도검사	• 정해진 시간 내에 모든 문항을 풀지 못할 것을 가정한 검사 방식으로 일정한 시간 제한을 두는 평가 • 난이도가 유사한 문항을 많이 두어 얼마나 많은 문항을 풀었는지를 측정
준거지향평가 (절대 비교평가)	• 평가 기준(준거)을 학습자의 핵심 성취기준이나, 교육과정으로 달성하려는 수업목표(도착점 행동)에 두는 목표지향적 평가 • 발달적 교육관에 바탕을 두며, 배치를 위한 평가 실시 • 개인차 변별이 어려우며, 준거의 설정 기준이 문제
표준화검사	전문가들이 제작하고 표준화된 절차에 따라 실시하는 신뢰성과 타당성이 높은 검사로, 전국적으로 사용할 수 있는 객관적인 검사

19 정답 ③

[정답의 이유]
③ 아노미 이론: 뒤르켐의 아노미 이론을 발전시켜 차별과 비교에 대한 개념을 추가하면서 사회구조가 특정인에게 정당한 방법으로 문화 목표를 달성할 수 없도록 할 때 사람들은 엄청난 긴장을 일으키게 되고, 긴장을 해결하기 위해 비행을 발생시킨다는 이론이다.

[오답의 이유]
① 낙인 이론: 상징적 상호작용이론에 기초한 이론으로 타인이 자기 자신을 비행자로 낙인찍은 데서 크게 영향을 받아 비행이 발생한다는 이론이다.
② 사회통제 이론: 비행 성향을 통제해 줄 수 있는 개인에 대한 사회적 억제력이나 통제가 약화할 때 비행이 발생한다는 이론이다.
④ 합리적 선택 이론: 사회·경제적 행동을 개인의 '합리적 선택'의 결과로서 설명할 수 있다는 것을 사회과학적으로 접근하는 이론이다.

20 정답 ②

[정답의 이유]
② 학생이 당면한 여러 가지 문제해결과 적응에 필요한 자료와 정보를 제공하는 것으로, 학생이 원하는 정보 및 자료(교육과정, 특별활동, 개인·사회적 정보 등)를 제공하여 학생의 개인적 발달과 사회 적응을 돕는 봉사활동이다.

[오답의 이유]
① 배치 활동에 해당한다. 학생의 적성과 능력에 맞는 교육활동을 선택하게 돕거나 진로 탐색을 하도록 도움으로써 적재적소에 학생들을 배치하는 활동이다.
③ 추수 활동에 해당한다. 학생의 적성과 능력에 맞는 교육활동을 선택하게 돕거나 진로 탐색을 하도록 도움으로써 적재적소에 학생들을 배치하는 활동이다.
④ 학생조사 활동에 해당한다. 생활지도의 추후 적응 상태를 확인하고 보다 나은 적응을 돕는 활동으로 대상자는 재학생뿐만 아니라 졸업생, 휴학생, 전학생과 퇴학생도 포함한다.

교육학개론 | 2022년 국가직 9급

한눈에 훑어보기

✔ 영역 분석

교육의 이해   12 16
2문항, 10%

교육사 및 철학   11 14 15
3문항, 15%

교육심리   06 07 08
3문항, 15%

교수-학습   04
1문항, 5%

교육사회학   02 03
2문항, 10%

교육행정   13 17 18 19 20
5문항, 25%

교육평가 및 공학   01 05 09
3문항, 15%

교육과정   10
1문항, 5%

✔ 빠른 정답

01	02	03	04	05	06	07	08	09	10
③	④	③	②	④	③	④	②	①	③
11	12	13	14	15	16	17	18	19	20
①	②	①	④	②	①	③	④	③	②

✔ 점수 체크

구분	1회독	2회독	3회독
맞힌 문항 수	/ 20	/ 20	/ 20
나의 점수	점	점	점

01 정답 ③

[정답의 이유]

③ u-러닝(Ubiquitous Learning, 유비쿼터스 러닝)은 학생들이 언제 어디서나 어떤 내용에 상관없이 어떤 단말기로도 학습할 수 있는 교육환경을 조성해줌으로써, 학습자 중심의 교육과정을 실현하는 것을 말한다.

[오답의 이유]

① e-러닝(Electronic Learning)은 전자교육 또는 전자학습이라고 하며, 인터넷을 활용해 원하는 시간·장소에서 교육이 가능하다. 초기에는 콘텐츠를 일방향적으로 전달하는 학습 위주였으나, 점차적으로 사이버 공간을 활용한 양방향 학습과 다양한 디지털 콘텐츠를 활용한 실감형, 사물인터넷·AI 기술을 활용한 지능형 학습들이 개발되고 있다.

② m-러닝(Mobile Learning)은 PDA, 태블릿 PC, 스마트폰 등을 이용하여 무선 인터넷으로 학습자가 시간과 장소에 구애받지 않고 학습을 돕는 형태로서 '스마트 러닝'이라고도 한다.

④ 기계학습(Machine Learning)은 알고리즘을 이용해 데이터를 분석하여 학습을 하고, 그 학습을 통해 얻은 정보를 기반으로 판단·예측하며 새로운 지식을 추출하는 것을 말한다.

02 정답 ④

[정답의 이유]

④ 사회충원의 기능: 교육이 사회의 각 분야에서 요구하는 전문적 능력을 갖춘 인력을 양성하고 공급하여 충원하는 기능을 수행하는 것을 말한다.

[오답의 이유]

① 문화전승의 기능: 교육의 기본적 기능으로, 생활방식·행동양식을 내면화시키고 전승함으로써 사회를 유지하고 존속시킨다.

② 사회이동의 기능: 개인의 사회적 위치나 계층을 이동시키는 기능을 수행한다.

③ 사회통합의 기능: 다양한 구성원들을 지적·정서적으로 일체화시켜 하나의 통합된 집단으로 형성하는 교육의 기능을 말한다.

03 정답 ③

[정답의 이유]

③ 능력주의 평등화론은 기능주의적 관점으로 능력에 따라 계층이동의 기회가 주어지면 사회적 평등을 가져온다는 이론이다. 능력에서의 사회구조적 불평등을 고려하는 것은 갈등론적 관점에 해당한다.

04 정답 ②

정답의 이유

② 협동학습(공동학습)이란 학습자들이 이질적인 집단을 이루어 공유하는 목표를 성취하기 위해 함께 노력하는 것을 말하는 것으로, 협동학습의 기본 원리에는 긍정적 상호의존성, 상호작용의 촉진과 대면관계의 선호, 대인 및 소집단기술(사회적 기술), 집단화 과정, 개별 책무성 등이 있다.

오답의 이유

① · ④ 집단은 목표를 성취하기 위해 개별 책무성을 가지고 있어야 하며, 집단의 각 구성원도 이러한 공동의 목표를 달성하기 위하여 자신의 역할에 최선을 다할 책임을 가지고 있어야 한다.
③ 다른 구성원이 성취하지 못하면 자신도 성취하지 못하는 관계를 말하는 것으로, 긍정적 상호의존성은 협동학습을 구조화하기 위한 가장 우선적이고 중요한 요소이다.

05 정답 ④

정답의 이유

④ 가장 기초적인 신뢰도 검증방법으로서, 동일한 대상에 동일한 평가도구를 서로 상이한 시간에 두 번 측정한 다음 그 결과를 비교하는 것은 검사-재검사 신뢰도(안정성 계수)이다.

오답의 이유

① 신뢰도는 측정하려는 대상을 얼마나 정확하게 측정하고 있는가의 정도를 말한다.
② 타당도와 신뢰도의 관계에서 타당도가 높기 위해서는 신뢰도가 높아야 한다.
③ 공인타당도는 한 검사가 그 준거로 사용된 현재의 어떤 행동이나 특성과 관련된 정도를 나타내는 것으로, 검사점수와 준거점수가 동일한 시점에서 수집된다.

06 정답 ③

정답의 이유

③ 고전적 조건형성(Classical Conditioning) 이론은 파블로프(I. Pavlov)에 의해 처음 연구되었으며, 개에게 규칙적으로 종소리를 들려준 후 먹이를 주자 이후 종소리만 들려주어도 개가 침을 흘리는 실험 과정에서 비롯되었다.

오답의 이유

① 구성주의 이론: 지식은 외부에서 주어지는 것이 아니라 자신(인식의 주체)이 발견하고 경험한 것을 통해 구성된다는 이론이다.
② 정보처리 이론: 새로운 정보가 투입되고 저장되며 기억으로부터 인출되는 방식을 연구하여 학습자의 내부에서 학습이 발생하는 기제로 설명하는 이론이다.
④ 조작적 조건형성 이론: 인간이 환경적 자극에 수동적으로 반응하여 형성되는 행동에 몰두한 파블로프의 고전적 조건형성과 달리, 스키너(B. Skinner)의 조작적 조건형성은 행동이 발생한 이후의 결과에 관심을 가진다. 스키너의 조작적 조건형성은 보상에 의한 강화를 통해 반응행동을 변화시키려는 방법이므로 '강화 이론'이라고도 불린다.

07 정답 ④

정답의 이유

④ 초자아(Superego): 무엇이 옳고 그른가를 판단하는 데 관여하는 성격의 일부분으로 도덕성 및 죄책감과 연관되며, 양심(Conscience)과 자아이상(Ego Ideal)이라는 두 가지 과정에 의해 형성된다.

오답의 이유

① 무의식(Unconsciousness): 정신의 3요소(의식, 전의식, 무의식) 중 하나로, 의식적 사고와 행동을 전적으로 통제하는 힘으로서 자신이 전혀 의식하지 못하는 정신작용의 부분을 말한다.
② 원초아(Id): 성격의 3요소(원초아, 자아, 초자아)에 해당하는 것으로, 출생 시 타고나는 성격의 가장 원초적인 부분으로서 본능적 충동과 쾌락의 원리에 의해 지배되므로, 충동적 · 비합리적 · 자애적으로 나타나는 것을 말한다.
③ 자아(Ego): 출생 후에 발달하기 시작하는 것으로, 성격의 조직적 · 합리적 · 현실지향적인 체계를 말한다.

08 정답 ②

정답의 이유

② 파지 단계는 모델의 행동을 마음속으로 그려보는 인지적 시연을 통한 인지적 행위 단계를 말하는 것이다. 모델의 행동을 기억하여 장기간 보존하기 위해 심상(Imaginal) 및 언어(Verbal) 두 가지의 내적 표상체계를 이용한다.

더 알아보기

반두라(Bandura)의 관찰학습 단계

주의집중 단계	모델의 행동이나 특성, 결과에 주의를 기울이고 관찰하는 단계
파지 단계	모델의 행동을 마음속으로 그려보는 인지적 시연을 통한 인지적 행위 단계
(운동)재생 단계	저장된 기억을 재생하는 단계
동기화 단계	모델의 행동을 재생산한 것에 대해 강화를 기대하며 동기를 가지는 단계

09 정답 ①

정답의 이유

ㄱ. 성장참조평가는 교육평가를 상대적 서열이나 준거점수에 비추어 평가하는 것보다, 교육의 진행과정을 통해 얼마나 성장하였는가에 비추어 평가하는 것이다.
ㄴ. 성장참조평가는 최종 성취 수준 그 자체보다 사전 능력 수준과 평가시점에 측정된 능력 수준 간의 차이에 관심을 두는 평가로 개별화교육을 촉진할 수 있다.

오답의 이유

ㄷ. 상관이 높을 경우 성장이 아닌 관계에 의한 결과로 볼 수 있으므로, 사전에 측정한 측정치와 현재 측정한 측정치의 상관이 낮아야 한다.

ㄹ. 고부담검사에서는 평가결과에 대한 공정성 문제가 제기될 수 있으므로 성장참조평가에는 적합하지 않다.

10 정답 ③

정답의 이유

③ 학문중심 교육과정은 교과의 기본개념(지식의 구조)과 학습방법에서의 탐구를 중요내용 및 활동으로 한다. 기본개념을 배움으로써 얻어지는 지식은 다른 상황에도 잘 전이가 되며, 이를 통해 새로운 지식을 얻을 수 있음을 주장한다.

오답의 이유

① 경험중심 교육과정은 아동에게 가치 있는 경험을 제공함으로써 경험을 통해 현실 문제를 해결하는 지식을 얻게끔 하여 아동의 계속적인 성장을 돕는 것을 목표로 한다.
② 교과중심 교육과정의 목표는 장래생활의 대비이며, 문화유산의 전달이 주된 교육내용이다. 교사중심의 교육(설명식 교수법, 수용 학습)이 강조되며, 제한된 교과 영역에서만 학습활동이 이루어진다.
④ 인간중심 교육과정은 개인적 의미의 중요성을 강조하고 전인적 발달을 추구함으로써 학습자의 자아실현을 돕는다. 아동을 성장의 가능성을 지닌 주체적 존재로 보고, 전인적 능력을 계발하여 자아실현을 할 수 있도록 돕는 것을 교육목적으로 한다.

11 정답 ①

정답의 이유

① 분석적 교육철학에서는 개념의 의미를 명료화하기 위해서는 논리구조를 드러내야 한다고 주장한다. 규범적 교육철학에 해당하는 설명으로 분석적 교육철학과는 거리가 멀다.

12 정답 ②

정답의 이유

② 비형식 교육(Non-formal Education)은 학교교육 밖에서 이루어지는 모든 구조화된 학습활동을 말한다. 형식 교육과 동일하게 계획적이고 체계적이며 조직된 교수과정을 포함하고 있지만, 국가의 '학력·학위' 인증을 받지 않은 교육이다. 공식적인 학위나 졸업장의 취득을 목적으로 하지 않으면서 교육프로그램이나 강좌 형태로 '기관에 등록하여' 참여하거나 지속적인 스터디클럽, 개인과외 형태로 참여한 교육으로 구체적인 교육프로그램이나 교육과정이 있는 학습을 말한다.

오답의 이유

① 형식 교육: 학교 안에서 이루어지는 교육 방식으로, 제도화되고 구조적이며 국가의 공인을 받은 교육이다. 초·중·고등학교, 대학교, 대학원 등 공식적으로 졸업장이나 학위를 취득할 수 있는 교육을 말한다.
③ 무형식 교육: 형식·비형식 교육을 제외한 것으로, 학습자가 자발적으로 학습하는 것을 말한다. 가족·친구 등 주변인의 도움이나 조언, 인쇄매체, 컴퓨터나 인터넷을 활용하여 학습하는 것을 포함한다.

④ 우연적 학습: 의도한 것은 아니지만 추후 학습이 이루어졌음을 인식하게 되는 학습으로, 무형식 교육의 한 형태이다.

13 정답 ①

정답의 이유

① 변혁적 리더십 이론: 번즈(Burns)와 배스(Bass)가 주장한 것으로 지도자의 특성으로 이상화된 영향력(Idealized Influence), 감화력(Inspirational Motivation), 지적 자극(Intellectual Stimulation), 개별적 배려(Individualized Consideration)를 강조한다.

오답의 이유

② 문화적 리더십: 서지오바니(Sergiovanni)가 주장한 것으로, 구성원의 의미추구욕구를 만족시킴으로써 구성원을 조직의 주인으로 만들고 조직의 제도적 통합을 가능하게 한다. 개개인의 조직원보다는 조직 자체의 문화에 초점을 둔다.
③ 도덕적 리더십: 서지오바니와 오웬스(Owens)가 주장한 것으로, 지도자의 도덕성 및 추종자의 자율성 확보로 지도자는 스스로 '지도자의 지도자', 추종자는 '자기 지도자'가 되도록 하는 것이다.
④ 슈퍼 리더십: 만즈(Mans)와 심스(Sims)가 주장한 것으로, 지도자가 구성원을 스스로 판단하고 행동하며 그 결과도 책임지는 자율적 지도자로 만드는 지도성을 말한다.

14 정답 ④

정답의 이유

④ 고려 말 성리학의 도입 이후 사서를 중시하기 시작하였으므로, 고구려의 경당과는 시기적으로 어울리지 않는다.

오답의 이유

①·②·③ 고구려의 경당에 대해서는 중국 측 사서인 『구당서(舊唐書)』와 『신당서(新唐書)』에 그 자세한 기록이 전해지고 있다.

더 알아보기

고구려 경당의 기록

- 『구당서』의 관련 기록에서는 고구려인이 "문선(文選)을 대단히 귀중하게 여긴다."라고 하고 있다.
- 고구려 사람들은 배우기를 좋아하여 가난한 마을이나 미천한 집안에 이르기까지 서로 힘써 배우므로, 길거리마다 큼지막한 집을 짓고 경당이라고 부른다. 결혼하지 않은 자제들을 이곳에 머물게 하여 글을 읽고 활쏘기를 익히게 한다. - 『신당서』 -

15 정답 ②

정답의 이유

② 아학편(兒學編)은 정약용이 체계적 한자 학습을 위하여 엮은 교육용 교재로서 천자문의 결점을 극복하기 위하여 만들어졌으며, 상하 각각 1,000자를 수록하여 2,000자로 구성이 되었다. 상권에는 유형적 개념에 해당하는 한자를 담았고, 하권에는 계절, 기구, 방위 등의 무형적 개념에 해당하는 한자를 담았다.

오답의 이유

① 사소절(士小節)은 이덕무가 우리 민족의 당시 풍속에 맞게 서술한 수양서로, 선비·부녀자·아동 등이 일상생활에 있어서 따라야 할 예절과 수신에 관한 내용을 수록하였다. 사전·부의·동규편으로 나뉘며, 사전편은 인간의 자기통제법, 부의편은 주부로서의 도, 동규편에서는 자제를 교육하는 방법이 담겨 있다.
③ 아희원람(兒戱原覽)은 장혼이 아동의 교육을 위해 저술한 책으로, 고금의 사문(事文)에서 필요한 내용을 뽑아 엮었으며, 형기·창시·방도·국속·탄육·자성·재민·수부·변이·전운 등 한국 문화사적인 내용을 중심으로 다룬다.
④ 하학지남(下學指南)은 안정복이 경서의 문구와 격언을 뽑아 저술한 것으로, 수권과 권상, 권하로 구성되어 있다.

16 ※ 법령 개정에 따라 문제 변경하여 수록함   정답 ①

정답의 이유

① 교육부장관은 외국이나 군사분계선 이북지역에서 대학교육에 상응하는 교육과정을 마친 자에게 그에 상당하는 학점을 인정할 수 있다(학점인정 등에 관한 법률 제7조 제2항 제2호).

오답의 이유

② 학점인정 등에 관한 법률 제7조 제2항 제4호
③ 학점인정 등에 관한 법률 제7조 제2항 제3호
④ 학점인정 등에 관한 법률 제7조 제2항 제6호
※ 학점인정 등에 관한 법률 제7조 제2항 제6호가 2024.5.17.자로 개정됨에 따라 문제를 변경하였으니 참고해 주시기 바랍니다.

제7조(학점인정)
① 교육부장관은 제3조 제1항에 따라 평가인정을 받은 학습과정을 마친 자에게 그에 상당하는 학점을 인정한다.
② 교육부장관은 다음 각 호의 어느 하나에 해당하는 자에게 그에 상당하는 학점을 인정할 수 있다.
  1. 대통령령으로 정하는 학교 또는 평생교육시설에서 「고등교육법」, 「평생교육법」 또는 학칙으로 정하는 바에 따라 교육과정을 마친 자
  2. 외국이나 군사분계선 이북지역에서 대학교육에 상응하는 교육과정을 마친 자
  3. 「고등교육법」 제36조 제1항, 「평생교육법」 제32조 또는 제33조에 따라 시간제로 등록하여 수업을 받은 자
  4. 대통령령으로 정하는 자격을 취득하거나 그 자격 취득에 필요한 교육과정을 마친 자
  5. 대통령령으로 정하는 시험에 합격하거나 그 시험이 면제되는 교육과정을 마친 자
  6. 「무형유산의 보전 및 진흥에 관한 법률」 제17조에 따라 국가무형유산의 보유자로 인정된 사람과 그 전수교육을 받은 사람으로서 대통령령으로 정하는 사람
③ 삭제
④ 거짓이나 그 밖의 부정한 방법으로 제1항 또는 제2항에 따른 학점인정을 받은 경우 교육부장관은 이를 취소할 수 있다.
⑤ 제1항과 제2항에 따른 학점인정의 기준, 절차, 그 밖에 필요한 사항은 대통령령으로 정한다.

17   정답 ③

정답의 이유

③ 만족 모형은 최선의 결정은 이론적으로 가능할 뿐이며 실제로는 제한된 범위 안에서의 합리성만 추구할 수 있다고 본다. 이 외의 특징으로는 주관적 합리성을 추구하며, 보수적인 성격을 지닌 모형이라는 것이 있다.

오답의 이유

① 혼합 모형은 합리성 모형의 현실 감각 부족과 점증주의 모형의 보수주의 지향이라는 약점을 보완하여 이 둘을 혼합한 모형이다.
② 인간의 이성과 합리적 행동에 대한 믿음을 바탕으로 가장 합리적인 최선의 대안을 찾고자 하는 모형은 합리성 모형이다.
④ 기존의 정책 대안과 경험을 기초로 약간의 개선을 도모할 수 있는 제한된 수의 대안을 검토하여 현실성 있는 정책을 선택하는 것은 점증 모형에 해당한다.

18   정답 ④

정답의 이유

④ 과학적 관리론에서는 절약과 능률을 위한 최선의 방법이나 수단의 채택을 주요 관건으로 보았다. 보비트(Bobbit)는 테일러의 과학적 관리론을 교육행정에 도입하였다. 교사를 노동자, 학교장을 관리자로 보고 학교 조직을 하나의 기업체에 비유하여, 교사는 교수자로서 학생을 가르치는 데 전념하고, 학교장은 관리자로서 학교행정을 책임지는 일에 집중해야 한다고 주장하였다.

19   정답 ③

정답의 이유

③ 몰입풍토 유형의 교장은 지시·제한적이나 교사들은 높은 전문적 업무수행을 보인다.

더 알아보기

호이(Hoy)와 미스켈(Miskel)의 학교풍토 유형

		교장 행동	
		개방	폐쇄
교사 행동	개방	개방풍토	몰입풍토
	폐쇄	일탈풍토	폐쇄풍토

20 정답 ②

정답의 이유

② 성과주의 예산제도는 예산의 항목을 사업계획별·활동별로 분류한 다음, 각 세부사업별로 단위 원가에 업무량을 곱하여 예산액을 표시하고, 그 집행의 성과를 측정·분석·평가하여 재정을 통제하는 방법이다.

오답의 이유

① 기획 예산제도는 합리적인 조직목표를 설정하고, 이 목표를 성취하기 위한 계획과 행동과정 그리고 자원배분을 수립·설계함으로써 조직목표 달성의 효율성을 향상하려는 제도이다.

③ 영기준 예산제도는 전년도 예산 편성과 상관없이 신년도 사업을 평가하여 예산을 결정하는 것으로, 창의적이고 자발적인 사업의 구상과 실행을 유도할 수 있다.

④ 품목별 예산제도는 예산 항목을 경비의 성격과 위계에 따라 관, 항, 목, 세목 등으로 제도화하는 것으로, 예산편성 과정이 점증주의에 기초하므로 간편하다는 이점을 가진다.

교육학개론 | 2021년 국가직 9급

한눈에 훑어보기

✓ 영역 분석

교육사 및 철학   10   15   18
3문항, 15%

교육심리   03   07   14
3문항, 15%

교수-학습   05   06
2문항, 10%

교육사회학   04   09
2문항, 10%

교육행정   11   12   13   16   17   19   20
7문항, 35%

교육평가 및 공학   02
1문항, 5%

교육과정   01   08
2문항, 10%

✓ 빠른 정답

01	02	03	04	05	06	07	08	09	10
③	②	①	④	③	②	④	③	④	④
11	12	13	14	15	16	17	18	19	20
②	③	①	③	②	③	①	②	②	④

✓ 점수 체크

구분	1회독	2회독	3회독
맞힌 문항 수	/ 20	/ 20	/ 20
나의 점수	점	점	점

01   정답 ③

[정답의 이유]

③ 제시문의 '학교가 가르치지 않는 것에 대하여도 고려할 필요가 있다.'라는 표현을 통해 영 교육과정에 대한 설명임을 알 수 있다. 영 교육과정은 아이즈너(E. W. Eisner)에 의해 도입된 개념으로 배울만한 가치가 있음에도 공식적 교육과정에 포함되어 있지 않아 가르치지 못했거나 교육과정에 포함되어 있더라도 교사가 의도적으로 배제하거나 실수로 빠트린 내용을 포함한다.

[오답의 이유]

① 공식적 교육과정은 표면적 교육과정이라고도 하며, 국가와 학교가 특정한 의도를 가지고 계획해서 가르치는 교육과정을 의미한다. 국가 수준의 교육과정과 시·도교육청의 교육과정 지침, 지역교육청의 장학자료, 교과서 등이 이에 해당한다.

② 잠재적 교육과정은 공식적 교육과정에서 의도하거나 계획하지 않았음에도 학생들이 은연중에 배우게 되는 가치나 태도, 행동양식을 의미한다.

④ 의도된 교육과정은 국가나 지역, 학교 수준에서 규정된 교육목적과 이를 달성하기 위해 마련된 교육내용을 말한다. 의도된 교육과정은 교과서나 교육과정 지침서, 정책 등 공식적 문서에 나타나 있다.

02   정답 ②

[정답의 이유]

② 검사도구가 갖추어야 할 조건 중 검사자의 신뢰도를 의미하는 것은 객관도이다. 객관도는 검사의 공정성과 채점의 일관성을 나타내는 척도이다. 채점자가 검사를 진행할 때 주관을 배제했는가를 측정하는 도구로서 채점자 신뢰도라고도 한다.

[오답의 이유]

① 타당도는 측정하고자 의도했던 목표나 내용을 제대로 측정하고 있는가를 나타내는 정도이다. 타당도의 종류로는 내용타당도, 예언타당도, 공인타당도, 구인타당도 등이 있다.

③ 실용도는 한 개의 평가도구 혹은 검사를 얼마나 시간과 노력을 적게 들이고 사용할 수 있느냐에 대한 것으로 검사의 경제성과 관련된다.

④ 변별도는 문항에 대한 응답만을 기초로 하여 그 검사에서 높은 점수를 받게 될 것인가 혹은 낮은 점수를 받게 될 것인가를 식별할 수 있는 정도를 의미한다.

03   정답 ①

정답의 이유

① 행동주의 학습원리 중 학습태도가 좋은 학생을 칭찬하거나 미술시간에 과제를 잘 수행한 학생의 작품을 전시함으로써 목표 행동의 증가를 유도하는 것은 정적 강화이다. 정적 강화는 보상과 같은 긍정적 자극을 제공함으로써 행동의 빈도를 증가시키는 것을 말한다.

오답의 이유

② 부적 강화는 부정적 자극을 제거함으로써 행동의 빈도를 증가시키는 것을 말한다. 선행을 한 학생에게 청소를 면제해 주는 것이 이에 해당한다.
③ 수여성 벌은 부정적 자극을 제공함으로써 행동 빈도를 감소시키는 것을 의미한다. 꾸중이나 체벌, 훈육이 이에 해당한다.
④ 제거성 벌은 긍정적 자극을 제거함으로써 행동 빈도를 감소시키는 것을 의미한다. 숙제를 하지 않았을 때 게임이나 TV 시청을 금지하는 것이 이에 해당한다.

04   정답 ④

정답의 이유

④ 아비투스는 부르디외(Bourdieu)에 의해 제시된 개념으로, 특정한 계급적 환경에 의해 형성된 성향이나 사고, 인지, 판단과 행동 체계가 지속되어 내면화된 것을 의미한다. 즉, 아비투스는 사회화 과정을 거치는 동안에 개인이 획득하는 영구적인 성향체계이다.

05   정답 ③

정답의 이유

켈러(Keller)는 수업의 세 가지 결과변인인 효과성, 효율성, 매력성 중 매력성과 관련하여 학습자의 학습 동기를 유발하고 유지시키기 위해 교수설계 전략인 ARCS 모형을 제시하였다. ARCS 모형의 4가지 요소는 주의집중(Attention), 관련성(Relevance), 자신감(Confidence), 만족감(Satisfaction)이다.
③ 성공기회와 학습의 필요조건을 제시하고, 개인적 조절감 증대의 기회를 제시하는 것은 자신감에 해당된다. 학습자는 자신이 무엇을 해야 하는지 분명히 알고, 학습에서의 성공을 경험할 때 자신감이 높아진다.

오답의 이유

① 주의집중 요소는 학습자의 주의와 호기심을 유발·유지시키는 것과 관련된다. 시각적 매체를 활용하거나 일상적 내용을 제시하여 지각적 주의를 환기하는 전략과, 질문과 응답을 통해 능동적 반응을 유도하거나 적절한 피드백을 제공하는 등 학생의 호기심과 탐구심을 자극하여 학습에 대한 기대감을 갖게 하는 탐구적 주의환기 전략이 해당된다. 또한 다양한 교수 방법과 자료를 사용함으로써 수업의 요소를 변화시켜 학습자의 흥미와 주의를 계속 유지시키는 다양성 전략도 주의집중 요소에 해당된다.
② 관련성 요소는 학습할 내용을 학생의 필요와 가치에 관련시키는 것이다. 관련성 요소에는 친밀한 인물이나 사건, 예시, 그림 등을 활용하여 수업과 학생의 경험을 긴밀하게 연결시키는 친밀성 전략이 있다. 또한 학습의 목적을 다양하게 제시하여 학생이 학습할 내용을 자신의 미래 가치와 관련지을 수 있도록 하는 목적지향성 전략과 학생의 현재 필요와 욕구, 동기와 연결시키는 필요나 동기와의 부합 전략이 있다.
④ 만족감 요소는 강화를 관리하고 학습에 대한 자기통제가 가능하도록 하는 것과 관련된다. 연습 문제를 통해 배운 것을 적용해 볼 수 있는 기회를 제공하거나 적절한 강화 계획을 활용하여 바람직한 행동을 계속 유지하도록 하는 것, 수업 목표와 내용의 일관성을 유지하고 수업내용과 시험내용이 일치하도록 하여 학생들이 공정하게 대우받고 있다고 느끼게 하는 것 등이 이에 해당된다.

06   정답 ②

정답의 이유

② ADDIE 모형에서 학습목표 명세화, 평가도구 개발, 교수매체 선정 등을 하는 단계는 설계(Design)이다. 학습요인에 대한 분석 결과를 토대로 설계가 이루어지며 학습목표를 세우고 평가도구를 결정한다. 또한 효율적 프로그램이 되도록 교육내용의 순서를 정하는 계열화가 이루어지고 교수전략과 교수매체를 구성한다.

오답의 이유

① 분석(Analysis) 단계에서는 학습자의 수준과 특성, 요구를 분석하며 직무나 과제를 파악하고 학습관련 요인을 분석한다.
③ 개발(Development) 단계에서는 교육에 사용될 자료를 실제로 개발하고 제작한다.
④ 실행(Implementation) 단계에서는 개발된 프로그램을 현장에서 사용하고 유지·관리한다.

07   정답 ④

정답의 이유

④ 와이너(Weiner)는 귀인이론에서 개인이 특정 상황에서 성공이나 실패의 원인을 무엇으로 인지하느냐에 따라 개인의 행동 양식이 결정된다고 보았다. 귀인의 유형에는 운, 능력, 노력, 과제난이도가 있는데, 이 중에서 원인의 소재가 개인 내부에 있는 것은 능력과 노력이며, 외부에 있는 것은 과제난이도와 운이다. 또한 안정적 귀인에는 능력과 과제난이도가 있으며, 불안정적 귀인은 노력과 운이 있다. 통제가능한 귀인은 노력이며 운, 능력, 과제난이도는 통제불가능한 귀인에 해당된다. 이를 통해 외적이며 안정적이고 통제불가능한 귀인은 과제난이도임을 알 수 있다.

08 정답 ③

정답의 이유

③ 2015 개정 교육과정에서는 국가 수준의 지원과 교육청 수준의 지원 사항을 규정하고 있다. 국가 수준의 지원 중에 '교과별 평가 활동에 활용할 수 있는 다양한 평가방법, 절차, 도구 등을 개발하여 학교에 제공한다.'는 사항이 포함되어 있다.

오답의 이유

①·②·④ 교육청 수준의 지원 사항에 해당된다.

더 알아보기

국가 수준의 지원(2015 개정 교육과정 총론)

- 시·도 교육청의 교육과정 지원 활동과 단위 학교의 교육과정 편성·운영 활동이 상호 유기적으로 이루어질 수 있도록 행·재정적 지원을 한다.
- 이 교육과정의 질 관리를 위하여 주기적으로 학업 성취도 평가, 학교와 교육 기관 평가, 교육과정 편성·운영에 관한 평가를 실시하고 그 결과를 교육과정 개선에 활용한다.
  - 교과별, 학년(군)별 학업 성취도 평가를 실시하고, 평가 결과는 학력의 질 관리와 교육과정의 적절성 확보 및 개선에 활용한다. 특성화 고등학교와 산업수요 맞춤형 고등학교에서는 교육과정의 특성을 고려하여 기초 학력과 평생 학습 역량의 강화를 위한 학업 성취도를 평가할 수 있으며, 평가 결과는 기초 학력과 직업 기초 능력의 향상, 취업 역량 강화 등을 위해 활용할 수 있다.
  - 학교의 교육과정 편성·운영과 교육청의 교육과정 지원 상황을 파악하기 위하여 학교와 교육청에 대한 평가를 주기적으로 실시한다.
  - 교육과정 편성·운영과 지원 체제의 적절성 및 실효성을 평가하기 위한 연구를 수행한다.
- 학교에서 평가 활동이 원활히 이루어질 수 있도록 다양한 방안을 개발하여 학교에 제공한다.
  - 교과별로 성취기준에 따른 평가 기준을 개발·보급하여 학교가 교과 교육과정의 목표에 부합되는 평가를 실시할 수 있도록 한다.
  - 교과별 평가 활동에 활용할 수 있는 다양한 평가 방법, 절차, 도구 등을 개발하여 학교에 제공한다.
- 특성화 고등학교와 산업수요 맞춤형 고등학교가 기준 학과별 국가직무능력표준이나 직무분석 결과에 기초하여 교육과정을 편성·운영할 수 있도록 지원한다.
- 특수교육 대상 학생의 교육과정 편성·운영을 위해 관련 교과용 도서와 교수·학습 자료 개발, 평가 등에 필요한 제반 사항을 지원한다.
- 이 교육과정이 교육 현장에 정착될 수 있도록 교육청 수준의 교원 연수와 전국 단위의 교과 연구회 활동을 적극적으로 지원한다.
- 학교 교육과정이 원활히 운영될 수 있도록 학교 시설 및 교원 수급 계획을 마련하여 제시한다.

09 정답 ④

정답의 이유

④ 구조 기능주의에 기반하여 교육의 사회적 기능을 탐구하는 것은 기능론에 해당한다. 신교육사회학은 기능론과 갈등론의 거시적 분석과는 다르게 교육 격차의 원인을 학교 내부 차원에서 미시적으로 파악하고자 하였다. 신교육사회학에서는 지식의 가치가 사회적으로 위계화되어 있다고 보았으며, 교육과정은 기존 사회 질서를 유지하고자 하는 지배계급의 이데올로기가 포함되어 있기 때문에 학교 지식이 지배계급의 이해관계를 반영한다고 보았다. 또한 교육격차의 원인을 상류계층의 자녀에게 유리하게 구성되어 있는 교육과정 때문이라고 보았다.

10 정답 ④

정답의 이유

조선 시대의 향교는 전국 부·목·군·현에 일읍일교(一邑一校)의 원칙에 따라 설립된 지방 관학이다. 향교의 건립 목적은 인재를 육성하여 국가에 도움이 되는 관리를 키우고 유교를 조선의 중심 이념으로 세우기 위해 이를 전파하고 교육하기 위함이었다. 중앙에서는 향교에 교수나 훈도를 교관으로 파견하였으며, 성균관과 마찬가지로 문묘와 학당으로 구성된 묘학(廟學)의 구조를 갖추고 있었다.

④ 알성시는 조선 시대에 실시된 문·무과 시험으로, 태종 때 처음 실시하였다. 왕이 문묘에 가서 제례를 올린 뒤 친림하여 성균관 유생을 대상으로 시험을 실시하였으며 성적이 우수한 사람으로 일부만 선발하였다. 다른 시험과는 달리 문과는 한 번의 시험으로 급락이 결정되었으며, 무과는 초시와 전시로 나누고 전시에 왕이 친림하였다.

11 정답 ②

정답의 이유

② 국민의 학력·자격이수 결과에 대한 사회적 인정 및 활용기반을 확대하기 위한 제도는 학습계좌제이다. 학습계좌제는 학교교육이나 비형식교육 등 국민의 다양한 개인적 학습경험을 학습이력관리시스템으로 누적·관리 하는 제도를 말한다.

평생교육법 제23조(학습계좌)

① 교육부장관은 국민의 평생교육을 촉진하고 인적자원의 개발·관리를 위하여 학습계좌(국민의 개인적 학습경험을 종합적으로 집중 관리하는 제도를 말한다)를 도입·운영할 수 있도록 노력하여야 한다.

[오답의 이유]

① 학습휴가제란 직장인과 공무원이 계속교육이나 재교육을 위해 일정기간 유급 또는 무급의 학습휴가를 실시할 수 있도록 지원하는 제도이다.

> **평생교육법 제8조(학습휴가 및 학습비 지원)**
> 국가 · 지방자치단체와 공공기관의 장 또는 각종 사업의 경영자는 소속 직원의 평생학습기회를 확대하기 위하여 유급 또는 무급의 학습휴가를 실시하거나 도서비 · 교육비 · 연구비 등 학습비를 지원할 수 있다.

③ 시간제 등록제는 국가평생교육진흥원 학점은행제도 중 하나로, 대학에 입학하지 않고 정규과정으로 개설된 과목을 수강하여 학점을 취득하고 인정받는 제도이다. 고등학교 졸업(예정)자 및 법령에 의하여 이와 동등하거나 그 이상의 학력이 있다고 인정된 사람이 대학에 시간제로 등록하여 그 대학의 수업을 받을 수 있게 한 제도이다.

④ 평생교육 바우처란 학습자가 본인의 학습 요구에 따라 자율적으로 학습 활동을 결정하고 참여할 수 있도록 정부가 제공하는 평생교육 이용권을 말한다. 지원대상은 만 19세 이상 성인 중 기초생활보장 수급자, 차상위계층, 기준 중위소득 65% 이하인 가구의 구성원이다. 사용처는 평생교육 바우처 사용기관으로 등록된 기관의 수강료, 해당 강좌의 교재비이다.

12 정답 ③

[정답의 이유]

③ 조직화된 무질서 조직의 특징 중 하나는 불분명한 목표이다. 교육조직의 목표는 구체적이지 못하고 분명하지 않으며 수시로 변한다. 다음으로는 불확실한 기술이다. 목표를 달성하기 위해 사용하는 기술이 불명확하며 어떤 방법과 자료를 활용해야 학습자가 목표에 도달할 수 있는지에 대한 교사와 행정자, 장학담당자 사이의 합의된 견해가 존재하지 않는다. 마지막 특징으로는 유동적 참여가 있다. 학교 학생들은 기간이 지나면 졸업하게 되고, 교사들도 학교를 이동하기 때문에 구성원의 참여가 유동적이다.

[오답의 이유]

① 칼슨(Carlson)은 봉사기관이 고객을 선택할 수 있는지의 유무, 고객이 봉사기관의 참여를 결정할 수 있는지의 유무에 따라 봉사 조직을 야생 조직, 적응 조직, 강압 조직, 온상 조직의 네 가지 유형으로 구분하였다. 그중에서 야생 조직은 고객의 참여결정권이 있고 조직의 고객선택권이 있는 조직으로, 사립학교가 이에 해당한다.

② 관료제는 대규모 조직에서 조직의 목표를 가장 능률적으로 달성하기 위한 조직 형태이며, 인간이 게으르고 수동적이라는 부정적 인간관에 근거한다. 관료제 조직의 특징에는 분업과 전문화, 위계적 질서, 규정과 규칙, 몰인정성, 경력 지향 등이 있다.

④ 칼슨(Carlson)의 분류 중 온상 조직은 조직과 고객 모두 선택권이 없는 조직으로 공립학교가 이에 해당한다.

13 정답 ①

[정답의 이유]

① 허즈버그(Herzberg)는 동기부여 요인에 있어서 만족을 얻으려는 욕구와 관련된 요인을 동기요인으로 보았고, 불만족을 피하려는 욕구와 관련된 요인을 위생요인으로 보았다. 동기요인의 구성요소로는 성장, 인정, 성취감, 자아실현 등이 있으며 이것이 충족되면 구성원들의 만족으로 이어지기 때문에 만족 요인이라고도 한다. 위생요인의 구성요소로는 보수, 직무 환경, 직무 정책 등이 있으며, 이것이 결핍되면 불만족으로 이어지기 때문에 불만족 요인이라고도 한다.

[오답의 이유]

② 매슬로우(Maslow)는 욕구의 단계를 생리적 욕구, 안전의 욕구, 애정과 소속의 욕구, 존경의 욕구, 자아실현의 욕구 5단계로 나누었다. 이러한 욕구에는 위계가 있어 하위 단계의 욕구가 충족되어야 상위 단계의 욕구가 발생한다. 이 중에서 생리적 욕구와 안전의 욕구, 애정과 소속의 욕구, 존경의 욕구는 결핍욕구에 해당하며, 결핍욕구는 채워지면 더 이상 욕구로 작동하지 않는다. 자아실현의 욕구는 성장욕구에 해당한다. 이는 완전한 충족이 불가능하며 끊임없이 추구하는 기재로 작동하기 때문에 지속적 동기로 작용할 수 있다.

③ 맥그리거(McGregor)는 X와 Y라는 두 가지 인간 본성의 특성에 따른 조직 동기 및 관리 전략을 제시하였다. X이론에서는 인간을 수동적이고 일과 책임을 회피하는 경향이 있으며 지시를 선호하는 존재로 파악하였다. 따라서 동기유발을 위해서 경제적 보상을 제시하고 권위주의적 지도성을 필요하다고 보았다. Y이론에서는 인간을 능동적이며 스스로 책임을 지고 자기통제와 자기만족, 자기실현이 보상으로 주어져야 하는 존재로 파악하였다. 인간은 책임감과 목표성취의지, 잠재력 등을 가지고 있는 자아실현적 존재이기 때문에 동기유발을 위해서 사회 · 심리적 욕구를 충족시키고 구성원을 신뢰하여야 한다고 보았다.

④ 헤크만과 올드함(Hackman & Oldham)의 직무특성이론은 직무의 5가지 특성(기술 다양성, 과업 정체성, 과업 중요성, 자율성, 피드백)과 개인의 성장욕구가 부합할 때 내재적 동기유발이 된다는 이론이다. 개인차를 고려하여 가장 적합한 직무설계를 통해 구성원에게 동기를 부여하고 생산성을 향상시키고자 하였다.

14 정답 ③

[정답의 이유]

마샤(Marcia)는 청소년기에 나타나는 정체감 유형을 '자신의 정체감 확립을 위해 얼마나 큰 위기를 겪었는가[탐색(Exploration)]'와 '정체감 확립을 위해 개인이 실제로 얼마나 노력하였는가[헌신(Commitment)]'라는 두 가지 요소에 근거하여 4가지로 구분하였다. 이 유형에는 정체감 성취, 정체감 유예, 정체감 유실, 정체감 혼미가 있다.

③ 정체감 유실은 정체성이 확립된 것처럼 행동하는 단계로, 남의 가치관을 그대로 따르는 것을 말한다. 의사결정을 할 때 대안을 고려하지 않고 부모 등이 제시하는 역할이나 가치를 그대로 선택하고 수용하는 것이 이에 해당한다.

오답의 이유

① 정체감 성취는 정체성을 확립한 단계이다. 삶의 목표를 능동적으로 선택할 수 있다.
② 정체감 유예는 정체성 확립을 위해 노력하는 단계이다. 적극적으로 정체성을 탐색하는 과정이다.
④ 정체감 혼미는 정체성을 찾기 위해 노력하지 않는 단계이다. 가치 있는 활동에 전념하지 않는 상태이다.

15   정답 ②

정답의 이유

② 허스트(Hirst)는 초기에 교육을 '합리적 마음의 발달'이자 '지식의 형식에 입문'이라 규정하였으나 후기에는 이를 비판하며 교육이 '사회적 실제에의 입문'으로 규정되어야 한다고 주장하였다. 허스트는 이론적 지식과 합리성이 좋은 삶을 보장하지 못하며 오히려 실제적 삶에 무기력을 초래한다고 보았다. 교육은 지식의 형식에 입문시켜 합리성을 기르는 것이 아니라, 사회적 실제에 입문시킴으로써 실천적 이성에 입각한 행복한 삶을 살도록 하는 일이라고 본 것이다. 이 과정에서 핵심적 역할을 하는 것이 '실천적 이성'이며 교육의 역할은 이러한 실천적 지식과 이성을 발달시키는 것으로 보았다.

16   정답 ③

정답의 이유

③ 고도의 전문화와 분업은 관료제 조직의 특징이다. 인간관계론은 개인의 정서적·사회적 요인을 중시하여 작업능률을 향상시키고자 하는 관리 이론이다. 인간관계론의 특징은 다음과 같다. 첫째, 구성원들의 사회적·심리적 욕구에 의해 동기가 유발된다. 따라서 경제적 보상보다는 개인의 심리적 욕구를 충족시켜줌으로써 안정감과 만족감을 갖게 하는 것이 중요하다. 둘째, 비공식 조직의 중요성을 강조한다. 조직 내 인간관계가 생산성에 중요한 영향을 미친다고 보았다. 셋째, 동기 요인을 중요하게 여긴다. 개인을 적극적이고 능동적 존재로 보았으며 의사결정 과정에 구성원들을 적극적으로 참여시킴으로써 구성원들의 욕구를 충족시키고 사기를 진작한다.

17   정답 ①

정답의 이유

① 구성원의 성숙도를 상황 요인으로 제시한 것은 허시와 블랜차드(Hersey & Blandchard)이다. 피들러(Fiedler)는 리더십 상황이론에서 리더의 행동이 상황에 따라 성과에 영향을 미친다고 주장하였다. 피들러는 상황 요인으로 과업의 구조, 지도자와 구성원의 관계, 지위권력을 제시하였다. 과업의 구조는 과제가 구체화된 목표, 방법, 수행표준을 갖고 있는지를 의미하며, 지도자와 구성원의 관계는 집단 구성원에 의해 지도자가 수용되고 존경받는 정도를 의미한다. 지위권력은 지도자가 구성원에 대해 가지고 있는 영향력의 정도를 의미한다.

18   정답 ②

정답의 이유

② 1922년부터 시행된 제2차 조선교육령에서는 보통학교 수업연한을 4년에서 6년으로 늘렸으며 대학 설립을 규정하고 있다.

더 알아보기

조선교육령

제1차 조선교육령 (1911)	• 일본어와 수신 교육을 강조 • 보통학교 수업연한을 6년에서 4년으로 단축 • 실업교육 장려 • 사립학교 규칙과 서당 규칙을 제정하여 교육의 기회 축소
제2차 조선교육령 (1922)	• 보통학교 수업연한을 4년에서 6년으로 늘림 • 대학 설립 규정
제3차 조선교육령 (1938)	• 조선어의 수의 과목화 • 한일 교육 체제 일원화 • 보통학교 → 소학교, 고등보통학교 → 중학교, 여자고등보통학교 → 고등여학교(일본인 학교와 동일)
제4차 조선교육령 (1943)	• 중학교와 고등여학교 수업연한 축소 • 조선어 과목 폐지 • 조선 역사 교육 금지

19   정답 ②

정답의 이유

ㄱ. 평생교육법 시행령 제16조 제1항
ㄷ. 평생교육법 제24조 제1항 제2호

평생교육법 시행령 제16조(평생교육사의 등급 등)
① 법 제24조 제4항에 따른 평생교육사의 등급은 1급부터 3급까지로 구분한다.

평생교육법 제24조(평생교육사)
① 교육부장관은 평생교육 전문인력을 양성하기 위하여 다음 각 호의 어느 하나에 해당하는 사람에게 평생교육사의 자격을 부여하며, 자격을 부여받은 사람에게는 자격증을 발급하여야 한다.
  1. 「고등교육법」 제2조에 따른 학교(이하 "대학"이라 한다) 또는 이와 같은 수준 이상의 학력이 있다고 인정되는 기관에서 교육부령으로 정하는 평생교육 관련 교과목을 일정 학점 이상 이수하고 학위를 취득한 사람
  2. 「학점인정 등에 관한 법률」 제3조 제1항에 따라 평가인정을 받은 학습과정을 운영하는 교육훈련기관(이하 "학점은행기관"이라 한다)에서 교육부령으로 정하는 평생교육 관련 교과목을 일정 학점 이상 이수하고 학위를 취득한 사람
  3. 대학을 졸업한 사람 또는 이와 같은 수준 이상의 학력이 있다고 인정되는 사람으로서 대학 또는 이와 같은 수준 이상의 학력이 있다고 인정되는 기관, 제25조에 따른 평생교육사 양성기관, 학점은행기관에서 교육부령으로 정하는 평생교육 관련 교과목을 일정 학점 이상 이수한 사람
  4. 그 밖에 대통령령으로 정하는 자격요건을 갖춘 사람

② 평생교육사는 평생교육의 기획·진행·분석·평가 및 교수업무를 수행한다.

평생교육법 시행령 제21조(평생교육사 양성기관의 지정)
① 법 제25조에 따른 평생교육사 양성기관으로 지정받을 수 있는 평생교육기관은 다음 각 호의 어느 하나와 같다.
  1. 법 제30조 제2항에 따른 대학 부설 평생교육원
  2. 「공무원 인재개발법」에 따른 공무원교육훈련기관
  3. 「교육공무원법」에 따른 연수기관
  4. 특별법 또는 정부출연으로 설립된 연수 및 교육훈련기관
② 법 제25조에 따라 평생교육사 양성기관으로 지정받으려는 자는 다음 각 호의 사항을 기재한 평생교육사 양성기관 지정신청서에 교육부령으로 정하는 서류를 첨부하여 교육부장관에게 제출하여야 한다.
  1. 명칭
  2. 목적
  3. 위치
  4. 대표자의 성명·주소
  5. 개설예정일
③ 교육부장관은 제2항에 따라 지정신청을 받으면 지정대상기관의 시설, 인력, 교육과정 및 위치 등을 고려하여 지정 여부를 결정하고, 평생교육사 양성기관으로 지정하는 경우에는 교육부령으로 정하는 지정서를 신청인에게 교부하여야 한다.

오답의 이유
ㄴ. 평생교육사 2급은 대학원 수준에서, 평생교육사 3급은 대학 수준에서 각각 양성한다(평생교육법 시행령 [별표 1의3]).

평생교육사 2급	1. 「고등교육법」 제29조 및 제30조에 따른 대학원에서 교육부령으로 정하는 평생교육과 관련된 과목(이하 "관련과목"이라 한다) 중 필수과목을 15학점 이상 이수하고 석사 또는 박사학위를 취득한 자. 다만, 「고등교육법」 제2조에 따른 학교(이하 "대학"이라 한다)에서 필수과목을 이수한 경우에는 선택과목으로 필수과목 학점을 대체할 수 있다. 2. 대학 또는 이와 같은 수준 이상의 학력을 인정할 수 있는 기관, 「학점인정 등에 관한 법률」에 따라 평가인정을 받은 학습과정을 운영하는 교육훈련기관(이하 "학점은행기관"이라 한다)에서 관련과목을 30학점 이상 이수하고 학위를 취득한 자 3. 대학을 졸업한 자 또는 이와 같은 수준 이상의 학력이 있다고 인정되는 자로서 다음 각 목의 어느 하나에 해당하는 기관에서 관련과목을 30학점 이상 이수한 자 　가. 대학 또는 이와 같은 수준 이상의 학력을 인정할 수 있는 기관 　나. 법 제25조 제1항에 따른 평생교육사 양성기관(이하 "지정양성기관"이라 한다) 　다. 학점은행기관 4. 평생교육사 3급 자격증을 보유하고 관련업무에 3년 이상 종사한 경력이 있는 자로서 진흥원이나 지정양성기관이 운영하는 평생교육사 2급 승급과정을 이수한 자
평생교육사 3급	1. 대학 또는 이와 같은 수준 이상의 학력을 인정할 수 있는 기관, 학점은행기관에서 관련과목을 21학점 이상 이수하고 학위를 취득한 자 2. 대학을 졸업한 자 또는 이와 같은 수준 이상의 학력이 있다고 인정되는 자로서 다음 각 목의 어느 하나에 해당하는 기관에서 관련과목을 21학점 이상 이수한 자 　가. 대학 또는 이와 같은 수준 이상의 학력을 인정할 수 있는 기관 　나. 지정양성기관 　다. 학점은행기관 3. 관련업무에 2년 이상 종사한 경력이 있는 자로서 진흥원이나 지정양성 기관이 운영하는 평생교육사 3급 양성과정을 이수한 자 4. 관련업무에 1년 이상 종사한 경력이 있는 공무원 및 「초·중등교육법」 제2조 제1호부터 제5호까지의 학교 또는 학력인정 평생교육시설의 교원으로서 진흥원이나 지정양성기관이 운영하는 평생교육사 3급 양성과정을 이수한 자

20　　　　　　　　　　　　　　　　　정답 ④

정답의 이유
④ 시·도의 교육비특별회계 세입 가운데 가장 큰 비중을 차지하는 것은 지방교육재정교부금이다.

오답의 이유
① 지방교육재정교부금법 제3조 제1항

제3조(교부금의 종류와 재원)
① 국가가 제1조의 목적을 위하여 지방자치단체에 교부하는 교부금(이하 "교부금"이라 한다)은 보통교부금과 특별교부금으로 나눈다.

② 지방교육재정교부금법 제11조 제1항

제11조(지방자치단체의 부담)
① 시·도의 교육·학예에 필요한 경비는 해당 지방자치단체의 교육비특별회계에서 부담하되, 의무교육과 관련된 경비는 교육비특별회계의 재원 중 교부금과 제2항에 따른 일반회계로부터의 전입금으로 충당하고, 의무교육 외 교육과 관련된 경비는 교육비특별회계 재원 중 교부금, 제2항에 따른 일반회계로부터의 전입금, 수업료 및 입학금 등으로 충당한다.

교육학개론 | 2020년 국가직 9급

한눈에 훑어보기

✓ 영역 분석

영역	문항
교육사 및 철학 2문항, 10%	06 07
교육심리 3문항, 15%	14 16 20
교육상담 1문항, 5%	15
교수-학습 2문항, 10%	11 19
교육사회학 2문항, 10%	02 03
교육행정 7문항, 35%	04 05 08 09 10 12 18
교육평가 및 공학 2문항, 10%	13 17
교육과정 1문항, 5%	01

✓ 빠른 정답

01	02	03	04	05	06	07	08	09	10
②	①	②	③	②	③	①	④	①	④
11	12	13	14	15	16	17	18	19	20
④	④	③	②	①	③	①	③	③	④

✓ 점수 체크

구분	1회독	2회독	3회독
맞힌 문항 수	/ 20	/ 20	/ 20
나의 점수	점	점	점

01   정답 ②

정답의 이유

② 타일러(Tyler)가 제시한 학습경험의 조직원리는 계열성의 원리, 계속성의 원리, 통합성의 원리가 있다.

더 알아보기

타일러(Tyler)의 교육내용(학습경험) 조직의 원리

계열성의 원리	• 교육내용과 경험의 여러 요인이 깊이와 넓이에 있어서 점진적으로 심화·확대되도록 조직되어야 한다는 원리 • 계속성의 원리가 동일내용의 반복적 학습을 의미한다면, 계열성의 원리는 수준을 높인 동일내용의 반복적 학습을 의미
계속성의 원리	교육내용과 경험의 조직에 있어서 내용과 경험의 계속성이 유지되도록 조직하자는 원리
통합성의 원리	교육내용과 경험 사이에 관련이 이루어질 수 있도록 통합성이 유지되어야 한다는 원리

02   정답 ①

정답의 이유

① 시험이 지배문화와 지배문화의 가치관을 주입하는 가장 효과적인 도구로 이용되는 것은 시험의 역기능 중 하나로 볼 수 있다. 이러한 시각에서 시험은 교육과정, 교수방법 등에 관한 교육개혁을 가로막는 측면이 있다.

더 알아보기

시험의 순기능과 역기능

순기능	역기능
• 학교 간 비교를 가능하게 함 • 각 단계별로 이수해야 할 최적 학습 수준을 지시함 • 질적 수준 유지 • 전국단위의 표준화된 시험인 경우 교수의 개별적 평가가 범할 수 있는 편견에서 탈피 가능	• 교육과정의 일부만을 주로 다룸 • 암기 위주의 테스트 • 선택적 학습과 선택적 교수를 부추김 • 교육과정, 교수방법 등에 관한 교육개혁에 장애가 됨

03 정답 ②

정답의 이유

② 일반적인 목적 및 학위수여는 형식 학습(Formal Education)의 목적이다. 비형식 학습(Non-Formal Education)은 학교교육 밖에서 이루어지는 모든 구조화된 학습활동을 말한다. 형식 학습과 동일하게 계획적이고 체계적이며 조직화된 교수과정을 포함하고 있지만 국가의 '학력·학위' 인증을 받지 않은 교육이다. 공식적인 학위나 졸업장의 취득을 목적으로 하지 않으면서 교육 프로그램이나 강좌 형태로 '기관에 등록하여' 참여하거나 지속적인 스터디클럽, 개인 과외 형태로 참여한 교육으로 구체적인 교육프로그램이나 교육과정이 있는 학습을 말한다.

04 정답 ③

정답의 이유

③ 페이욜은 저서 「일반기업 관리론(General and Industrial Management)」에서 행정과정의 5가지 요소를 최초로 제시하였다. 이 중 조정(Co-Ordinating)은 각 활동을 조절하고 통합하는 것을 의미한다.

더 알아보기

페욜(H. Fayol)의 행정과정 5요소

계획(Planning)	미래를 정확히 예측하고 그 실행 계획을 수립하는 것
조직(Organizing)	인적·물적 자원을 확보하고 이를 구조화하는 것
명령(Commanding)	조직구성원으로 하여금 부과된 작업을 자율적이고 능동적으로 수행하도록 하는 것
조정(Co-Ordinating)	각 활동을 조절하고 통합하는 것
통제(Controlling)	모든 활동이 이미 정해진 규칙이나 지시에 따라 수행되고 있는가를 감독하는 것

05 정답 ②

정답의 이유

② 학부모가 지출한 교재비는 우선 사부담 교육비이며, 이는 사교육비에 해당하고 직접교육비의 한 예이다. 공교육비는 모두 공공회계에 계상되어 지출이 이루어지므로, 일반적으로 국가 교육 재정의 대상이 되는 교육비는 공교육비를 의미한다. 공부담 교육비는 국가나 지방공공단체, 학교법인 등 공공단체가 부담하는 교육비를 말한다.

더 알아보기

교육비용의 재원별 분류

```
                  ┌─ 공부담 교육비 ─┬─ 정부(중앙 및 지방자치단체) 부담 교육비
                  │                 └─ 학교법인(사립학교) 부담 교육비
       ┌─ 공교육비 ┤
       │          └─ 사부담 교육비 ─┬─ 입학금, 수수료
교육비 ─┤                            ├─ 육(기)성회비
       │                            └─ 학생회비
       │
       └─ 사교육비 ─ 사부담 교육비 ─┬─ 교재대, 부교재대
                                    ├─ 학용품비, 과외비
                                    └─ 교통비, 하숙비, 단체활동비, 피복비 등
```

06 정답 ③

정답의 이유

③ 비판교육학은 1960년대 이후 독일에서 사회의 위기의식이 확장되면서 교육과 교육학의 이데올로기 및 반계몽적 기능에 대한 물음과 함께 전개되면서 출현하였다. 비판교육학에서는 인간의 의식이나 지식이 사회의 정치경제적 제 조건에 의해 억압되고 왜곡된다고 보고 이를 극복하여 합리적인 인간과 사회를 형성하고자 한다. 이러한 면에서 지식획득을 포함한 인간의 인식행위를 가치중립적인 것이 아닌 가치판단이 작용한 것으로 보았다.

07 정답 ①

정답의 이유

① 『동몽선습』은 조선 시대 동몽(童蒙) 교재 중에서 가장 이른 시기에 저술되었고, 초학 아동들이 『천자문』 다음 단계에서 필수로 학습하였던 대표적인 아동 교재였다. 아울러 민간에서뿐만 아니라, 현종 대 이후 왕실에서 왕세자의 교육용으로도 활용되었다. 『동몽선습』의 저자에 대해서는 여러 이설(異說)이 존재하나 박세무(朴世茂)가 이 책의 주된 저자임은 명확하며 박세무 외에도 김안국, 민제인 등이 저자로 거론된다.

08
정답 ④

정답의 이유

④ 전직은 직업이나 직무를 바꾸는 것으로 중학교 교사가 특성화 고등학교 교사가 되는 것은 전보에 해당한다.

더 알아보기

전직과 전보

전직	• 직렬을 달리하여 직위에 임명하는 것 • 교육직, 교육전문직 등의 직렬상호 간의 인사교류 • 교육공무원의 전직은 규정된 자격만 있으면 가능 예 교사 → 장학사나 교육연구사로 전직 　　교장·교감 → 장학관이나 교육연구관 또는 교육장으로 전직
전보	• 동일한 직급 내에서의 보직변경 • 동일직의 계열 안에서 현 직위를 유지하면서 근무지를 변경하는 임용행위로, 전근, 전출, 전입 또는 이동이라고도 함

09
정답 ①

정답의 이유

① 평생교육의 개념은 1970년에 '세계교육의 해'의 지도이념으로 제창되며 유네스코 교육사업의 기본정책으로 채택되었다. 1970년에 렝그랑(Lengrand)은 『평생교육에 대한 입문』을 발표했다.

오답의 이유

② 포르(Faure) 보고서 『존재를 위한 학습』은 1972년 발간되었고 보고서의 핵심개념은 미래사회를 '학습사회'로 예상하고, 모든 사람은 일생동안 학습이 가능하여야 하며, 평생교육이 학습사회의 중심이 되어야 한다는 것이었다.

③ 다베(Dave)의 『평생교육과 학교 교육과정』에서는 평생교육을 학교교육과 학교 외 교육을 모두 포괄하는 전 생애에 관련된 교육으로 보았다.

④ OECD의 『순환교육 보고서』는 1970년대의 사회변동에 따른 재적응의 요청을 반영한 것으로 학교교육 이후에 직업 생활을 하고 있는 성인들에게 수시로 적절한 시기를 택하여 계속 재교육을 받을 수 있도록 하는 데서 비롯되었다.

10
정답 ④

정답의 이유

④ 조례는 지방자치단체가 스스로 제정하는 자주법의 일종으로, 지방자치단체가 그 권한에 속하는 사무에 관하여 법령의 범위 내에서 지방의회의 의결을 통해 제정하는 자치 규범을 말한다. 학생인권조례는 규칙이 아니라 학생의 존엄과 가치가 학교교육과정에서 보장되고 실현될 수 있도록 각 교육청에서 제정한 조례이다.

더 알아보기

규칙

• 규칙은 헌법에 의해 그 제정이 인정되는 국회규칙·대법원규칙·헌법재판소규칙·중앙선거관리위원회규칙 등이 있다.
• 법률에 의해 그 제정이 인정되는 규칙으로 감사원규칙·자치규칙·교육규칙·노동위원회규칙·공정거래위원회규칙 등이 있다.
• 헌법 또는 법률의 근거가 없더라도 행정기관이 행정목적의 달성을 위해 필요한 한도 내에서 직권으로 제정할 수 있는 행정입법(行政立法)으로서의 행정규칙이 있다.
• 규칙은 헌법과 법률의 하위규범이므로 헌법과 법률에 위반되는 내용을 규율할 수 없으며, 자치규칙이나 교육규칙은 당해 자치단체 조례(條例)의 범위 내에서 제정되어야 하고, 행정규칙은 일반 국민의 권리·의무에 관한 법규사항(法規事項)을 포함할 수 없다.

11
정답 ④

정답의 이유

④ 인지적 도제학습 이론은 전통적인 도제 이론의 원리를 인지적 영역에 적용한 것으로, 교수자의 사고과정을 학습자가 직접 볼 수 있도록 하는 교수-학습 방법이며 콜린스(A. Collins)와 브라운(J. S. Brown)이 구체화하였다. 학습자는 교수자와 토론하면서 사회적 학습행동을 습득하고, 자신의 인지적 활동을 통제하면서 인지능력을 개발해 나간다. 고차원적인 인지적 기술을 습득하고 단련하기 위한 방법으로 학습자의 내부 인지작용과 활동을 자극하는 지속적인 자아성찰을 강조한다. 학습자가 처음에는 문제해결의 주변적 참여로 시작하지만 결국에는 완전한 참여와 주도로 학습이 이루어진다는 관점에 근거한다. 단순한 지식의 습득을 넘어 교수자의 문제해결능력, 과제수행과정, 관련 지식, 사고력, 고차원적 인지기능 등을 습득할 수 있게 하며, 그 과정은 모델링, 코칭, 비계설정, 발화, 반성, 탐구의 수업방법을 활용한다.

12
정답 ④

정답의 이유

④ 쓰레기통 모형은 지극히 불확실성을 내포하고 있는 조직에서 다양한 결정의 흐름에 의하여 이루어지는 조직 의사결정 모형이다. 의사결정은 합리성보다는 우연성에 의존하며 네 가지 요소(문제, 해결책, 선택기회, 참여자)의 흐름이 서로 다른 시간에 통 안으로 들어와 네 가지 흐름이 모두 교차하는 곳에서 정책이 탄생한다고 본다.

13   정답 ③

[정답의 이유]

③ 질문지법은 피험자(조사 대상자)가 그 물음이나 사실에 대해서 자기의 의견이나 관계되는 사실에 대답을 진술하도록 하는 방법이다.

더 알아보기

질문지법의 장·단점

장점	• 집단적으로 실시하기 때문에 비교적 짧은 시간과 적은 비용으로 자료를 얻을 수 있음 • 넓은 범위의 문제에 대하여 집단의 경향을 쉽게 알 수 있음 • 질문지를 우송하여 조사하는 경우에는 면접자에 의한 편파성이 제거되며 누구에게나 똑같은 자극을 줄 수 있음 • 다른 관찰실험 방법과 함께 병용함으로써 종합적인 조사를 할 수 있음
단점	• 언어능력과 표현능력에 대한 의존도가 높기 때문에 그러한 능력 정도에 따라 질문지의 결과도 변할 수 있음 • 질문범위 내의 것만 알 수 있기 때문에 부분적 자료밖에 될 수 없음 • 질문지에 나타난 의견이 진실인지 거짓인지, 또는 사실에 관한 질문에 기억의 착오는 없는지 등을 판단할 수 없음 • 응답한 내용의 의미를 반복해서 확인할 수 없음

14   정답 ②

[정답의 이유]

② 능력 입증은 수행목표지향과 관련된다. 수행목표지향은 다른 사람에게 자신의 능력을 과시하는 것에 목적이 있으며, 학습결과를 다른 사람과 비교하는 것에 초점을 둔다. 배움 그 자체보다는 타인의 평가에 좀 더 의미를 둔다.

15   정답 ①

[정답의 이유]

① 홀랜드(Holland)는 개인의 행동은 인성과 환경 간 상호작용의 함수이며, 사람들은 자기의 인성 유형을 표출할 수 있는 작업환경을 선택한다고 주장하였다. 작업환경과 적응방향을 '현실적(Realistic) - 탐구적(Investigative) - 심미적, 예술적(Artistic) - 사회적, 사교적(Social) - 설득적, 기업적(Enterprising) - 관습적(Conventional)'으로 구분하였다. 양자 간의 거리가 가장 먼 조합은 '탐구적(I) - 기업적(E)'이다.

16   정답 ③

[정답의 이유]

③ 조직화(Organization)는 따로따로 떨어진 별개의 정보들에게 질서를 부여하면 의미가 연결되기 때문에 더 많은 양을 오래 기억하는 데 도움이 되는 것을 말한다.

17   정답 ①

[정답의 이유]

① 검사결과가 피험자의 미래 행동이나 특성을 어느 정도 정확하고 완전하게 예언하느냐를 추정하는 타당도는 예언타당도이다.

18   정답 ③

[정답의 이유]

③ 수업장학은 교수-학습과정에 대한 분석과 임상적 활동에 관심을 기울여 시청각 기자재를 활용한 수업개선, 새로운 교수법의 개발 등에 노력을 집중하였다.

[오답의 이유]

① 관리장학은 20세기 초 과학적 관리론의 영향으로 능률과 생산성을 강화하는 방향에서 등장하였으며, 통제와 책임·능률을 장학활동의 핵심적 덕목으로 삼았다.

② 협동장학은 1930년대부터 과학적 관리론이 퇴조하고 인간관계론이 부상하면서 인간적이고 민주적인 장학으로 변화되었고, '민주적 장학, 참여적·협동적 장학'이라는 형태를 띠고 활성화되었다.

④ 발달장학은 교사의 발달단계에 따라 적합한 장학지도 방법을 택해야 발전 수준을 높일 수 있다는 원리에 근거하는 장학이다.

19   정답 ③

[정답의 이유]

③ 가네(R. M. Gagné)의 목표별 수업이론 중 '학습목표의 5대 영역'에는 언어정보, 지적기능, 인지전략, 태도(학습), 운동기능이 있다. 탐구기능은 이에 해당하지 않는다.

20   정답 ④

[정답의 이유]

④ 지능을 유동적 지능과 결정적 지능으로 구분한 것은 카텔(R. Cattell)의 위계적 요인설(2형태설)이다. 스턴버그(Sternberg)는 삼원지능이론에서 보다 완전한 지능이 되기 위해서는 개인, 행동 그리고 상황 등 세 가지를 모두 고려해야 한다고 주장하였다.

더 알아보기

스턴버그(Sternberg)의 삼위일체 지능이론

상황적 지능 (실천적 지능)	• 변화하는 환경에 적응하고 기회를 최적화하는 능력 • 구체적 상황에서 문제해결을 준비하는 개인의 능력을 다룸
경험적 지능 (창조적 지능)	새로운 생각들을 형성하고 관련되어 있지 않은 사실들을 조합하는 능력
요소적 지능 (분석적 지능)	과정정보를 추상적으로 사고하고 무엇이 필요하게 될지를 결정하는 능력

교육학개론 | 2019년 국가직 9급

한눈에 훑어보기

✓ 영역 분석

교육사 및 철학 09 10 16
3문항, 15%

교육심리 14 15 18
3문항, 15%

교육상담 04
1문항, 5%

교수-학습 11 19
2문항, 10%

교육사회학 12 13
2문항, 10%

교육행정 01 02 03 05 06 07 08
7문항, 35%

교육평가 및 공학 17
1문항, 5%

교육과정 20
1문항, 5%

✓ 빠른 정답

01	02	03	04	05	06	07	08	09	10
③	④	②	②	②	④	③	④	④	①
11	12	13	14	15	16	17	18	19	20
①	③	①	④	③	②	①	②	③	④

✓ 점수 체크

구분	1회독	2회독	3회독
맞힌 문항 수	/ 20	/ 20	/ 20
나의 점수	점	점	점

01 정답 ③

정답의 이유

③ 교육재정은 민간경제와 달리 수입을 기준으로 활동계획을 세우는 양입제출의 원칙이 아닌, 계획을 세우고 필요경비를 산출한 후 수입을 정하는 양출제입의 원칙을 적용한다.

오답의 이유

① 교육재정은 사적 이익이 아닌 국가활동과 정부의 시책을 통해 국민 전체의 공공의 이익을 도모하기 위한 것이기 때문에 공공성을 가진다.

② 교육재정은 민간경제와 다르게 공권력을 통하여 기업과 국민 소득의 일부를 조세를 통해 강제적으로 받아들임으로써 성립되는 강제성을 가진다.

④ 존속기간의 영속성은 교육재정의 절대적인 특성이라고 볼 수는 없으나, 정부가 주체가 되어 행하는 경제활동은 민간기업에 비해 그 존속기간이 무한하다고 본다.

더 알아보기

양출제입(量出制入)과 양입제출(量入制出)

양출제입 (量出制入)	국가의 재정계획 작성 시 정부가 지출을 미리 정하고 여기에 수입을 맞춘다는 뜻으로, 지출계획을 세우고 조세를 통해 예상되는 지출만큼의 예산을 확보하는 것을 의미함 예 'A라는 정책시행에 필요할 것으로 예상되는 X만큼의 예산을 모았다.'
양입제출 (量入制出)	수입을 미리 헤아려 본 다음 지출계획을 세우는 것을 의미함 예 'X만큼의 돈을 벌었으니 X만큼의 A라는 지출계획을 세울 수 있다.'

02 정답 ④

정답의 이유

④ 관료제는 몰인정성, 즉 직무에 있어서 개인적인 감정을 배제하는 것이 그 특성이므로 교사와 학생의 인간적인 관계는 관료제의 특성에 해당하지 않는다.

오답의 이유

① 학교 조직은 '교장-교감-부장(교사)-교사'로 구성원들의 업무를 수직적으로 분화시켜, 상하의 위계에 따른 권한과 직위를 배분한다.

② 학교 조직은 업무수행 및 운영절차에 있어 통일성을 확보하기 위해 규정과 규칙(복무지침, 내규, 업무편람 등)을 통해 교직원들의 행동을 규제한다.

③ 교사의 승진은 경력, 업적과 같은 연공서열주의를 바탕으로 결정한다.

> **더 알아보기**
>
> **관료제의 특징**
> - 계층적 조직이 확립되어 있으며 상급 직위자는 하급 직위자에 대하여 통제하고 감독한다.
> - 기능이 분화되어 있으며 직무에 대한 책임의 한계가 명료하고 공사의 분별이 명료하다.
> - 직원은 기술적 능력을 핵심으로 하는 전문적 자격을 기준으로 하여 선발된다.
> - 직무수행의 기준을 유지하기 위한 제 규정이 있다.
> - 고정적인 봉급제도와 직무전속주의가 확립되어 있다.
> - 집행상 규율과 통제의 방법이 확립되어 있으며 집무는 몰주관성 또는 비정의성(Impersonality)을 특징으로 한다.

03   정답 ②

정답의 이유

② 자격연수는 교원의 자격을 취득하기 위한 연수로서 1급 정교사, 교감, 교장 연수가 해당한다.

오답의 이유

① 직무연수는 교육이론·방법 연구 및 직무수행에 필요한 능력 배양을 위한 연수를 말한다.
③ 특별연수는 수업 및 기타 업무 부담으로부터 벗어나 자기학습계획에 따라 학습·연구를 수행하는 것을 말한다.
④ 지정연수는 교원이 특수한 분야에 관한 연수가 필요하다고 인정될 때 특정기관을 지정하여 해당 연수를 실시하는 것을 말한다.

> **더 알아보기**
>
> **교원 등의 연수에 관한 규정**
>
> | 자격연수 | 제6조(연수의 종류와 과정)
① 연수는 다음 각 호의 직무연수와 자격연수로 구분한다.
2. 자격연수: 「유아교육법」 제22조 제1항부터 제3항까지, 같은 법 별표 1 및 별표 2, 「초·중등교육법」 제21조 제1항부터 제3항까지, 같은 법 별표 1 및 별표 2에 따른 <u>교원의 자격을 취득하기 위한 자격연수</u>
③ 자격연수의 연수과정은 정교사(1급)과정, 정교사(2급)과정, 준교사과정(특수학교 실기교사를 대상으로 하는 과정을 말한다), 전문상담교사(1급)과정, 사서교사(1급)과정, 보건교사(1급)과정, 영양교사(1급)과정, 수석교사과정, 원감과정, 원장과정, 교감과정 및 교장과정으로 구분하고, 연수할 사람의 선발에 관한 사항 및 연수의 내용은 교육부령으로 정한다. |
>
> | | • 자격연수의 연수기간 및 이수시간(제7조 관련) | |
> |---|---|---|
> | 자격연수 | 구분 | 정교사(1급), 정교사(2급), 준교사(특수학교 실기교사를 대상으로 하는 과정을 말한다), 전문상담교사(1급), 사서교사(1급), 보건교사(1급), 영양교사(1급), 수석교사, 교감 및 원감 | 교장 및 원장 |
> | | 기간 | 15일 이상 | 25일 이상 |
> | | 이수시간 | 90시간 이상 | 180시간 이상 |
> | 직무연수 | 제6조(연수의 종류와 과정)
① 연수는 다음 각 호의 직무연수와 자격연수로 구분한다.
1. 다음 각 목의 직무연수
가. 제18조 따른 교원능력개발평가 결과 <u>직무수행능력 향상이 필요하다고 인정되는 교원</u>을 대상으로 실시하는 직무연수
나. 「교육공무원법」 제45조 제3항에 따라 복직하려는 교원을 대상으로 실시하는 직무연수
다. 그 밖에 <u>교육의 이론·방법 연구 및 직무수행에 필요한 능력 배양</u>을 위한 직무연수
② 직무연수의 연수과정과 내용은 연수원장(위탁연수를 실시하는 경우에는 위탁받은 기관의 장을 말한다. 이하 같다)이 정한다. | |
> | 특별연수 | 제13조(특별연수자의 선발)
① <u>교육부장관 또는 교육감</u>은 특별연수자(제2항에 따른 특별연수의 대상자는 제외한다)를 선발할 때에는 근무실적이 우수하고 필요한 학력 및 경력을 갖춘 사람 중에서 선발하여야 한다. 이 경우 국외연수자는 필요한 외국어 능력을 갖추어야 한다.
② <u>교육부장관 또는 교육감</u>은 교원 <u>스스로 수립한 학습·연구계획에 따라 전문성을 계발(啓發)하기 위한 특별연수</u>로서 교육부장관이 정하는 특별연수의 대상자를 선발할 때에는 제1항의 요건을 갖추고 제18조에 따른 교원능력개발평가 결과가 우수한 사람 중에서 선발하여야 한다. | |
> | 지정연수 | 제5조(지정연수)
교육감은 연수원이 실시할 수 없는 <u>특수한 분야</u>(제4조에 따라 위탁연수를 실시하는 경우를 포함한다)에 관한 연수를 위하여 필요하다고 인정할 때에는 특정기관을 지정하여 해당 <u>연수를 실시하게 할 수 있다.</u> 다만, 다른 교육감이 지정한 특정기관에서 연수를 실시하게 할 때에는 별도의 지정 절차를 거치지 아니할 수 있다. | |

04 정답 ②

정답의 이유

② 사회적으로 용인될 수 없는 충동(혹은, 욕망)을 정반대의 말이나 행동으로 표출하는 것으로 미루어 보아 반동형성임을 알 수 있다. 형을 너무나도 미워하는 동생이 형으로 인해 처벌을 받았을 때(내부, 외부) 그 반응으로 오히려 형을 지나치게 아끼고 사랑하는 모습을 보이는 행동이 그 사례에 해당된다고 볼 수 있다.

오답의 이유

① 억압은 방어기제가 아닌 도피기제로 분류되며, 불쾌한 감정이나 생각 등을 의식 밑바닥으로 억눌러 의식에 떠오르지 않도록 하는 기제를 의미한다.
③ 치환은 어떤 감정이나 태도를 취해 보려고 하는 대상을 다른 대상으로 바꾸어 향하는 것을 의미한다. 아버지에게 혼난 아이가 가만히 있는 개를 괴롭히는 것을 사례로 들 수 있다.
④ 부인은 정신분석학적으로 방어기제의 일종으로 구분되며, 충격적인 상황에 처했을 때 생각하고 느끼고 지각하는 것을 왜곡한다. 억압과 유사하나 부인은 외적인 위험을 다룬다는 점에서 차이가 있으며, 합리화가 현실을 왜곡하는 것이라면 부인은 현실을 회피한다는 차이점을 보인다. 자식이 병에 걸렸다는 사실에 '아니야. 내 아이가 아플 리 없어', '의사가 잘못 진찰한 거겠지' 등과 같은 반응을 사례로 들 수 있다.

더 알아보기

방어기제

보상	자기의 결함과 무능에 의하여 생긴 열등감이나 긴장을 해소시키기 위하여 장점 등으로 결함을 보충하려는 적응양식
합리화	자신의 실패나 결함에서 오는 욕구좌절을 스스로 변호하기 위하여 자기 처지에 적합한 구실을 찾아내어 정당화하려는 자기기만의 방어기제
투사	자신의 불만이나 불안을 해소시키기 위해서 남에게 뒤집어씌우는 식의 적응기제
동일시	자기가 실현할 수 없는 적응을 타인이나 어떤 집단에서 발견하고 자신을 그 타인이나 집단과 동일시함으로써 욕구를 만족시키는 기제
승화	정신분석학상의 용어로서 정신적인 역량의 전환을 의미한다. 억압당한 욕구가 사회적·문화적으로 가치 있는 목적으로 향하도록 노력함으로써 욕구를 충족하는 기제
치환	어떤 감정이나 태도를 취해 보려고 하는 대상을 다른 대상으로 바꾸어 향하게 하는 적응기제
반동형성	자기가 가지고 있는 어떤 욕망이나 경향에 대해 열등감을 가지게 될 때 그것을 억압 또는 은폐하기 위해 그것과 정반대의 욕구나 행동경향을 강조하는 기제

05 정답 ②

정답의 이유

② 허시(P. Hersey)와 블랜차드(K. Blanchard)는 상황적 리더십 이론에서 부하들의 성숙도에 따라 지도성 유형은 효과적이거나 비효과적일 수 있으며, 이러한 차이는 상황에 대한 지도성 유형의 적절성에 있다고 보았다.

오답의 이유

① 지도성이 발휘되는 시간과 장소, 조직이나 집단 성격 등 조직의 상황은 고려하지 않고, 성공적인 지도자는 어떤 행동을 하느냐에 분석의 초점을 맞추어 이 행위를 관찰·기술한 지도성 행위론에 가깝다.
③ 블레이크(R. Blake)와 모튼(J. Mouton)은 관리격자이론(혹은, 관리망)을 주창하였다. 리더의 생산에 대한 관심과 인간에 대한 관심 두 차원을 기준으로 리더의 행동유형을 분류하였다.
④ 지도적 특성론의 입장으로, 지도자는 형성되는 것이 아니라 태어날 때부터 지도자의 자질을 가졌다고 보는 입장이다. 지도자는 비지도자와 구별되는 육체적·심리적·사회적 특성을 갖고 있다고 본다. 지도성을 결정하는 주요 요인은 상속된다는 입장인 기브(Gibb)가 대표적 인물이다.

더 알아보기

지도성 이론(리더십 이론)

전통적 지도성 이론		현대적 지도성 이론	
지도성 특성론	선천적 지도자	거래적 지도성	지도자의 보상 제공, 구성원들의 과업 성과 제공 – 상호 종속 교환관계
지도성 행위론	· 성공적인 지도자의 행위 · 레빈(Lewin), 리핏(Lippitt), 화이트(White)의 연구 · 핼핀(A. W. Halpin)의 연구 · 미시간대학의 연구 · 블레이크(R. Blake)와 모튼(J. Mouton)의 관리망 연구 · 탄넨바움(R. Tannenbaum)과 슈미트(W. H. Schmidt)의 지도성 유형 연속선 이론	변혁적 지도성	· 구성원의 가치체계와 신념체계를 변화시켜 조직이나 집단의 성과를 제고 · 지도자 개인의 능력, 카리스마, 비전의 제시 등 · 번즈(J. M. Burns)

지도성 상황론	• 지도성 행위론의 한계를 극복하기 위하여 등장 • 지도자의 효과적인 행위가 발휘될 수 있는 상황 특성 확인 • 피들러(F. E. Fiedler)의 지도성 상황적합론 • 레딘(W. J. Reddin)의 3차원 지도성 유형 • 하우스(R. H. House)의 경로–목표이론 • 허시(P. Hersey)와 블랜차드(K. Blanchard)의 상황적 지도성 연구		
	카리스마적 지도성	• 지도자의 모범적 성격, 예외적 신성성, 영웅적 자질을 바탕으로 한 헌신에 권위를 둔 것 • 베버(M. Weber) • 하우스(House)의 카리스마적 지도성 이론 • 콩거(Conger)와 카눈고(Canungo)의 카리스마적 행동적 이론		
	슈퍼리더십 이론	• 지도자가 구성원 스스로 판단하고 행동하며 그 결과도 책임지는 자율적 지도자로 만드는 지도성 • 만즈(Manz), 심스(Sims)		
	서번트 리더십 이론	• 지도자의 타인을 위한 봉사, 종업원, 고객 및 커뮤니티를 우선으로 여기고 그들의 욕구를 만족시키기 위해 헌신하는 리더십 • 그린리프(R. Greenleaf)		

06 정답 ④

정답의 이유

④ 지방교육세는 지방교육의 질적 향상에 필요한 지방교육재정의 확충에 필요한 재원마련을 위하여 지방세에 부가하는 목적세로, 초·중등교육법상 학교회계의 세입에 해당하지 않는다.

> **초·중등교육법 제30조의2(학교회계의 설치)**
> ① 국립·공립의 초등학교·중학교·고등학교 및 특수학교에 각 학교별로 학교회계(學校會計)를 설치한다.
> ② 학교회계는 다음 각 호의 수입을 세입(歲入)으로 한다.
> 　1. 국가의 일반회계나 지방자치단체의 교육비특별회계로부터 받은 전입금
> 　2. 제32조 제1항에 따라 학교운영위원회 심의를 거쳐 학부모가 부담하는 경비
> 　3. 제33조의 학교발전기금으로부터 받은 전입금
> 　4. 국가나 지방자치단체의 보조금 및 지원금
> 　5. 사용료 및 수수료
> 　6. 이월금
> 　7. 물품매각대금
> 　8. 그 밖의 수입
> ③ 학교회계는 학교 운영과 학교시설의 설치 등을 위하여 필요한 모든 경비를 세출(歲出)로 한다.
> ④ 학교회계는 예측할 수 없는 예산 외의 지출이나 예산초과지출에 충당하기 위하여 예비비로서 적절한 금액을 세출예산에 계상(計上)할 수 있다.
> ⑤ 학교회계의 설치에 필요한 사항은 국립학교의 경우에는 교육부령으로, 공립학교의 경우에는 시·도의 교육규칙으로 정한다.

07 정답 ③

정답의 이유

③ 특별법 우선의 원칙에 따라 일반법인 노동조합 및 노동관계조정법과 노동조합 및 노동관계조정법의 특례법인 「교원의 노동조합 설립 및 운영 등에 관한 법률」이 충돌할 경우 후자를 우선적으로 적용한다.

오답의 이유

① 지방자치단체의 교육·학예에 관한 사무를 관장하는 기관의 설치와 그 조직 및 운영 등에 관하여 「지방교육자치에 관한 법률」에서 규정한 사항을 제외하고는 그 성질에 반하지 아니하는 범위에서 지방자치법의 관련 규정을 준용한다.
② 상위법 우선의 원칙에 따라 법률인 초·중등교육법과 대통령령인 초·중등교육법 시행령이 충돌할 경우 전자인 초·중등교육법을 우선적으로 적용한다.
④ 신법 우선의 원칙에 따라 신법과 구법이 동일한 형태일 때, 신법(혹은 개정법)을 먼저 적용하는 것을 원칙으로 한다.

> **더 알아보기**
>
> **법 적용의 원칙**
> • 상위법 우선의 원칙
> 　헌법 > 헌법 규정, 의회 제정 법률 > 대통령, 행정 각 부장 제정 명령 > 지방의회 조례 > 지방자치단체장 규칙
> • 특별법 우선의 원칙
> 　특별법 > 일반법
> • 신법 우선의 원칙
> 　동일한 형태일 경우, 개정법 > 구법
> • 법률불소급의 원칙
> 　재개정 이전의 행위에 새로 재개정한 법률을 적용해서는 안 된다(단, 행위를 할 때와 재판을 진행하게 되었을 때의 법률이 국민에게 유리하게 변경된 경우에는 불소급원칙이 배제된다).

08 정답 ④

정답의 이유

④ 공무원인 교원은 교육공무원을 의미하며, 교육공무원은 국가공무원법상 특정직 공무원이다.

오답의 이유
① 수석교사는 교원에 해당한다.
② 공립학교 행정실장은 경력직 공무원 중 일반직 공무원에 해당한다.
③ 교장은 경력직 공무원 중 특정직 공무원에 해당한다.

초·중등교육법 제19조(교직원의 구분)
① 학교에는 다음 각 호의 교원을 둔다.
　1. 초등학교·중학교·고등학교·고등공민학교·고등기술학교 및 특수학교에는 교장·교감·수석교사 및 교사를 둔다. 다만, 학생 수가 100명 이하인 학교나 학급 수가 5학급 이하인 학교 중 대통령령으로 정하는 규모 이하의 학교에는 교감을 두지 아니할 수 있다.
　2. 각종학교에는 제1호에 준하여 필요한 교원을 둔다.
② 학교에는 교원 외에 학교 운영에 필요한 행정직원 등 직원을 둔다.
③ 학교에는 원활한 학교 운영을 위하여 교사 중 교무(校務)를 분담하는 보직교사를 둘 수 있다.
④ 학교에 두는 교원과 직원(이하 "교직원"이라 한다)의 정원에 필요한 사항은 대통령령으로 정하고, 학교급별 구체적인 배치기준은 제6조에 따른 지도·감독기관(이하 "관할청"이라 한다)이 정하며, 교육부장관은 교원의 정원에 관한 사항을 매년 국회에 보고하여야 한다.

09　　　　　　　　　　　　　　　　　　　　　　정답 ④

정답의 이유
④ 실존주의 교육철학은 이전의 학문중심 교육과정, 합리주의적 관념주의·실증주의에서 발생한 인간 소외현상에서 벗어나 인간을 '자유롭게 선택할 수 있는 가능성을 지닌 개별적·독자적·절대적 존재'로 바라보는 교육철학이다.

오답의 이유
① 실존주의 교육철학에서의 이상적인 개인은 '선택하는 행위자, 자유로운 행위자, 책임지는 행위자'로, 창조적 개인의 성장과 자아실현을 강조하였다.
② 실존주의 교육철학은 인간 자신의 주체적 결단, 실천을 강조하며 이런 자아의 실현을 목표로 자아인식을 위한 교육과정을 중시한다.
③ 실존주의 교육철학의 사상가인 부버(Buber)는 학생의 사람됨은 인간적인 교사와 인간적인 만남의 교육방법에 의해 계발될 수 있으며, 교사와 학생은 동등한 인격자로서 서로 '만남'이 이루어졌을 때 참다운 교육이 일어난다고 보았다.

10　　　　　　　　　　　　　　　　　　　　　　정답 ①

정답의 이유
① 위대한 고전을 읽음으로써 불변의 진리를 체득할 수 있다고 보는 사조는 항존주의 교육철학에 해당하며, 코메니우스(J. A. Comenius)는 자연주의 교육사상가로, 직관에 의한 실물 교수를 주장하였다.

오답의 이유
② 코메니우스는 지식의 획득과정을 '감각적 인지단계 → 내면적 지각단계 → 의사소통 단계'로 제시하고, 직접적인 사물을 통한 교육인 직관교수를 강조하는 등 감각적 경험을 중시하였다.
③ 코메니우스는 자연법칙에 따른 교수방법을 제시하였다. 이를 '합자연의 원리'라고 한다.
④ 코메니우스는 감각경험을 통해 사물을 보고 느낀 뒤 그 다음 언어를 배우도록 하였다.

더 알아보기

합자연의 원리, 자연법칙에 따른 교수방법(『대교수학』 제5장 중)
① 자연에는 적당한 시기가 있다. 학습에 있어서도 적당한 시기를 택해야 한다. 인간의 교육은 인생의 봄에 시작되어야 한다. 하루의 학습시간은 아침이 공부하는 데 가장 적당하다.
② 자연은 사물을 만들기 위하여 먼저 재료를 준비한다. 그러므로 학습에서도 먼저 재료를 준비하여야 한다.
③ 자연은 뛰어 넘지 않고 서서히 그 단계를 지킨다. 그러므로 학습도 이 방법에 따라야 한다.
④ 모든 사물은 그 근본이 되는 뿌리로부터 발생한다. 그러므로 아동학습에 있어서도 그 지식을 서적에서 구하지 말고, 자연 그 자체에서 구하여야 한다.
⑤ 자연은 불필요한 짓을 하지 않는다. 그러므로 아동의 학습에서도 생활에 가치가 없는 지식은 가르치지 말아야 한다.
⑥ 자연은 어떤 일을 시작하면 그것이 완성될 때까지 계속한다. 그러므로 아동은 그들의 학습에 인내가 있어야 하며, 무단결석을 해서는 안 된다.
⑦ 훈육방법도 자연의 법칙에 따라야 한다.

11　　　　　　　　　　　　　　　　　　　　　　정답 ①

정답의 이유
① 학생이 온라인 등으로 선행학습을 한 뒤 학교수업에서 토론이나 과제 풀이를 진행하는 형태의 수업은 혼합형 학습의 한 형태인 플립러닝(Flipped Learning)에 해당한다.

오답의 이유
② 탐구수업은 학생이 교사의 안내를 토대로 탐색할 문제 발견 → 가설 설정 → 가설 검증 → 일반화의 과정을 통해 문제해결력을 신장하는 수업방식이다.
③ 토론수업은 여러 명이 한 주제에 대해 의견을 공유함으로써 고등정신능력과 의사소통능력을 신장시키는 수업방식이다.
④ 문제기반학습(Problem-Based Learning)은 학습자가 비구조적이고 복잡한 문제를 해결하는 과정에서 문제해결에 필요한 지식과 기능을 습득하도록 하는 수업방식이다.

더 알아보기	
인터넷과 교육	
웹퀘스트 수업	인터넷을 사용하여 진행하는 일종의 프로젝트로 '웹 탐구활동'을 의미하며, 학생들에게 특정 과제가 부여되고, 학생들은 이를 해결하기 위해 인터넷 서칭을 한 뒤 최종 리포트를 작성하는 방식
블렌디드 학습 또는 혼합형 학습	학습의 효과성을 향상시키고 학습경험을 극대화하기 위해 온라인과 오프라인 학습환경뿐만 아니라 다양한 학습방법과 매체를 결합하여 활용
유비쿼터스 러닝	학생들이 언제 어디서나 어떤 내용에 상관없이 어떤 단말기로도 학습할 수 있는 교육환경을 조성해 줌으로써 학습자 중심의 교육과정을 실현
스마트교육	21세기 지식기반사회에서 학습자의 역량강화를 위한 지능형 맞춤 학습체제로 교육환경, 교육내용, 교육방법 및 평가 등 교육체제를 혁신하여 최상의 통신환경을 기반으로 한 인간 중심의 한 소셜러닝과 맞춤형 학습을 접목한 학습형태

12 정답 ③

정답의 이유

③ 교육조건의 평등은 교육받는 조건의 차이(교사, 교육목표, 교육과정, 교육방법, 교육시설 등)가 없어야 한다는 것을 의미하며 이는 교육에서 평등관 중 과정적 평등관에 해당한다.

오답의 이유

① 교육기회의 허용적 평등은 성·종교·인종 등에 의해 교육기회의 차별이 없어야 하고, 누구나 교육받을 권리를 허용해야 한다는 것을 의미한다.
② 장학금 제도는 사회경제적인 제약 때문에 교육을 받지 못하는 일이 생기지 않도록 교육기회를 보장해야 한다는 관점에 의한 정책이다.
④ 대학입학 특별전형제도는 열악한 조건의 학습자에게 더 많은 지원을 하여 교육결과의 평등, 즉 학업성취의 평등을 위한 제도 중 하나이다.

더 알아보기	
교육과 평등	
교육기회의 허용적 평등	• 모든 사람에게 동등한 기회가 부여되어야 하며 법적·제도적 차별이 없어야 함 • 성별·신분·인종·민족에 따른 차별 철폐
교육기회의 보장적 평등	• 교육평등을 실현하기 위해서 경제적·지리적·사회적 제반 장애를 제거해야 함 • 의무교육, 무상교육, 장학금 제도, 분교 설립 등
교육과정(조건)의 평등	• 학교 간의 차이(시설, 교사, 교육과정 등)가 없어야 함 • 고교평준화정책, 교사 순환근무제 등
교육결과의 평등	• 모든 학습자가 동등한 교육결과를 가져야 함 • 지역균형선발제, 농어촌학생 특별전형제, 보상교육 등

13 정답 ①

정답의 이유

① 학교가 불평등한 경제적 구조를 재생산한다고 보는 입장은 갈등론의 관점이다.

오답의 이유

②·③·④ 기능론의 관점에 해당한다.

더 알아보기		
기능론과 갈등론의 비교		
구분	기능론	갈등론
기본 관점	학교, 교육, 사회의 기능에 대해 낙관적인 태도	학교, 교육, 사회의 기능에 대해 부정적·비판적 태도
가정	안정성·통합성·기능적 조정·합의	갈등·변동·변화·강제
교육의 기능	사회화, 선발 및 배치, 사회의 이념 유지 기능 수행	사회적·경제적 불평등을 확대·재생산
이론	• 기술기능이론 • 근대화이론 • 인간자본론	• 경제적 재생산이론 • 문화적 재생산이론 • 저항이론 • 지위경쟁이론

14 정답 ④

정답의 이유

④ 인지주의 학습전략 중 기존의 지식에 새로운 정보를 연결하여 새로운 정보의 유의미성을 높이는 전략은 정교화에 해당한다.

오답의 이유

① 정적 강화는 목표행동 이후에 가치 있는 후속자극을 제공함으로써 그 행동의 강도와 빈도를 증가시키는 것을 의미한다.
② 부적 강화는 어떤 불쾌자극을 제거함으로써 바람직한 행동을 강화시키는 것이다.
③ 체계적 둔감화는 특정 자극 상황에 불안이나 공포를 느끼는 사람에게 불안이나 공포를 덜 일으키는 자극부터 시작해서 점차 더 큰 불안이나 공포를 일으키는 자극을 제시하여 체계적인 적응을 유도하는 기법이다.

15 정답 ③

정답의 이유

③ 형태주의 심리학에서 학습은 문제 상황에서 학습자가 심리적 불평등 상태를 갖게 되어 그것을 극복하는 과정에서 일어난다고 하였다. 즉, 학습은 인지구조의 변화를 나타낸다.

더 알아보기

행동주의 심리학 vs 형태주의 심리학

구분	행동주의	형태주의
개념	학습은 자극과 반응의 연합 과정	학습은 통찰에 의한 인지구조의 변화
연구영역	관찰가능한 행동	인지(지각)과정
유기체	자극에 대한 단순한 반응	인지구조를 재체계화 시키는 능동적 위치
동기관	외적동기	내적동기
의식관	의식은 여러 개의 분절된 요소로 구성	의식은 하나의 통합된 전체로 구성
문제해결	시행착오	통찰
특징	• 요소주의, 부분주의 • 외적 지각과정 중시 • 경험론적 인식론과 관련 • 귀납적 사고, 동일요소설 • 경험중심 교육과정	• 전체주의, 통합주의 • 내적 지각과정 중시 • 합리론적 인식론과 관련 • 연역적 사고, 형태이조설 • 학문중심 교육과정
대표자	파블로프, 손다이크, 스키너	쾰러, 레빈, 톨만

16   정답 ②

정답의 이유

② 원점법은 성균관에서 학생들의 출결을 점검하는 방법으로 원점 하나를 받아야 출석이 인정되고, 원점 300점을 얻어야 과거 응시자격이 부여되었다.

오답의 이유

① 학교모범은 선조 때 이이가 왕명에 의해 지은 교육 훈규로 총 16개조로 이루어져 있으며 당시 청소년의 학교생활뿐 아니라 가정 및 사회에서 지켜야 할 규칙까지 제시되어 있다.
③ 탕평책은 조선 후기 영조·정조가 붕당의 대립을 막고 인재를 고르게 등용하기 위해 시행한 정책이다.
④ 학교사목은 학교모범과 함께 선조의 왕명에 의해 제정되었으며 학교에 관계된 인사문제의 지침을 제시하고 있다.

17   정답 ①

정답의 이유

① 사전에 정해진 학습목표를 학습자 개개인이 얼마나 성취했는지에 따라 평가하는 방법은 '준거참조평가'에 해당한다. 일련의 교육경험 이후 얻은 최종 성취 수준 그 자체보다 교육경험 이전과 비교해 얼마나 성장하였는지 초점을 두는 평가방법은 '성장참조 평가'이다.

더 알아보기

참조준거에 의한 평가

구분	규준참조평가	준거참조평가	능력참조평가	성장참조평가
강조점	상대적 서열	특정영역 성취	최대 능력 발휘	능력의 변화
교육 신념	개인차 인정	완전학습	개별학습	개별학습
비교 대상	개인과 개인	준거와 수행	수행 정도와 소유 능력	성장, 변화의 정도
개인차	극대화	극대화 ×	고려하지 않음	고려하지 않음
이용도	선별, 배치, 분류	자격 부여	최대 능력 발휘	학습 향상

18   정답 ②

정답의 이유

② 관찰학습은 모델의 행동 관찰을 통해 자극이 되어 이루어지는 학습을 말하며 학습자가 모델에게 주의를 기울이는 주의집중단계 → 모델의 행동을 상징적 형태로 기억하는 파지단계 → 모델의 행동을 따라해 보는 재생단계 → 강화를 받게 되는 동기화단계를 거쳐 이루어진다.

더 알아보기

반두라(Bandura)의 관찰학습

• 개념: 인간은 자신의 직접 경험에 의하여 학습하기도 하지만 타인의 행동(특정 모델)을 관찰하고 이를 모방함으로써 새로운 행동을 학습한다는 것

• 단계

주의집중단계	모델의 행동이나 특성, 결과에 주의를 기울이고 관찰하는 단계
파지단계	모델의 행동을 마음속으로 그려보는 인지적 시연을 통한 인지적 행위 단계
(운동)재생단계	저장된 기억을 재생하는 단계
동기화단계	모델의 행동을 재생산한 것에 대해 강화를 기대하며 동기를 가지는 단계

19   정답 ③

정답의 이유

③ 상황학습에서 지식의 전이를 촉진하기 위해서는 추상적인 형태의 지식이 아니라 실제적이고 다양한 사례를 제공해야 한다.

오답의 이유

① 상황학습은 지식이 활용되는 상황 맥락을 제시하여 실제적 지식을 형성해 가는 것을 강조한다.
② 상황학습은 실제적 과제를 통해 문제를 해결함으로써 지식의 적용 능력을 향상시킨다.
④ 상황학습은 실제 일어날 수 있는 다양한 사례를 제시하여 학습자가 능동적으로 문제를 해결하도록 한다.

더 알아보기

상황학습의 설계 원리
- 지식이나 기능은 그것이 사용되는 상황이나 맥락과 함께 제시한다.
- 실제적 과제를 부여한다.
- 구체적이고 다양한 사례를 제시한다.
- 교사의 역할은 지식 전수자가 아닌 학습 촉진자이다.
- 협동학습의 기회를 제공한다.
- 다양한 유형의 문제해결 방법을 찾도록 하는 생성적 학습을 강조한다.
- 자기성찰의 기회를 제공한다.

20   정답 ④

정답의 이유

④ 기존 교육과정(전통 교육과정)이 학습자에게 선정된 내용을 기계적으로 전달하는 데에만 강조하였다고 비판한 것은 교육과정 재개념주의이다.

오답의 이유

① 타일러는 목표를 세울 때 학습자의 요구, 사회의 요구, 교과전문가의 요구를 고려해야 한다고 주장하였다.
② 타일러는 교육과정과 수업은 하나의 과정이라고 하였으며, 경험중심 교육과정의 영향을 받아 경험을 중요시하였다.
③ 타일러는 교육목표를 도착점 행동으로 진술해야 하며, 구체적인 행위동사를 사용해야 한다고 하였다.

더 알아보기

타일러(R. W. Tyler)의 합리적 교육과정 개발절차

교육목표 설정	• 학생들의 행동변화를 명시 • 교육목표 설정의 세 원천: 학습자, 사회, 교과전문가 • 잠정적 목표달성의 네 가지 기준: 합의된 가치와 기능과의 합치성, 포괄성, 일관성, 달성가능성 • 교육목표 여과: 교육철학과 학습심리학을 통해 잠정적 목표를 명세적 목표로 진술
학습경험 선정	• 학습경험은 학습자와 환경과의 상호작용으로 인해 이루어지며, 학습은 학습자가 행한 행위를 통해 이루어짐 • 학습경험 선정원리 – 기회의 원리: 교육목표를 달성하기 위해 학생에게 학습경험의 기회를 제공해야 함 – 만족의 원리: 학생들이 학습할 때 만족을 느끼는 경험이어야 함 – 학습가능성의 원리: 현재 수준에서 경험 가능한 것이어야 함 – 일목표 다경험의 원리: 하나의 목표를 달성하기 위해 여러 학습경험이 필요함 – 일경험 다성과의 원리: 하나의 학습경험을 통해 여러 교육결과를 가져올 수 있음
학습경험 조직	• 효과적인 학습지도를 위해서는 선정된 학습경험들을 체계적으로 통합하고 조직 • 학습경험 조직기준 – 계속성: 여러 차례 반복할 수 있는 기회 제공 – 계열성: 질적으로 심화될 수 있게 조직하는 것 – 통합성: 교육과정 요소들을 수평적으로 연관시킴
교육평가	평가과정은 교육목표가 교육과정이나 학습지도를 통해 어느 정도 실행되고 있는지를 확인하는 것

교육학개론 | 2018년 국가직 9급

한눈에 훑어보기

✓ 영역 분석

교육사 및 철학   11   16   20
3문항, 15%

교육심리   03   06
2문항, 10%

교육상담   02
1문항, 5%

교수-학습   14   15
2문항, 10%

교육사회학   01   12
2문항, 10%

교육행정   04   07   08   09   10   17   19
7문항, 35%

교육평가 및 공학   05   18
2문항, 10%

교육과정   13
1문항, 5%

✓ 빠른 정답

01	02	03	04	05	06	07	08	09	10
②	③	②	①	③	③	④	①	③	②
11	12	13	14	15	16	17	18	19	20
③	④	②	④	①	④	④	④	④	①

✓ 점수 체크

구분	1회독	2회독	3회독
맞힌 문항 수	/ 20	/ 20	/ 20
나의 점수	점	점	점

---

01   정답 ②

정답의 이유

② 뒤르껭(E. Durkheim, 뒤르켐)은 교육을 보편적 사회화, 특수 사회화 2가지 관점으로 구분하였다. 특수 사회화의 측면에서 분업화된 각 사회집단은 나름의 ① 지적, ③ 도덕적, ④ 신체적 특성을 지니고 있으므로 사회에 적응하기 위해서 교육이 필요하다고 주장하였다.

더 알아보기

뒤르껭의 교육에 관한 2가지 측면
- 현대 교육 사회학을 체계화 · 과학화함(현대 교육사회학의 아버지)
- 실증주의자, 교육과학이라는 용어를 최초로 사용함
- 기능이론을 발전시킴
- "교육은 비사회적인 존재인 인간을 사회적 존재인 인간으로 의도적으로 만드는 과정"
- "교육은 비교적 성숙한 세대에 의해서 아직 사회생활에 익숙하지 못한 세대에게 주어진 영향"

보편적 사회화	• 사회 속에서의 역할 • 한 사회가 요구하는 공통적 감성, 신념 등의 집합의식을 새로운 세대에게 내면화시키는 과정 • 보편적 사회화를 통해 그 특성을 유지하고 구성원들의 동질성을 확보할 수 있음 • 사회가 분화 · 전문화될수록 사회의 동질성 확보가 필요하므로 보편적 사회화가 더욱 중요해짐 • 교육을 통해 사회 구성원들의 도덕성을 확립하는 것을 중시
특수 사회화	• 사회 속에서의 자아실현 • 분업화된 각 사회집단에서 요구하는 신체적 · 지적 · 도덕적 특성을 학습하기 위해서 교육이 필요함 • 개인이 소속될 직업집단의 규범과 전문지식을 학습하도록 하는 것

02 정답 ③

정답의 이유

③ 정신분석 상담의 경우 기본적으로 인간의 부적응 행동을 해결하는 것을 궁극적인 목표로 한다. 따라서 문제 행동이 발생하면 상담을 통해 부적응 행동을 건설적으로 변화시키고자 한다. 행동주의 상담 역시 관찰과 측정, 그리고 비교가 가능한 외적 행동의 변화만을 연구의 대상으로 삼기 때문에 두 상담 모두 인간의 행동을 인과적 관계로 해석한다고 볼 수 있다.

오답의 이유

① 아들러(Adler)의 개인심리 상담이론에서는 인간의 행동이 과거의 경험보다는 미래에 대한 기대에 의해 좌우된다고 하였다. 인간은 현재 실현할 수 없는 목표를 설정하여 미래에 그 목표를 성취하기 위해 행동한다고 보았다.

② 상담자의 인간적 자질과 진솔한 태도를 중시하는 이론은 로저스(Rogers)가 주창한 인간중심 상담이론(비지시적 이론)이다.

④ 합리-정의-행동 상담이론의 ABCDEF 모형은 선행사건, 신념체계, 결과, 논박, 효과, 감정의 과정이다. 이 중 논박(Dispute)은 내담자가 가지고 있는 비합리적인 신념이나 사고에 대해서 논리성·실용성·현실성에 비추어 반박하는 것으로, 내담자의 비합리적인 신념을 합리적인 신념으로 바꿀 수 있도록 한다.

03 정답 ②

정답의 이유

② 넓은 의미의 학습장애는 정신지체나 뇌손상, 정서적 문제 등을 포함하는 특정 요인에 의해 학습의 어려움을 겪는 경우이며, 좁은 의미의 학습장애는 개인의 생활연령, 측정된 지능, 연령에 알맞은 교육에 따라 기대하게 되는 수준보다 상당히 낮은 학문적 기능을 수행하는 상태를 의미한다.

오답의 이유

① 학습부진은 정상적인 지적 능력을 가지고 있으면서도 학습장애나 주의력 결핍, 학교생활 부적응, 가정 문제, 건강 문제 등의 요인으로 인하여 최저 수준의 학업 성취에 미치지 못하는 경우이다. 학습장애와 유사한 개념이지만, 학습장애는 뇌의 기능장애나 인지적 결함 등의 기질적인 문제가 원인이므로 명확하게 구분해야 한다.

③ 행동장애는 일상생활에서 사회적으로 용납되지 않는 행동을 하거나 자기 자신에게 불만족스러운 행동으로 반응하는 경우를 말한다. 행동장애, 성격장애, 미성숙, 사회화된 비행으로 분류한다.

④ 정신지체는 지적·적응 기능에 심각한 제약이 있는 장애이다. 인지와 학습기능의 발달에서 어려움을 겪으며 언어 지연 등의 증상이 나타난다.

04 정답 ①

정답의 이유

① 렝그랑(P. Lengrand, 랑그랑)은 학교교육과 학교 외 교육의 통합을 추구하는 '수평적 차원의 통합'을 강조하였다.

> **더 알아보기**
>
> **렝그랑(P. Lengrand)의 평생교육론**
> - 렝그랑은 '평생교육'이라는 용어를 주창하였다.
> - 개인의 출생부터 사망까지를 아우르는 교육의 통합을 의미하는 '수직적 차원의 통합'과 직업교육과 일반교육, 형식교육과 비형식교육, 학교교육과 학교 외 교육을 통합하여 앎과 삶을 통합하는 '수평적 차원의 통합'이 모두 이루어져야 한다고 주장했다.

05 정답 ③

정답의 이유

③ 스테나인 2등급은 백분위 90과 Z점수 1.5 사이의 영역이므로 지능 원점수가 가장 낮은 것은 T점수 60이다.

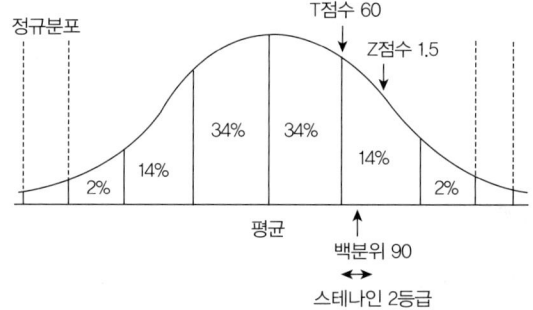

06 정답 ③

정답의 이유

ㄱ. 에릭슨(E. Erikson)은 인간의 성격은 미리 정해진 8개의 발달 단계를 통해 형성되는 것이라고 전제하고 있다.

ㄷ. 에릭슨은 청소년기를 1단계 못지않게 중요하다고 여겼는데 청소년기에는 이전에 있었던 발달적 위기가 반복된다고 하였다.

오답의 이유

ㄴ. 에릭슨은 전 단계에서 이루지 못한 과업을 이후에 얻어진 자아의 자질로 성취할 수 있다고 하였다.

07 정답 ④

정답의 이유

④ 관료제의 특징성은 경력지향성이며, 순기능은 동기의 유발, 역기능은 실적과 연공의 갈등이다.

더 알아보기

베버(M. Weber)의 3가지 관료제의 유형

사회체제	전통사회	과도기적 사회	근대사회
관료제의 유형	가산관료제	카리스마적 관료제	합법적 관료제
권위의 정당성	전통적 지배	카리스마적 지배	합법적 지배
예시	추장, 여왕	종교지도자, 군지도자	민주사회

관료제의 특성	순기능	역기능
• 분업과 전문화 • 몰인성성 • 규정과 규칙 • 경력지향성 • 권위의 위계	• 전문성 • 합리성 • 계속성과 통일성 • 동기의 유발 • 순응과 원활한 조정	• 권태 • 사기 저하 • 경직성, 본말전도 • 실적과 연공의 갈등 • 의사소통 저해

08　　　　　　　　　　　　　　　　　　　정답 ①

정답의 이유

① 학교운영위원회의 위원 수는 5명 이상 15명 이하의 범위에서 학교의 규모 등을 고려하여 대통령령으로 정한다(초·중등교육법 제31조 제3항).

더 알아보기

학교운영위원회 위원 수(초·중등교육법 시행령 제58조)

학생 수	위원 수
200명 미만	5~8인
200~1,000명 미만	9~12인
1,000명 이상	13~15인

오답의 이유

② 학교운영위원회는 국립·공립 학교 운영에 관한 중요한 사항을 심의하는 의결성 심의기구 역할을 한다(초·중등교육법 제32조 제1항).

> **제32조(기능)**
> ① 학교에 두는 학교운영위원회는 다음 각 호의 사항을 심의한다. 다만, 사립학교에 두는 학교운영위원회의 경우 제7호 및 제8호의 사항은 제외하고, 제1호의 사항에 대하여는 자문한다.
> 1. 학교헌장과 학칙의 제정 또는 개정
> 2. 학교의 예산안과 결산
> 3. 학교교육과정의 운영방법
> 4. 교과용 도서와 교육 자료의 선정
> 5. 교복·체육복·졸업앨범 등 학부모 경비 부담 사항
> 6. 정규학습시간 종료 후 또는 방학기간 중의 교육활동 및 수련활동
> 7. 「교육공무원법」 제29조의3 제8항에 따른 공모 교장의 공모 방법, 임용, 평가 등
> 8. 「교육공무원법」 제31조 제2항에 따른 초빙교사의 추천
> 9. 학교운영지원비의 조성·운용 및 사용
> 10. 학교급식
> 11. 대학입학 특별전형 중 학교장 추천
> 12. 학교운동부의 구성·운영
> 13. 학교운영에 대한 제안 및 건의 사항
> 14. 그 밖에 대통령령이나 시·도의 조례로 정하는 사항

③ 학교운영위원회는 교육공무원법 제29조의3 제8항에 따른 공모 교장의 공모 방법, 임용, 평가 등을 심의한다(초·중등교육법 제32조 제1항 제7호).

④ 학교운영위원회는 학교자치의 실현, 학교공동체의 책무성 증대, 교육수요자 중심의 교육, 열린 학교 운영을 취지로 한다(초·중등교육법 제31조 제1항).

> **제31조(학교운영위원회의 설치)**
> ① 학교운영의 자율성을 높이고 지역의 실정과 특성에 맞는 다양하고도 창의적인 교육을 할 수 있도록 초등학교·중학교·고등학교 및 특수학교에 학교운영위원회를 구성·운영하여야 한다.

09　　　　　　　　　　　　　　　　　　　정답 ③

정답의 이유

③ 자유학기제 기간 동안 수업은 교과 수업과 자유학기 활동으로 구분된다. 교과 수업으로는 국어, 영어, 수학, 사회, 과학, 기술·가정, 체육, 도덕 등이 있으며, 자유학기 활동으로는 진로탐색 활동, 주제선택 활동, 예술·체육 활동, 동아리 활동 등이 있다.

오답의 이유

① 자유학기제 기간에는 기존의 지필평가가 아닌 학생들의 학습과정을 관찰하여 평가하는 과정중심평가를 실시한다. 학생들의 활동내용에 대한 평가는 학교생활기록부에 서술형으로 기재된다.

② 자유학기제는 2013년 42개 연구학교를 시작으로 매년 점차 확대되었으며, 2016년부터 전국의 모든 중학교에서 전면 시행하였다.

④ 중학교의 장은 한 학기 또는 두 학기를 자유학기로 지정해야 한다. 세부사항은 교육부장관이 정한다.

더 알아보기

자유학기제와 자유학년제

자유학년제란 자유학기제에 준비학기, 연계학기, 탐색학기 등 교육청 여건에 맞게 1학기 추가하여 운영하는 형태이다. 교육부는 2017년 11월 '중학교 자유학기제 확대·발전 계획'을 발표하였고, 2018년부터 자유학년제를 희망학교 중심으로 운영하였으며, 도입 첫해 전체 중학교의 46.8%인 1,503교에서 실시하였다. 시범운영의 성과를 바탕으로 점진적으로 확대하여 운영하였으며, 2021년에는 일부 시도를 제외한 전체 중학교의 91.1%인 2,968교에서 시행하고 있다 (출처: 대한민국 정책브리핑).

구분	자유학기(현행)	자유학년
학기 설정	1-1, 1-2, 2-1학기 중 1개 학기만 자유학기로 설정	1-1학기와 1-2학기 2개 학기를 모두 자유학기로 설정
자유 학기 활동 영역 설정	• 자유학기 1개 학기에 170시간 이상 • 4개 영역(주제 선택, 예술 체육, 동아리, 진로탐색)을 모두 설정하여 입력	• 자유학기로 선정한 2개 학기에 입력한 총 시수의 합이 221시간 이상 • 학기별 설정영역에 대한 제한 없이 2개 학기에 걸쳐 4개 영역 입력
평가 결과 기록	자유학기에 교과 성취도 미산출, 교과세부 능력 및 특기사항 및 자유학기 활동 상황의 특기사항란에 문장으로 기록	

10 정답 ②

정답의 이유

② 기준재정수요액을 산정하기 위한 각 측정단위의 단위당 금액을 단위비용이라 한다(지방교육재정교부금법 제2조 제4호).

오답의 이유

① 기준재정수입액이란 교육·과학·기술·체육, 그 밖의 학예에 관한 모든 재정수입으로서 지방교육재정교부금법 제7조에 따른 금액을 말한다(지방교육재정교부금법 제2조 제2호).

제7조(기준재정수입액)

① 기준재정수입액은 제11조에 따른 일반회계 전입금 등 교육·학예에 관한 지방자치단체 교육비특별회계의 수입예상액으로 한다.
② 제1항에 따른 수입예상액 중 지방세를 재원으로 하는 것은 「지방세기본법」 제2조 제1항 제6호에 따른 표준세율에 따라 산정한 금액으로 하되, 산정한 금액과 결산액의 차액은 다음다음 회계연도의 기준재정수입액을 산정할 때에 정산하며, 그 밖의 수입예상액 산정방법은 대통령령으로 정한다.

③ 지방교육재정교부금법 제5조 제1항

제5조(보통교부금의 교부)

① 교육부장관은 기준재정수입액이 기준재정수요액에 미치지 못하는 지방자치단체에 대해서는 그 부족한 금액을 기준으로 하여 보통교부금을 총액으로 교부한다.

④ 지방교육재정교부금법 제5조의2 제1항

제5조의2(특별교부금의 교부)

① 교육부장관은 다음 각 호의 구분에 따라 특별교부금을 교부한다.
1. 「지방재정법」 제58조에 따라 전국에 걸쳐 시행하는 교육 관련 국가시책사업으로 따로 재정지원계획을 수립하여 지원하여야 할 특별한 재정수요가 있거나 지방교육행정 및 지방교육재정의 운용실적이 우수한 지방자치단체에 대한 재정지원이 필요할 때: 특별교부금 재원의 100분의 60
2. 기준재정수요액의 산정방법으로 파악할 수 없는 특별한 지역 교육현안에 대한 재정수요가 있을 때: 특별교부금 재원의 100분의 30
3. 보통교부금의 산정기일 후에 발생한 재해로 인하여 특별한 재정수요가 생기거나 재정수입이 감소하였을 때 또는 재해를 예방하기 위한 특별한 재정수요가 있는 때: 특별교부금재원의 100분의 10

더 알아보기

우리나라 지방교육재정의 특성
- 우리나라의 지방교육재정의 자립도는 낮으므로 지방교육 재정수입의 약 80% 이상이 중앙정부로부터 지급받는 지방교육재정교부금, 지방교육양여금 등으로 운영되고 있다.
- 이 중 지방교육재정교부금의 규모가 제일 크다.
- 재정 자립도가 낮은 이유 중 하나는 지방자치단체로부터의 전입금이 적기 때문이다.

11 정답 ③

정답의 이유

③ 사회생활의 경험을 중시하며 암기나 기억보다는 이해와 판단, 직접적인 경험을 통한 실천을 강조한 철학 사조는 사회적 실학주의이다.

오답의 이유

①·④ 인문적 실학주의는 초기 인문주의와 유사하며, 고전을 실생활에 이용하고자 하였다.
② 사회적 실학주의는 사회생활 경험을 통해 사회에 적합한 학습자를 길러내고자 하였다.

더 알아보기

감각적 실학주의

17세기의 서양사회에서 전개된 실학주의의 한 유형으로 자국어·자연과학·사회과학의 실제적인 국면을 중시했다. 감각을 통한 학습으로 과학적인 진리 발견을 추구하였다.
- 자연과학을 교육에 도입하고자 함
- 자연과학적 지식으로 자연 현상을 이해하고, 자연의 질서에 따르는 '합자연의 원리'에 의한 교육을 지향함
- 사물과의 직접적 접촉·경험을 통한 직관교육을 중시함
- 자연과학적 지식을 통하여 교육을 위시한 현실생활을 개선하고자 함

> 더 알아보기

실학주의 교육사상

구분	인문적 실학주의	사회적 실학주의	감각적 실학주의
교육목적	현실생활에 유용한 실제인 양성	세상에 눈이 밝은 신사의 양성	• 자연법칙에 순응하는 학습자 양성 • 감각적 직관 중시
교육내용	고전(사회적·과학적·역사적 지식)을 중심으로 하는 백과사전식 지식	사회생활에서의 경험을 중시-여행, 사교, 체육, 외국어와 현대어	자연과학, 모국어 중심의 백과사전식 지식
교육방법	• 인간 개성·흥미 중시, 자발주의적, 능력 중심 • 고전의 이해	• 현실에 직접 접촉하는 인간 관계 • 지식 활동을 위해 학습의 재미 강조 • 귀족 중심 교육	• 감각적 직관 교수 • 합자연의 원리
대표학자	밀튼(실락원), 라블레, 비베스	로크, 몽테뉴	코메니우스, 라트케

12 정답 ④

> 정답의 이유

④ 사회자본은 가족을 기준으로 안과 밖의 자본으로 구분된다. 가족 안의 사회자본은 부모와 자녀의 관계를 말하고, 가족 밖의 사회자본은 부모가 가정 외부에서 형성한 사회적 관계 전체를 의미한다.

> 오답의 이유

① 재정자본은 가족의 부나 소득으로 측정되며, 학습자의 학업성취를 도울 수 있는 물적 자본이다.
② 인간자본은 개인에 의해 획득된 지식이나 기술을 의미한다. 가정에서 부모의 교육 수준으로 측정된다.
③ 문화자본은 학습자의 학업성취에 영향을 주는 자본으로 가정에서 사용하는 언어, 고급문화(고전음악, 미술, 문학 등) 활동 참여 등을 들 수 있다.

> 더 알아보기

가정 내 사회자본이 학습동기와 학업성취를 높이는 이유

부모의 학습지원	부모가 학습자의 학습 수준을 인지하고 부족한 부분에 도움을 제공하여 스스로 문제를 해결할 수 있도록 한다.
부모와 자녀 간의 신뢰와 유대	부모가 학습자의 선택을 존중하여 학습자가 스스로 다양한 도전을 할 수 있도록 한다. 이를 통해 학습자의 자기주도적 능력과 부모와의 유대감이 신장되고 이는 높은 학업성취로 이어진다.
부모의 적절한 기대 수준	부모가 학습자가 적절한 목표를 설정하도록 지원하고, 성취할 것이라고 긍정적 기대를 하면 높은 학업성취로 이어진다.

13 정답 ②

> 정답의 이유

(가) '잠재적 교육과정'은 학교에서 의도하지 않았지만 학교 생활을 하는 동안에 학습자의 가치관, 태도 및 행동에 영향을 미치는 학교환경과 교육실천 과정을 의미한다.
(나) '영 교육과정'은 공식적인 교육과정에 편성되지 않았거나, 공식적인 교육과정에 편성되었더라도 학교에서 가르치지 않는 교육내용이다.

> 더 알아보기

실제적 교육과정
• 교과지식을 아동의 흥미와 요구에 맞추어 재구성한 것이다.
• 워커(Walker)는 학교 교육과정이 실제로 어떻게 만들어지는가에 관심을 가지고, 여러 가지 교육과정 개발 프로젝트에 참가하면서 그 과정을 직접 관찰하고 평가하여 실제적 교육과정 개발 모형을 제안했다.
• 교육과정 개발의 단계: 토대 다지기 – 숙의 – 설계

14 정답 ④

> 정답의 이유

(가) 주의집중: 학습동기를 유발하기 위해 학습자의 주의와 흥미를 끌어야 한다.
(나) 자신감: 학습자의 활동에 대한 노력의 결과로서 기대하는 목표를 성취할 수 있을 것이라고 학습자가 믿는 것이다. 자신감을 향상시키기 위해서 학습목표를 명확하게 전달하고, 난이도에 따라 학습과제를 적절하게 제시한다. 또한 개인의 능력에 맞춰 학습조절을 한다.
(다) 관련성: 학습자는 본인의 관심영역에 부합되는 학습활동에 더욱 적극적으로 참가한다. 따라서 학습자의 흥미에 부합되면서 학습자에게 학습이 의미와 가치가 있다는 것을 인식시켜 주어야 한다.
(라) 만족감: 학습자의 노력과 기대가 일치하고 또한 학습자가 본인이 성취에 만족한다면 학습동기는 계속 유지된다. 학습자에게 만족감을 부여하기 위해서는 다양한 피드백을 제공하여 학습자의 학습된 능력을 확인시켜 주어야 하며, 학습한 내용을 일반화하여 적용한다.

15 　　　　　　　　　　　　　　　　　　　　　정답 ①

정답의 이유

① 지적기능이란 방법적 지식 혹은 절차적 지식이다. 여러 가지 기호나 상징을 규칙에 따라 활용하는 것을 말한다. 변별학습, 구체적 개념학습, 정의된 개념학습, 원리학습, 고차원리학습으로 세분되며, 이들은 위계적 관계에 있다.

오답의 이유

② 인지전략은 주어진 문제를 보다 효율적으로 해결하기 위하여 새로운 해결방식을 창조해내는 능력이다.
③ 언어정보는 특정한 명칭, 정보, 명제를 학습하여 기억한 다음 이를 진술할 수 있는 능력이다.
④ 운동기능은 자전거 타기 등 운동수행을 가능하게 하는 능력이다.

16 　　　　　　　　　　　　　　　　　　　　　정답 ④

정답의 이유

ㄷ. 덕양·체양·지양을 제시하며 지(智)·덕(德)·체(體) 중심의 전인교육을 내세웠다.
ㄹ. '헛이름과 실용을 분별하여 쓰라.'라고 하여 실용교육을 중시했다.

> **더 알아보기**
> 「교육입국조서」
> • 1894년 갑오개혁의 후속으로 1895년 고종이 발표한 조서
> • 서구식 학교제도의 출발을 선언
> • 국가 주도의 보편적 국민 교육의 실시로, 근대교육제도를 수립하기 위한 여러 제도와 법령을 공표하고 학제에 따른 학교제도의 수립을 하고자 함
> • '교육은 국가를 보존하는 근본이며 국가의 부강이 신민에 달려 있다.'라며 교육의 중요성 강조

17 　　　　　　　　　　　　　　　　　　　　　정답 ④

정답의 이유

④ 요청장학은 개별학교의 요청에 의한 장학으로, 전문 장학사를 보내 지도와 조언을 하게 하는 장학활동이다. 사전 예방차원에서 전문적이고 집중적인 지원이 필요한 경우 실시하는 장학은 특별장학에 해당한다.

오답의 이유

① 임상장학은 장학전문가가 교사의 수업을 관찰·분석하여 객관적인 피드백을 제공한다. 교사와 함께 수업을 분석하고 피드백을 제공함으로써 교사의 전문성 성장과 교실 수업 개선 방안을 마련할 수 있다.
② 약식장학은 공식적인 장학에 대한 보완적이고 대안적인 성격의 장학이다. 교장·교감의 계획하에 이루어지며, 교장이나 교감이 학급 순시나 수업 참관, 교사의 학급 경영 활동을 관찰하며 이루어진다. 평상시의 자연스러운 수업 활동을 관찰할 수 있으므로 학교교육 전반을 파악하는 데 용이하다.
③ 동료장학은 동료 교사들 간의 교육활동 개선 노력으로 서로의 수업을 관찰하여 상호 조언하며, 전문성 향상을 위해 서로 장학을 하는 활동이다. 동료 교사 간에 정보·아이디어·충고·조언 등을 주고받는 공식적·비공식적 행위도 모두 동료장학에 포함된다.

18 　　　　　　　　　　　　　　　　　　　　　정답 ④

정답의 이유

④ Kappa 계수는 문항 간의 동질성이 아닌 측정자 간 신뢰도를 평가하는 방법이다.

오답의 이유

①·②·③ 시험 문항의 일관성을 나타내는 신뢰도 지수이다.

> **더 알아보기**
> 카파(Kappa) 계수
> • 평정자 간의 일치도를 추정하기 위해 사용되는 방법이다.
> • 카파 계수는 0 이상 1.0 이하의 값을 가지며, 1에 가까울수록 서로 일치한다.
> • 우연에 의한 평정자의 일치 확률을 제거하였다.

19 　　　　　　　　　　　　　　　　　　　　　정답 ④

정답의 이유

ㄴ. 학점은행제로 105학점(전공 28학점 포함)을 수료하면 응시자격이 부여된다.
ㄹ. 교육부장관은 평생교육진흥원장에게 독학학위제 시험 실시 권한을 위탁하고 있다.

> **독학에 의한 학위취득에 관한 법률 시행령 제4조(권한의 위탁)**
> ① 교육부장관은 「독학에 의한 학위취득에 관한 법률」(이하 "법"이라 한다) 제7조에 따라 법 제3조 제1항에 따른 시험 실시(법 제5조의2 제1항에 따른 부정행위자 등에 대한 조치에 관한 사항을 포함한다)에 관한 권한을 평생교육진흥원장(이하 "원장"이라 한다)에게 위탁한다.

오답의 이유

ㄱ. 교양과정, 전공기초과정, 전공심화과정의 인정시험에 응시하고, 마지막으로 학위취득 종합시험에 응시하여 총점의 60% 이상, 전 과목 60점 이상을 득점하면 학사학위를 수여받는 제도이다.
ㄷ. 고등학교 졸업 이상의 학력을 가진 사람은 누구나 시험에 응시할 수 있으므로 특성화고등학교를 졸업한 사람은 독학학위제에 응시할 수 있다.

> **더 알아보기**
>
> **독학학위제**
> - 「독학에 의한 학위취득에 관한 법률」에 의거하여 국가에서 실시하는 학위취득시험에 합격한 독학자에게 학사학위 취득의 기회를 제공함으로써 평생교육의 이념을 구현하고 개인의 자아실현과 국가사회의 발전에 이바지하는 것을 목적으로 한다.
> - 국가는 독학자가 학사학위를 취득하는 데에 필요한 편의를 제공해야 한다.
> - 고등학교 졸업이나 이와 동등한 수준 이상의 학력이 있다고 인정된 사람은 누구나 응시 가능하다.
> - 교육부장관은 독학자에 대한 학위취득시험을 실시하며, 시험의 실시에 필요한 사항은 대통령령으로 정하고 독학에 의한 학위취득에 관한 법률 시행령에 의해 시험 실시 권한을 평생교육진흥원장에게 위탁한다.

20　정답 ①

[정답의 이유]

ㄱ. 피터스(Peters)의 규범적 준거에 의하면 교육에는 '가치 있다, 바람직하다, 좋다'라는 의미가 내포되어 있으므로 교육은 '내재적 가치'를 추구하는 활동이라고 본다.

[오답의 이유]

ㄴ. 과정적 준거에 관한 개념이다.
ㄷ. 인지적 준거에 관한 개념이다.

> **더 알아보기**
>
> **피터스(Peters)의 교육개념 준거**
>
> | 규범적 준거 | • 교육 목적에 관한 것
• 내재적 가치 추구 |
> | --- | --- |
> | 인지적 준거 | • 지식의 형식(지식과 이해, 인지적 안목)
• 지식의 형식은 인간의 경험을 체계화하고 구조화시켜 세상을 이해할 수 있는 안목을 제공하여 삶의 질 향상에 기여
• 훈련은 제한된 상황에서 이에 대한 습관적(기계적) 반응이나 사고방식을 형성하는 데 중점을 두고, 교육은 보다 넓은 안목과 변화를 추구하므로 훈련과 교육은 구분해야 한다고 주장 |
> | 과정적 준거 | • 도덕적인 방법이 교육개념의 과정적 준거가 되어야 함
• 학습자의 이해와 자발적 노력을 기반으로 해야 함
• 학습자의 이해와 자발적 노력을 이끌어내기 위해서는 학습자의 흥미를 존중해야 함
• 교화와 조건화는 교육에서 제외되어야 함 |

교육학개론 | 2017년 국가직 9급

한눈에 훑어보기

✓ 영역 분석

교육사 및 철학 04 12 18
3문항, 15%

교육심리 03 09 13
3문항, 15%

교육상담 07
1문항, 5%

교수-학습 01
1문항, 5%

교육사회학 14 16 17
3문항, 15%

교육행정 06 08 10 15
4문항, 20%

교육평가 및 공학 02 19
2문항, 10%

교육과정 05 11 20
3문항, 15%

✓ 빠른 정답

01	02	03	04	05	06	07	08	09	10
①	①	②	③	①	④	②	③	③	②
11	12	13	14	15	16	17	18	19	20
④	①	②	④	③	②	②	③	③	④

✓ 점수 체크

구분	1회독	2회독	3회독
맞힌 문항 수	/ 20	/ 20	/ 20
나의 점수	점	점	점

01 정답 ①

정답의 이유

① 객관주의 수업의 방식에 대한 설명이다. 구성주의는 지식이 사회문화적 맥락 속에서 학습자의 주관적인 경험을 토대로 다른 사람들과 상호작용하여 구성된다는 내용이므로 학습자가 스스로 학습을 주도할 수 있어야 한다.

더 알아보기

구성주의 학습이론에서 교사의 역할
- 학습자가 스스로 학습을 할 수 있도록 도움을 주는 조력자
- 질문과 피드백을 통해 학습을 촉진하는 촉진자
- 의미를 구성하고 문제를 해결하는 방법에 대한 시범을 보여주는 모델

02 정답 ①

정답의 이유

① 교수매체는 교사와 학습자 사이에 필요한 의사소통을 도와주는 다양한 형태의 학습 수단이다. 교수자료로서의 소프트웨어적 의미와 전달수단으로서 하드웨어적 의미를 모두 포함한다.

오답의 이유

② 시청각매체는 시각적 · 청각적 정보를 동시에 활용하는 것으로 영사기, TV 방송 등이 해당한다. 비디오, 비디오테이프, 필름 등을 포함한다. 켈러(Keller)는 ARCS이론에서 시청각매체를 활용하면 단순히 언어적 정보를 제시하는 것보다 학습자의 주의를 쉽게 끌 수 있다고 주장하였다.

03 정답 ②

정답의 이유

(가) 조절: 새로운 자극이나 정보를 기존의 도식으로 이해할 수 없게 되었을 때, 이를 해소하기 위해 기존의 도식을 수정하거나 새로운 도식을 형성하기 위해 노력하는 과정을 의미한다.

(나) 동화: 새로운 자극(정보)이 주어졌을 때, 아동이 기존의 도식에 맞게 해석하여 수용하는 것을 의미한다.

더 알아보기

피아제(J. Piaget) 인지발달이론에서의 인지기능

- **인지적 불균형(불평형)**: 인지적 불균형은 기존의 도식으로 새로운 자극이나 경험을 이해하기 어려울 때 발생한다. 학습자는 불균형 상태가 되면 평형을 유지하기 위해 기존의 도식을 새로운 경험을 이해하는 데 적합한 형태로 발달시키려는 노력을 한다. 이 과정에서 지식이 수정되고 정교화되어 인지발달이 촉진된다.
- **평형화**: 새로운 대상이나 자극으로 인해 인지적 불균형 상태에 빠지게 되었을 때, 동화와 조절 그리고 조직화를 통해 새로운 자극에 적합한 인지 도식을 만들어내어 인지적 균형 상태를 이루는 것을 평형화라고 한다.
- **조직화**: 세상을 이해하고 세상과 상호작용하기 위해 도식들을 결합하여 새롭고 더욱 복잡한 지적 구조로 통합시켜 가는 과정이다.

04   정답 ③

정답의 이유

③ 허친스(Hutchins)는 듀이(Dewey)의 진보사상을 반대한 항존주의 사상가이다.

오답의 이유

① 달톤플랜(Dalton plan)은 미국 매사추세츠주의 달톤시에서 시행된 특수한 교육과정 조직 및 학습활동의 방안이다. 개인차에 알맞은 교육과정의 조직 및 학습활동의 전개를 목표로 하고 있다. 학생에게는 개인별로 '계약된 작업'이라고 하는 과제가 매달 하나씩 주어진다. 학생은 각자의 능력에 따라 개별적으로 과제를 해결하며 과제해결의 정도를 진도표에 기입하고 교사는 학생과의 면담을 통하여 학습 진도를 조절하여 필요한 부분의 내용에 대한 평가를 한다. 교실을 실험실이라고 부르며, 학생들은 자유롭게 학습계획을 세우고 이 계획에 따라 학습을 진행한다. 1개월 안에 끝마쳐야 할 일(Job)을 끝마치기 전에는 다음 달의 일을 못하도록 되어 있다. 일을 완성함에 있어서 협동 및 집단작업이 특히 권장하였다.

② 허친스와 더불어 항존주의 교육사상을 주장한 아들러(Adler)의 파이데이아 제안서(The Paideia Proposal)는 1983년 미국에서 12년간의 단선제 학교교육 제도의 도입과 교양교육의 강조, 학교교육은 계속교육의 준비단계라고 언급한 보고서이다. 취학시점부터의 보상교육이 필요하다고 주장한다. 출신 배경에 관계없이 모든 학생에게 필수교육과정을 제공하여 사고능력의 개발, 조직적인 지식의 획득, 지적 탐구활동의 추구를 주요 내용으로 삼았다. 또한 미국 공립학교가 학생들을 제대로 가르치는 일에 실패하여 국제 경쟁에서 미국인들이 뒤처지고 있다고 언급하여 당시 미국 교육계에 위기의식을 불러 일으켰다.

더 알아보기

진보주의와 항존주의

- **진보주의**: 진보주의 교육원리는 학습자의 실생활과 유사한 경험을 통해 문제해결력을 획득함으로써 계속적으로 성장할 수 있도록 돕는 데 초점을 두는 학습자 중심의 교육철학이다. 교육은 실생활에 직접적으로 관계있어야 하며, 학습자가 능동적으로 문제를 해결하는 과정에서 지식이 획득되고 성장하게 되므로, 학습자의 흥미를 존중하는 교육활동이 제공되어야 한다. 교사는 학습자가 곤경에 처했을 때 자신의 지식과 경험으로 학습자에게 안내자 혹은 충고자의 역할만 하고, 경쟁보다는 협동을 중시하였다.
- **항존주의**: 학습자에게 절대불변의 진리를 전수하여, 이성을 발달시키고 진리에 적용하게 하여 이상적인 삶을 살게 하는 데 교육의 초점을 두는 교육사조이다. 항존주의는 인간성은 변하지 않기 때문에 교육도 모든 사람들에게 동일한 것이어야 한다고 주장한다. 또한 교육은 주어진 사회에 잘 적용시키는 것이 아니라 사회의 문제를 인식시키고 이것을 보다 이상적인 사회로 진전시킬 수 있는 인간을 키워내는 것이어야 한다고 주장했다.

05   정답 ①

정답의 이유

① 잠재적 교육과정은 학교에서 의도하지 않았지만, 학교생활을 하는 동안에 학습자의 가치관, 태도 및 행동에 영향을 미치는 학교 환경과 교육실천 과정을 의미한다. 잭슨(Jackson)은 잠재적 교육과정이라는 용어를 최초로 사용하였으며, 교실생활 연구를 통해 잠재적 교육과정의 원천으로 군집성, 상찬(평가), 권력 등을 제시하였다.

더 알아보기

잠재적 교육과정의 원천

- **군집성**: 교실에 많은 학생들이 모여 있기 때문에 학생들이 교사의 통제에 따라 생활을 하다 보면 개인이 원하는 것보다는 참고 복종해야 하는 경우도 있음을 학습하게 된다.
- **상찬**: 학교는 학생들에게 높은 성취와 바람직한 학습 태도를 지향하도록 하기 위해 평가 결과에 따라 보상을 제공한다. 학생들이 보상을 받기 위해 행동을 하다 보면 교사가 중요시하는 가치에 순응하는 것이 좋다는 것을 학습하게 된다.
- **권력**: 학생은 학교 적응을 위해 학교에서 교사와 학교 당국의 권위에 적응하는 것을 배운다.
- **강요성**: 학교의 질서를 유지하면서 많은 학생들을 효율적으로 교육하고자 학생들에게 학교의 교칙, 교육과정, 학년 제도 등을 요구한다. 학교의 요구에 따라 생활을 하다 보면 주어진 규칙과 제도에 순응해야 한다는 것을 학습자가 익히게 된다.
- **위계성**: 학습자들의 사회조직인 학교에서 교사와 학습자 간, 학습자와 학습자 간에 존재하는 위계질서에 따라 생활하다 보면 교사와 상급 학습자가 시키는 것을 따르는 것이 자신에게 이롭다는 것을 깨닫게 되어 복종과 순종의 습관을 익히게 된다.
- **교과 운영 시간표**: 학생들은 무슨 과목이 어느 시간에 편성되느냐를 통해 어느 과목이 더 중요한지를 알게 된다.

06   정답 ④

정답의 이유

④ 학교회계수입에서 국가의 일반회계나 지방자치단체의 교육비특별회계로부터 받은 전입금은 학교회계수입으로 규정하고 있다(초·중등교육법 제30조의2 제2항 제1호).

> **제30조의2(학교회계의 설치)**
> ① 국립·공립의 초등학교·중학교·고등학교 및 특수학교에 각 학교별로 학교회계(學校會計)를 설치한다.
> ② 학교회계는 다음 각 호의 수입을 세입(歲入)으로 한다.
>   1. 국가의 일반회계나 지방자치단체의 교육비특별회계로부터 받은 전입금
>   2. 제32조 제1항에 따라 학교운영위원회 심의를 거쳐 학부모가 부담하는 경비
>   3. 제33조의 학교발전기금으로부터 받은 전입금
>   4. 국가나 지방자치단체의 보조금 및 지원금
>   5. 사용료 및 수수료
>   6. 이월금
>   7. 물품매각대금
>   8. 그 밖의 수입
> ③ 학교회계는 학교 운영과 학교시설의 설치 등을 위하여 필요한 모든 경비를 세출(歲出)로 한다.
> ④ 학교회계는 예측할 수 없는 예산 외의 지출이나 예산초과 지출에 충당하기 위하여 예비비로서 적절한 금액을 세출 예산에 계상(計上)할 수 있다.
> ⑤ 학교회계의 설치에 필요한 사항은 국립학교의 경우에는 교육부령으로, 공립학교의 경우에는 시·도의 교육규칙으로 정한다.

오답의 이유

①·③ 초·중등교육법 제30조의3 제1항, 제2항에 규정되어 있다.

> **제30조의3(학교회계의 운영)**
> ① 학교회계의 회계연도는 매년 3월 1일에 시작하여 다음해 2월 말일에 끝난다.
> ② 학교의 장은 회계연도마다 학교회계 세입세출예산안을 편성하여 회계연도가 시작되기 30일 전까지 제31조에 따른 학교운영위원회에 제출하여야 한다.
> ③ 학교운영위원회는 학교회계 세입세출예산안을 회계연도가 시작되기 5일 전까지 심의하여야 한다.
> ④ 학교의 장은 제3항에 따른 예산안이 새로운 회계연도가 시작될 때까지 확정되지 아니하면 다음 각 호의 경비를 전년도 예산에 준하여 집행할 수 있다. 이 경우 전년도 예산에 준하여 집행된 예산은 해당연도의 예산이 확정되면 그 확정된 예산에 따라 집행된 것으로 본다.
>   1. 교직원 등의 인건비
>   2. 학교교육에 직접 사용되는 교육비
>   3. 학교시설의 유지관리비
>   4. 법령상 지급 의무가 있는 경비
>   5. 이미 예산으로 확정된 경비
> ⑤ 학교의 장은 회계연도마다 결산서를 작성하여 회계연도가 끝난 후 2개월 이내에 학교운영위원회에 제출하여야 한다.
> ⑥ 학교회계의 운영에 필요한 사항은 국립학교의 경우에는 교육부령으로, 공립학교의 경우에는 시·도의 교육규칙으로 정한다.

② 학교운영위원회 심의를 거쳐 학부모가 부담하는 경비도 학교 세입으로 규정하고 있다(초·중등교육법 제30조의2 제2항 제2호).

07   정답 ②

정답의 이유

② 인간중심 상담은 과거보다는 지금-여기에, 자신의 주관적인 생활세계에 더 관심을 둔다.

더 알아보기

로저스의 인간중심 상담이론

- **인간중심 상담이론**: 인간이 본래부터 부적응 상태를 극복하고 정신적인 건강상태를 되찾을 수 있는 능력을 갖고 있다고 가정하고, 내담자가 자발적으로 자신의 문제를 해결해 나가도록 도와주는 데 초점을 두는 상담이론이다.
- **문제 행동의 발생원인**: 아이들이 어른들의 칭찬과 존중을 받기 위해 어른들이 제시하는 가치조건을 내면화하여 자기개념을 형성하고, 이렇게 형성된 자기개념이 아동이 '지금-여기'에서 경험하는 것과 일치하지 않을 때 심리적 문제와 부적응이 발생한다.

인간중심 상담이론의 상담기법

- **공감적 이해**: 내담자의 감정을 상담자 본인의 감정처럼 느끼고 이해하는 것이다.
- **무조건적 긍정적 존중**: 아무런 전제나 조건 없이 내담자의 인격과 발전가능성을 존중하면 타인에 의해 형성되었던 가치조건 해제에 도움이 된다.
- **진솔성(일치성)**: 상담자의 감정과 생각을 솔직하게 드러낸다면 내담자도 솔직하게 자기개념과 경험을 이야기하므로 상담자의 진솔성은 내담자가 자기개념과 경험 간의 불일치를 줄이는 데 도움이 된다.

08   정답 ③

정답의 이유

ㄱ. 지방교육자치에 관한 법률 제20조 제4호
ㄴ. 지방교육자치에 관한 법률 제24조의2 제1항
ㄹ. 지방교육자치에 관한 법률 제21조

오답의 이유

ㄷ. 교육감은 시·도 교육·학예에 관한 사무의 집행기관이다(지방교육자치에 관한 법률 제18조 제1항).

09 정답 ③

정답의 이유

③ 반두라의 사회인지학습에만 해당한다.

> **더 알아보기**
>
> **스키너의 행동주의 학습과 반두라의 사회인지학습**
> 행동주의 측면에서 공통점이 있다.
> - 인간의 행동을 불러일으키는 요인은 환경적 자극이다.
> - 인간 본성은 가변적 속성을 지니고 있다.
> - 관찰 가능한 행동에 초점을 두고 있다.

10 정답 ②

정답의 이유

② 의무교육을 받는 사람으로부터 수업료와 학교운영지원비를 받을 수 없다(초·중등교육법 제12조 제4항).

> **제12조(의무교육)**
> ① 국가는 「교육기본법」 제8조 제1항에 따른 의무교육을 실시하여야 하며, 이를 위한 시설을 확보하는 등 필요한 조치를 강구하여야 한다.
> ② 지방자치단체는 그 관할 구역의 의무교육대상자를 모두 취학시키는 데에 필요한 초등학교, 중학교 및 초등학교·중학교의 과정을 교육하는 특수학교를 설립·경영하여야 한다.
> ③ 지방자치단체는 지방자치단체가 설립한 초등학교·중학교 및 특수학교에 그 관할구역의 의무교육대상자를 모두 취학시키기 곤란하면 인접한 지방자치단체와 협의하여 합동으로 초등학교·중학교 또는 특수학교를 설립·경영하거나, 인접한 지방자치단체가 설립한 초등학교·중학교 또는 특수학교나 국립 또는 사립의 초등학교·중학교 또는 특수학교에 일부 의무교육대상자에 대한 교육을 위탁할 수 있다.
> ④ 국립·공립 학교의 설립자·경영자와 제3항에 따라 의무교육대상자의 교육을 위탁받은 사립학교의 설립자·경영자는 의무교육을 받는 사람으로부터 제10조의2 제1항 각 호의 비용을 받을 수 없다.

오답의 이유

① 초·중등교육법 제12조 제3항에 규정되어 있다.
③ 교육기본법 제8조 제1항에 규정되어 있다.

> **제8조(의무교육)**
> ① 의무교육은 6년의 초등교육과 3년의 중등교육으로 한다.
> ② 모든 국민은 제1항에 따른 의무교육을 받을 권리를 가진다.

④ 초·중등교육법 시행령 제15조 제4항에 규정되어 있다.

> **제15조(취학아동명부의 작성 등)**
> ① 읍·면·동의 장은 매년 10월 1일 현재 그 관내에 거주하는 자로서 그 해 1월 1일부터 12월 31일까지 연령이 만 6세에 달하는 자(법 제13조 제2항 전단에 따라 만 5세가 된 날이 속하는 해의 다음 해에 초등학교에 입학하여 취학 중인 자는 제외한다)를 조사하여 그 해 10월 31일까지 취학아동명부를 작성하여야 한다. 이 경우 제3항에 따라 만 6세가 되는 날이 속하는 해에 입학연기를 신청하여 취학아동명부에서 제외된 자는 포함하여야 한다.
> ② 법 제13조 제2항 전단에 따라 만 5세가 된 날이 속하는 해의 다음 해에 입학을 원하는 자녀 또는 아동의 보호자는 자녀 또는 아동의 연령이 만 5세에 달하는 날이 속하는 해의 10월 1일부터 12월 31일까지 읍·면·동의 장에게 조기입학신청서를 제출하여야 한다.
> ③ 법 제13조 제2항 전단에 따라 만 7세가 되는 날이 속하는 해의 다음 해에 입학을 원하는 자녀 또는 아동의 보호자는 자녀 또는 아동의 연령이 만 6세가 되는 날이 속하는 해의 10월 1일부터 12월 31일까지 읍·면·동의 장에게 입학연기신청서를 제출하여야 한다.
> ④ 제2항 또는 제3항에 따른 조기입학신청서 또는 입학연기 신청서를 제출받은 읍·면·동의 장은 조기입학대상자는 취학아동명부에 등재하여야 하고, 입학연기대상자는 취학 아동명부에서 제외하여야 한다. 이 경우 입학연기대상자 명단을 교육장에게 통보하여야 한다.
> ⑤ 읍·면·동의 장이 제1항의 규정에 의하여 취학아동명부를 작성한 때에는 10일 이상의 기간을 정하여 아동의 보호자가 이를 열람할 수 있도록 필요한 조치를 하여야 한다.
> ⑥ 읍·면·동의 장은 다음해 3월 1일에 취학할 아동이 제1항의 규정에 의한 취학아동명부의 작성기준일 후 그 관내로 전입한 때에는 지체없이 이를 취학아동명부에 등재하여야 한다.
> ⑦ 제1항부터 제6항까지의 규정에 따른 취학아동의 조사 및 명부작성에 관하여 필요한 사항은 교육감이 정한다.

11 정답 ④

정답의 이유

④ 제시문은 워커의 교육과정개발 모형에 대한 내용이다. 워커는 실제적 교육과정 개발 과정을 강령 – 숙의 – 설계 관계로 규정하고 묘사하였다.

오답의 이유

① 타일러의 모형은 행동주의 사상에 입각하여 교육과정에 관한 사고의 출발점을 교육목표에 두고 그 이하의 절차와 활동들은 목표를 효과적으로 달성하도록 돕는 수단으로 보았다. 목표를 달성하기 위한 일정한 선형적인 절차를 강조한 점에서 처방적 모형이며, 교과에서 출발하여 단원을 개발한다는 점에서 연역적 접근방법이다(목표중심형 교육과정 이론).
② 아이스너는 1960년대 행동적 교육목표와 전통적 학교교과를 지나치게 강조했던 학교 교육과정의 풍토를 강력하게 비판했다. 아이스너는 '교육과정 계획이 과정은 매우 뒤얽혀 있고, 순환적이며, 또한 우발적이다.'라고 주장하며 교수의 예술성을 인정하는 이론이 필요하다고 주장했다(예술적 교육과정 이론).

③ 타바는 교육현장을 중심으로 교육과정이 개발되어야 함을 강조하였다. 타일러가 강조하였던 연역적인 방법을 거부하고 귀납적인 접근방법을 제안하였다. 즉, 타바의 교육과정은 개발자들이 따라야 할 절차를 제시한다는 점에서 처방적 모형이고, 단원개발에서 출발하여 교과 형성으로 진행된다는 점에서 귀납적인 모형이다(현장중심 교육과정 이론).

12 정답 ①

정답의 이유
① 정약용은 전통적인 유학 교육에서 사용하던 『천자문(千字文)』, 『사략(史略)』, 『통감절요』를 아동에게 읽혀서는 안 된다고 주장하며, 조선 교육 현실에 대한 비판을 서슴지 않았다. 정약용이 『천자문』을 대신할 도서로 저술한 문자학습서가 『아학편』이다. 2,000자로 되어 있고 아동에게 일관성 있는 이해를 증진시키고자 사물의 성격과 유형에 따라 범주화하여 같은 유(類)의 글자를 항목별로 분류하고 유형 분류 체계에 의거하여 문자를 배열하였다.

오답의 이유
②・③・④ 율곡 이이의 저서이다.

13 정답 ②

정답의 이유
② 근접발달영역이란 학습자가 적절한 수준의 도움을 받을 경우 학습이 성공할 수 있는 영역을 의미한다. 따라서 학습자의 근접발달영역을 파악하여 학습자의 수준에 적합한 내용과 도움을 제공할 경우 수업 내용에 대한 학습자의 이해를 증진시킬 수 있다. 사회적 구성주의자 비고츠키(L. Vygotsky)의 핵심적 이론이다.

오답의 이유
① 비계 설정이란 학생들이 스스로 문제를 해결할 수 있도록 교사가 도움을 적절히 제공하는 것을 말한다.
③ 내면화는 타인의 인지기능, 태도, 가치관 등을 자신의 사고체계에 병합시키는 것이다. 그러나 비고츠키는 내면화란 역사와 더불어 창조되고 변형된 사회적 지식이 원래는 개인 밖의 사회에 외재하고 있다가 개인 간 상호작용을 통해 개인의 의식세계에 내재하게 되는 것이라고 주장한다. 즉, 외적 지식이 개인 내로 들어와 재구성되는 과정이다.
④ 메타인지는 주의, 이해, 기억, 문제해결 등의 인지과정을 조절할 수 있는 능력으로 학습 과제에 맞는 목표와 계획을 수립하고자 자신이 과제를 제대로 수행하고 있는가를 점검하고 중요한 사항을 기록하며 학습과정과 결과에 대해 판단하여 계획과 실행과정을 감독, 평가할 수 있도록 해준다.

14 정답 ④

정답의 이유
④ 내일배움카드(직업능력계발계좌제)는 고용노동부가 운영하는 제도이다. 구직자(실업자, 영세업자, 고등학교 3학년 가운데 취업희망자 등)에게 직업훈련에 필요한 훈련비를 지원하여, 그 범위 내에서 본인이 능동적으로 직업능력개발 훈련에 참여할 수 있도록 하고, 훈련 이력 등을 개인별로 통합하여 관리하는 제도이다.

15 정답 ③

정답의 이유
③ 교육기본법에 명시된 교원에 관련된 조항과 무관하다.

오답의 이유
① 교육기본법 제14조 제6항
② 교육기본법 제14조 제5항
④ 교육기본법 제15조 제1항

제14조(교원)
① 학교교육에서 교원(敎員)의 전문성은 존중되며, 교원의 경제적·사회적 지위는 우대되고 그 신분은 보장된다.
② 학교교육에서 교원의 교육활동과 학생생활지도 권한은 법령으로 정하는 바에 따라 보장된다.
③ 교원은 교육자로서 갖추어야 할 품성과 자질을 향상시키기 위하여 노력하여야 한다.
④ 교원은 교육자로서 지녀야 할 윤리의식을 확립하고, 이를 바탕으로 학생에게 학습윤리를 지도하고 지식을 습득하게 하며, 학생 개개인의 적성을 계발할 수 있도록 노력하여야 한다.
⑤ 교원은 특정한 정당이나 정파를 지지하거나 반대하기 위하여 학생을 지도하거나 선동하여서는 아니 된다.
⑥ 교원은 법률로 정하는 바에 따라 다른 공직에 취임할 수 있다.
⑦ 교원의 임용·복무·보수 및 연금 등에 관하여 필요한 사항은 따로 법률로 정한다.

제15조(교원단체)
① 교원은 상호 협동하여 교육의 진흥과 문화의 창달에 노력하며, 교원의 경제적·사회적 지위를 향상시키기 위하여 각 지방자치단체와 중앙에 교원단체를 조직할 수 있다.
② 제1항에 따른 교원단체의 조직에 필요한 사항은 대통령령으로 정한다.

16 정답 ②

정답의 이유
② 구조기능주의는 사회재생산이론과 무관하다.

오답의 이유
①・③ 부르디외는 문화재생산이론에서 학교가 지배집단의 문화자본을 재생산하고 정당화하는 역할을 수행하여 지배계급에 유리한 기존 질서를 재생산한다고 주장했다.
④ 보울스와 진티스는 경제적 재생산론에서 자본주의 사회에서의 학교는 지배계급과 생산계급에 맞는 지식과 기능 및 태도를 가르쳐서 자본주의의 불평등한 사회적 생산 관계를 정당화하여 재생산하는 역할을 담당한다고 주장했다.

더 알아보기

갈등이론의 교육관

- 학교는 사회의 불평등 구조 재생산: 갈등이론은 학교가 사회를 유지하고 발전시키는 데 기여하는 것이 아니라 지배계급에 유리한 사회 불평등 구조를 재생산하는 데 기여한다고 비판한다.
- 지배계급의 문화 및 이데올로기에 관한 교육 내용: 갈등이론은 학교의 교육내용이 사회적 합의를 통해 구성된 보편적이고 객관적인 것이 아닌 지배계급에 의해 선정된 지배계급의 문화와 이데올로기를 담고 있으며 학교는 학생들에게 이를 주입하여 기존 질서를 정당화한다고 비판한다.
- 갈등이론에서는 교육내용이 지배계층 학습자에게 익숙한 지배계급 문화 위주로 구성되어 있으므로 지배계급 학생이 높은 성취를 보이고 일류학교 및 상급학교에 주로 진학함으로써 다시 지배계급이 되고 있다고 비판했다. 그러므로 학교가 학생의 능력과 성적에 따라 학생을 선발한다는 능력주의 선발은 허구이며 기존 질서 정당화 장치에 불과하다고 주장했다.

17 정답 ②

정답의 이유

② 결과적 평등이다. 결과적 평등이란 교육서비스에 차이를 두는 것으로, 사회적 약자에게 더 많은 혜택을 주어 교육결과의 평등화를 도모하는 정책을 말한다.

오답의 이유

① · ④ 보장적 평등에 해당한다.
③ 과정적 평등에 해당한다.

더 알아보기

교육의 평등

- 허용적 평등관: 허용적 평등관이란 신분, 성, 종교, 인종 등으로 인한 교육기회 차별을 철폐하여 모든 사람에게 동일하게 교육받을 권리를 인정하는 것이다. 허용적 평등관은 모든 사람에게 교육받을 권리를 허용하자는 평등주의 입장을 취하면서도, 동시에 능력주의를 주장한다. 한 사람이 타고 나는 능력이 각기 다르기 때문에, 능력에 따라 교육의 기회가 다르게 주어져야 한다고 주장했다.
- 보장적 평등관: 보장적 평등관은 경제적 · 지리적 · 사회적 제반 장애를 제거하여 교육을 받을만한 지적 능력을 소유한 사람이 사회 · 경제적 제약 때문에 교육을 받지 못하는 일이 없도록 교육의 기회를 보장하는 것이 교육의 평등이라고 주장했다. 따라서 무상 · 의무교육의 실시, 학비보조제도 및 장학금 제도의 운영, 학교를 지역적으로 종류별로 고르게 설치하기, 근로청소년을 위한 야간학급 및 방송통신학교의 설치 등의 정책을 제시하였다.
- 과정적 평등관: 교육 체제 내에서 제공되는 교사, 교육과정, 교육방법, 교육시설 등이 학생들의 학업성취와 상급학교 진학에 영향을 주므로 교육의 평등을 실현하기 위해서는 교육조건의 차이, 즉 학교차를 없애야 한다는 주장이다.

- 결과적(보상적) 평등관: 교육의 목적이 사회에서 살아가는 데 필요한 것을 배우는 데 있으므로 배워야 할 것을 제대로 배우도록 해야한다고 주장한다. 결과적 평등 정책은 가정 배경 차이로 인한 불이익을 사회가 보상하여 불리한 위치에 있는 학생, 지역, 계층에 더 많은 혜택을 제공해야 한다는 입장이다.

18 정답 ③

정답의 이유

③ 감각적 실학주의는 과학적 지식을 이용하여 인간능력의 향상과 모든 사실을 가르침으로써 새로운 사회 건설을 추구하였다. 감각적 직관의 원리와 자연의 질서에 따른 교수법을 제안하였고, 대표적인 학자로는 멀캐스터, 베이컨, 라트케, 코메니우스가 있었다.

오답의 이유

① 고대 그리스의 스파르타는 강한 힘 · 용기 · 인내 · 복종 · 애국심을 함양하며, 군인으로서의 기술과 기능을 가르치는 것이 교육의 목적이었다. 음악과 춤을 통해서 정신 훈련을 실시했는데, 집단적으로 합창을 하고 춤을 추는 것은 애국심, 신앙심, 용기, 경건함, 전투력을 고취시킨다고 생각하였기 때문이다. 또한 달리기, 투창, 원반 던지기, 권투, 레슬링, 수영 등을 통해 신체 단련을 위한 종합적인 훈련을 실시했다.
② 로마의 교육은 전기 로마시대와 후기 로마시대로 구분해야 한다. 전기 로마의 교육목적은 선량한 시민, 선량한 군인, 선량한 노동자를 기르는 것이었다. 주로 가정교육을 통해 실시되었다. 따라서 초기부터 공교육 체제가 확립되었다고 보기 어렵다. 후기 로마시대의 교육목적은 유능한 웅변가를 양성하여 국가에 실제적으로 봉사할 선량한 사람을 양성하는 데 있었다. 학교교육은 루두스(사립 초등학교), 문법학교(사립 중등학교), 수사학교(고등), 철학학교(수사학교 졸업생), 법률학교에서 실시되었으며, 전기 로마시대보다 학교교육이 더욱 세분화되었다.
④ 산업혁명이 시작된 영국에서는 빈민대중의 교육이 점차 공공화되어갔다. 일요학교제도, 조교학교제도, 유아학교제도가 존재하였다. 조교학교제도의 경우 아직 취직하지 않은 빈곤한 아동들을 위한 교육에 목적을 두었다. 비교적 나이가 많은 학생을 조교들로 하여 교사는 처음에 조교들에게 글을 가르친 다음, 교육받은 조교들이 10명 정도의 아동들을 가르치는 방법이다. 이는 대량의 아동들을 교육하는 문제를 기술적으로 타개하기 위한 방안으로 만들어졌다.

19　정답 ③

정답의 이유

③ 표준화 검사는 상황과 무관하게 표준방식에 의해 실시, 채점, 결과의 해석을 수행해야 한다.

> **더 알아보기**
>
> **표준화 검사**
> 어떤 사람이 사용하든 검사의 실시, 채점, 해석이 동일하도록 모든 형식과 절차가 통제된 검사이다. 검사의 구성과 문항의 표집이 엄격하여 상당한 수준의 타당도와 신뢰도가 보장되어 있고, 이러한 특징으로 상대적 비교가 가능한 장점이 있다.

20　정답 ④

정답의 이유

④ 2015 개정 교육과정에서는 초등학교 1~2학년 수업시수를 주당 1시간 늘렸으나, 학생들에게 추가적인 학습 부담이 생기지 않도록 창의적 체험 활동 시간을 활용해 체험 중심의 '안전한 생활'을 편성·운영하도록 하였다.

오답의 이유

① 창의융합형 인간상을 추구하기 위한 핵심 역량으로는 자기관리 역량, 지식정보처리 역량, 창의적 사고 역량, 심미적 감성 역량, 의사소통 역량, 공동체 역량 등이 있다.

② 인문·사회·과학에 관한 기초소양교육을 강화하고자 문·이과 통합 공통과목을 도입하였다.

③ 초등학교 1~2학년의 한글 교육을 강화하고, 신규과목으로 '안전한 생활'을 편성하여 안전교육을 강화하였다. '안전한 생활'은 생활안전/교통안전/신변안전/재난안전 4개 영역으로 설정하여 지식보다는 체험 중심 학습으로 자연스럽게 안전한 생활습관과 의식을 습득하게 하는 것이 목적이다.

> **더 알아보기**
>
> **2015 개정 교육과정의 주요 사항**
> 교육부는 '공교육 정상화'를 위한 핵심과제로서, 창의융합형 인재 양성을 목표로 하는 2015 개정 교육과정을 확정·발표하였다.
> - 창의융합형 인재: 인문학적 상상력, 과학기술 창조력을 갖추고 바른 인성을 겸비하여 새로운 지식을 창조하고 다양한 지식을 융합하여 새로운 가치를 창출할 수 있는 사람
> - 통합사회, 통합과학 등 문·이과 공통과목 신설
> - 자유학기제 전면 실시에 대비하여, 중학교 한 학기를 '자유 학기'로 운영할 수 있는 근거 마련
> - 학생들이 소프트웨어에 대한 기초 소양을 충실히 갖추어 나갈 수 있도록 소프트웨어 교육 중심의 정보 교과를 필수 과목으로 지정하여 재미있고 흥미로운 교육과정을 개발
> - 교과별 핵심 개념과 원리를 중심으로 학습내용을 적정화하고, 교실 수업을 교사 중심에서 학생 활동 중심으로 전환하기 위한 교수·학습 및 평가 방법을 제시

교육학개론 | 2016년 국가직 9급

한눈에 훑어보기

✓ 영역 분석

교육사 및 철학 02 07 11
3문항, 15%

교육심리 04 08 10 20
4문항, 20%

교수-학습 13 17
2문항, 10%

교육사회학 06
1문항, 5%

교육행정 03 12 14 15 16 19
6문항, 30%

교육평가 및 공학 09 18
2문항, 10%

교육과정 01 05
2문항, 10%

✓ 빠른 정답

01	02	03	04	05	06	07	08	09	10
①	③	②	④	①	③	④	②	②	④
11	12	13	14	15	16	17	18	19	20
②	①	③	①	③	③	①	③	②	④

✓ 점수 체크

구분	1회독	2회독	3회독
맞힌 문항 수	/ 20	/ 20	/ 20
나의 점수	점	점	점

---

01 정답 ①

정답의 이유

① 경험중심 교육과정은 '학교의 지도에 의해 학생들이 가지게 되는 모든 경험'을 말한다. 학생이 경험을 통해 현실 문제를 해결하는 지식을 획득할 수 있으므로 학생들에게 가치있는 경험을 제공하여 학생의 계속적인 성장을 돕는 것이 경험주의 교육과정의 교육목표이다.

더 알아보기

경험중심 교육과정의 특징
- 생활, 행동, 통합을 지향
- 지역사회를 교수-학습의 자원으로 활용
- 학습자 중심 수업 강조
- 프로젝트 중심의 수업

오답의 이유

② 교과중심 교육과정은 '지식의 체계를 존중하는 것으로 학교의 지도에 의해 학생이 배우는 모든 교과와 교재'를 말하며 '모든 학생에게 제공되는 공통된 문서'를 말한다. 교과중심 교육과정의 목표는 장래생활의 대비이며, 문화유산의 전달이 주된 교육내용이다. 교사중심의 교육(설명식 교수법, 수용 학습)이 강조되며 제한된 교과 영역에서만 학습활동이 이루어진다.

③ 학문중심 교육과정은 구조화된 일련의 의도된 학습결과로서 '각 학문에 내재해 있는 지식 탐구과정의 조직'을 의미한다. 학생들이 지식의 구조(교과의 핵심 개념이자 일반화된 지식)를 교과의 탐구방법을 통해 학습하도록 함으로써 지식의 구조를 심층적으로 이해하여 새로운 문제 상황에 쉽게 전이할 수 있도록 하고, 교과의 탐구방법 또한 학습하도록 하는 데 목적을 둔다.

④ 행동주의 교육은 인간이 목적한 바에 따라 계획적으로 조작될 수 있는 존재라는 믿음을 바탕으로 한다. 행동주의에서는 변화의 방향과 목적을 찾는 일에 중점을 두는 것이 아니라 교육 외부, 즉 사회, 국가, 문화 등에서 이미 주어진 교육의 방향과 목적을 가지고 그 방향으로 '변화시키는 일'이 교육이라는 것에 중점을 둔다.

02 정답 ③

정답의 이유

③ 비판적 교육철학은 자본주의 체제하에서의 교육이 모순된 자본주의 생산체제를 유지하기 위해 학교의 교육과정에 자본가 계급의 이데올로기를 주입하여 학생들의 사고를 억압하고 삶을 구속

하여 학생들을 몰개성적이고 획일적인 존재로 만들고 있다며 비판하는 입장이다.

> **더 알아보기**
>
> **비판적 교육철학의 기본 입장**
> - 자본주의 체제 비판
> - 경제결정론 비판
> - 기존의 교육이 기존 질서의 재생산 도구일 뿐이라며 비판
> - 학교의 교육과정이 주체적·자유적 사고를 억압하고 있다고 비판
>
> **비판적 교육철학의 교육 내용**
> - 정치 교육: 지배체제의 이데올로기를 여러 방면에서 비판하면서 이를 통해 바람직한 체제에 대한 전망을 굳히는 의식화 교육이다.
> - 인문 교육: 삶과 역사를 올바르게 보는 시각을 키워주는 교양교육이다.
> - 여성해방 교육: 자본주의 사회 안에서의 성차별과 성의 해방을 다루는 교육이다.
> - 사회과학 교육: 사회의 구조와 그 역사적 발전과정에 대한 역사 교육이다.
> - 이상사회 구상: 이상적인 복지 사회에 대한 교육이다.

오답의 이유

① 실존주의 교육철학이란 현대의 대중적 사회 속에서 인간은 진정한 자아를 상실한 비본래적 삶을 영위하고 있는 바, 진정한 자아의 새로운 탄생을 갈망하고, '나 자신'의 주체성과 개체성을 찾고자 하는 철학사상이다.
② 분석적 교육철학이란 객관적이고 논리적으로 실증할 수 있는 것만을 그 대상으로 삼고, 교육에서 사용하는 용어와 개념들을 명료하게 분석하고 그 논리적 관계를 밝히는 데 초점을 두는 철학사상이다. 종래의 사변적·선험적·종합적 철학방법을 거부하고, 새로운 철학방법론을 제기하였다.
④ 포스트모더니즘 교육철학은 보편적인 지식이 주어지는 것이 아니라 개인이 지닌 가치에 따라 지식을 구성해 나간다고 간주하므로 학습자의 자발적인 학습을 중시하는 학습자 중심의 교육이다. 평생교육과 전인적인 교육, 협동학습을 중시하였으며 지식과 신념에 대한 비판적인 능력을 길러야 한다고 보았다. 이외에도 창의적 탐구능력의 함양, 생태적·다원주의적 교육을 강조하며 안내자, 조력자로서의 교사의 역할을 강조하였다.

03 정답 ②

정답의 이유

② 자기 장학은 교사가 자신의 전문성 신장을 위해 노력하는 것을 의미한다. 외부의 강요나 지도에 의해서가 아닌 교사 스스로 계획을 수립하고 실천해 나가는 것을 말한다. 제시문에 언급된 방법 이외에도 자신의 수업을 녹화하여 분석하거나, 학생, 학부모, 동료 교사로부터 수업에 대한 피드백 받기, 상급 대학원 과목 수강 및 각종 세미나와 학회 참석 등의 방법으로 진행된다.

오답의 이유

① 약식 장학은 공식적인 장학에 대한 보완적이고 대안적 성격을 갖는 장학으로 주로 내부의 교장·교감의 계획 하에 이루어진다. 교장이나 교감이 간헐적으로 짧은 시간 동안 학급 순시나 수업 참관을 통하여 교사들의 수업 및 학급 경영활동을 관찰하고, 이에 대해 교사들에게 지도·조언을 제공한다. 약식 장학은 미리 준비한 수업활동이나 학급경영활동이 아닌 평상시의 자연스러운 수업활동을 관찰할 수 있으므로, 학교교육 전반의 정보를 파악하는 데 유리하다.
③ 컨설팅 장학은 수업 전문성을 개발하는 데 도움을 필요로 하는 교사가 자발적으로 동등한 위치에 있는 다른 교사나 전문가에게 도움을 요청하여 이를 해결하는 장학 활동이다. 기존 수업과의 차이는 교사의 자발적 요청에 의해 이루어진다는 것이며, 컨설팅 장학은 실제 수업을 담당하는 교사와 수업 컨설팅 전문가가 주축이 되어 반복적·지속적으로 활동한다는 점에서 차이가 있다. 무엇보다도 교사가 적극적으로 자신의 문제를 컨설팅하고, 그 문제의 대안을 찾아 나가는 활동이 강조된다.
④ 동료 장학은 동료 교사들 간의 교육활동 개선 노력으로 둘 이상의 교사가 서로 수업을 관찰하여 관찰사항에 대하여 상호 조언하며, 서로의 전문적 관심에 대하여 토의함으로써 자신들의 전문적 성장을 위해 함께 연구하는 장학 형태이다. 이외에도 동료 교사 상호간에 정보·아이디어·도움 또는 충고·조언 등을 주고받는 공식적·비공식적 행위도 모두 동료 장학에 포함된다.

04 정답 ④

정답의 이유

④ 발달은 전체적인 것에서 특수한 것으로 분화되어 가며, 이에 따라 조직된다.

> **더 알아보기**
>
> **발달의 의미와 원리**
> - 발달(Development)은 개체의 양적 증대와 질적 변화를 동시에 수반하는 심신의 변화이다.
> - 발달은 개체와 환경과의 상호작용의 결과이다.
> - 발달은 연속적이며 점진적인 과정이다.
> - 발달은 분화와 통합의 과정이다.
> - 발달에는 상호관련성이 있다.
> - 발달에는 개인차가 있다.
> - 발달에는 일정한 방향성과 순서가 있다.
> - 발달에는 결정적 시기가 있다.
> - 아동의 성장에 따라 경험의 종류가 변하고, 환경도 변하므로, 발달 경향과 행동의 예언은 점차 어려워진다.

05 정답 ①

※ 개정 교육과정에 맞춰 문제 및 선지를 교체하여 수록함

정답의 이유

① 2015 개정 교육과정에서는 통합사회, 통합과학 등 문·이과 공통과목을 신설하였다.

오답의 이유

② 초등학교에 '우리들은 1학년' 과목을 폐지 후 창의적 체험활동을 신설한 것은 2009 개정 교육과정이다.
③ 중학교와 고등학교에 재량활동을 신설한 것은 7차 교육과정이다.
④ 초등학교 1학년부터 고등학교 1학년까지 국민공통기본 교육과정을 적용한 것은 7차 교육과정이다.

06 정답 ③

정답의 이유

③ 갈등주의적 관점에서 학교교육의 사회적 기능에 대한 설명이다. 학교의 교육내용이 사회적 합의를 통해 구성된 보편적이고 객관적인 것이 아니라 지배계급에 의해 선정된 지배계급의 문화와 이데올로기를 담고 있으며, 학교는 학생들에게 이를 주입하여 기존 질서를 정당화한다.

오답의 이유

① 학교는 능력에 따라 학생을 선발하고 그들에게 다양한 교육적 기회를 부여함으로써 직업 세계가 필요로 하는 사람들을 분류하고 배치하는 기능을 한다. 그러므로 교육선발을 통해 학생들의 능력에 맞는 직업을 제공하는 것은 인력 자원 활용의 극대화를 통해 사회유지·발전에 기여한다.
② 교육은 사회 유지·발전에 기여한다. 사회의 한 부분을 이루고 있는 교육이 사회화와 선발을 통해 사회 전체의 유지와 발전을 위해 기능한다.
④ 학교는 사회 전체의 보편적 지식과 규범을 새로운 세대에게 내면화시킴으로써 그 사회의 특성을 유지하고 구성원들의 동질성을 확보할 수 있도록 한다.

더 알아보기

기능주의적 관점과 갈등주의적 관점

관점	내용
기능주의적 관점	• 학교는 사회의 유지와 질서에 기여하는 제도 • 학교는 사회구조적 모순 해결을 통해 사회 평등화를 추구 • 교과내용은 사회구성원들의 합의에 의한 것 • 교육내용, 교육평가, 교육목표의 보편성 원칙을 강조 • 새로운 세대에게 교육을 통해 사회의 가치를 전수하는 역할 수행 • 개개인의 능력에 맞는 인력 개발 및 훈련이 필요
갈등주의적 관점	• 학교는 사회 불평등을 영속화시키는 기관 • 학교는 인간을 억압하여 수동적인 인간으로 만듦 • 지배계층이 선호하는 가치를 보편적 가치로 내면화 • 기존의 가치를 재생산하여 사회 계급구조를 유지 • 능력에 맞는 교육은 자본주의적 질서를 정당화하는 것에 불과함

07 정답 ④

정답의 이유

④ 재학 유생이 정원에 미달하면 사학(四學, 사부학당)의 학생(15세 이상 승보시 합격자)을 우선적으로 승보시켰다. 다음으로 소과 1차 합격자, 유음(공신과 3품 이상의 관리)의 적자, 현직관리, 경향유학(京鄕幼學) 중 우수자 등을 입학시켰다.

오답의 이유

① 성균관은 태조 때 설립된 조선 최고의 고등 교육기관으로 문묘(공자와 그의 제자들의 위패를 모시고 제례를 올리는 곳), 명륜당(유학을 강의하는 곳), 재(유생들이 기숙하는 곳)를 두었다.
② 고려의 국자감은 유학학부와 기술학부로 나누어져 있다. 유학학부에는 국자학, 태학, 사문학이 있으며, 기술학부(잡학)에는 율학, 서학, 산학이 있다. 이에 비해 성균관은 조선의 통치이념인 유교를 교육하고, 이에 필요한 관리를 양성하는 기관으로 운영되었다.
③ 성균관의 학령에는 학생들이 지켜야 하는 행동이 수록되어 있으며, 엄격했다고 전해진다.

더 알아보기

성균관과 4부학당

구분	성균관	4부학당
설립	태조 때 설립된 조선 최고의 고등 교육기관	한양에 설립된 중등 교육기관으로 성균관 부속학교 성격을 띠고, 교육방침은 성균관과 비슷하나 문묘(文廟)가 없음
교육 목적	통치 이념인 유교의 보급과 통치체제에 필요한 고급관리를 양성	소학지도를 성취하며 과거의 소과를 준비
교육 방법	강의, 토론, 반복 학습	주로 경서를 암기

08 정답 ②

정답의 이유

② 제시문은 반두라의 사회인지 이론이다. 다른 사람의 행동과 그 결과를 관찰하거나(관찰 학습), 자신이 행동한 결과에 대해 어떻게 지각하느냐(직접 학습)가 학습에 영향을 미친다. 다른 사람이 한 행동의 결과, 보상을 받는 것을 관찰하거나 자신이 행동한 결과에 대해 보상을 받은 경험으로 그러한 행동을 할 수 있다는 자기효능감과 보상을 받을 수 있다는 기대가 높아질 경우 학습이 촉진된다.

더 알아보기

사회인지 학습이론에서 학습에 영향을 주는 요소 - 상호결정주의

환경	모델의 행동과 그에 따르는 결과, 상황, 물리적 배경
개인 내적 요인	기대, 자기효능감, 목표
행동	개인의 반응적 행동

09 정답 ②

정답의 이유

ㄷ. 1에 가까울수록 변별력이 높은 문항이며, 0에 가까울수록 변별력이 낮은 문항이므로 모든 학생이 맞힌 문항은 변별도가 매우 낮다.

오답의 이유

ㄱ. 난이도가 중간 정도인 문항이 많을수록 점수의 분산을 크게 해주므로 변별력은 높아진다. 문제가 지나치게 어렵거나 쉬우면 변별력은 낮아진다.

ㄴ. 정답률이 50%인 문항의 변별도는 상위집단의 학생이 모두 정답을 할 경우 1이고, 하위집단의 학생이 모두 정답일 경우 −1이 된다. 정답률이 50%라면 일반적으로 1과 −1 사이의 어떤 수치라도 나올 수 있다.

더 알아보기

문항변별도
문항변별도란 학생의 능력을 어느 정도 변별해내느냐의 정도를 말하는 것으로 문항변별도를 문항타당도 지수라고도 한다.

10 정답 ④

정답의 이유

④ 카텔은 지능을 유동적 지능과 결정적 지능으로 구분했다.

오답의 이유

① 길포드는 지능을 내용, 산출, 조작 3개의 차원으로 구성된다고 가정하였다.

② 스턴버그는 지능이 맥락적 요소, 분석적 요소, 경험적 요소로 구성된다는 삼위일체이론을 주장하였다.

③ 가드너는 다중지능이론에서 인간의 지능은 단일능력이 아니라 상호독립적이며, 사회문화적 맥락에 영향을 받는다고 주장하였다.

더 알아보기

카텔의 위계적 요인설
- 유동적 지능: 연령과 건강 등 신체적인 요인의 영향을 받는 지능으로 개념 형성, 기억력과 도형지각능력 등 정보처리의 속도와 정확성에 관여하는 능력이다. 10대 후반이 되면 완전히 발달하며, 성인이 되면서 낮아진다.
- 결정적 지능: 경험, 교육 및 훈련을 통하여 발달하는 지식과 능력으로 독해력, 다양한 상황에서 사태를 처리하는 문제해결능력, 커뮤니케이션능력 등이 이에 해당된다. 교육이나 경험의 축적된 효과를 반영하므로 생의 말기까지 계속 증가한다.

11 정답 ②

정답의 이유

② 르네상스 시기의 인문주의 교육은 13~14세기에 전개되었고, 감각적 실학주의는 17세기의 실학주의 중 하나이다.

더 알아보기

감각적 실학주의
- 교육에 있어서 자연과학적 원리와 지식을 이용하고, 이를 통한 인간의 능력발전과 이성 및 경험을 존중하고자 함
- 감각을 통한 학습을 제안: 그림, 사진, 지도 등 새로운 도구 활용
- 코메니우스(Comenius), 베이컨(Bacon) 등이 주창

12 정답 ①

정답의 이유

① 교육기본법 제6조는 교육의 중립성에 대한 내용으로 자주성 존중의 원리가 적용되었다. 자주성 존중의 원리란 교육의 자주 독립성, 정치·종교의 중립성, 전문성을 지녀야 한다는 원리이다.

> **교육기본법 제6조(교육의 중립성)**
> ① 교육은 교육 본래의 목적에 따라 그 기능을 다하도록 운영되어야 하며, 정치적·파당적 또는 개인적 편견을 전파하기 위한 방편으로 이용되어서는 아니 된다.
> ② 국가와 지방자치단체가 설립한 학교에서는 특정한 종교를 위한 종교교육을 하여서는 아니 된다.

오답의 이유

② 합법성의 원리는 모든 행정은 법에 의거해서 이루어져야 한다는 것을 원칙으로 한다.

③ 기회균등의 원리는 헌법 제31조 제1항에 의거하여, 모든 국민은 능력에 따라 균등하게 교육을 받을 권리를 가진다는 원칙이다.

④ 지방분권의 원리는 국가와 지방자치단체는 교육의 자주성과 전문성을 보장하여야 하며, 지역 실정에 맞는 교육을 실시하기 위한 시책을 수립·실시하여야 한다는 원칙이다. 또한 국가와 지방자치단체는 교육재정을 안정적으로 확보하기 위하여 필요한 시책을 수립·실시하여야 하며 교육재정을 안정적으로 확보하기 위하여 지방교육재정교부금 등에 관해 필요한 사항은 따로 법률로 정한다.

13 정답 ③

정답의 이유

③ 개별화 수업은 학습자의 개별적인 특성에 맞게 수업을 진행하는 것으로, 학습자가 주도권을 갖는다.

오답의 이유

①·④ 개별화 수업은 수업의 초점을 각 개인 학습자에게 두고, 각 개인차를 고려하여 적절하고 타당한 학습목표를 설정하며, 주어진 시간 내에 개인 학습자가 개별적으로 성취가능한 것을 이룰 수 있도록 하는 수업체제이다.

② 학습자가 학습목표를 완전히 성취할 수 있도록 여러 가지 수업절차를 제공한다.

14 정답 ①

정답의 이유

① 학교의 평생교육 실시할 때 영리를 목적으로 하는 법인 및 단체는 제외한다(평생교육법 제29조 제2항).

오답의 이유

② 평생교육법 제29조 제3항
③ 평생교육법 제29조 제1항
④ 평생교육법 제29조 제4항

> **제29조(학교의 평생교육)**
> ① 「초·중등교육법」 및 「고등교육법」에 따른 각급학교의 장은 평생교육을 실시하는 경우 평생교육의 이념에 따라 교육과정과 방법을 수요자 관점으로 개발·시행하도록 하며, 학교를 중심으로 공동체 및 지역문화 개발에 노력하여야 한다.
> ② 각급학교의 장은 해당 학교의 교육여건을 고려하여 학생·학부모와 지역 주민의 요구에 부합하는 평생교육을 직접 실시하거나 지방자치단체 또는 민간에 위탁하여 실시할 수 있다. 다만, 영리를 목적으로 하는 법인 및 단체는 제외한다.
> ③ 제2항에 따른 학교의 평생교육을 실시하기 위하여 각급학교의 교실·도서관·체육관, 그 밖의 시설을 활용하여야 한다.
> ④ 제2항 및 제3항에 따라 학교의 장이 학교를 개방할 경우 개방시간 동안의 해당 시설의 관리·운영에 필요한 사항은 해당 지방자치단체의 조례로 정한다.

15 정답 ③

정답의 이유

③ 영기준 예산제도에서는 전년도 사업을 인정하지 않고 매년 학교의 목표에 따라 우선순위를 정하고 이에 따라 새롭게 편성하여 배분한다.

16 정답 ③

정답의 이유

③ 공교육 정상화 촉진 및 선행교육 규제에 관한 특별법 제16조 제1호

> **제16조(적용의 배제)**
> 다음 각 호의 어느 하나에 해당하는 경우에는 이 법을 적용하지 아니한다.
> 1. 「영재교육 진흥법」에 따른 영재교육기관의 영재교육
> 2. 「초·중등교육법」 제27조 제1항에 따른 조기진급 또는 조기졸업 대상자
> 3. 국가교육과정과 시·도교육과정 및 학교교육과정상 체육·예술 교과(군), 기술·가정 교과(군), 실과·제2외국어·한문·교양 교과(군), 전문 교과
> 4. 초등학교 1학년과 2학년의 영어 방과후학교 과정
> 5. 그 밖에 대통령령으로 정하는 경우

오답의 이유

①·②·④는 금지되는 행위에 포함된다.
① 공교육 정상화 촉진 및 선행교육 규제에 관한 특별법 제8조 제3항 제1호
② 공교육 정상화 촉진 및 선행교육 규제에 관한 특별법 제8조 제3항 제2호
④ 공교육 정상화 촉진 및 선행교육 규제에 관한 특별법 시행령 제3조 제2호

> **제8조(선행교육 및 선행학습 유발행위 금지 등)**
> ① 학교는 국가교육과정 및 시·도교육과정에 따라 학교교육과정을 편성하여야 하며, 편성된 학교교육과정을 앞서는 교육과정을 운영하여서는 아니 된다. 방과후학교 과정도 또한 같다.
> ② 제1항 후단에도 불구하고 방과후학교 과정이 다음 각 호의 어느 하나에 해당하는 경우 편성된 학교교육과정을 앞서는 교육과정을 운영할 수 있다.
>   1. 「초·중등교육법」 제2조에 따른 고등학교에서 「초·중등교육법」 제24조 제4항에 따른 학교의 휴업일 중 편성·운영되는 경우
>   2. 「초·중등교육법」 제2조에 따른 중학교 및 고등학교 중 농산어촌 지역 학교 및 대통령령으로 정하는 절차 및 방법 등에 따라 지정하는 도시 저소득층 밀집 학교 등에서 운영되는 경우
> ③ 학교에서는 다음 각 호의 행위를 하여서는 아니 된다.
>   1. 지필평가, 수행평가 등 학교 시험에서 학생이 배운 학교교육과정의 범위와 수준을 벗어난 내용을 출제하여 평가하는 행위
>   2. 각종 교내 대회에서 학생이 배운 학교교육과정의 범위와 수준을 벗어난 내용을 출제하여 평가하는 행위
>   3. 그 밖에 이에 준하는 것으로서 대통령령으로 정하는 행위
> ④ 「학원의 설립·운영 및 과외교습에 관한 법률」 제2조에 따른 학원, 교습소 또는 개인과외교습자는 선행학습을 유발하는 광고 또는 선전을 하여서는 아니 된다.
> [법률 제16300호(2019.3.26.) 부칙 제2조의 규정에 의하여 이 조 제2항은 2025년 2월 28일까지 유효함]
>
> **시행령 제3조(선행교육 및 선행학습 유발행위의 금지 범위)**
> 법 제8조 제3항 제3호에서 "대통령령으로 정하는 행위"란 다음 각 호의 행위를 말한다.
>   1. 입학이 예정된 학생을 대상으로 입학 전에 해당 학교(「초·중등교육법」 제2조에 따른 학교를 말한다. 이하 이 조에서 같다)의 교육과정을 사실상 운영하는 행위
>   2. 입학이 예정된 학생을 대상으로 해당 학교 입학 단계 이전 교육과정의 범위와 수준을 벗어난 내용을 출제하여 평가하는 행위

17 정답 ①

정답의 이유

① 브루너의 교수이론에 따르면, 학습에 대한 강화를 통해 학습자의 학습을 교정할 수 있으며, 칭찬이나 물질적 보상과 같은 외재적 보상보다는 학습에 대한 학습자의 성취감과 만족감 등의 내재적 보상을 할 때 더 효과적이라고 보았다.

> **더 알아보기**
>
> **브루너의 교수이론**
> - 교수이론은 처방적이다: 교수이론은 어떻게 하면 학습자가 학습 내용을 잘 배울 수 있을 것인가에 관심을 가지고 목표를 달성하기 위해 어떻게 해야하는가를 제시하므로 처방적이다.
> - 교수이론은 규범적이다: 교수이론은 학습자가 어느 정도까지 학습해야 하며, 어떤 조건에서 학습해야 하는지를 제시해야 한다는 점에서 규범적이다.

18 정답 ③

정답의 이유

③ • 평균 70, 표준편차 10, 원점수 80
  Z점수: 원점수(80) − 평균점수(70) ÷ 표준편차(10) = 1
• 정규분포에 따라 1일 때는 대략 0.8413이므로, 이를 백분위로 하면 80 이상 90 미만이 정답이다.

19 정답 ②

정답의 이유

② 1996년 유네스코의 21세기 세계교육위원회(International Commission on Education for the Twenty-first Century)는 유네스코의 대표적인 보고서 「Learning: The Treasure Within(학습: 감추어진 보물)」을 발표하였다.

> **더 알아보기**
>
> **유네스코 21세기 교육위원회의 네 가지 학습**
> - 알기 위한 학습(Learning to Know): 개개인의 삶에 의미를 주는 지식의 습득을 위한 학습을 의미한다. 실생활의 문제를 해결하기 위한 도구와 학습 방법의 학습도 포함한다.
> - 행하기 위한 학습(Learning to Do): 행하기 위한 학습은 변화하는 환경에 창조적으로 대응할 수 있는 능력을 학습하는 것을 의미한다.
> - 함께 살기 위한 학습(Learning to Live Together): 함께 살기 위한 학습은 다원주의에 입각해서 상호 이해와 상호 의존성을 존중한다. 이는 타인과의 공동과업 수행과 갈등 관리 등을 통해 학습될 수 있다.
> - 존재하기 위한 학습(Learning to Be): 존재하기 위한 학습은 지속적인 성장을 통해 완전한 인격의 실현에 초점을 둔다. 이를 위해 기억력, 추리력, 미적 감각, 체력, 의사소통기술 등 다양한 잠재력의 신장을 중시한다.

20 정답 ④

정답의 이유

④ 새로운 자극에 주의를 기울이고, 반응하는 것은 인지처리과정 중 주의집중에 해당된다.

> **더 알아보기**
>
> **부호화(Encoding)**
>
> | | |
> |---|---|
> | 정교화 | 새로운 정보를 기존의 정보와 연결지어 받아들여서 의미를 부가하며, 구체적으로 예를 들어 설명하는 등 구체화시킨다. |
> | 조직화 | 관련이 있는 정보끼리 공통범주로 묶어서 받아들이며, 이를 통해 질서 있는 관계망을 구성한다. |
> | 심상화 | 언어적 정보와 같은 추상적인 정보를 시각화하여 받아들인다. |
> | 맥락화 | 정보를 맥락과 상황에 연결하여 받아들이며, 새로운 것이 이전에 학습한 당시의 맥락과 비슷할수록 정보를 기억하고 이해하기 쉽다. |

PART 2
지방직

- 2025년 지방직 9급
- 2024년 지방직 9급
- 2023년 지방직 9급
- 2022년 지방직 9급
- 2021년 지방직 9급
- 2020년 지방직 9급
- 2019년 지방직 9급
- 2018년 교육청 9급
- 2017년 교육청 9급
- 2016년 교육청 9급

교육학개론 | 2025년 지방직 9급

한눈에 훑어보기

✓ 영역 분석

교육사 및 철학 01 02 19
3문항, 15%

교육상담 04
1문항, 5%

교육심리 12 13
2문항, 10%

교수-학습 08
1문항, 5%

교육사회학 07 18
2문항, 10%

교육행정 10 14 15 16 17 20
6문항, 30%

교육평가 및 공학 05 06 11
3문항, 15%

교육과정 03 09
2문항, 10%

✓ 빠른 정답

01	02	03	04	05	06	07	08	09	10
③	④	③	②	③	①	①	④	②	③
11	12	13	14	15	16	17	18	19	20
④	②	①	④	②	①	④	③	②	③

✓ 점수 체크

구분	1회독	2회독	3회독
맞힌 문항 수	/ 20	/ 20	/ 20
나의 점수	점	점	점

01 정답 ③

정답의 이유

③ 국자감은 고려의 최고 교육기관으로 성종 때 유교 교육을 장려하면서 설치되었다.

오답의 이유

① 통일 신라 신문왕은 유교 정치 이념의 확립을 위하여 유학 사상을 강조하고, 유학 교육을 위한 국학을 설립하였다.

② 고구려 시대의 교육기관으로, 장수왕은 지방에 경당을 설치하여 평민 자제들에게 학문과 무술을 가르쳤다.

④ 조선 정부는 1886년에 양반 자제와 관리에게 근대 학문을 교육하기 위해 우리나라 최초의 근대적 공립학교인 육영공원을 설립하였다.

02 정답 ④

정답의 이유

④ 위대한 고전 읽기 교육을 강조하는 것은 항존주의에 해당한다. 진리의 절대성과 불변성, 영원성을 고수하는 신념으로 항존주의 교육철학에서는 지식이나 진리의 영원성을 강조한다.

더 알아보기

진보주의 교육

진보주의 교육원리는 학습자의 실생활과 유사한 경험을 통해 문제해결력을 획득함으로써 계속적으로 성장할 수 있도록 돕는데 초점을 두는 학습자 중심의 교육철학이다. 교육은 실생활에 직접적으로 관계있어야 하며, 학습자가 능동적으로 문제를 해결하는 과정에서 지식이 획득되고 성장하게 되므로, 학습자의 흥미를 존중하는 교육 활동이 제공되어야 한다. 교사는 학습자가 곤경에 처했을 때 자신의 지식과 경험으로 학습자에게 안내자 혹은 충고자의 역할만 하고, 경쟁보다는 협동을 중시하였다.

03 정답 ③

정답의 이유

③ 브루너(J. Bruner)는 어느 발달단계를 막론하고 가르쳐야 할 기본 개념과 원리를 의미하는 지식의 구조를 강조하였다. 지식의 구조를 기본으로 하는 나선형 교육과정은 기본 개념을 중심으로 발달단계가 높아짐에 따라 내용이 점점 폭넓고 심화되는 입체적인 조직이다.

오답의 이유

① 파이나(W. Pinar)는 교육과정 재개념화를 주장하였으며, '교육

과정 개발'이라는 효율성 중심의 실용적인 작업으로부터 '교육과정 이해'라는 이론적이면서 실용적인 작업으로 새로운 패러다임을 제시하였다.
② 아이즈너(E. Eisner)는 예술적 교육과정 모형을 통해 교육과정 개발을 예술적 과정으로 보고, 기존의 목표 중심적이고 선형적인 교육과정 설계인 타일러(Tyler)의 행동목표 중심 모형을 비판하며 대안적 접근법으로 제시하였다.
④ 보빗(F. Bobbitt)은 처음으로 과학적인 방법으로 교육과정 개발을 시도하였으며 사회적 효율성의 관점에서 성인 생활을 효율적으로 준비하기 위한 과정으로 기능중심 교육과정을 강조하였다.

04　　　　　　　　　　　　　　　　　　　　　정답 ②

[정답의 이유]
② 생활지도는 학생조사 활동, 정보제공 활동, 상담 활동, 정치 활동, 추수 활동과정으로 이루어진다. 추수 활동(Follow-Up Service)은 생활지도의 추후 적응 상태를 확인하고 보다 나은 적응을 돕는 활동으로, 대상자는 재학생뿐만 아니라 졸업생, 휴학생, 전학생과 퇴학생도 포함된다.

[오답의 이유]
① 정치 활동(Placement Service): 학생의 적성과 능력에 맞는 교육활동을 선택하게 돕거나 진로 탐색을 하도록 도움으로써 적재적소에 학생들을 배치하는 활동이다.
③ 학생조사 활동(Inventory Service): 학기 초에 학생에 관한 신체적·지적 특성과 가정환경 등 기초적인 정보를 수집하는 활동이다.
④ 정보제공 활동(Information Service): 학생이 당면한 여러 가지 문제해결과 적응에 필요한 자료와 정보(교육과정, 특별활동, 개인·사회적 정보 등)를 제공하여 학생의 개인적 발달과 사회 적응을 돕는 활동이다.

05　　　　　　　　　　　　　　　　　　　　　정답 ③

[정답의 이유]
③ 가네(R. M. Gagné)의 수업 사태는 '주의집중 획득－학습목표 제시－선수학습 재생 자극－자극자료 제시－학습안내 제공－수행 유도－피드백 제공－수행 평가－파지 및 전이 촉진'의 단계로 이루어진다.

06　　　　　　　　　　　　　　　　　　　　　정답 ①

[정답의 이유]
① 규준지향평가: 학생의 점수를 다른 학생들의 점수와 비교하여 상대적인 위치나 서열을 파악하는 평가 방법이다.

[오답의 이유]
② 준거지향평가: 정해진 준거나 목표에 도달하였는지를 판단하는 평가로, 경쟁을 통한 학습자의 외적 동기 유발에는 부족하며 무엇을 알고 무엇을 모르는가 하는 직접적인 정보를 제공하기 때문에 지적인 성취동기를 자극할 수 있다.
③ 형성평가: 교수·학습 진행 중에 학생의 성취수준을 파악해 학생이 어떻게 학습하는지를 평가하고 학생에게 피드백을 제공하여 학습의 개선을 돕는다.
④ 총합평가(총괄평가): 학습을 한 학기나 한 학년 동안 최종적으로 마치고 난 후, 교수목표의 성취여부를 총괄적으로 평가하는 방법이다. 학생 성과의 확인, 성취집단 간 비교, 자격 인정 및 의사결정의 기초자료로 활용된다.

07　　　　　　　　　　　　　　　　　　　　　정답 ①

[정답의 이유]
① 뒤르켐(E. Durkheim)은 대표적인 기능론자이며, 교육을 통해 사회의 가치를 익혀가는 과정인 사회화가 이루어진다고 보았다.

[오답의 이유]
보울즈(S. Bowles)와 진티스(H. Gintis), 부르디외(P. Bourdieu), 애플(M. Apple)은 대표적인 갈등론적 관점의 교육학자이다.
② 보울즈(S. Bowles)와 진티스(H. Gintis)의 경제재생산이론: 자본주의 사회에서의 학교는 지배계급과 생산계급에 맞는 지식과 기능 및 태도를 가르쳐서 자본주의의 불평등한 사회적 생산관계를 정당화하여 재생산하는 역할을 담당한다고 주장하였다.
③ 부르디외(P. Bourdieu)의 문화재생산이론: 학교에서 학생에게 가르치는 문화는 기존의 불평등한 사회 구조와 지배 집단의 문화이며, 문화적 자본이 사회적 불평등을 재생산하는 과정을 설명하는 이론이다.
④ 애플(M. Apple)의 저항이론: 학교는 잠재적 교육과정을 통해 지배집단의 이데올로기와 헤게모니를 재생산하는 기능이 있을 뿐만 아니라, 상대적 자율성을 지니고 있어서 지배 헤게모니를 비판하는 반헤게모니를 생성하는 기능도 가지고 있다고 하였다.

08　　　　　　　　　　　　　　　　　　　　　정답 ④

[정답의 이유]
④ ASSURE 모형에서 R 단계는 학습자가 학습과정에 능동적으로 참여할 수 있도록 준비하는 학습자 참여 유도에 해당한다.

> **더 알아보기**
>
> **ASSURE 모형**
> A(Analyze learners): 학습자 분석
> S(State objectives): 학습목표 진술
> S(Select methods, media and materials): 교수방법, 매체, 자료의 선정
> U(Utilize media and materials): 매체와 자료의 활용
> R(Require learners participation): 학습자 참여 유도
> E(Evaluate and revise): 평가와 수정

09 정답 ②

정답의 이유

② 연역적 접근과 사고를 강조하는 것은 실증적 접근방법이다. 실증적 접근방법은 사회 현상의 객관적인 규칙과 인과관계를 밝히는 데 초점을 맞추므로, 가설을 설정하고 이를 구체적·경험적 사실을 통해 검증하는 연역적 접근을 강조한다.

더 알아보기

해석적 접근 방법
- 행위자들의 주관적인 의미와 상호작용 과정을 이해하는 데 초점을 맞추므로 미시적 분석을 강조하며, 주로 질적 데이터를 수집하고 분석하는 질적 연구 방법을 선호한다.
- 기능론과 갈등론적 접근에 반발하면서 나온 과학 방법론이다.
- 사회 현상이 자연 현상과는 본질적으로 다르다는 것을 전제한다.

10 정답 ③

정답의 이유

③ 행정직원 등 직원은 법령에서 정하는 바에 따라 학교의 행정사무와 그 밖의 사무를 담당한다(초·중등교육법 제20조 제5항).

오답의 이유

① 초·중등교육법 제20조 제4항
② 초·중등교육법 제20조 제3항
④ 초·중등교육법 제20조 제1항

더 알아보기

초·중등교육법 제20조(교직원의 임무)
① 교장은 교무를 총괄하고, 민원처리를 책임지며, 소속 교직원을 지도·감독하고, 학생을 교육한다.
② 교감은 교장을 보좌하여 교무를 관리하고 학생을 교육하며, 교장이 부득이한 사유로 직무를 수행할 수 없을 때에는 교장의 직무를 대행한다. 다만, 교감이 없는 학교에서는 교장이 미리 지명한 교사(수석교사를 포함한다)가 교장의 직무를 대행한다.
③ 수석교사는 교사의 교수·연구 활동을 지원하며, 학생을 교육한다.
④ 교사는 법령에서 정하는 바에 따라 학생을 교육한다.
⑤ 행정직원 등 직원은 법령에서 정하는 바에 따라 학교의 행정사무와 그 밖의 사무를 담당한다.

11 정답 ④

정답의 이유

④ 실기시험은 학생들의 지식이나 기능을 직접 행동으로 나타내도록 하는 평가로, 가능한 한 교수-학습활동과 평가활동을 분리하지 않고 자연스러운 상황에서 실제로 하는 것을 여러 번 관찰하여 실제 수행 능력을 평가하는 방법이다.

더 알아보기

수행평가의 유형과 방법
- 서술형, 논술형 검사: 학생이 출제자가 제시한 답을 선택하는 것이 아니라 학생이 답이라고 생각하는 지식·의견 등을 직접 서술하는 검사이다.
- 구술시험: 특정 주제에 대해 학생의 의견이나 생각을 발표하도록 하여 준비도, 이해력, 표현력, 판단력, 의사소통능력 등을 직접 평가한다.
- 토론: 특정 주제에 대해 학생들이 서로 토론하는 것을 보고 평가하는 것이다.
- 실험·실습: 자연과학 분야에서 많이 사용하는 것으로, 어떤 과제에 대해 학생들로 하여금 직접 실험과 실습을 하게 한 후 결과보고서를 제출하게 하는 방법이다.
- 면접: 평가자와 학생이 서로 대화를 통해 얻고자 하는 자료나 정보를 수집하여 평가하는 방법이다.
- 포트폴리오: 자신이 쓰거나 만든 작품을 지속적이면서도 체계적으로 모아둔 개인별 작품집 또는 서류철을 이용한 평가이다.

12 정답 ②

정답의 이유

② 카우프만(Kaufman) 아동용 지능검사(K-ABC)는 아동의 정보처리와 인지능력을 측정하기 위해 개발된 개인지능검사로, 비언어성 척도를 포함하고 있어 제한된 언어능력을 갖춘 아동에게 활용이 가능하다.

오답의 이유

① 비네(Binet)는 세계 최초로 표준화된 지능검사인 비네-시몽 검사(Binet-Simon Test)를 개발하였다. 가드너(H. Gardner)는 인간의 지능은 IQ와 같이 단순한 지적 능력이 아닌 여러 가지 분야에서 여러 종류의 지능으로 구성되어 상호협력하고 있다고 보는 다중지능이론을 주장하였다.
③ 웩슬러(Wechsler) 지능검사는 언어 이해, 시공간, 유동 추론, 작업 기억, 처리 속도 등으로 구성된다. 언어, 논리·수학, 공간, 음악 지능은 가드너(H. Gardner)의 다중지능이론에서 제시하는 지능의 종류에 해당한다.
④ 스탠포드-비네(Stanford-Binet) 지능검사에서 IQ는 정신연령을 생활연령으로 나눈 값에 100을 곱해 계산한다.

13 정답 ①

정답의 이유

① 고정간격: 일정한 시간 간격으로 강화물을 제공하는 강화계획이다. 강화물이 주어질 시간을 예측할 수 있으므로 보상 시점이 다가올수록 행동 빈도가 높아지고, 보상을 받은 후에는 행동빈도가 낮아지는 경향이 있다.

오답의 이유

② 변동간격: 시간 간격을 유동적으로 변화시켜 강화물을 제공하는 강화계획이다.
③ 고정비율: 목표 행동이 일정한 횟수만큼 발생하면 강화물을 제

공하는 강화계획이다.
④ 변동비율: 목표 행동의 횟수를 다양하게 변화시켜 강화물을 제공하는 강화계획이다.

14 정답 ④

정답의 이유

④ 변혁적 리더십: 번즈(J. Burns)와 바스(B. Bass)가 주장한 것으로 지도자의 특성으로 이상화된 영향력(Idealized Influence), 감화력(Inspirational Motivation), 지적 자극(Intellectual Stimulation), 개별적 배려(Individualized Consideration)를 강조한다.

오답의 이유

① 분산적 리더십: 리더십이 한 개인에게 집중되지 않고, 다중적인 환경적 요인과 상황, 환경 내의 인공적 장치들에 의해서 분산적으로 이루어진다. 학교 차원에서의 분산적 리더십은 학교장과 학교 구성원 모두가 공동의 리더십을 발휘하며, 그에 대한 공동 책임을 수행하면서 조직의 효과성을 극대화하는 것을 말한다.
② 거래적 리더십: 리더와 구성원 간의 거래(상호 교환)에 기반을 둔 리더십이다. 리더가 구성원이 특정 목표를 달성하거나 과업을 수행할 경우의 보상을 제공하는 것으로, 구성원은 보상의 가치를 인식하여 성과를 달성하도록 노력하는 것을 말한다.
③ 문화적 리더십: 서지오바니(Sergiovanni)가 주장한 것으로 구성원의 의미 추구 욕구를 만족시킴으로써, 구성원을 조직의 주인으로 만들고 조직의 제도적 통합을 가능하게 한다. 개개인의 조직원보다는 조직 자체의 문화에 초점을 둔다.

15 정답 ②

정답의 이유

② 약식장학(전통장학, 일상장학): 학교 현장에서 교장이나 교감이 간헐적으로 짧은 시간 동안 학급 순시나 수업 참관을 통하여 교사의 수업 및 학급경영 활동을 관찰하고, 이에 대해 교사들에게 지도 및 조언을 제공하는 활동이다.

오답의 이유

① 자기장학: 외부의 강요나 지도에 의해서가 아니라 교사 스스로가 자신의 전문성 신장을 위해 일정한 목표를 세워놓고 그 목표를 향해서 독립적으로 노력하는 장학이다.
③ 임상장학: 교실 현장에서 교사가 장학 담당자와 긴밀하게 협력하여 교사의 교수기술 향상과 계속적인 전문적 성장, 교수기술 향상을 위한 사전 협의, 수업 관찰, 사후 협의의 과정을 거치는 장학이다.
④ 동료장학: 일반적으로 둘 이상의 동료교사가 서로의 수업을 관찰하고 그 결과에 대하여 피드백을 제공하며, 공통적인 전문적 관심에 대해 토의하고 조언하는 등 수업을 개선하기 위해 교사들이 서로 협동하는 장학 형태이다.

16 정답 ①

정답의 이유

① 평생교육은 전 생애에 걸쳐 정규·비정규의 모든 형태로 이루어지는 교육을 의미하므로 학교가 교육을 독점하는 것을 인정하지 않는다.

오답의 이유

② 평생교육은 계획적인 학습뿐만 아니라 일상생활 속에서 발생하는 우발적인 학습까지도 포괄한다.
③ 평생교육은 모든 기관(학교, 직장, 대중매체 등)과 모든 장소(학교, 가정, 직장 등)에서 이루어지는 교육을 수평적으로 통합한 것이다.
④ 평생교육은 태아에서부터 무덤에 이르기까지 한 개인의 생존기간 전체에 걸쳐 이루어지는 교육을 수직적으로 통합한 것이다.

17 정답 ④

정답의 이유

④ 거짓이나 그 밖의 부정한 방법으로 평생교육사의 자격을 취득한 경우에는 그 자격을 취소하여야 하며, 자격이 취소된 후 그 자격이 취소된 날부터 3년이 지나지 아니한 사람은 평생교육사가 될 수 없다(평생교육법 제24조 제3항 제1호 참고).

오답의 이유

① 평생교육법 제24조 제2항
② 평생교육법 제24조 제5항
③ 평생교육법 제24조 제4항

18 정답 ③

정답의 이유

③ 고교평준화 정책은 1970년대에 고교 입시 과열로 인한 교육 문제와 부작용을 해결하기 위해 도입되었으며, 고등학교 입학 시 학교 간 서열을 없애고 근거리 배정이나 추첨 등의 방식을 통해 임의로 배정하는 제도이다.

오답의 이유

① 1999년 IMF 외환 위기 당시 예산 절감과 교원임용 적체 해소 등의 이유로 대학 교원을 제외한 유·초·중등 교원의 정년을 65세에서 62세로 단축시켰다.
② 1999년 1월 29일 「교원의 노동조합 설립 및 운영 등에 관한 법률」이 제정되었고, 같은 해 7월 1일부터 시행되면서 교원노조의 활동이 합법화되었다.
④ 교육복지투자우선지역 사업은 교육의 기회, 과정, 결과에서 나타나는 주요 취약성을 최대한 보완하기 위한 교육, 문화, 복지 등의 통합지원시스템을 구축하고, 학교를 중심으로 지역교육 공동체를 구축하고 학습, 문화, 보건 등 삶의 전반에 대해 지원하는 것이다. 2003년부터 시작되었으며, 현재는 교육복지우선지원사업으로 명칭이 변경되었다.

19
정답 ②

정답의 이유
② 플라톤의 철인정치론에서는 이상국가인 정의로운 국가가 실현되기 위해서는 오랜 교육을 통해 지혜의 덕을 갖춘 통치자(철학자)가 국가를 다려야 한다고 하였으며, 이는 귀족주의, 엘리트주의적인 특징을 내포하고 있다.

오답의 이유
① 현실 세계의 모든 것은 생성과 소멸을 반복하며 지속적으로 변화하지만, 이데아 세계는 현실 세계 너머에 존재하는 영원하고 불변하며 완전한 세계이다.
③ 통치자 계급에게 지혜의 덕, 수호자 계급에게 국가를 지키기 위한 용기의 덕, 생산자 계급에게 자신들의 욕망을 제어할 절제의 덕을 강조하였다.
④ 이상국가에서는 인간의 계급을 통치자 계급(철인), 수호자 계급(군인), 생산자 계급(생산자)으로 분류한다.

20
정답 ③

정답의 이유
③ 교육지원청은 지방의 교육·학예에 관한 사무를 담당하기 위해 설치된 하급교육행정기관으로 특별시·광역시에도 설치할 수 있다.

오답의 이유
① 지방교육자치에 관한 법률 제34조 제2항
② 지방교육자치에 관한 법률 제34조 제3항
④ 지방교육자치에 관한 법률 제34조 제1항

> **더 알아보기**
>
> **지방교육자치에 관한 법률 제34조(하급교육행정기관의 설치 등)**
> ① 시·도의 교육·학예에 관한 사무를 분장하기 위하여 1개 또는 2개 이상의 시·군 및 자치구를 관할구역으로 하는 하급교육행정기관으로서 교육지원청을 둔다.
> ② 교육지원청의 관할구역과 명칭은 대통령령으로 정한다.
> ③ 교육지원청에 교육장을 두되 장학관으로 보하고, 그 임용에 관하여 필요한 사항은 대통령령으로 정한다.
> ④ 교육지원청의 조직과 운영 등에 관하여 필요한 사항은 대통령령으로 정한다.

교육학개론 | 2024년 지방직 9급

한눈에 훑어보기

✓ 영역 분석

영역	문항
교육사 및 철학 2문항, 10%	03 17
교육심리 3문항, 15%	05 07 11
교수-학습 1문항, 5%	01
교육사회학 3문항, 15%	16 18 19
교육행정 5문항, 25%	08 09 12 13 14
교육평가 및 공학 2문항, 10%	02 04
교육과정 2문항, 10%	10 15
교육법령 2문항, 10%	06 20

✓ 빠른 정답

01	02	03	04	05	06	07	08	09	10
④	①	①	①	④	③	②	④	③	②
11	12	13	14	15	16	17	18	19	20
②	④	②	①	③	①	③	④	③	②

✓ 점수 체크

구분	1회독	2회독	3회독
맞힌 문항 수	/ 20	/ 20	/ 20
나의 점수	점	점	점

01 정답 ④

정답의 이유

④ 딕과 캐리(W. Dick & L. Carey)의 교수설계 모형은 교수설계자의 입장에 초점을 두어 개발된 체제적 교수설계 모형으로, 교수분석 단계에서는 수업목표의 유형을 구분하고 세부과제를 도출하며 수행목표 진술 단계에서는 학습자에게 기대되는 성과를 구체적으로 진술한다. 구성은 요구사정, 교수분석, 학습자 및 상황 분석, 수행목표 진술, 평가도구 개발, 교수전략 개발, 교수자료 개발 및 선정, 형성평가 개발 및 시행, 교수 수정, 총괄평가 설계 및 시행 등 10단계이다.

오답의 이유

① ADDIE 모형은 분석(Analysis), 설계(Design), 개발(Development), 실행(Implementation), 평가(Evaluation) 단계로 구성된다. 분석 단계는 앞으로의 효과 및 결과를 예견하고 평가하는 과정으로 학습과 관련된 요인과 학습자 요구를 면밀히 분석한다. 설계 단계는 설정된 목표를 달성하기 위해 어떤 내용을 어떻게 조직하고 제시해야 효과적인 결과를 얻을 것인가를 핵심질문으로 하는 수업의 청사진이다. 개발 단계는 설계에서 구체화된 내용을 물리적으로 완성하는 단계로 실제 수업에서 사용할 자료를 만든다. 실행 단계는 학습을 위해 개발된 자원과 과정을 실제로 사용하는 것이다. 평가 단계는 교수 프로그램이나 교수 자료의 효과성이나 효율성을 측정하는 단계이다.

② 글레이저(Glaser)의 수업 과정 모형은 수업목표(도착점 행동)의 설정과 진술, 출발점 행동(시발점 행동/투입 행동)의 진단과 확인, 수업절차의 선정과 실행, 학습 성취도 평가 단계로 이루어진다.

③ 켈러(Keller)는 수업의 세 가지 결과변인인 효과성, 효율성, 매력성 중 매력성과 관련하여 학습자의 학습 동기를 유발하고 유지하기 위한 교수설계 전략인 동기설계 모형(ARCS)을 제시하였다. ARCS 모형의 4가지 요소는 주의집중(Attention), 관련성(Relevance), 자신감(Confidence), 만족감(Satisfaction)이다.

02 정답 ①

오답의 이유

② 서열척도는 일종의 순위척도로서 그 측정대상을 속성에 따라 서열이나 순위를 매길 수 있도록 수치를 부여한 척도이다. 서열 간의 간격이 동일하지 않으며 절대량을 의미하지 않는다. 단위 사이의 간격에 관한 정보가 없다. 사회계층, 선호도, 서비스 효율성 평가, 석차, 청소년상담사 자격등급 등의 측정에 이용된다.

③ 동간척도(등간척도)는 일종의 구간척도로서 측정하고자 하는 대상이나 현상을 분류하고 서열을 정할 수 있을 뿐만 아니라, 분류된 범주 간의 간격까지도 측정할 수 있는 척도이다. 등간격이므로 산술계산에 사용될 수 있으나, 절대영점이 없다. 선형변환은 가능하나 수치 간의 비율적 정보는 가능하지 않으며, 수치 사이의 간격이 동일하다는 정보를 제공한다. 지능, 온도, 시험점수 등이 해당한다.

④ 비율척도는 척도를 나타내는 수가 등간일 뿐만 아니라 절대영점을 가지고 있는 경우에 이용되는 척도이다. 연령, 무게, 키, 수입, 출생률, 사망률, 이혼율, 가족 수, 졸업생 수 등이 해당한다.

03 정답 ①

정답의 이유

① 통일신라에서는 교육기관으로 국학을 세웠다. 국학은 15~30세의 신라의 귀족 자제 출신만 입학이 가능했다. 국학의 수학 기간은 9년으로 추정되며, 학생의 능력이 부족하면 퇴학시켰다.

오답의 이유

② 고구려 소수림왕은 국가 교육기관인 태학을 설립하여 인재를 양성하였다.

③ 유형원은 『반계수록』에서 과거제도를 폐지하고 학교를 세워 능력 있는 자를 선발하고 천거하여 등용하는 공거제도와 '방상 · 향상 - 사학 · 읍학 - 중학 · 영학 - 태학' 등으로 운영되는 단선형 학제를 제시하였다.

④ 육영공원은 엘리트 양성을 위한 목적으로 1886년에 설립된 관립 신식교육기관으로, 헐버트(Hulbert)를 비롯한 외국인을 교사로 채용하였고, 젊은 현직 관리와 양반 자제를 학생으로 받아들여 외국어 교육에 집중하였다.

04 정답 ①

정답의 이유

① 공인타당도는 새로운 평가도구의 타당도를 기존의 타당성을 인정받고 있는 도구와의 유사성 혹은 연관성에 의해 검증한다.

오답의 이유

② 구인타당도는 타당도 증거를 수집하기 위해 요인분석 등 여러 통계적 방법이 사용되며, 한 검사가 어떤 심리적 개념이나 논리적 구인을 제대로 측정하는가를 검증하고, 검사가 의도한 바의 특성을 측정하고 있는지에 대한 증거를 수집하는 과정이다.

③ 내용타당도는 측정도구에 포함된 지표가 측정하고자 하는 내용을 얼마나 대표하는지의 정도를 나타낸다.

④ 예측타당도(예언타당도)는 검사도구에서 구한 점수와 미래에 피험자에게 나타날 행동 특성을 수량화한 준거점수 간의 상관을 토대로 하며 선발, 채용, 배치를 목적으로 하는 적성검사나 선발시험 등에서 요구된다.

05 정답 ④

정답의 이유

④ 형태주의 심리학은 인간의 정신 현상을 개개의 감각적 부분이나 요소의 집합이 아니라 그 자체로서 전체성으로 구성된 구조나 지니고 있는 특질에 중점을 두어 이를 파악하고, 복잡한 현상을 단순한 요소로 나누어 설명하면 현상이 전개되는 과정을 간과하게 된다고 하였다. 복잡한 현상을 단순한 요소로 나누어 이해하려는 것은 환원론적인 관점이다.

오답의 이유

① 형태주의 심리학에서는 문제 장면에 존재하는 다양한 요소의 관계를 파악하는 통찰에 주목한다. 즉, 학습의 과정에 통찰도 포함된다고 보았다.

② 학습자는 세상을 지각할 때 외부자극을 단순히 합하는 것 이상의 작업을 수행하므로, 지각은 실제와 차이가 있을 수 있다.

③ 형태주의 심리학에서는 각각의 게슈탈트는 서로 지향성을 가지고 있으며, 이들이 서로 관계를 맺으며 총체적으로 인식되어야 올바른 지각에 이를 수 있다고 본다. 즉 전체는 부분의 합 이상이라고 여긴다.

06 정답 ③

정답의 이유

③ 평생교육이란 학교의 정규교육과정을 제외한 학력보완교육, 성인 문해교육, 직업능력 향상교육, 성인 진로개발역량 향상교육, 인문교양교육, 문화예술교육, 시민참여교육 등을 포함하는 모든 형태의 조직적인 교육활동을 말한다(평생교육법 제2조 제1호).

07 정답 ②

정답의 이유

② 숙달목표지향 학습자는 어려움에 끈기있게 직면하고, 성공은 내적으로 통제 가능한 원인에 기인한다고 생각함으로써 도전적인 학습상황을 받아들이며, 새롭고 도전적인 과제를 학습할 때 더 큰 만족감을 느낀다. 수행목표지향 학습자는 과제수행 실패 시 자기 능력 부족으로 귀인하는 경향이 있고, 불안감을 많이 경험하며 자신의 유능함을 보여줄 수 있는 과제나 자신의 무능함을 감출 수 있는 과제를 선택하는 경향이 있다.

08 정답 ④

정답의 이유

④ 합리적 관점은 모든 선택과 의사결정에 최선의 방식이 있다고 가정하고 수많은 대안 중 최적의 대안을 선택하려는 관점이다. 이는 폐쇄적 체제를 전제로 하며 관료제나 중앙집권적 조직에 적합하다.

오답의 이유

① 우연적 관점은 의사결정이 의도하지 않은 어떤 상황이나 사정에 의하여 우연히 결정된다고 여긴다. 이는 개방적 체제를 전제로 하며 조직화한 무질서 조직에 적합하다.

② 정치적 관점은 의사결정이 수많은 이익집단이 타협한 결과물이라고 여긴다. 이는 개방적 체제를 전제로 하며 갈등이 있으나 협상과 타협이 가능한 조직에 적합하다.
③ 참여적 관점은 공동의 목표가 있고 이를 달성하기 위해 최선의 선택을 하기 위해 의사결정이 이루어진다고 여기며 의사결정을 관련 당사자 간의 논의를 통한 합의의 결과로 이해한다. 이는 폐쇄적 체제를 전제로 하며 관련자의 능력과 자율이 보장되는 전문적 조직에 적합하다.

더 알아보기

교육정책 형성의 관점

관점	의사결정	적합한 조직	조직환경
합리적 관점	합리적 판단	관료제, 체계화된 중앙집권적 조직	폐쇄적 체제
참여적 관점	합의의 결과	전문적 조직	폐쇄적 체제
정치적 관점	협상의 결과	갈등이 있으나 협상과 타협이 가능한 조직	개방적 체제
우연적 관점	우연의 결과	조직화한 무질서 조직	개방적 체제

09 정답 ③

정답의 이유

③ 효율성의 원리는 교육에 투입되는 비용을 상대적으로 적게 하면서 교육목표를 달성하려는 것이다.

더 알아보기

교육행정의 원리

합법성의 원리	교육행정의 모든 활동이 합법적으로 제정된 법령, 명령 등에 따라야 한다는 것이다.
기회균등의 원리	교육 기회를 실질적으로 보장하겠다는 원리로, 교육의 허용적·보장적·과정적·결과적 평등을 모두 포함하고 있다.
지방분권의 원리	교육의 권한과 책임을 지방교육행정기관에 분산시키는 것이다.
자주성의 원리	교육이 본질을 추구하기 위해 일반행정에서 분리·독립하고 정치와 종교로부터 중립을 유지해야 한다는 것이다.
효율성의 원리	가장 능률적인 방법으로 최대의 성과를 달성해야 한다는 것이다.
민주성의 원리	이해당사자들의 의사를 적극적으로 반영하고 그들을 의사결정과정에 적절하게 참여시켜야 한다는 것이다.
안정성의 원리	교육정책을 일관되고 지속적으로 추진해야 한다는 것이다.
적응성의 원리	급격하게 변화하는 상황을 반영할 수 있어야 한다는 것이다.
전문성의 원리	전문가가 교육행정을 담당해야 한다는 것이다.

10 정답 ②

정답의 이유

② 보빗(Bobbitt)은 테일러의 과학적 관리론을 교육행정에 도입하였다. 교사를 노동자, 학교장을 관리자로 보고 학교 조직을 하나의 기업체에 비유하여, 교사는 교수자로서 학생을 가르치는 데 전념하고, 학교장은 관리자로서 학교행정을 책임지는 일에 집중해야 한다고 주장하였다.

오답의 이유

① 애플(Apple)은 학교가 지배집단의 의미체계와 가치체계인 헤게모니를 주입하여 기존 질서를 정당화하며, 학교 교육과정과 수업에서 가르치는 지식은 이데올로기적 속성을 갖는다고 주장하였다.
③ 듀이(Dewey)는 교육을 경험의 재구성을 통한 성장이라고 보았으며 진보주의의 대표적인 학자로, 인간은 개개인의 잠재력과 환경과의 상호작용으로 끊임없이 성장해 가는 존재라고 보았다.
④ 위긴스와 맥타이(Wiggins & McTighe)는 교육과정 설계에서 목표와 평가를 일치시킬 것을 강조하는 백워드 설계 모형을 제시하였다. 백워드 설계 모형은 목표 확인과 동시에 평가를 고려하는 평가 우위의 모형으로, 보다 효율적인 교육목표 달성이 가능하다.

11 정답 ②

정답의 이유

(가) 경청: 내담자의 이야기에 간간이 짧고 적절한 의견이나 질문 또는 이해의 말을 덧붙임으로써 이야기의 요점을 파악했다는 것을 나타낸다. 특히 단어의 뜻 자체보다는 내담자의 잠재적인 감정에 주목한다.
(나) 감정 반영: 내담자의 말 이면의 정서적 요소를 표현하고 자기 감정을 이해하도록 돕는 기술을 말한다. 내담자의 태도를 거울에 비추어 주듯이 보여줌으로써 내담자의 자기 이해를 도와줄 뿐만 아니라 내담자에게 자기가 이해받는다는 인식을 준다.
(다) 질문: 내담자가 이야기를 계속하여 자기 탐색을 중단하지 않도록 유도하기 위해 혹은 내담자의 자기 이해를 돕기 위해 수행하는 기법이다.

12 정답 ④

정답의 이유

④ 간접교육비는 교육활동에 직접적으로 투입되는 이외의 비용, 즉 교육을 받음으로써 잃게 되는 교육의 기회비용을 의미한다. 간접교육비는 교육을 받는 동안 직업을 가질 수 없는 데서 오는 유실소득, 비영리기관인 교육기관에 부여하는 면세의 가치, 건물과 장비의 감가상각비와 이자 등이 포함된다. 유아의 어머니가 취업 대신 자녀 교육을 위해 가정에서 머물면서 포기된 소득은 유실소득에 해당하므로 간접교육비에 포함된다.

13 정답 ②

정답의 이유

② 서지오바니(Sergiovanni)는 학교를 도덕적 측면의 '선의', 관리적 측면의 '성공'이라는 두 차원으로 조합하여 '도덕적인 학교', '도덕적이고 효과적인 학교', '비도덕적이고 비효과적인 학교', '정략적인 학교'라는 4가지 유형의 학교를 제시하였다. 이 중 선의가 낮고 성공이 높은 학교는 '정략적인 학교'이다.

더 알아보기

서지오바니의 학교 유형 분류

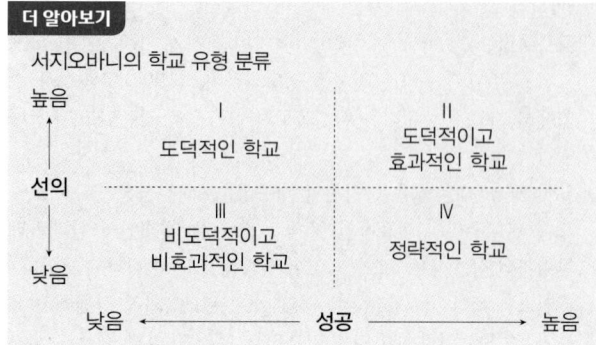

14 정답 ①

정답의 이유

① 자문성의 원리는 학교 컨설턴트는 의뢰인에게 자문하는 역할을 해야 한다는 것으로, 의뢰인을 대신하여 교육 활동을 하거나 학교 경영에 개입해서는 안 된다는 원리이다. 자문성의 원리에 따르면 컨설팅 의뢰부터 해결 방안의 수용 여부까지 결정권과 컨설팅 결과에 대한 최종 책임은 의뢰인에게 있다.

오답의 이유

② 자발성의 원리는 학교컨설팅은 교원이 스스로 필요성을 느끼고 자발적으로 도움을 요청함으로써 시작된다는 원리이다.
③ 전문성의 원리는 학교 컨설턴트에게는 관련 내용에 대한 전문성과 그 내용을 전달하는 방법에 대한 전문성이 모두 요구된다는 원리이다.
④ 한시성(일시성)의 원리는 의뢰된 과제가 해결되면 학교컨설팅은 종료되어야 한다는 원리이다.

15 정답 ③

정답의 이유

③ 타일러(Tyler)는 행동주의 사상에 입각하여 교육과정에 관한 사고의 출발점을 교육목표에 두고 그 이하의 절차와 활동들을 목표를 효과적으로 달성하도록 돕는 수단으로 보았다. 그는 교육과정 개발에서 목표중심모형을 설정하였는데, 이는 목표를 달성하기 위한 일정한 선형적인 절차를 강조한다는 점에서 처방적 모형이며, 교과에서 출발하여 단원을 개발한다는 점에서 연역적 접근방법이다. 타일러는 다음과 같은 네 가지 질문을 중심으로 교육과정 개발 논리를 설명하였다.

- 학교가 달성해야 할 교육목적은 무엇인가?
- 교육목표를 달성하기 위하여 제공해야 할 교육경험은 무엇인가?
- 교육경험을 효과적으로 조직하는 방법은 무엇인가?
- 교육목표 달성여부는 어떻게 판단할 것인가?

16 정답 ①

정답의 이유

① 애니언(Anyon)은 '상응원리'를 강조한 보울스와 진티스(S. Bowles & H. Gintis)의 이론을 더욱 구체화하였다. 애니언은 잠재적 교육과정의 실례를 분석하고 교육과정 내에 사회계층 구조를 재생산하는 매커니즘이 반영되어 있다고 주장하였다. 또한 미국의 중등학교에서 사용되는 역사 교과서를 분석하여 교과서에서 자본가 집단에 유리한 내용을 비중 있게 다루고, 노동자들의 기여를 언급하지 않거나 부정적으로 다루었다며 교과서가 특정 집단에 유리하도록 편파적인 내용을 선정하고 서술하고 있음을 지적하였다. 이로 인해 교육이 노동 계급 학생들에게 불리하게 작용하고, 상류층의 이익을 대변한다고 하였다.

17 정답 ③

정답의 이유

③ 포스트모더니즘 교육철학은 보편적인 지식이 주어지는 것이 아니라 개인이 지닌 가치에 따라 지식을 구성해 나간다고 간주하므로 학습자의 자발적인 학습을 중시하는 학습자 중심의 교육이다. 평생교육과 전인적인 교육, 협동학습을 중시하였으며 지식과 신념에 대한 비판적인 능력을 길러야 한다고 보았다. 이외에도 창의적 탐구능력의 함양과 생태적·다원주의적 교육을 강조하며 안내자, 조력자로서의 교사의 역할을 강조하였다.

18 정답 ④

정답의 이유

④ 크로스(Cross)는 평생교육 즉 성인학습 참여의 장애요인을 크게 상황적 요인, 기질적(성향적) 요인, 기관적(구조적) 요인으로 분류하였다. 정보적 요인은 교육 내용에 대한 정보가 부족하거나 정보제공 난해성 등과 관련된 장애요인으로, 학습자의 교육 참여 의지를 감소시킬 수 있는 요인이다.

더 알아보기

크로스(Cross)의 평생교육 참여 장애요인

상황적 요인	• 재정과 시간의 부족 • 양질의 탁아시설 부족 • 학습기회에 대한 정보 부족 • 지리적 고립
기질적(성향적) 요인	• 학습 능력에 대한 의구심 • 과거의 부정적 경험 • 실패에 대한 두려움
기관적(구조적) 요인	• 학습기회의 공급 부족 • 학습 프로그램의 내용과 형태의 문제 • 프로그램의 다양성 문제

19 정답 ③

정답의 이유

③ 뱅크스(Banks)는 다문화교육을 위한 접근법으로 기여적(공헌적) 접근, 부가적 접근, 변혁적(개혁적) 접근, 의사결정 사회적 행동(실행적) 접근을 제시하였다. 동화주의는 이주자를 통합의 대상으로 여기고, 소수집단을 주류문화에 동화시켜 사회를 통합하는 것을 목표로 하는 접근이다.

오답의 이유

① 기여적 접근은 기존 교육과정의 구조를 유지한 채 소수집단이 주류사회에 기여한 점 등을 부각하여 그들의 자긍심을 길러주고자 한다.
② 변혁적 접근은 교육과정의 근본적인 목표, 구조, 관점의 변화가 수반되며 소수집단을 사회의 필수적인 부분으로 수용하여 교육과정을 구성한다.
④ 의사결정 및 사회적 행동 접근은 변혁적 접근의 모든 요소를 포함하면서 학생들의 의사결정, 실천과 행동을 강조한다.

20 정답 ②

정답의 이유

② 중학교 및 특수학교(중학교의 과정을 교육하는 특수학교로 한정한다)의 장은 자유학기에 학생 참여형 수업을 실시하고 학생의 진로탐색 등 다양한 체험을 위한 체험활동을 운영해야 한다(초·중등교육법 시행령 제48조의2 제1항).

교육학개론 | 2023년 지방직 9급

한눈에 훑어보기

✓ 영역 분석

교육사 및 철학 08 09 10
3문항, 15%

교육심리 03 12 13 14 19
5문항, 25%

교육사회학 05 06 07 16
4문항, 20%

교육행정 11 15 17 18
4문항, 20%

교육평가 및 공학 02 20
2문항, 10%

교육과정 01 04
2문항, 10%

✓ 빠른 정답

01	02	03	04	05	06	07	08	09	10
③	④	④	①	②	②	①	④	②	④
11	12	13	14	15	16	17	18	19	20
②	②	④	②	②	③	①	④	④	③

✓ 점수 체크

구분	1회독	2회독	3회독
맞힌 문항 수	/ 20	/ 20	/ 20
나의 점수	점	점	점

01 정답 ③

정답의 이유

ㄴ. 영(零) 교육과정은 배울만한 가치가 있음에도 공식적 교육과정에 포함되어 있지 않아 가르치지 못했거나 교육과정에 포함되어 있더라도 교사가 의도적으로 배제하거나 실수로 빠트린 내용을 포함한다.

ㄷ. 예술적 교육과정에 대한 설명으로 아이즈너는 『교육적 상상력』에서 교육에 대한 예술적 접근법을 창안해 내어 학습 기회의 유형을 개발할 때 교육적 상상력을 동원해야 한다고 주장하였다.

오답의 이유

ㄱ·ㄹ. 타일러의 합리모형에 해당한다.

더 알아보기

타일러(Tyler)의 합리적(목표중심형) 교육과정
- 행동주의 사상에 따라 교육과정에 관한 사고의 출발점을 행동 목표에 두고 그 이하의 절차와 활동들은 목표를 효과적으로 달성하도록 돕는 수단으로 보았다.
- 목표를 달성하기 위한 일정한 선형적인 절차를 강조한 점에서 처방적 모형이며, 교과에서 출발하여 단원을 개발한다는 점에서 연역적 접근방법이다.

02 정답 ④

정답의 이유

④ 형성평가를 실시하고 평가도구나 교수학습 자료를 제작하는 것은 개발 단계에서 이루어진다.

더 알아보기

일반적 교수체제 설계 모형(ADDIE)

구분	활동
분석 (Analysis)	요구 분석, 학습자 분석, 환경 분석, 과제 분석 등 실시
설계 (Design)	분석의 결과로 얻은 정보들에 기초하여 효과적인 수업 프로그램의 설계명세서를 만들어 내는 단계로 학습 촉진을 위한 교수전략과 매체 선정
개발 (Development)	설계에 기초하여 수업 프로그램이나 교수학습 자료를 개발하고, 초안으로 형성평가를 실시하고 수정 보완을 거쳐 완성된 자료를 제작해 내는 단계

실행 (Implementation)	개발된 교수 프로그램이나 교수 자료를 실제 교육 현장에서 활용하고 관리하는 단계
평가 (Evaluation)	교수 프로그램이나 교수 자료의 효과성이나 효율성을 측정하는 단계

03 정답 ④

정답의 이유

④ 통찰학습이론은 쾰러가 주장한 것으로 '전체는 단순한 부분의 합이 아닌 그 이상'이라고 주장하는 형태주의와 가장 관련이 깊은 이론이다. 문제상황이 어느 순간 갑자기 전체로 지각되며 서로 관련이 없던 부분들이 유의미한 하나의 전체로 통찰되면서 불현듯 문제가 해결된다고 본다.

오답의 이유

① 스키너(Skinner)의 행동주의 학습이론에 해당한다.
② 반두라(Bandura)의 행동주의 학습이론에 해당한다. 사회학습(인지)이론은 사회학습을 사회적 상황에서 다른 사람의 행동을 관찰하고 이를 모방하여 새로운 행동을 학습하는 것이라 하며, 인간의 인지능력에 관심을 가졌다.
③ 조작적 조건형성(강화)이론은 보상에 의한 강화를 통해 반응행동을 변화시키려는 방법으로 행동이 발생한 이후의 결과에 관심을 가진다.

04 정답 ①

정답의 이유

① 경험중심 교육과정에 대한 설명이다. 경험중심 교육과정은 진보주의에 근거하여 일상생활에서 겪는 문제해결능력의 신장을 주된 교육목표로 삼아서, 활동형 교육과정을 추구한다.

더 알아보기

브루너(Bruner)의 학문중심 교육과정

교육목적	지적 수월성 도모
교육내용	각 학문 속에 있는 기본 개념이나 원리, 핵심적 아이디어, 교과 언어, 학자들이 하는 일, 탐구 과정 등을 의미하는 '지식의 구조'를 강조
교육과정	나선형 교육과정(계열성)으로 내용 조직
교수방법	발견학습과 탐구학습을 중시

05 정답 ②

정답의 이유

② 문화재생산이론: 학교는 졸업장, 학위 등의 문화자본을 이용해 기존의 질서를 유지하여 계급적 불평등을 재생산한다고 보았으며, 교육 속에 숨겨진 지배와 피지배를 구분하는 은밀하고 객관적이며 제도화된 권력관계가 있다고 주장하였다.

오답의 이유

① 경제재생산이론: 보울스와 진티스는 자본주의 사회에서의 학교는 지배계급과 생산계급에 맞는 지식과 기능 및 태도를 가르쳐서 자본주의의 불평등한 사회적 생산관계를 정당화하여 재생산하는 역할을 담당한다고 주장하였다.
③ 저항이론: 지루(Giroux), 윌리스(Willis)는 지배 이데올로기에 대해 능동적으로 저항문화를 형성하며 저항하는 과정에서 사회의 재생산이 진행된다고 보았다.
④ 지위경쟁이론: 베버(Weber), 도어(Dore), 콜린스(Collins) 등이 주장하였다. 사회의 기본 단위를 '동일한 문화를 공유하는 지위 집단'으로 보며, 다양한 지위 집단은 더 많은 부와 권력 획득을 위해 경쟁하는 것이라고 보고 학교의 핵심 기능을 특정 지위 집단의 문화를 가르치는 것이라 보았다.

06 정답 ②

정답의 이유

② 일리치: 학교교육의 억압에서 벗어나 학교 제도를 폐지하는 탈(脫)학교론을 주장하며 의무교육의 대안으로 '학습망'을 제안하였다.

오답의 이유

① 영: 교육과정이론에서 지식은 고정적이고 불변하는 것이 아니라 사회구조에 의해 내용이 선정되고 조직되는 사회적 구성물에 불과하다고 주장하였다.
③ 지루: 저항이론(탈재생산이론)에서 학생들은 수동적으로 학교가 제시하는 문화를 받아들이는 것이 아니고, 그들의 문화에 기초해 적극적으로 학교문화에 저항하고 반(反)학교문화를 형성하면서 능동적으로 노동자가 되어간다는 관점을 설명하고 있다.
④ 프레이리: 브라질의 교육가로, 기존의 주입식 교육이 은행적금식 교육이며 이는 민중을 억압하고 모순된 기존의 가치를 주입한다고 주장하였다.

07 정답 ①

정답의 이유

① 린드만은 성인학습자의 개인차는 나이에 따라 점점 증가하여 사람마다 각자의 고유한 성향을 보인다고 주장하였다.

오답의 이유

②·③·④ 린드만은 경험을 성인학습의 가장 좋은 자원이라고 주장하였으며, 소규모 그룹 토론을 성인교육의 방법으로 강조했다. 성인 학습에 대한 5가지 가설에서 성인들의 학습 방향은 삶 중심적이라고 하였다.

더 알아보기

린드만의 성인학습에 대한 5가지 가설

1. 사람들 간의 개인차는 나이에 따라 점점 증가하여 나이에 따라 사람마다 각자의 고유한 성향을 보이므로 성인학습은 스타일, 시간, 장소 및 학습 속도의 차이에 대해 최적의 방법을 마련해야 한다.
2. 경험은 성인학습의 가장 좋은 자원이므로 성인학습의 핵심 방법은 경험을 분석하는 것이다.
3. 성인들의 학습 방향은 삶 중심적이므로 성인학습의 적절한 주제 구성은 과목이 아니라 삶의 상황이다.
4. 성인은 학습에 만족할 필요와 흥미를 경험할 때 배우기를 원하므로 성인 학습의 구성에 활동적인 요소를 배치하는 것이 좋다.
5. 성인은 자기 주도성 학습이 매우 필요하므로 교사의 역할은 자신의 지식을 전달하기보다는 성인 학습자가 탐구 과정을 거치게 하며 그 과정이 적합한지 평가하는 것이다.

08　　　　　　　　　　　　　　　　　　　정답 ④

정답의 이유

④ 제시문은 피터스가 제시한 교육의 개념적 기준 중 인지적 기준에 관한 설명이다.

더 알아보기

피터스의 교육의 개념적 기준

인지적 기준	• 내재적 가치가 내용 면에서 구체화한 지식의 형식(지식과 이해, 인지적 안목은 인간의 경험을 체계화하고 구조화해 세상을 이해할 수 있는 안목을 제공하여 삶의 질 향상에 기여 • 제한된 상황에서 습관적(기계적) 반응이나 사고방식을 형성하는 데 중점을 두는 훈련과 구분해서, 교육은 더 넓은 안목과 변화를 추구하는 전인적 계발을 지향해야 한다고 주장
규범적 기준	• 교육 목적에 관한 것 • 교육이 추구하려는 내재적 가치는 교육의 개념 속에 들어 있는 바람직성, 규범성, 가치성, 좋음 등과 가치를 의미
과정적 기준	• 도덕적인 방법이 교육개념의 과정적 준거가 되어야 함 • 학습자의 흥미를 존중하여 학습자의 이해와 자발적 노력을 이끌어내어 기반으로 해야 함 • 교화와 조건화는 교육에서 제외되어야 함

09　　　　　　　　　　　　　　　　　　　정답 ②

정답의 이유

② 중학교: 1899년 4월 4일에 공포된 중학교 관제에 따라 처음 중등교육에 대한 관제가 정하여지고 1900년에 관립중학교가 설치되었다.

오답의 이유

① 소학교: 1894년 갑오개혁의 개혁 정부는 교육개혁의 임무를 띠고, 1895년 7월 19일 소학교령(小學校令)을 공포하고 소학교를 설치하였다.
③ 외국어학교: 1895년 5월 10일 전문 11조로 된 외국어학교 관제가 공포되고 외국어학교가 설치되었다.
④ 한성사범학교: 제2차 갑오개혁 이후 고종의 교육입국(敎育立國) 정신에 따라 정부는 1895년 4월 교사 양성을 위한 한성사범학교관제(漢城師範學校官制)를 공포하고 1895년에 한성사범학교를 설치하였다.

10　　　　　　　　　　　　　　　　　　　정답 ④

정답의 이유

④ 헤르바르트: 스승인 페스탈로치의 민주주의적 원리를 이어받은 독일의 관념론 철학자, 심리학자, 교육학자로 다원론을 주장하였으며 저서 『일반교육학』을 저술하였다. 윤리학과 심리학에 기초를 둔 교육학을 조직하여 교육의 궁극적 목적을 내면적 자유·완전성·호의·정의·보상 등의 인격도야를 통한 도덕적인 성격 형성이라고 주장하였다.

오답의 이유

① 페스탈로치: 19세기 교육사상가로, 루소의 자연주의 교육사상을 교육 방법론적으로 계승하여 빈민 학교를 세우고 전 능력의 자발 활동을 통하여 조화·발전시키는 직관적 방법을 중시한 근대 교육의 아버지라 불리는 실천가이다. 지·덕·체의 모든 능력을 의미하는 인간성을 계발하는 것이 교육이라고 보았으며, 더 나아가 불평등한 사회 개혁을 강조하였다.
② 피히테: 독일 고전철학자로, 프랑스 관리가 지켜보는 가운데서도 '독일 국민에게 고함'이라는 우국 대강연을 진행하였으며 여기에서 나폴레옹에 대항해 궐기할 것을 간절히 호소하고 독일 재건의 길은 국민정신의 진작(振作)에 있다는 것을 강조하였다.
③ 프뢰벨: 독일의 교육학자이자 교사로, 페스탈로치의 사상을 계승하여 포괄적이고 독창적인 교육철학과 유치원 및 유아교육 이론을 발전시켰다.

11　　　　　　　　　　　　　　　　　　　정답 ②

정답의 이유

② 기간제 교원의 임용기간은 1년 이내로 하되, 필요한 경우 3년의 범위에서 그 기간을 연장할 수 있다(사립학교법 제54조의4 제3항).

오답의 이유

① 사립학교법 제10조 제2항
③ 사립학교법 제56조 제2항
④ 사립학교법 제53조 제1항

12 정답 ②

정답의 이유

② 고전검사이론에서 측정오차가 피험자 집단의 성질에 관계없이 동일하다고 가정한 것에 대한 문제점을 극복하기 위해 문항반응이론이 제안되었으며, 문항반응이론에서 문항특성곡선을 이용하여 문항난이도, 문항변별도, 문항추측도를 산출한다.

더 알아보기

문항 분석(객관식 문항의 '양호도' 검증)

구분	고전검사이론	문항반응이론
문항 난이도	문항의 쉽고 어려운 정도	문항의 답을 맞힐 확률이 0.5에 대응하는 능력 수준의 값을 말하며 높을수록 어려운 문항
문항 변별도	문항이 학생의 능력을 변별하는 정도	능력의 상하를 구분해 주는 정도로, 문항특성곡선의 기울기로 표시되며 기울기가 가파를수록 변별력이 높은 문항
근거	관찰점수(원점수) = 진점수 + 오차점수	문항특성곡선(S자형 곡선)
적용	학교에서의 교사제작 검사	전문가들이 제작한 표준화검사

13 정답 ④

정답의 이유

④ 제시문의 상담기법은 글래서의 현실치료에서 활용되는 상담기법이다. 현실주의 상담을 통해 내담자들이 스스로의 삶을 더욱 효과적으로 통제할 수 있도록 하며, 현재의 행동에 초점을 두고 결과에 대해 스스로 책임질 것을 강조하였다.

오답의 이유

① 게슈탈트(형태주의) 상담: 게슈탈트란 개체가 사물을 지각할 때 산만한 부분들의 합으로서만 지각하는 것이 아니라, 개체의 장을 능동적으로 조직하여 의미 있는 전체로 지각하는 방식을 이르는 것으로, 자신이 처한 상황과 환경을 고려하여 그 상황에서 실현할 수 있는 행동 동기로 지각한 것이다. 내담자로 하여금 '지금-여기(Here-Now)'의 현실에서 자신이 무엇을 어떻게 보고 느끼는지, 무엇이 경험하는 것을 방해하는지를 각성하도록 돕는 접근방법이다. 빈 의자 기법, 언어나 신체 및 환경 자각, 과장하기, 험담 금지하기 등의 기법을 사용한다.
② 인간중심 상담: 인본주의 상담, 사람 중심 상담이라고도 하며, 칼 로저스가 창안한 이론으로, 상담자는 전문적인 기법을 동원해서 내담자의 문제를 해결해 주는 것이 아니라 내담자 스스로가 자신의 문제를 해결해 나가도록 촉진시키는 역할을 한다. 무조건적인 긍정적 존중, 공감적 이해와 경청, 진정성 등의 기법을 사용한다.
③ 행동주의 상담: 행동주의 학습이론의 실험연구에 바탕을 두고 있으며 변화의 대상을 행동에 두는 상담기법이다. 체계적 둔감법, 강화, 처벌, 타임아웃 등의 기법을 사용한다.

더 알아보기

글래서의 현실치료(통제이론/선택이론)

정의	인간 본성의 결정론적 견해를 부정하고 인간의 자기 결정을 중시하는 상담기법
목적	내담자가 현실적이고 책임질 수 있는 행동을 하게 함으로써 성공적인 정체감을 계발할 수 있도록 도움
기법	• 라포가 형성됨을 전제로 전개되는 숙련된 질문 기술 • 적절한 유머 • 토의와 논쟁 • 맞닥뜨림(직면) • 역설적 기법(내담자에게 모순된 행동을 지시하여 깨닫게 하기)

14 정답 ②

정답의 이유

② 사회통제이론: 허시 등이 주장한 이론으로 애착, 전념, 참여, 신념 등 비행 성향을 통제해 줄 수 있는 사회적 억제력이나 유대가 약화될 때 비행이 발생한다고 보는 이론이다. 일탈행위가 오히려 정상행동이며, 규범준수행위는 사회에서 범죄를 억제하는 사회적 결속이 있기 때문이라고 주장한다.

더 알아보기

청소년 비행 발생이론

접근	이론	내용
거시적	아노미(긴장)	사회구조가 특정인에게 정당한 방법으로 문화 목표를 달성할 수 없도록 할 때 사람들은 엄청난 긴장을 일으키게 되고, 긴장을 해결하기 위해 비행을 발생시킨다는 이론
미시적	낙인	상징적 상호작용론에 기초한 이론으로 타인이 자기 자신을 비행자로 낙인찍은 것에 크게 영향을 받아 비행이 발생한다는 이론
미시적	사회통제	비행 성향을 통제해 줄 수 있는 개인에 대한 사회적 억제력이나 통제가 약화될 때 비행이 발생한다는 이론
미시적	차별접촉	가난한 지역의 아동들이 범죄에 대해 우호적인 가난한 지역의 문화와 접촉하게 됨으로써 일탈 행동을 학습하게 되고, 이에 따라 비행을 저지르게 된다는 이론
미시적	중화	비행 청소년들은 자신의 비행을 정당화하는 책임과 가해의 부정, 피해자에 대한 부정, 비난자에 대한 비난, 더 높은 충성심에 호소 등의 중화 기술을 통해 죄의식 없이 비행이 유발된다는 이론

15 정답 ②

[정답의 이유]

② 참여적 관점: 폐쇄체제적 관점이라고도 하며, 의사결정을 합의의 결과라고 보는 관점으로, 전문적 조직에 적합한 의사결정이다. 공동의 가치에 대한 인식, 전문가의 식견에 대한 신뢰, 관련자의 합리성에 대한 신뢰 등의 전제와 토대 위에서 의사결정이 이루어진다.

더 알아보기

교육정책 형성의 관점

구분	의사결정	적합한 조직	조직환경
합리적 관점	합리적 판단	관료제, 체계화된 중앙 집권적 조직	폐쇄적 체제
참여적 관점	합의의 결과	전문적 조직	폐쇄적 체제
정치적 관점	협상의 결과	갈등이 있으나 협상과 타협이 가능한 조직	개방적 체제
우연적 관점	우연의 결과	조직화한 무질서 조직	개방적 체제

16 정답 ③

[정답의 이유]

③ 일정한 학력(學歷)이나 자격이 있는 사람에 대해서는 제1호부터 제3호까지(교양과정 인정시험, 전공기초과정 인정시험, 전공심화과정 인정시험)의 각 과정별 인정시험 또는 시험과목의 전부 또는 일부를 면제할 수 있으나, 제4호 학위취득 종합시험은 면제할 수 없다(독학에 의한 학위취득에 관한 법률 제5조 제1항).

> 제5조(시험의 과정 및 과목)
> ① 시험은 다음 각 호의 과정별 시험을 거쳐야 하며, 제4호의 학위취득 종합시험에 응시하려는 사람은 제1호부터 제3호까지의 각 과정별 시험을 모두 거쳐야 한다. 다만, 대통령령으로 정하는 바에 따라 일정한 학력(學歷)이나 자격이 있는 사람에 대해서는 제1호부터 제3호까지의 각 과정별 인정시험 또는 시험과목의 전부 또는 일부를 면제할 수 있다.
> 1. 교양과정 인정시험
> 2. 전공기초과정 인정시험
> 3. 전공심화과정 인정시험
> 4. 학위취득 종합시험

[오답의 이유]

① 독학에 의한 학위취득에 관한 법률 제2조
② 독학에 의한 학위취득에 관한 법률 제4조 제1항
④ 독학에 의한 학위취득에 관한 법률 제6조 제1항

17 정답 ①

[정답의 이유]

① 교육 기간 학생의 미취업에 따른 유실 소득은 사(私)부담 교육 기회비용에 해당한다.

[오답의 이유]

② 지방교육재정교부금법 제3조 제4항
③ 지방교육재정교부금법 제11조 제8항
④ 지방교육재정교부금법 제11조 제1항

더 알아보기

교육비의 구분

• 직접교육비: 교육활동에 직접적으로 지출되는 비용

공교육비	• 법적인 예산회계 절차를 거쳐 교육활동에 투입되는 비용 • 공부담 공교육비와 사부담 공교육비로 분류
사교육비 (사부담 사교육비)	법적인 예산회계 결산 절차를 거칠 필요 없이 학부모 혹은 학생이 자의적으로 지출하는 비용

• 간접교육비(교육 기회비용): 교육활동을 함으로써 포기하게 되는 모든 형태의 기회비용

사부담 간접교육비	교육 기간 학생이 취업을 포기함으로써 발생하는 유실 소득
공부담 간접교육비	학교에 주어진 각종 면세 혜택 비용, 학교 건물과 교육시설을 경제적 수익사업을 위해 사용하지 않았기 때문에 발생한 비용 및 이자, 학교시설 감가상각비 등을 의미

18 정답 ④

[정답의 이유]

ㄷ·ㄹ. 동기요인에 해당한다.

[오답의 이유]

ㄱ·ㄴ. 위생요인에 해당한다.

더 알아보기

허즈버그의 동기-위생이론

동기 (만족)요인	• 동기부여 요인에 있어서 만족을 얻으려는 접근 욕구와 관련된 일 자체를 의미한다. • 개인 내적인 구성요소로는 성장 및 발전, 인정, 성취감, 자아실현, 승진 가능성, 책임감 등이 있다.
위생 (불만족)요인	• 직무에 대해 불만족을 느끼게 하는 환경요인으로, 불만족을 회피하려는 욕구이다. • 충족 시에 불만이 줄지만 만족감이 생기지는 않고, 충족되지 않으면 불만이 발생한다. • 개인 외적인 구성요소로는 근무조건, 직업의 안정성, 보수, 대인관계 등이 있다.

19 정답 ④

정답의 이유

④ 최종 성취 수준에 대한 관심보다는 초기 능력 수준에 비추어 얼마만큼 능력의 향상을 보였느냐에 관심을 두는 것은 성장참조평가이다.

더 알아보기

평가 기준에 따른 교육평가

규준참조평가	• 평가 결과를 학습자가 속해 있는 집단의 규준에 비추어 상대적인 위치를 밝히는 평가이다. • 암기 위주의 학습을 유도할 가능성이 있다.
준거참조평가	• 정해진 준거나 목표에 도달하였는지를 판단하는 평가로, 경쟁심을 배제하기 때문에 협동학습이 가능하여 탐구 정신과 협동 정신을 함양할 수 있다. • 일정 점수 이상을 획득한 대상에게 자격증을 부여할 때 주로 사용된다.
능력참조평가	학생이 지닌 능력에 비추어 얼마나 최선을 다했는지를 중시하는 평가로, 성장참조평가와 함께 평가 기준을 학습자 내부에 설정하는 자기참조평가에 해당한다.
성장참조평가	최종 성취 수준 그 자체보다 사전 능력 수준과 평가 시점에 측정된 능력 수준 간의 차이에 관심을 두는 평가로, 개별화 교육을 촉진할 수 있다.

20 정답 ③

정답의 이유

③ 물건값을 계산하는 것은 선행학습인 사칙연산과 완전히 다른 새로운 장면이 아니고 유사하므로, 일반 전이가 아닌 특수 전이에 해당한다.

오답의 이유

① 긍정적 전이: 사칙연산 학습이 후행학습인 물건값 계산하는 데 도움을 주었으므로, 긍정적 전이에 해당한다.
② 특수 전이: 학교에서 배운 것을 유사한 상황에 적용한 경우이기 때문에 특수 전이에 해당한다.
④ 수평적 전이: 선행학습과 후행학습 수준이 유사하므로 수평적 전이에 해당한다.

더 알아보기

학습의 전이

정의		특정 장면의 학습이 새로운 학습 장면에 영향을 미치는 현상이다.
종류	긍정적 전이	선행학습이 후속학습의 이해를 촉진하는 현상이다.
	부정적 전이	선행학습이 후속학습을 방해하는 현상이다.
	특수 전이	선행 장면에서 학습한 지식, 기능, 법칙 등을 매우 유사한 장면에 적용할 때 나타나기 때문에 특수 전이는 일반 전이에 비해 나타나기가 쉽고 가르치기도 쉽다.
	일반 전이	선행학습에서 획득한 지식, 기능, 법칙 등을 완전히 새로운 장면에 적용할 때 나타난다.
	수평적 전이	선행학습 과제와 후속학습 과제의 수준이 비슷한 경우에서 발생한다.
	수직적 전이	특정 교과의 학습이 다른 교과의 학습에 영향을 미치는 경우 발생한다.

교육학개론 | 2022년 지방직 9급

한눈에 훑어보기

✓ 영역 분석

교육의 이해 09 15
2문항, 10%

교육사 및 철학 07 08 18
3문항, 15%

교육심리 02 13
2문항, 10%

교육상담 05 16
2문항, 10%

교수-학습 14 17
2문항, 10%

교육사회학 04 20
2문항, 10%

교육행정 01 03 11 19
4문항, 20%

교육평가 및 공학 06 12
2문항, 10%

교육과정 10
1문항, 5%

✓ 빠른 정답

01	02	03	04	05	06	07	08	09	10
④	③	②	①	①	②	①	③	④	④
11	12	13	14	15	16	17	18	19	20
③	①	③	②	④	①	①	④	②	③

✓ 점수 체크

구분	1회독	2회독	3회독
맞힌 문항 수	/ 20	/ 20	/ 20
나의 점수	점	점	점

01 정답 ④

정답의 이유

④ 교육행정의 원리 중 적응성의 원리는 급격하게 변화하는 상황을 반영할 수 있어야 한다는 원리이다.

오답의 이유

① 민주성의 원리: 국민의 참여를 통한 공정한 민의를 반영해야 한다는 것이다.
② 안정성의 원리: 교육정책은 장기적 안목에서 지속성과 일관성을 유지해야 한다는 것이다.
③ 전문성의 원리: 전문가가 교육행정을 담당해야 한다는 것이다.

02 정답 ③

정답의 이유

③ 가드너(Gardner)의 다중지능론: 가드너는 다중지능론에서 인간의 지능은 단일능력이 아니라 상호독립적이며, 사회문화적 맥락의 영향을 받는다고 주장하였다.

오답의 이유

① 스피어만(Spearman)의 일반요인이론: 스피어만(Spearman)은 2요인설[일반요인(G요인), 특수요인(S요인)]을 주장하였다. 그 중 일반요인(G요인)은 모든 개인이 공통적으로 가지고 있는 요인을 말하고, 특수요인(S요인)은 언어나 숫자 등 특정한 부분에 대한 능력으로서의 요인을 말한다.
② 길포드(Guilford)의 지능구조모형: 길포드가 제시한 지능의 구조는 내용, 조작, 결과(산출)의 3차원적 입체모형으로 이루어지며, 이들의 조합에 의해 180개의 조작적인 지적 능력으로 나타난다.
④ 캐롤(Carroll)의 지능위계모형: 지능을 구성하는 요인들이 위계를 이루고 있다는 것으로, 캐롤은 3계층 지능위계모형을 주장하였다. 1층에는 좁은 능력, 2층에는 광범위의 능력, 3층에는 일반요인(G요인)이 위치한다.

03 정답 ②

정답의 이유

② 학교는 관료적 성격과 전문적 성격을 모두 지닌 조직이므로, 순수한 관료제 조직과는 거리가 멀다.

오답의 이유

①·③·④ 학교조직은 그 하위의 체제들이 서로 연결되어 있으나 각자의 자주성, 자율성 및 개별성을 유지하고 있다. 웨이크(Weick)는 이러한 학교조직의 특성을 이완결합체제라 하였다.

04 정답 ①

정답의 이유

① (가) 기능주의적 관점은 학교가 개인을 사회적 존재로 성장시킨다고 본다. 학교는 능력주의에 따라 학생을 선발하고 교육 수준에 따라 인재를 적재적소에 배치하는 기능을 한다. 반면, (나) 갈등론적 관점은 학교가 기존의 불평등한 계층구조를 재생산한다고 본다. 학교는 교육내용뿐만 아니라 교육분위기를 통해 기존의 계층구조를 정당화하는 교육을 한다.

더 알아보기

기능주의적 관점과 갈등주의적 관점

구분	내용
기능주의적 관점	• 학교는 사회의 유지와 질서에 기여하는 제도 • 학교는 사회구조적 모순 해결을 통해 사회 평등화를 추구 • 교과내용은 사회구성원들의 합의에 의한 것 • 교육내용, 교육평가, 교육목표의 보편성 원칙을 강조 • 새로운 세대에게 교육을 통해 사회의 가치를 전수하는 역할 수행 • 개개인의 능력에 맞는 인력 개발 및 훈련이 필요
갈등주의적 관점	• 학교는 사회 불평등을 영속화시키는 기관 • 학교는 인간을 억압하여 수동적인 인간으로 만듦 • 지배계층이 선호하는 가치를 보편적 가치로 내면화 • 기존의 가치를 재생산하여 사회 계급구조를 유지 • 능력에 맞는 교육은 자본주의적 질서를 정당화하는 것에 불과함

05 정답 ①

정답의 이유

① 체계적 둔감법은 파블로프의 고전적 조건화설에 해당한다. 불안, 공포와 같은 부정적인 감정이 이완반응과 점진적으로 대체되면서 부정적인 감정에서 벗어나도록 하는 기법이다.

오답의 이유

② · ③ · ④ 로저스는 인간의 자기실현 경향성을 촉진시키는 상담자의 3가지 태도로 진실성과 사실성(일치성), 무조건적 긍정적 존중과 수용, 공감적 이해를 이야기하였다.

더 알아보기

상담자의 3가지 태도

일치성 (진실성과 사실성)	• 상담자가 순간순간 경험하는 자신의 감정이나 태도 있는 그대로 표현하고 개방하는 진솔한 태도이다. • '지금-여기'의 경험과 관련하여 현재에 집중하고, 높은 수준의 자각을 유지한다. • 자기수용과 자기신뢰를 가지며, 집단원과의 인간적 만남을 위해 노력한다.
무조건적 긍정적 존중과 수용	집단원의 느낌이나 생각을 평가하거나 판단하지 않고 애정을 전달하는 것을 의미한다.
공감	상담시간 순간순간의 상호작용에서 나타내는 집단원의 경험과 감정들을 민감하고 정확하게 이해하는 것이다.

06 정답 ②

정답의 이유

② 블렌디드 러닝(Blended Learning): 학습의 효과성을 향상시키고 학습경험을 극대화하기 위해 온라인과 오프라인 학습환경뿐만 아니라 다양한 학습방법과 매체를 결합하여 활용하는 학습법이다.

오답의 이유

① 상황학습(Situated Learning): 실제적 과제를 통해 문제를 해결함으로써 지식의 적용 능력을 향상시킨다. 실제적 과제를 부여하고, 구체적이며 다양한 사례를 제시한다.

③ 모바일 러닝(Mobile Learning): PDA, 태블릿 PC, 스마트폰 등을 이용하여 무선 인터넷으로 학습자가 시간과 장소에 구애받지 않고 학습을 돕는 형태로 '스마트 러닝'이라고도 한다.

④ 팀기반학습(Team-based Learning): 학습자들이 소그룹을 이루어 서로 상호작용함으로써 공동의 목표를 달성하는 집단학습법을 말한다.

07 정답 ①

정답의 이유

① 제시문은 루소(Rousseau)에 해당하는 설명이다. 자연주의 사상가 루소는 인간의 본성은 본래 선하나 환경에 의해 영향을 받는다는 성선설의 입장에서 인위적인 교육을 비판하고, 자연의 원리에 맞는 교육을 강조하였다.

오답의 이유

② 페스탈로치(Pestalozzi): 교육을 인간성을 계발하는 것으로 보았으며, 지적(머리, Head) · 도덕적(가슴, Heart) · 기술적(손, Hand) 영역의 조화로운 발달을 통해 이루어진다고 주장하였다.

③ 듀이(Dewey): 교육을 경험의 재구성을 통한 성장이라고 보았으며 진보주의의 대표적인 학자이다.

④ 허친스(Hutchins): 항존주의 교육이론가이며 이성을 계발하여 절대적인 진리를 체득하는 것을 교육의 목적으로 보았다.

08   정답 ③

정답의 이유

③ 자유교양교육을 교육적 이상으로 삼는 것은 허친스이다. 허친스는 항존주의 교육원리를 주장하였다.

> **더 알아보기**
>
> **진보주의 교육원리**
> 진보주의 교육원리는 학습자의 실생활과 유사한 경험을 통해 문제해결력을 획득함으로써 계속적으로 성장할 수 있도록 돕는 데 초점을 두는 학습자 중심의 교육철학이다. 교육은 실생활에 직접적으로 관계있어야 하며, 학습자가 능동적으로 문제를 해결하는 과정에서 지식이 획득되고 성장하게 되므로, 학습자의 흥미를 존중하는 교육활동이 제공되어야 한다. 교사는 학습자가 곤경에 처했을 때 자신의 지식과 경험으로 학습자에게 안내자 혹은 충고자의 역할만 하고, 경쟁보다는 협동을 중시하였다.

09   정답 ④

정답의 이유

④ 독학학위제의 시험에 응시할 수 있는 사람은 고등학교 졸업이나 이와 같은 수준 이상의 학력(學力)이 있다고 인정된 사람이어야 한다(독학에 의한 학위취득에 관한 법률 제4조 제1항).

오답의 이유

① 학습휴가제: 직장인과 공무원이 계속교육이나 재교육을 위해 일정기간 유급 또는 무급 휴가를 실시할 수 있도록 하는 제도이다. 평생교육법 제8조에 따르면 국가 · 지방자치단체와 공공기관의 장 또는 각종 사업의 경영자는 소속 직원의 평생학습기회를 확대하기 위하여 유급 또는 무급의 학습휴가를 실시하거나 도서비 · 교육비 · 연구비 등 학습비를 지원할 수 있다.

② 평생교육바우처: 학습자가 본인의 학습 요구에 따라 자율적으로 학습 활동을 결정하고 참여할 수 있도록 정부가 제공하는 평생교육 이용권을 말한다. 지원대상은 만 19세 이상 성인 중 기초생활보장 수급자, 차상위계층, 기준 중위소득 65% 이하인 가구의 구성원이다. 사용처는 평생교육바우처 사용기관으로 등록된 기관의 수강료, 해당 강좌의 교재비이다.

③ 학습계좌제: 국민의 학력 · 자격이수 결과에 대한 사회적 인정 및 활용기반을 확대하기 위한 제도는 학습계좌제이다. 학습계좌제는 학교교육이나 비형식교육 등 국민의 다양한 개인적 학습경험을 학습이력관리시스템으로 누적 · 관리하는 제도를 말한다.

10   정답 ④

정답의 이유

④ 계열성: 교육과정의 내용은 단순한 내용에서 복잡한 내용으로, 부분에서 전체로, 친숙한 내용에서 미친숙한 내용 등 순서대로 제시되어야 한다.

오답의 이유

① 적절성: 타당성의 원리라고도 하며, 교육내용은 교육의 목표를 달성하는 데 도움을 주는 것으로 선정되어야 한다.

② 스코프: 특정한 시점에서 학생들이 배우게 될 내용의 폭과 깊이를 말한다. 어떠한 특정 시점에서 학생들이 배워야 할 내용이 무엇인지, 그 깊이는 어느 정도의 수준으로 설정해야 하는지를 결정한다.

③ 통합성: 다른 교육내용이더라도 관련 있는 내용을 바탕으로 하나의 교과 · 단원으로 연결시키고 통합하여 제시한다.

> **더 알아보기**
>
> **교육내용의 수평적 · 수직적 조직 원리**
> • 수평적 조직: 스코프, 통합성
> • 수직적 조직: 계열성

11   정답 ③

정답의 이유

③ 교육감후보자가 되려는 사람은 후보자등록신청개시일을 기준으로 교육경력과 교육행정경력 어느 하나에 해당하는 경력이 3년 이상 있거나, 합한 경력이 3년 이상 있는 사람이어야 한다(지방교육자치에 관한 법률 제24조 제2항).

> **제24조(교육감후보자의 자격)**
> ② 교육감후보자가 되려는 사람은 후보자등록신청개시일을 기준으로 다음 각 호의 어느 하나에 해당하는 경력이 3년 이상 있거나 다음 각 호의 어느 하나에 해당하는 경력을 합한 경력이 3년 이상 있는 사람이어야 한다.
> 1. 교육경력: 「유아교육법」 제2조 제2호에 따른 유치원, 「초 · 중등교육법」 제2조 및 「고등교육법」 제2조에 따른 학교(이와 동등한 학력이 인정되는 교육기관 또는 평생교육시설로서 다른 법률에 따라 설치된 교육기관 또는 평생교육시설을 포함한다)에서 교원으로 근무한 경력
> 2. 교육행정경력: 국가 또는 지방자치단체의 교육기관에서 국가공무원 또는 지방공무원으로 교육 · 학예에 관한 사무에 종사한 경력과 「교육공무원법」 제2조 제1항 제2호 또는 제3호에 따른 교육공무원으로 근무한 경력

오답의 이유

① 시 · 도의 교육 · 학예에 관한 사무의 집행기관으로 시 · 도에 교육감을 둔다(지방교육자치에 관한 법률 제18조 제1항).

② 교육 · 학예에 관한 교육규칙의 제정에 관한 사항을 관장한다(지방교육자치에 관한 법률 제20조 제4호).

④ 주민은 교육감을 소환할 권리를 가진다(지방교육자치에 관한 법률 제24조의2 제1항).

12 정답 ①

정답의 이유
① 측정을 통해 얻은 사실로 미래의 행동 특성을 예견하는 것은 예언타당도이다.

오답의 이유
② 공인타당도: 한 검사가 그 준거로 사용된 현재의 어떤 행동이나 특성과 관련된 정도를 나타내는 타당도를 말한다.
③ 구인타당도: 연구자가 측정하고자 하는 추상적 개념이 실제로 측정도구에 의해 제대로 측정되었는지의 정도를 나타낸다.
④ 내용타당도: 측정도구에 포함된 지표가 측정하고자 하는 내용을 얼마나 대표하는지의 정도를 나타낸다.

13 정답 ③

정답의 이유
③ 정교화: 어떤 정보에 조작을 가하여 정보가 갖는 의미의 깊이와 폭을 더욱 확장시키거나 심화하는 전략이다.

오답의 이유
① 감각기억: 학습자가 눈이나 귀 같은 감각수용기관을 통해 환경으로부터 얻은 정보(자극)를 감각등록기에 저장하는 최초의 기억이다.
② 시연: 기억해야 할 정보를 여러 번 반복해서 암송하는 것이다.
④ 조직화: 기억하려는 정보를 의미적으로 관련 있는 것끼리 묶어서 범주화함으로써 기억의 효율성을 높이는 전략이다.

14 정답 ②

정답의 이유
② 학습자가 가지고 있는 기존의 인지구조에 새로운 지식을 연결함으로써 의미를 갖게 되는 것을 유의미학습이라 칭한다. 오수벨의 유의미학습이론은 선행조직자의 원리, 점진적 분화의 원리, 통합적 조정의 원리, 선행학습의 요약·정리의 원리, 내용의 체계적 조직의 원리, 학습 준비도의 원리로 구성되어 있다.

오답의 이유
① 블룸은 상위 75~90%의 학습자들로 하여금 전형적인 집단수업 상황에서 상위 25%의 학생들이 성취한 수준과 동일한 수준의 성취를 가능하게 하는 완전학습이론을 주장하였다. 개인차의 문제 해결을 위해 수업 전 단계(2) – 수업 활동 단계(7) – 수업 후 단계(1)의 총 10단계로 구성되어 있다.
③ 스키너는 행동주의 학습이론 중에서도 조작적 조건형성이론을 주장하였다. 스키너(B. Skinner)의 조작적 조건형성은 행동이 발생한 이후의 결과에 관심을 가진다. 보상에 의한 강화를 통해 반응행동을 변화시키려는 방법으로 '강화이론'이라고도 불린다.
④ 콜린스는 전통적인 도제식 수업방법을 현대에 맞게끔 발전시킨 학습이론을 주장하였으며, 학습자가 전문가를 관찰하며 스스로 지식을 구성하여 습득할 수 있다고 하였다. 모델링 – 코칭 – 스캐폴딩 – 명료화 – 반성적 사고 – 탐구의 순서로 전개된다.

15 정답 ④

정답의 이유
④ 국가와 지방자치단체가 설립한 학교에서는 특정한 종교를 위한 종교교육을 하여서는 아니 된다(교육기본법 제6조 제2항).

오답의 이유
① 교육은 교육 본래의 목적에 따라 그 기능을 다하도록 운영되어야 하며, 정치적·파당적 또는 개인적 편견을 전파하기 위한 방편으로 이용되어서는 아니 된다(교육기본법 제6조 제1항).
② 교원의 노동조합은 어떠한 정치활동도 하여서는 아니 된다(교원의 노동조합 설립 및 운영 등에 관한 법률 제3조).
③ 교원은 특정한 정당이나 정파를 지지하거나 반대하기 위하여 학생을 지도하거나 선동하여서는 아니 된다(교육기본법 제14조 제5항).

16 정답 ①

정답의 이유
① 엘리스(Ellis)의 합리적·정서적 행동 상담은 인간의 감정, 즉 정서적 문제의 원인이 비합리적 신념임을 가정하고, 이러한 잘못된 인지과정을 합리적·현실적·자기 긍정적으로 변화시켜 융통성 있고 생산적인 삶을 살아가도록 돕는 이론이다.

오답의 이유
② 게슈탈트 상담: 형태주의적 접근모형은 펄스(Perls)에 의해 개발되고 보급되었다. 상담과정에서 집단원들 간의 상호작용에 초점을 두기보다는 상담자가 중심이 되어 한 번에 한 집단원의 문제를 집중적으로 다룬다.
③ 개인심리학적 상담: 아들러(Adler)는 프로이트의 생물학적·결정론적인 관점에서 벗어나 사회심리적·비결정론적 관점으로 전환하였다. 무의식이 아닌 의식이 성격의 중심이며, 의식에 의한 선택과 책임, 삶의 의미, 성공과 완벽의 욕구를 강조하였다.
④ 정신분석적 상담: 프로이트(Freud)의 성격 이론을 근거로 하고 있다. 인간의 부적응 행동의 원인을 무의식 세계에 억압되어 있는 감정이라고 보았으며, 이 억압된 감정을 파헤쳐서 부적응 행동을 치료할 수 있다고 하였다.

17 정답 ①

정답의 이유
① 문제중심학습의 특징으로 '비구조적인 문제'를 들 수 있는데, 비구조적인 문제는 학습자가 어떻게 접근하는지에 따라 문제의 결론이 달라질 수 있다. 이러한 비구조적 문제는 처음에 문제를 접하면 복잡하고 완전한 이해가 어려울 수 있으며, 한 가지 정답이 아니라 다양한 정답을 가질 수 있고, 또한 문제를 규명해 가는 과정에서 문제가 변경이 될 수 있다는 특징이 있다.

오답의 이유
② 토의법(Discussion Method)이란 어떤 문제를 학습자들 간의 상호작용을 통해 해결해 나가는 것을 말하며, 종류로는 원탁토의, 배심토의, 단상토의(심포지엄), 공개토의(포럼), 대화식 토의, 버즈토의가 있다.

③ 직소모형(Jigsaw Model)은 조각을 맞추어 전체적인 그림을 완성하는 직소퍼즐처럼 각자 할당받은 어떤 문제의 전문가가 되어 다른 구성원에게 알려줌으로써 상호의존성과 협동성을 유발하는 모형이다.

④ 발견학습(Discovery Learning)이란 교사의 지시를 최소한으로 하여 학생 스스로 자율적인 학습을 통해서 학습목표를 성취하도록 하는 교수·학습과정의 형태이다. 이는 학습자의 자발적인 노력에 의한 발견 및 재발견의 과정을 통하여 학습이 이루어지도록 하는 것이다.

18 정답 ④

정답의 이유

④ 실존주의 교육철학은 이전의 학문중심 교육과정, 합리주의적 관념주의·실증주의에서 발생한 인간 소외현상에서 벗어나 인간을 '자유롭게 선택할 수 있는 가능성을 지닌 개별적·독자적·절대적 존재'로 바라보는 교육철학이다.

오답의 이유

① 실존주의 교육철학에서의 이상적인 개인은 '선택하는 행위자, 자유로운 행위자, 책임지는 행위자'로, 창조적 개인의 성장과 자아실현을 강조하였다.

② 실존주의 교육철학은 인간 자신의 주체적 결단, 실천을 강조하며 이런 자아의 실현을 목표로 자아인식을 위한 교육과정을 중시한다.

③ 실존주의 교육철학의 사상가인 부버(Buber)는 학생의 사람됨은 인간적인 교사와 인간적인 만남의 교육방법에 의해 계발될 수 있으며, 교사와 학생은 동등한 인격자로 '만남'이 이루어졌을 때 참다운 교육이 일어난다고 보았다.

더 알아보기

실존주의 교육철학

- 실존주의에서는 인간이 불변의 본질을 가지고 세상에 태어난다는 것을 부정한다.
- 인간은 자신의 자유의지에 의해 본질을 창조해 가는 존재이다.
- 인간이 자유의지에 의해 스스로의 본질을 완성시켜 간다는 것은 실존이 본질에 앞선다는 의미가 된다.
- 인간이 자신의 자유의지에 의해 자신의 행동과 운명을 선택할 수 있는 존재라고 한다면 자신의 행동결과에 대해 책임을 져야 한다.
- 모든 인식에 있어 무엇이 자기에게 진리인가를 궁극적으로 결정하는 것은 개별적 자아이다.
- 개인이 자유의지에 따른 선택과 판단에 의하여 자신의 생활과 운명을 결정짓고 책임을 질 수 있도록 하는, '자아실현적 인간의 형성'을 도모하는 것이 교육의 목적이다.

19 정답 ②

정답의 이유

② 지방교육재정은 지방교육자치에 관한 법률 제38조의 '시·도의 교육·학예에 관한 경비를 따로 경리하기 위하여 해당지방자치단체에 교육비특별회계를 둔다.'에 따라 교육비특별회계라는 이름으로 지방자치단체의 일반회계와 분리되어 운영되고 있다. 지방교육재정의 세입은 지방교육재정교부금·지방자치단체 전입금·자체수입·차입 및 기타로 구성되어 있다. 따라서 지방교육재정교부금은 지방자치단체 교육비특별회계의 세입 재원에 포함된다.

더 알아보기

지방교육자치에 관한 법률 제36조(교육·학예에 관한 경비)

교육·학예에 관한 경비는 다음의 재원으로 충당한다.

1. 교육에 관한 특별부과금·수수료 및 사용료
2. 지방교육재정교부금
3. 해당 지방자치단체의 일반회계로부터의 전입금
4. 유아교육지원특별회계에 따른 전입금
5. 제1호부터 제4호까지 외의 수입으로서 교육·학예에 속하는 수입

오답의 이유

① 지방교육재정교부금법은 지방자치단체가 교육기관 및 교육행정기관을 설치·경영하는 데 필요한 재원(財源)의 전부 또는 일부를 국가가 교부하여 교육의 균형 있는 발전을 도모함을 목적으로 한다(지방교육재정교부금법 제1조).

③ 국가는 회계연도마다 이 법에 따른 교부금을 국가예산에 계상(計上)하여야 한다(지방교육재정교부금법 제9조 제1항).

④ 국가가 제1조의 목적을 위하여 지방자치단체에 교부하는 교부금은 보통교부금과 특별교부금으로 나눈다(지방교육재정교부금법 제3조 제1항).

20 정답 ③

정답의 이유

③ 교육조건의 평등은 교육받는 조건의 차이(교사, 교육목표, 교육과정, 교육방법, 교육시설 등)가 없어야 한다는 것을 의미하며, 이는 교육에서 평등관 중 과정적 평등관에 해당한다.

교육학개론 | 2021년 지방직 9급

한눈에 훑어보기

✔ 영역 분석

교육의 이해 12
1문항, 5%

교육사 및 철학 10 11 20
3문항, 15%

교육심리 13 14
2문항, 10%

교육상담 16
1문항, 5%

교수-학습 15
1문항, 5%

교육사회학 03 06
2문항, 10%

교육행정 01 02 04 05 07 08 19
7문항, 35%

교육평가 및 공학 17
1문항, 5%

교육과정 09 18
2문항, 10%

✔ 빠른 정답

01	02	03	04	05	06	07	08	09	10
③	④	②	③	③	②	②	①	①	④
11	12	13	14	15	16	17	18	19	20
③	①	③	①	④	④	③	①	①	②

✔ 점수 체크

구분	1회독	2회독	3회독
맞힌 문항 수	/ 20	/ 20	/ 20
나의 점수	점	점	점

01 정답 ③

정답의 이유

③ 1957년 스푸트니크 사건은 미국 교육의 형식과 내용을 크게 변화시켰으며, 학문 중심 교육으로 전환하는 계기가 되었다. 이에 따라 교육과정 개발과 수업효과의 증진에 초점을 맞추는 방향으로 교육의 목표가 설정되었고 장학담당자들은 교수-학습 방법에 대한 분석과 교수 매체를 활용한 수업의 개선, 다양한 교수법의 개발에 집중하였다. 이 시기를 수업장학 시기라고 하며 임상장학이나 마이크로티칭 등의 기법이 주로 활용되었다.

오답의 이유

① 동료장학은 수업을 개선하기 위하여 교사들이 서로 협동하는 장학 형태이다. 교사의 자율성과 협동성을 기초로 하며 둘 이상의 교사가 상호간의 수업을 관찰하고 피드백을 제공하며, 토론하는 방식으로 진행된다.

② 발달장학은 교사의 발전 정도에 따라 장학방법을 달리 적용하는 것으로, 낮은 수준의 교사에게는 지시적 장학을 적용하고 중간 수준의 교사에게는 협동적 장학을 적용한다. 높은 수준의 교사에게는 비지시적 장학을 적용한다.

④ 자기장학은 교사 스스로 전문성 신장을 위해 계획을 수립하고 연구하며 실천해 나가는 과정을 의미한다.

02 정답 ④

정답의 이유

④ 순환교육은 경제협력개발기구(OECD)에 의하여 구상된 혁신적 교육프로그램으로, 교육이 가정, 학교, 사회 전 생애에 걸쳐 이루어져야 한다는 교육관에 근거한다. 순환교육은 의무교육을 마치고 사회에 진출한 사람들을 다시 정규교육 기관에 입학할 수 있도록 하여 재학습의 기회를 주는 교육이다.

오답의 이유

① 계속교육은 초등학교나 중등학교 의무교육 과정을 마친 개인에게 계속해서 교육을 받을 수 있는 기회를 제공하는 것으로 평생교육의 한 형태이다.

② 생애교육은 교육이 가정, 학교, 사회 전 생애에 걸쳐 이루어져야 한다는 교육관에 근거하며 인간이 변화하는 사회에 적응하기 위해 끊임없이 교육을 받아야 한다고 본다.

③ 성인교육은 청년이나 성인기의 개인이 사회적 역할을 보다 잘 수행하고 개인적 성장을 추구하기 위하여 지식, 기술, 태도의 변화를 지향하는 학습 활동 과정을 말한다. 성인교육은 연령상의 성인을 대상으로 하는 교육으로, 학교나 대학에서의 조직적인

교육과 여가활동 등의 비체계적 활동 등은 그 범주에서 제외시키는 것이 일반적이다.

03　정답 ②

정답의 이유

② 뒤르켐(Durkheim)은 기능론자로, 교육을 통해 사회의 가치를 익혀가는 과정인 사회화가 이루어진다고 보았다. 사회화의 유형을 특수 사회화와 보편적 사회화로 분류하였는데, 이 중에서도 특히 보편적 사회화를 강조하였다. 보편적 사회화는 한 사회의 공통적인 감성과 신념을 내면화시킴으로써 구성원들의 동질성을 확보하는 것을 말한다. 특수 사회화는 개인이 속하여 살아가게 될 직업집단의 규범과 전문지식을 함양하는 것을 말한다. 뒤르켐은 도덕교육이 사회의 중핵가치와 신념을 내면화하는 것이라 보았으며, 이를 내면화하는 것은 강력한 사회통제가 가능해짐을 의미하기 때문에 도덕교육을 강조하였다.

이를 통해, 사회화를 보편적 사회화와 특수 사회화로 구분하고 도덕교육을 강조한 인물은 (가) 뒤르켐임을 알 수 있으며, 사회의 동질성을 유지하기 위해 한 사회의 공통적인 감성과 신념, 집단의식을 새로운 세대에 내면화시키는 것은 뒤르켐이 강조한 (나) 보편적 사회화임을 알 수 있다.

04　정답 ③

정답의 이유

③ 자주성의 원리는 교육이 본질을 추구하기 위해 일반행정에서 분리·독립하고 정치와 종교로부터 중립을 유지해야 한다는 것이다.

더 알아보기

교육행정의 원리

합법성의 원리	교육행정의 모든 활동이 합법적으로 제정된 법령, 명령 등에 따라야 한다는 것이다.
기회균등의 원리	교육 기회를 실질적으로 보장하겠다는 원리로, 교육의 허용적·보장적·과정적·결과적 평등을 모두 포함하고 있다.
지방분권의 원리	교육의 권한과 책임을 지방교육행정기관에 분산시키는 것이다.
자주성의 원리	교육이 본질을 추구하기 위해 일반행정에서 분리·독립하고 정치와 종교로부터 중립을 유지해야 한다는 것이다.
효율성의 원리	가장 능률적인 방법으로 최대의 성과를 달성해야 한다는 것이다.
민주성의 원리	국민의 참여를 통한 공정한 민의를 반영해야 한다는 것이다.
안정성의 원리	교육정책은 장기적 안목에서 지속성과 일관성을 유지해야 한다는 것이다.
적응성의 원리	급격하게 변화하는 상황을 반영할 수 있어야 한다는 것이다.
전문성의 원리	전문가가 교육행정을 담당해야 한다는 것이다.

05　정답 ③

정답의 이유

③ 기대 이론은 브룸(Vroom)에 의해 발전되고 널리 알려진 것으로, 인간이 노력하면 성과를 낼 수 있고, 그에 따른 보상을 받을 수 있다는 기대감이 있어야 동기가 유발된다고 보았다. 또한, 개인의 행동은 의식적 선택의 결과이며 자신의 기대치에 의해 제시된 행동을 자유롭게 선택한다고 보았다.

오답의 이유

① 직무에서 만족을 주는 요인(동기요인)과 불만족을 준 요인(위생요인)을 독립된 별개의 차원으로 보는 것은 허즈버그(Herzberg)의 동기-위생 이론에 대한 설명이다.
② 아담스(Adams)의 공정성 이론은 자신의 상태와 타인의 상태를 비교하고 공평하게 대우받는다고 인식하면 만족스러운 동기가 유발된다고 본다.
④ 포터(Porter)와 로울러(Lawler)의 성과-만족 이론은 브룸의 이론을 기초로 하고 있는데, 구성원의 노력이 성과를 가져오고 그 성과에 따라 보상할 때 구성원은 직무에 만족을 느끼고 다시 노력을 하게 된다는 것이다.

06　정답 ②

정답의 이유

② 문화실조론은 문화적 절대주의(자민족 우월주의)의 관점으로, 문화실조론자들은 사회·문화적 환경의 차이로 인해 학업성취의 격차가 발생한다고 주장하였다.

07　정답 ②

정답의 이유

② 전국평생학습도시협의회의 구성·운영에 필요한 사항은 대통령령으로 정한다(평생교육법 제15조 제3항).

오답의 이유

① 평생교육법 제15조 제4항
③ 평생교육법 제15조 제2항
④ 평생교육법 제15조 제1항

> **제15조(평생학습도시)**
> ① 국가는 지역사회의 평생교육 활성화를 위하여 특별자치시, 시(「제주특별자치도 설치 및 국제자유도시 조성을 위한 특별법」 제10조 제2항에 따른 행정시를 포함한다. 이하 이 조 및 제15조의2에서 같다)·군 및 자치구를 대상으로 평생학습도시를 지정 및 지원할 수 있다.
> ② 제1항에 따른 평생학습도시 간의 연계·협력 및 정보교류의 증진을 위하여 전국평생학습도시협의회를 둘 수 있다.
> ③ 제2항에 따른 전국평생학습도시협의회의 구성·운영에 필요한 사항은 대통령령으로 정한다.
> ④ 제1항에 따른 평생학습도시의 지정 및 지원에 필요한 사항은 교육부장관이 정한다.

08 정답 ①

정답의 이유

① 지방교육자치에 관한 법률 제30조 제2항

> 제30조(보조기관)
> ② 부교육감은 해당 시·도의 교육감이 추천한 사람을 교육부장관의 제청으로 국무총리를 거쳐 대통령이 임명한다.

오답의 이유

② 교육감의 임기는 4년이며, 3기에 걸쳐 재임할 수 있다(지방교육자치에 관한 법률 제21조).

> 제21조(교육감의 임기)
> 교육감의 임기는 4년으로 하며, 교육감의 계속 재임은 3기에 한정한다.

③ 지방교육자치제의 실시 단위는 특별시·광역시 및 도를 단위로 한다(지방교육자치에 관한 법률 제2조).

> 제2조(교육·학예사무의 관장)
> 지방자치단체의 교육·과학·기술·체육 그 밖의 학예(이하 "교육·학예"라 한다)에 관한 사무는 특별시·광역시 및 도(이하 "시·도"라 한다)의 사무로 한다.

④ 지방교육자치에 관한 법률 부칙에 따라 2014년 6월 이후 교육위원회는 효력을 상실하였다. 따라서 2016년 12월 13일에 시행된 지방교육자치에 관한 법률 제2장(교육위원회) 제4조~제11조가 삭제되었다. 현재 교육위원회는 지방자치단체 지방의회의 상임위원회에서 운영하고 있다. 그러나 제주특별자치도 설치 및 국제자유도시 조성을 위한 특별법에 근거해 제주도만 교육의원을 선출하고 있다.

09 정답 ①

정답의 이유

① 성취기준은 각 교과목에서 학생들이 학습을 통해 성취해야 하는 지식, 기능, 태도를 진술한 것이다.

10 정답 ④

정답의 이유

ㄱ. 동문학은 1883년 4월에 설립된 관립 외국어 교육기관이다.
ㄴ. 육영공원은 1886년에 설립된 우리나라 최초의 근대적 공립학교이다. 헐버트를 비롯한 외국인을 교사로 채용하였고, 젊은 현직 관리와 양반 자제를 학생으로 받아들여 외국어 교육에 집중하였다.
ㄷ. 연무공원은 1888년에 설립된 관립 사관양성학교이다. 1882년 임오군란 이후 정부는 장교를 양성하고 군대를 근대식으로 훈련시키기 위해 미국에 군사교관을 보내 줄 것을 요청하였다. 조선 정부는 미국인 교관이 도착하면 곧 훈련을 시작할 수 있도록 1888년 연무공원을 설립하였다.

11 정답 ③

정답의 이유

③ 포스트모더니즘은 연대의식을 표방한다. 타인에 대한 관심과 연대의식을 강조하며, 공동체 의식과 상호간의 존중, 상호협력을 증진시키고자 한다.

더 알아보기

포스트모더니즘의 특징
- 반정초주의 표방
- 다원주의 표방
- 반권위주의 표방
- 연대의식 표방
- 소서사적 지식관
- 탈정전화

12 정답 ①

정답의 이유

① 렌줄리는 영재성의 세 가지 요소로 평균 이상의 능력, 높은 과제집착력, 높은 창의성을 제시하였다.

오답의 이유

② 높은 창의성: 창의성은 문제 상황에 적절한 새롭고 독창적인 산출물을 만들어 내는 능력이며 아이디어에서 끝나는 것이 아니라 이를 적용하는 것까지 포함된다.
③ 높은 과제집착력: 어떤 한 가지 과제 또는 영역에 자신의 에너지를 지속적으로 집중시키는 특성을 일컫는다.
④ 평균 이상의 능력: 능력이나 지능이 극단적으로 높지 않아도 평균 이상의 지능이면 충분히 영재교육의 대상이 될 수 있다고 주장하였다.

13 정답 ③

정답의 이유

ㄴ. 선호하지 않는 것을 제거함으로써 행동의 강도와 빈도를 높이는 것을 부적 강화라고 한다. 선행(바람직한 행동)을 베풀었을 때 청소 당번을 면제(선호하지 않는 자극을 제거)시켜 주는 것이 이에 해당된다.
ㄷ. 선호하는 것을 제공함으로써 행동의 강도와 빈도를 높이는 것을 정적 강화라고 한다. 수업 시간에 노트 필기를 열심히 할 때마다 칭찬(강화물)을 하면, 노트 필기를 더 열심히 하는 경우(바람직한 행동의 증가)가 그 예이다.

오답의 이유

ㄱ. 행동의 강도와 빈도를 높이는 데 있어 벌보다는 강화가 더 효과적이다.

14 정답 ①

정답의 이유

① 행동주의 심리학에서 손다이크는 학습이 계속적인 시행착오의 과정에서 선택·결합하는 과정을 통해 일어난다고 보았다.

15 정답 ④

정답의 이유

④ 인지적 도제학습 이론은 전문가와 초심자 간의 특정한 관계 속에서 실제적 과제를 해결해 나가는 과정을 통해 새로운 지식이 구성된다고 보았다. 전문가는 문제에 대해 효과적으로 사고하고 인지적으로 처리하는 방법에 대해 시범을 보이고, 초심자와 함께 토론이나 분석을 통해 최적의 해결방안을 모색한다.

오답의 이유

① 상황학습 이론은 학습자를 그 상황에 참여시켜서 수업하는 것을 말한다. 실제적 문제를 포함하는 환경에서 학습이 이루어진다.
② 문제기반학습 이론은 실천적 문제를 중심으로 상황적 맥락을 고려하여 학습자가 스스로 문제를 해결해 나가는 자기주도 학습방법이다.
③ 인지적 융통성 이론은 여러 지식의 범주를 연결하면서 다양한 방법으로 급격하게 변화해 가는 상황적 요구에 탄력성 있게 대처하는 능력을 키우고자 설계되었다. 학생들이 충분히 다룰 수 있는 정도의 복잡성을 지닌 과제를 작게 세분화하여 제시하고 다양한 소규모의 예들을 제공할 것을 제시하였다.

16 정답 ④

정답의 이유

④ 현실 요법에서 상담의 목표는 내담자가 현실문제에 대해 스스로 책임을 지고 현실적·합리적 행동을 배워 현실문제를 타개함으로써 성공정체감을 발달시키는 것이다. 책임감 있는 사람이 정신적으로 건강하다고 보았다.

오답의 이유

① 인간중심 상담은 내담자 중심의 상담이다. 인간을 계속 성장해 가는 존재로 인식하며, 개인의 문제를 스스로 찾아 해결하는 데 초점을 둔다. 인간중심 상담에서는 특별한 기술보다 상담자의 태도가 중요하다. 진실성과 무조건적 긍정적 관심, 공감적 이해를 바탕으로 상담에 임해야 한다.
② 정신분석적 상담은 프로이트의 성격 이론을 근거로 하고 있다. 인간의 부적응 행동의 원인을 무의식 세계에 억압되어 있는 감정이라고 보았으며 이 억압된 감정을 파헤쳐서 부적응 행동을 치료할 수 있다고 하였다.
③ 행동주의 상담에서는 대부분의 비정상적 행동이 학습에 의해 획득되고 유지되는 것으로 가정한다. 행동주의 상담의 목적은 학습된 문제행동을 소거하고 보다 효율적이고 바람직한 행동을 학습하도록 내담자를 돕는 것이다.

17 정답 ③

정답의 이유

ㄱ. 준거참조평가는 정해진 준거나 목표에 도달하였는지를 판단하는 평가이기 때문에 경쟁을 통한 학습자의 외적 동기 유발에는 부족하다. 반면, 규준참조평가의 경우 평가결과를 학습자가 속해 있는 집단의 규준에 비추어 상대적인 위치를 밝히는 평가이기 때문에 학습자의 경쟁을 통해 동기를 유발하는 데 유리하다.
ㄴ. 준거참조평가는 무엇을 알고 무엇을 모르는가 하는 직접적인 정보를 제공하기 때문에 지적인 성취동기를 자극할 수 있다. 또한, 상대평가와 달리 경쟁심을 배제하기 때문에 협동학습이 가능하여 탐구정신과 협동정신을 함양할 수 있다.
ㄹ. 준거참조평가는 일정 점수 이상을 획득한 대상에게 자격증을 부여할 때 주로 사용된다.

오답의 이유

ㄷ. 고등 정신능력의 함양보다는 암기 위주의 학습을 유도할 가능성이 있는 것은 규준참조평가의 특징이다.

18 정답 ①

정답의 이유

① 2015 개정 교육과정 총론에서 제시하고 있는 핵심역량에 세계시민 역량은 해당하지 않는다.

더 알아보기

2015 개정 교육과정 총론의 핵심역량

- 자기관리 역량: 자아정체성과 자신감을 가지고 자신의 삶과 진로에 필요한 기초 능력과 자질을 갖추어 자기주도적으로 살아갈 수 있는 역량
- 지식정보처리 역량: 문제를 합리적으로 해결하기 위하여 다양한 영역의 지식과 정보를 처리하고 활용할 수 있는 역량
- 창의적 사고 역량: 폭넓은 기초 지식을 바탕으로 다양한 전문 분야의 지식, 기술, 경험을 융합적으로 활용하여 새로운 것을 창출하는 역량
- 심미적 감성 역량: 인간에 대한 공감적 이해와 문화적 감수성을 바탕으로 삶의 의미와 가치를 발견하고 향유하는 역량
- 의사소통 역량: 다양한 상황에서 자신의 생각과 감정을 효과적으로 표현하고 다른 사람의 의견을 경청하며 존중하는 역량
- 공동체 역량: 지역·국가·세계 공동체의 구성원에게 요구되는 가치와 태도를 가지고 공동체 발전에 적극적으로 참여하는 역량

19 정답 ①

정답의 이유

① 사립학교의 재원은 학생 등록금, 학교 법인으로부터의 전입금, 국고 또는 각종 단체로부터의 전입금, 국고 또는 각종 단체로부터의 원조·보조금으로 구성되어 있다.

20 정답 ②

정답의 이유

② 통일신라의 국학과 고려의 국자감에서는 모두 『논어』와 『효경』을 필수 과목으로 하였다.

교육학개론 | 2020년 지방직 9급

한눈에 훑어보기

✅ 영역 분석

교육사 및 철학 01 07 09
3문항, 15%

교육심리 18 19
2문항, 10%

교육상담 20
1문항, 5%

교수-학습 12 16 17
3문항, 15%

교육사회학 03 04 05
3문항, 15%

교육행정 06 13 14 15
4문항, 20%

교육평가 및 공학 08 10 11
3문항, 15%

교육과정 02
1문항, 5%

✅ 빠른 정답

01	02	03	04	05	06	07	08	09	10
①	③	②	②	③	①	②	①	④	①
11	12	13	14	15	16	17	18	19	20
①	④	②	④	③	③	④	①	②	④

✅ 점수 체크

구분	1회독	2회독	3회독
맞힌 문항 수	/ 20	/ 20	/ 20
나의 점수	점	점	점

01 정답 ①

정답의 이유

① 실존주의 교육철학은 창조적 개인의 성장과 자아실현을 강조하였고 인간 삶의 밝은 면뿐만 아니라 어두운 면까지 교육의 영역을 확대함으로써 진솔한 교육이 이루어질 가능성을 제공한다.

오답의 이유

② 재건주의 교육철학에 해당한다.
③ 본질주의 교육철학에 해당한다.
④ 항존주의 교육철학에 해당한다.

02 정답 ③

정답의 이유

③ 잭슨(P. W. Jackson)은 잠재적 교육과정이란 용어를 처음 사용하였는데 잠재적 교육과정이란 학교에서 의도하지 않았던 학습 결과를 초래하는 교육과정으로, 학교의 상황을 통하여 학생들이 은연중에 가지는 경험의 총체를 의미한다. 잭슨은 잠재적 교육과정의 원천으로 군집성, 상찬(평가), 권력을 제시하였다.

03 정답 ②

정답의 이유

ㄱ. 파슨스의 학교사회화 이론에 의하면 학교는 '사회화와 선발'을 통해 사회 구성원으로서의 역할 개발이라는 중요 기능을 담당한다.
ㄷ. 교육을 통한 선발은 교육의 중요한 기능에 해당한다.

오답의 이유

ㄴ. 교육이 지배집단의 문화를 정당화하고 주입하며, 기존 계층구조 재생산을 정당화한다고 보는 관점은 갈등이론에 해당한다.

04 정답 ②

정답의 이유

② 보울스와 진티스(Bowles & Gintis)는 『자본주의 미국 사회에서의 학교교육』(1976)에서 학교 교육내용은 자본주의 경제체제 유지에 필요한 가치와 규범 즉, 창의성, 자율성, 지적호기심 등을 통해 지배계급의 지위를 정당화한다고 하였다. 특히 학교교육은 자본주의의 위계적 생산관계를 그대로 반영하고 있으며, 이를 통해 지배체제를 정당화한다고 주장하였다.

05 정답 ③

정답의 이유

③ 롤스(Rawls)는 『정의론』(1971)에서 교육평등의 원리로 '차등의 원리'를 제시했는데 이는 최대이익의 원리인 '공리주의적 평등관'을 비판하는 원리로 '보상적 평등관'에 기반한다. 차등의 원리를 교육에 대입해 보면 결과적 평등을 위해 우수한 학생보다 열등한 학생에게 더 많은 교사의 노력과 시간이 주어져야 하고 더 좋은 교육조건이 제공되어야 함을 의미한다.

06 ※ 법령 개정에 따라 문제 변경하여 수록함 정답 ①

정답의 이유

① 평생교육은 학교의 정규교육과정을 제외한 학력보완교육, 성인 문자해득교육, 직업능력 향상교육, 성인 진로개발역량 향상교육, 인문교양교육, 문화예술교육, 시민참여교육 등을 포함하는 모든 형태의 조직적인 교육활동을 말한다(평생교육법 제2조). 건강심성 프로그램, 기능적 소양 프로그램, 인문학적 교양 프로그램은 인문교양교육에 해당한다.

※ 평생교육법에서 명시하는 평생교육의 정의가 법령 개정(2023. 6.13. 개정, 2023.12.14. 시행)에 따라 6대 영역에서 7대 영역으로 변경되었으니 수험생 분들께서는 아래의 내용을 참고해 주시기 바랍니다.

제2조(정의)

이 법에서 사용하는 용어의 정의는 다음과 같다.

1. "평생교육"이란 학교의 정규교육과정을 제외한 학력보완교육, 성인 문자해득교육, 직업능력 향상교육, 성인 진로개발역량 향상교육, 인문교양교육, 문화예술교육, 시민참여교육 등을 포함하는 모든 형태의 조직적인 교육활동을 말한다.
6. "성인 진로개발역량 향상교육"(이하 "성인 진로교육"이라 한다)이란 성인이 자신에게 적합한 직업을 찾고 진로를 인식·탐색·준비·결정 및 관리할 수 있도록 진로수업·진로심리검사·진로상담·진로정보·진로체험 및 취업지원 등을 제공하는 활동을 말한다.

오답의 이유

② 시민참여교육에 해당한다.
③·④ 문화예술교육에 해당한다.

07 정답 ②

정답의 이유

② 우리나라 최초로 설립된 민간 신식교육기관은 1883년에 설립된 '원산학사'이다. 배재학당은 1885년 선교사 아펜젤러에 의해 세워진 한국 최초의 기독교 학교이자 근대식 남학교의 효시이다.

08 정답 ①

정답의 이유

① 실용도는 검사의 경제성의 정도로, 한 검사 도구가 경비와 시간과 노력을 적게 들이고도 소기의 목적을 얼마나 달성할 수 있는지 정도를 말한다.

오답의 이유

② 재검사 신뢰도는 한 피험자 집단을 대상으로 하여 동일한 검사를 서로 다른 두 시기에 실시하여 얻어진 상관계수를 말한다. 이에 반해 크론바흐 계수는 단일 실행 신뢰도(고정된 시간에 여러 항목에 대한 응답자의 신뢰도) 계수이다.
③ 객관도는 신뢰도에 가까운 개념이다.
④ 높은 신뢰도는 높은 타당도가 되기 위한 필요조건(선행조건)이다.

09 정답 ④

정답의 이유

④ 아리스토텔레스(Aristoteles)는 목적론적 세계관을 바탕으로 지식 자체에 목적을 둔 자유교양교육을 중시하였고 교육의 목적을 이성적 자아실현과 행복추구로 보았다. 국가주의 교육과 귀족주의 교육을 강조하여 교육기관의 국가관리와 운영을 주장하였으나 서민계급의 교육은 반대하였다.

10 정답 ①

정답의 이유

ㄱ. 편차점수의 곱으로 산출하기 때문에 극단한 값(Outlier)의 영향을 받는다.
ㄴ. 두 변인이 직선일 때 상관관계가 가장 높고, 타원 또는 곡선일수록 상관은 낮아진다.

오답의 이유

ㄷ. 원점수를 표준점수(Z, T점수)로 변환하여도 정상분포를 전제하고 있기 때문에 두 변인 간의 상관계수는 달라지지 않는다.

11 정답 ①

정답의 이유

① 원격교육은 교수자와 학습자가 직접 대면하지 않고 방송교재, 오디오·비디오 교재 등을 매개로 하여 교수-학습 활동을 하는 교수전략을 말한다. 컴퓨터 통신망을 기반으로 등장한 것은 이러닝(E-Learning)으로 이는 원격교육의 한 예에 해당하며 원격교육 전부가 컴퓨터 통신망을 기반으로 등장한 것은 아니다.

12 정답 ④

정답의 이유

ㄷ·ㄹ. 구성주의는 객관주의(행동주의, 인지주의)의 문제점에 대한 대안적 인식론으로 등장했는데, 특히 정보화 사회의 도래로 다양성과 창의를 목표로 하는 시대적 요청에 의해 교육의 전면으로 등장하게 되었다. 구성주의 교육에서는 모든 지식과 과제는 실제적 상황을 전제로 하여 전개되고 다루는 과제도 실제 사회에서 대면하게 될 성격과 특성을 지닌 것으로 제시한다. 평가역시 수업 과정 중에 지속적으로 수행되며 다양한 형태로 이뤄진다.

오답의 이유

ㄱ·ㄴ. 객관주의 교수·학습에 해당한다.

13 정답 ②

정답의 이유

② 동료장학은 둘 이상의 교사가 서로 수업을 관찰하고 관찰 사항에 대해 상호 조언하며, 서로의 관심사에 대해 토의함으로써 전문적 성장을 위해 함께 연구하는 활동이다.

더 알아보기

장학 유형

장학 유형	장학 담당자	구체적 형태
동료장학	동료 교사	연수 중심 동료장학, 커플장학(초임교사-경력교사), 동호인 활동 중심 동료장학, 수업연구(공개) 중심 동료장학, 협의 중심 동료장학
약식장학	교장, 교감	수업참관, 학급순시
자기장학	교사 개인	각종 자기연찬 활동, 자기수업 분석 연구, 전문서적 자료 탐독, 대학원 수강, 교과연구회·학술·강연회 참석
임상장학	교장, 교감, 외부 장학요원, 전문가	초임교사 혹은 갱신기 교사 대상 수업관련 지도·조언 활동

14 정답 ④

정답의 이유

④ 칼슨(Carlson)은 고객이 조직에의 참여 여부를 선택하는 과정의 유무와 조직의 고객선택권 유무를 기준으로 사분도를 만들었다. 이 중 유형 Ⅳ는 조직이 고객을 선발하지도 않고 고객도 선택하지 않는 조직이다. 이 유형에서는 법에 따라 조직은 고객을 받아들여야 하고 고객도 참여해야 한다. 칼슨은 이런 유형의 조직을 사육조직, 온상조직으로 명명했고 의무교육기관인 공립학교, 교도소, 국립정신병원 등이 이에 해당한다.

더 알아보기

칼슨(Carlson)의 봉사조직 유형

구분		고객의 참여결정권		
		유		무
조직의 참여결정권	유	유형Ⅰ (야생조직)	사립대학교, 자율형 고교	유형Ⅲ (강압조직)	이론적으로는 가능하나 실제로는 없음
	무	유형Ⅱ (적응조직)	미국의 경우 모든 고졸 지원생을 받도록 되어 있는 주립대학·지역사회대학	유형Ⅳ (사육조직, 온상조직)	공립학교, 교도소, 국립정신병원

15 정답 ③

정답의 이유

③ 변혁적 리더십 이론은 번즈(Burns)와 배스(Bass)가 주장한 것으로 지도자의 특성으로 이상화된 영향력(Idealized Influence), 감화력(Inspirational Motivation), 지적 자극(Intellectual Stimulation), 개별적 배려(Individualized Consideration)를 강조한다.

16 정답 ③

정답의 이유

③ 발견학습이란 교사의 지시를 최소한으로 줄이고 학생의 자발적인 학습을 통해서 학습목표를 달성하도록 하는 교수·학습과정의 형태이다. 브루너(Bruner)의 발견학습에서 학습계열은 동작적·영상적·상징적 표현양식 순서로 발달한다. 따라서 표현의 파생력이 낮은 내용이 먼저 제시되고 그다음에 높은 것을 제시한다.

17 정답 ④

정답의 이유

④ 일반적 교수체제 설계모형(ADDIE)에서 설계(Design)단계는 분석의 결과로 얻어진 정보들에 기초하여 효과적인 수업 프로그램의 설계명세서를 만들어 내는 것이다.

오답의 이유

① 실행단계에 해당한다.
② 개발단계에 해당한다.
③ 분석단계에 해당한다.

> 더 알아보기

일반적 교수체제 설계모형(ADDIE)

구분	활동
분석 (Analysis)	요구 분석, 과제 분석, 환경 분석, 학습자 분석
설계 (Design)	분석의 결과로 얻은 정보들에 기초하여 효과적인 수업 프로그램의 설계명세서를 만들어 내는 단계
개발 (Development)	설계에 기초하여 수업 프로그램이나 교수자료를 개발·제작하고, 형성평가를 통해 완성된 자료를 제작하는 단계
실행 (Implement)	개발된 교수 프로그램이나 교수자료를 실제 교육 현장에서 활용하고 관리하는 단계
평가 (Evaluation)	교수 프로그램이나 교수자료의 효과성이나 효율성을 측정하는 단계

18 정답 ①

> 정답의 이유

① 학습이 발달을 주도한다는 적극적 학습론은 비고츠키가 주장하였고 피아제(Piaget)는 발달에 기초하여 학습이 이루어진다는 소극적 교육론을 주장하였다.

19 정답 ②

> 정답의 이유

② 부적 강화(Negative Reinforcement)는 학습자가 바람직한 행동을 했을 때 학습자가 싫어하는 자극물을 제거하거나 감소시켜 줌으로써 행동의 빈도를 높여주는 것을 말한다.

> 오답의 이유

① 고정간격 강화계획은 일정한 시간 간격을 기준으로 강화가 제시되는 것을 의미한다.
③ 이차적 강화물은 그 자체로 강화능력을 가지고 있지 않는 자극이 다른 강화물과 연합하여 가치를 얻게 된 강화물이다.
④ 행동조형은 차별적 강화를 이용하여 목표와 근접한 행동을 단계적으로 형성해 나가는 것이다.

> 더 알아보기

강화

고정비율 강화계획	일정한 빈도를 간격으로 강화가 제시되는 것
일차적 강화물	학습화되지 않은 강화물로 선천적으로 반응확률을 증가시켜주는 강화물
프리맥의 원리	보다 선호하는 행동을 강화물로 활용하는 것

20 정답 ④

> 정답의 이유

④ 엘리스(Ellis)의 합리적(인지적)·정의적·행동적 상담이론은 인간의 감정, 즉 정서적 문제의 원인이 비합리적 신념임을 가정하고 이러한 잘못된 인지과정을 합리적·현실적·자기 긍정적으로 변화시켜 융통성 있고 생산적인 삶을 살아가도록 돕는 이론이다.

> 오답의 이유

① 프로이트(Freud)의 정신분석적 상담에 해당한다.
② 아들러(Adler)의 개인심리 상담에 해당한다.
③ 글래서(Glasser)의 현실치료적 상담에 해당한다.

교육학개론 | 2019년 지방직 9급

한눈에 훑어보기

✔ 영역 분석

교육사 및 철학 05 11 15 17
4문항, 20%

교육심리 03 07 12 20
4문항, 20%

교육상담 13
1문항, 5%

교육사회학 08
1문항, 5%

교육행정 01 06 09 16 18 19
6문항, 30%

교육평가 및 공학 02 10
2문항, 10%

교육과정 04 14
2문항, 10%

✔ 빠른 정답

01	02	03	04	05	06	07	08	09	10
④	②	②	②	③	④	①	④	④	①
11	12	13	14	15	16	17	18	19	20
①	③	③	①	②	②	④	①	②	③

✔ 점수 체크

구분	1회독	2회독	3회독
맞힌 문항 수	/ 20	/ 20	/ 20
나의 점수	점	점	점

01 정답 ④

정답의 이유

④ 중학생은 대한민국의 의무교육인 국민공통기본교육과정(10개년)에 포함된다. 따라서 '퇴학처분은 의무교육과정에 있는 가해학생에 대하여는 적용하지 아니한다.'는 법률에 의거해 중학생인 가해학생에 대해 퇴학처분조치를 취할 수 없다(학교폭력예방 및 대책에 관한 법률 제17조 제1항).

오답의 이유

①·②·③ 순서대로 학교폭력예방 및 대책에 관한 법률 제17조 제1항 제6호, 제7호, 제8호에 해당한다.

> 제17조(가해학생에 대한 조치)
> ① 심의위원회는 피해학생의 보호와 가해학생의 선도·교육을 위하여 가해학생에 대하여 다음 각 호의 어느 하나에 해당하는 조치(수 개의 조치를 동시에 부과하는 경우를 포함한다)를 할 것을 교육장에게 요청하여야 하며, 각 조치별 적용 기준은 대통령령으로 정한다. 다만, <u>퇴학처분은 의무교육과정에 있는 가해학생에 대하여는 적용하지 아니한다.</u>
> 1. 피해학생에 대한 서면사과
> 2. 피해학생 및 신고·고발 학생에 대한 접촉, 협박 및 보복행위의 금지
> 3. 학교에서의 봉사
> 4. 사회봉사
> 5. 학내외 전문가에 의한 특별 교육이수 또는 심리치료
> 6. 출석정지
> 7. 학급교체
> 8. 전학
> 9. 퇴학처분

02 정답 ②

정답의 이유

㉠ 진단평가는 학습자의 '선행학습 여부, 이해능력 파악, 학습의 설정' 등을 위해 본격적인 학습으로 들어가기 이전에 시행한다. '입학시험, 반 배치고사' 등이 해당된다.

㉡ 형성평가는 '학습이 잘 이루어지고 있는지' 판단하기 위해 시행하는 평가 유형이다. 형성평가의 결과에 따라서 교수자는 적절한 학습이 이루어지는 것을 목표로 '수업의 난이도, 수업방식, 수업의 진도' 등을 개선하거나 유지시킨다. '쪽지시험, 수행평가' 등이 해당된다.

ⓒ 총괄평가는 수업을 마친 후 '수업을 통해 학습자가 학습목표를 달성했는가.'를 알기 위해 시행하는 평가 유형이다. '중간고사, 기말고사, 수능' 등으로 대표될 수 있으나, 1차시만 진행되는 수업으로 한정하면 수업을 마치고 진행되는 '쪽지시험, 학습활동' 등도 포함될 수 있다.

더 알아보기

진단평가, 형성평가, 총괄평가

구분	진단평가	형성평가	총괄평가
시행 시기	수업 전	수업 중	수업 후
평가 이유	• 선행학습 여부 • 이해능력 파악 • 학습 설정	• 학습의 진행 정도 • 수업의 개선 • 수업방식 개선	• 학습목표 달성 여부 • 학습 성과 파악 • 자료 수집
예시	• 입학시험 • 반 배치고사	• 쪽지시험 • 수행평가	• 중간고사, 기말고사 – 전체 차시의 경우 • 쪽지시험, 학습활동 – 1차시의 경우

03 정답 ②

정답의 이유

② 행동주의 학습이론에서 학습자의 학습은 동물과 크게 다르지 않다. 학습자는 상황과 환경의 영향을 받는 존재로, 학습은 환경에 대한 자극과 반응에 의해 일어난다. 이는 학습자 역시 강화와 벌을 이용한 반복과 연습으로 변화된다는 것을 의미한다.

오답의 이유

① 행동주의 학습이론은 학습자의 행동에 환경이 영향을 끼친다고 본다.
③ 행동주의 학습이론에서는 학습 이후에 나타나는 외현적인 표현 행동이 비록 바람직하지 않다고 하더라도 학습의 결과로 인정된다. 이는 다른 학습방식과 환경 조성으로 목표행동을 재형성해야 함을 의미한다. 시행과 착오를 되풀이해 우연히 목표행동에 도달한다고 주장하는 손다이크(E. L. Thorndike)의 시행착오설을 예로 들 수 있다.
④ 행동주의 학습이론에서 학습이란 곧 바람직한 외현적 표현행동이 습관화된 상태를 의미하므로, 목표행동에 대한 과학적 연구가 가능하다. 파블로프(I. Pavlov)의 조건반사설에 실험된 개가 대표적인 사례이다.

더 알아보기

행동주의 학습이론

구분	내용
관점	• "인간의 학습과 동물의 학습 간에는 양적인 차이만 있을 뿐 질적인 차이는 없다." • 연구는 오로지 관찰 가능한 사건이나 현상에 한정되어야 함
학습	• 학습이란 '경험의 결과로 나타나는 관찰할 수 있는 행동의 변화' • 학습은 환경에 대한 자극과 반응에 의해 일어남 • 반응을 촉진하기 위한 강화제, 촉진제 이용(외적동기에 의한 효과 촉진) • 학습결과=행동의 변화
시사점	• 스키너와 손다이크 학습이론의 핵심인 '강화' 개념은 행동 수정 또는 행동조성의 기본 원리로서 적극적으로 활용됨 • 스키너는 강화원리를 기초로, 프로그램 수업이나 교수 기계 등을 고안함
유의점	• 학습과제의 구체적인 세분화 • 학습목표의 세부적인 설정 • 학습자의 출발점이 주어진 학습과제에서 확인되어야 함 • 학습자의 학습동기 유발 • 학습과제의 점진적 제시(하위과제 → 상위과제) • 외현적인 표현 행동의 계속적인 반복, 연습의 방식 • 적절한 강화인자, 강화방법을 통한 학습동기 강화 학습자 분석 → 학습과제 → 학습목표 → 출발점행동 확인 → 동기 유발 행동 변화 → 동기 강화 → 반복, 연습 → 학습과제 제시
대표 인물	• 스키너 • 손다이크

04 정답 ②

정답의 이유

② 정의적 영역은 인간의 감정이나 가치관 등 눈으로 보이지 않는 부분을 의미하며, 인지적 영역, 심동적 영역과 함께 교육목표의 한 영역으로 구분된다. 한편 학문중심 교육과정은 지식과 경험에만 집중하여 학습자의 정의적 특성에 대한 교육을 무시할 가능성이 있는데, 이를 보완하여 정의적 영역까지 포함하는 교육과정이 인간중심 교육과정이다. 따라서 옳지 않은 선지이다.

오답의 이유

① 나선형 교육과정은 어떤 지식을 가르칠 때 학습자의 수준이 높아질수록 점차 폭넓고 깊게 교육하는 방식을 의미한다. 교육과정 조직 원칙의 하나인 계열성과 관련이 있으며, 학문중심 교육과정은 나선형 교육과정을 채택하고 있다.
③ 경험중심 교육과정은 학습자의 생활, 활동 등의 다양한 경험을 주요 교육내용으로 삼는다.
④ 교과중심 교육과정은 가장 전통적이고 보편적인 교육과정으로, 학습자에게 문화유산을 전달하여 전통적 지식을 획득하게 하는 것을 목표로 한다. 또 교육내용을 논리적으로 체계화하여 교과로 분류하는 특징을 가진다.

> **더 알아보기**

학문중심 교육과정 vs 인간중심 교육과정

구분	학문중심 교육과정	인간중심 교육과정
개념	• 경험중심 교육과정을 수정·보완 • 경험, 지식의 중시 • 학문(탐구)중심 교육과정 – 구조화된 일련의 의도된 학습결과 – 학문에 내재된 지식을 탐구하는 과정 • 철학적 배경: 신본질주의 • 전이이론: 일반화설, 형태이조설	• 학문중심 교육과정의 수정·보완 • 경험체계 중시 – 의도된 경험+의도되지 않은 경험 • 경험의 총체 – 학교생활 중 학습자가 가지는 모든 경험 – 의도한 경험(표면적) – 의도하지 않은 경험(잠재적 교육과정) • 철학적 배경: 실존주의
목적	탐구력 배양(창의력 함양)	인간성의 회복(자아실현)
범위	지식의 구조	자아실현에 적합한 내용 (지적, 정의적)
계열	절충적	절충적
교수·학습 형태	• 교사와 학생의 협력 • 아동중심 발견학습 • 탐구학습	• 인간주의적 교사 • 학교환경의 인간화 • 잠재적 교육과정 중시
유형	나선형	통합형
평가	• 절대평가 • 상대평가	• 절대평가 • 상대평가

05 정답 ③

> **정답의 이유**

③ 독서삼품과는 신라의 관리 선발제도로, 788년(원성왕 4)에 시행되었다. 왕권을 위협하는 골품제의 고착화에 대한 타개책으로 도입되었다. 선발 대상은 국학의 졸업생 및 재학생이었으며, 학문 능력을 중요시했다.

> **오답의 이유**

① 조선 시대의 4부학당(4학)과 지방 향교에 대한 설명이다.
② 국학은 15~30세의 신라의 귀족 자제 출신만 입학이 가능했으며, 6두품 자제뿐만 아니라 진골의 자제도 있었다.
④ 국학의 수학 기간은 9년으로 추정되며, 학생의 능력이 부족하면 퇴학시켰다.

06 정답 ④

> **정답의 이유**

④ 시·도의 교육·학예에 관한 사무의 집행기관으로 시·도에 교육감을 둔다. 교육감은 교육·학예에 관한 소관 사무로 인한 소송이나 재산의 등기 등에 대하여 해당 시·도를 대표한다(지방교육자치에 관한 법률 제18조 제1항·제2항).

> **오답의 이유**

① 지방교육비 특별회계는 각 지역별 특수성을 고려하여 시·도의 교육·학예에 대한 경비를 따로 경리하기 위해 지방자치단체에 설치된 예산을 의미한다. 우리나라에서는 시·도교육비 특별회계를 편성하고 있다(지방교육자치에 관한 법률 제38조).
② 교육감 후보자가 되려는 사람은 해당 시·도지사의 피선거권이 있는 사람으로서 후보자 등록 신청 개시일부터 과거 1년 동안 정당의 당원이 아닌 사람이어야 한다. 또한 교육 경력이나 교육행정 경력이 3년 이상 있거나 경력을 합쳐 3년 이상 있는 사람이어야 한다(지방교육자치에 관한 법률 제24조).
③ 지방자치단체의 교육·학예에 관한 사무를 효율적으로 처리하기 위하여 지방교육행정협의회를 둔다(지방교육자치에 관한 법률 제41조 제1항).

> **더 알아보기**

교육위원회

교육위원회는 지방교육자치에 관한 법률에 의거한 시·도의 교육·학예에 관한 사무의 심사기관이었으나 폐지되어 2014년 6월 30일을 마지막으로 교육위원의 선거는 현재 시행되지 않는다. 이후 관련 업무는 지방자치법 제56조에 따라 시·도의회 내에 설치되는 교육·학예에 관한 사무를 심사하는 상임위원회에 승계되었다(지방교육자치에 관한 법률).

07 정답 ①

> **정답의 이유**

① 제시문의 설명에 해당하는 동기이론은 '브룸(V. H. Vroom)의 기대이론'이다. 브룸의 기대이론은 동기를 유발하기 위하여 동기요인들이 상호작용하는 과정에 관심을 두는 동기의 과정이론에 속한다. 또 유인가, 성과기대, 보상기대의 세 가지 기본 요소를 토대로 이론적 틀을 구축하였다.

> **오답의 이유**

② '허즈버그(F. Herzberg)의 동기-위생이론'은 동기의 내용이론의 하나로, 매슬로우(Maslow)의 욕구위계론을 바탕으로 인간의 욕구나 충동의 우선순위를 밝히고자 한다. 허즈버그는 동기부여 요인(만족요인)과 위생요인(불만족요인)으로 나누어 이론의 토대를 구축했다. 만족요인과 불만족요인은 반대의 개념이 아닌 별개의 차원이다.
③ '아담스(J. H. Adams)의 공정성이론'은 동기의 과정이론에 속하며 균형이론 또는 교환이론이라고도 한다. 아담스는 사람들의 행위가 다른 사람들과의 관계에서 공정성을 유지하는 쪽으로 동기유발된다고 본다. 예를 들어 개인이 자신의 사회적 관계를 평가한다면 이는 다른 사람과의 비교 속에서 이루어진다.
④ '알더퍼(C. P. Alderfer)의 생존-관계-성장이론'은 동기의 내용이론에 속하며, 'ERG이론'이라고도 부른다. ERG이론은 매슬로우(Maslow)의 욕구 5단계를 '실존(존재)의 욕구', '관계성의 욕구', '성장의 욕구'의 세 범주로 통합하여 이론을 전개한다. 인간의 욕구를 개인적 또는 집단적인 특성을 가진 것으로 보았다.

> **더 알아보기**
>
> 동기이론
>
> | 구분 | 내용이론 | 과정이론 |
> |---|---|---|
> | 개념 | 인간의 욕구나 충동 등의 우선순위를 밝히고자 함 | 인간이 목표달성을 위해 노력하는 과정에서 관계되는 요인과 이들 요인 간의 상호관련을 밝히고자 함 |
> | 특성 | 동기 부여의 특별한 요인을 식별하는 데 관심 | 동기 유발을 목적으로 동기요인들이 상호작용하는 과정에 관심 |
> | 사례 | 승진, 사회적 인정, 보수 등에 대한 욕구 충족 | 작업투입, 성취욕구, 보상에 대한 개인의 지각명료화 |
> | 대표 | • 매슬로우(A. H. Maslow)의 욕구위계이론
• 포터(L. W. Porter)의 욕구계층이론
• 알더퍼(Alderfer)의 ERG이론
• 허즈버그(F. Herzberg)의 동기-위생이론
• 아지리스(C. Argyris)의 미성숙-성숙이론
• 맥그리거(D. McGregor)의 X · Y이론
• 리커트(R. Likert)의 관리체제이론 | • 브룸(V. H. Vroom)의 기대이론
• 포터(L. W. Porter)와 롤러(E. E. Lawler)의 기대이론
• 아담스(J. S. Adams)의 공정성이론
• 로크(F. A. Locke)의 목표설정이론 |

> **더 알아보기**
>
> 브룸(V. H. Vroom)의 기대이론
>
>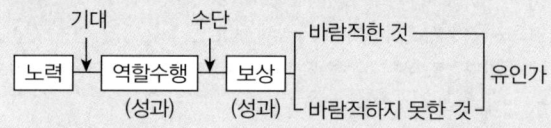
>
> | 구분 | 내용 |
> |---|---|
> | 노력 | • 노력으로 원하는 결과가 발생할 가능성(동기유발)
• 결과가 개인에게 가져다 주는 매력 · 가치(유인가)
• 성과기대, 보상기대 |
> | 기대 | • 노력하면 원하는 성과를 얻을 수 있다는 믿음의 정도
• 주관적 확률 |
> | 성과
(成果) | • 역할을 수행함으로써 얻는 결과
• 노력으로 얻게 되는 1차 결과 |
> | 보상
(報償) | • 노력으로 얻게 되는 2차 결과
• 성과의 궁극적인 결과
• 승진, 포상, 급여 인상 등이 해당됨 |
> | 관점 | • 조직과 관리자의 관점: 성과 중요시
• 개인의 관점: 보상 중요시 |

08 정답 ④

정답의 이유

ㄷ. 부르디외의 관점에서 학교는 계층별(하류계층 · 중상류계층)로 독특한 문화가 있는데, 학교는 지배계급의 문화상징물에 대한 가치와 정통성을 부여한다. 즉 중상류계층의 의미체계를 하류계층에게 주입시킨다. 이러한 객관화, 제도화된 문화자본은 겉으로는 민주적이고 능력주의에 따라 움직이는 것처럼 보이나 제한된 사회이동의 근거를 제공해 줌으로써 능력주의 이데올로기를 뒷받침하는 원천이 된다.

ㄹ. 부르디외는 부모의 직업적 지위보다는 교육적 배경과 관련된 문화자본으로 인해 학생들 사이의 불평등 관계가 재생산된다고 보았다. 문화자본은 학교교육을 통해 현저한 차이가 드러나고 더욱 강화된다. 이는 학업성취도와 관련이 있다는 점에서 성공 가능성에 영향을 끼친다고 볼 수 있다.

오답의 이유

ㄱ. 기능주의에 해당한다. 기능주의자들은 능력에 따라 사회의 위치가 결정된다고 보았고, 교육이 사회화와 인력양성의 기능을 수행한다고 보았다. 이들은 학교교육은 사회적 제도로서 사회의 유지 및 존속을 위해 기능해야 한다고 주장하였다.

ㄴ. 교육을 위해 지출하는 직접적인 교육비는 경제적 자본에 해당하며 문화자본은 사회적으로 계층에 따라 불평등하게 배분된 언어적 능력, 문화적 능력을 의미한다.

> **더 알아보기**
>
> 부르디외(P. Bourdieu)의 문화자본
>
> | 구분 | 내용 |
> |---|---|
> | 유형 | • 아비투스(습관)적 문화자본
  - 학교문화, 학생선발, 능력분류의 준거
  - 계급적 배경에서 비롯되어 어린 시절부터 개인에게 내면화됨
  - 계급적 가치체계를 반영
• 객관화된 문화자본
  - 교육내용 구성의 원천
  - 법적 소유권의 형태로 존재
  - 책, 그림, 음악 등의 예술작품
• 제도화된 문화자본
  - 학업성취도와 관련
  - 교육결과에 대한 사회적 희소가치 배분기준
  - 졸업장, 학위, 자격증 등 |
> | 특징 | • 학교는 졸업장, 학위 등의 문화자본을 이용해 기존의 질서를 유지함 |
> | 재생산
과정 | • 가정의 사회화를 통한 문화자본의 재생산
• 폭력, 강제, 억압에 의하지 않고 교육을 통해 불평등 재생산
• 사회질서 유지에 필요한 조건을 재생산하기 위한 이데올로기적 기능 수행
• 지배계급은 자녀를 위해 교육을 전략적으로 활용
• 교육제도는 민주적, 능력주의적인 것으로 보이나 지배계급 문화를 기준으로 사회적 선발기능을 담당 |

09 정답 ④

정답의 이유

④ 학부모의 요구는 기간제교원으로 임용할 수 있는 이유에 해당되지 않는다.

오답의 이유

① 교원의 병역 복무는 교육공무원법 제44조 제1항 제2호에 의거하여 휴직으로 인정되며, 동법 제32조 제1항 제1호에 의거하여 기간제교원을 임용할 수 있다.
② 교육공무원법 제32조 제1항 제3호
③ 교육공무원법 제32조 제1항 제5호

제32조(기간제교원)

① 고등학교 이하 각급학교 교원의 임용권자는 다음 각 호의 어느 하나에 해당하는 경우에는 예산의 범위에서 기간을 정하여 교원 자격증을 가진 사람을 교원으로 임용할 수 있다.
  1. 교원이 제44조 제1항 각 호의 어느 하나의 사유로 휴직하게 되어 후임자의 보충이 불가피한 경우
  2. 교원이 파견·연수·정직·직위해제 등 대통령령으로 정하는 사유로 직무를 이탈하게 되어 후임자의 보충이 불가피한 경우
  3. 특정 교과를 한시적으로 담당하도록 할 필요가 있는 경우
  4. 교육공무원이었던 사람의 지식이나 경험을 활용할 필요가 있는 경우
  5. 유치원 방과후 과정을 담당하도록 할 필요가 있는 경우

---

10 정답 ①

정답의 이유

① 신뢰도는 측정하려는 대상을 얼마나 정확하게 측정하고 있는가의 정도이다. 즉 이미 공인된 신뢰할 수 있는 자료라고 해도 측정 대상에 차이가 있다면 신뢰의 전제가 성립하지 않으며, 공인된 검사와 새로 실시한 검사가 동형검사가 아니라면 그 결과가 유사하더라도 신뢰할 만한 자료라고 할 수 없다. 따라서 검사도구의 사용방법이 나타나 있지 않은 선지라는 점에서 검사도구의 신뢰도를 높이기 위한 방법으로 타당하다고 볼 수 없다.

오답의 이유

② 반분신뢰도(동질성 계수)에 해당한다. 반분신뢰도는 하나의 검사를 피험자에게 실시하고 한 개의 검사를 두 개의 동등한 부분으로 나누어 따로 채점하여 반분된 검사 간의 상관계수를 산출하는 방법이다. 홀수·짝수, 내용상 분류 등의 방법이 있고, 하나의 평가도구를 가지고 진행하기 때문에 편리하다는 장점이 있으나, 우연적인 변동이 변량으로 취급될 가능성이 있고, 순수한 속도검사에서 사용될 수 없다.
③ 재검사 신뢰도(안정성 계수)에 해당한다. 재검사 신뢰도는 동일한 피험자에게 시간적 간격을 두고 동일한 시험을 두 번 실시하여 얻은 점수를 기초로 상관계수를 산출하는 방법이다. 실시 간격에 따라 오차가 달라진다는 점과 검사의 조건을 동일하게 통제하기 어렵다는 단점이 있다.
④ 동형검사 신뢰도(동형성 계수)에 해당한다. 동형검사는 미리 두 개의 동형검사를 제작하고 동일한 피험자에게 실시하여 상관계수를 산출하는 방법이다. 기억효과, 연습효과를 통제하고, 문항표본의 오차를 오차변량으로 취급한다는 장점이 있으나, 두 개의 검사를 거의 같거나 완전히 같은 동질적인 검사로 구성하기 어렵다는 단점이 있다.

---

11 정답 ①

정답의 이유

① 제시문은 위기상황 속에서 인간의 본래적 모습을 '만남'을 통해 해결하고자 한다. 이는 실존주의 교육철학의 교육사상가 부버의 사상으로 그는 교육의 중심은 자연, 인간, 정신적 존재와의 관계를 통해 학생들의 인격을 계발하고 실현하는 데 있다고 보았다.

오답의 이유

② 듀이는 교육을 경험의 재구성을 통한 성장이라고 보았으며 진보주의의 대표적인 학자이다.
③ 브라멜드는 재건주의의 대표자이며, 교육의 목적은 위기에 대처하기 위해 사회를 재건하는 데 있다고 보았다.
④ 허친스는 항존주의 교육이론가이며 이성을 계발하여 절대적인 진리를 체득하는 것을 교육의 목적으로 보았다.

더 알아보기

미국의 4대 교육철학

구분	진보주의	본질주의	항존주의	재건주의
교육 목적	전인양성	사회의 근간을 이루는 지식, 정보, 기술 등을 다음 세대로 전달을 통한 이성도야	이성의 도야와 정신훈련	사회의 재건과 개혁
교육 내용	아동의 필요·흥미·요구, 현실의 생활경험	문화유산	위대한 고전 + 형이상학	사회적 자아실현이 가능한 내용
교육 방법	아동의 흥미 중심, 문제 해결 학습	전통적인 지식 교과(고전), 사회와 국가를 사랑하는 바람직한 구성원이 되게 하는 내용	교사 중심의 훈육적인 방법, 고전 읽기	민주적 토론 중심
대표 학자	존 듀이, 킬패트릭	베글리, 울릭	허친스, 마리탱	브라멜드

12 정답 ③

정답의 이유

③ 피아제(J. Piaget)는 인지발달이 네 단계를 통해서 일어나며, 이 단계는 질적으로 다르고 정해진 순서대로 진행, 단계가 높아질수록 복잡성이 증가된다고 하였다. 인지발달단계는 감각운동기 → 전조작기 → 구체적 조작기 → 형식적 조작기의 4단계이다.

더 알아보기

피아제(J. Piaget)의 인지발달단계

감각운동기 (0~2세)	전조작기 (2~7세)	구체적 조작기 (7~12세)	형식적 조작기 (12세 이후)
• 감각과 운동을 통해 외부 환경을 이해 • 대상영속성	• 중심화 • 언어의 발달 • 표상행동 • 자기중심성 • 물활론적 사고 • 혼합적 사고	• 보존성 • 가역적 사고 • 논리적 사고 발달 • 언어의 사회화 • 귀납적 사고 • 전환성(서열화)	• 추상적 사고 • 가설 설정 • 가설연역적 사고능력 • 명제적 사고와 조합적 사고 • 복합적 사고와 사물의 인과관계

13 정답 ③

정답의 이유

③ 인간중심 상담기법은 다른 말로 비지시적 상담이라고 하며, 상담자는 일치성·무조건적인 긍정적인 존중·공감적 이해를 보임으로써 내담자로 하여금 충분히 기능하는 인간이 되도록 돕는 것을 말한다. 제시문은 인간중심 상담기법을 설명하고 있다.

오답의 이유

① 인지적 상담기법은 상담자가 내담자의 비합리적 신념을 논리성, 현실성, 실용성에 근거하여 논박한다.
② 행동주의 상담기법은 잘못 학습된 행동을 소거하고 바람직하고 효과적인 행동의 학습에 도움이 되는 조건을 형성하는 것을 목표로 한다.
④ 정신분석 상담기법은 무의식적인 동기와 그에 대한 해석을 통해 내담자의 자각을 증진시키고 행동에 대한 지적 통찰을 이끌어내 증상의 의미를 이해하는 것을 목표로 한다.

14 정답 ①

정답의 이유

① 지식의 구조란 각 학문의 기저를 이루고 있는 핵심적인 개념과 원리를 말하는데, 이런 지식의 구조를 탐구과정을 통해 발견하도록 하는 교육과정은 학문중심 교육과정이다.

오답의 이유

②·③·④ 지식의 구조에 관한 올바른 설명이다.

더 알아보기

브루너(J. S. Bruner)의 지식의 구조

• 성격: 지식의 구조를 파악한다는 것은 '한 가지 현상을 여러 가지 현상과 관련해서 이해할 수 있게 된다.'는 것이라고 하였다. 즉, 사물이나 현상이 어떻게 서로 관련되어 있는가를 학습하는 것이다.
• 특징: 어떤 지식이든지 작동적 표현, 영상적 표현, 상징적 표현의 세 가지 방식으로 표현될 수 있다고 하였다. '어떤 교과든지 그 지적 성격에 충실한 형태로 어떤 발달단계에 있는 어떤 아동에게도 효과적으로 가르칠 수 있다.'는 가설을 제시하였다.

15 정답 ②

정답의 이유

② 플라톤은 저서 『국가론』에서 통치자, 수호자, 생산계급이 각기 맞는 직분에 충실함으로써 사회가 정의롭게 유지되기 때문에 능력에 따라 구분된 계급에 적합한 교육을 시켜야 한다고 주장하였다.

오답의 이유

① 플라톤의 교육목적은 이상국가의 실현이다.
③ 루소의 교육에 관한 설명이다.
④ 신자유주의 교육에 관한 설명이다.

더 알아보기

이상국가론과 철인통치론

• 이상국가론: 플라톤은 인간의 영혼에 세 가지의 구분이 있듯이 국가라는 조직체에도 통치계급, 수호계급, 생산계급의 세 가지가 있다고 주장하였으며, 그에 대응하는 지혜·용기·절제를 들어 세 계급이 각자 자신의 맡은 바 직분을 다함으로써 국가 전체적으로 균형과 조화를 이루었을 때 정의가 실현된다고 보았다.
• 철인통치론: 플라톤은 통치와 철학의 일치만이 국가를 몰락과 부패로부터 구할 수 있다고 믿고, 이상국가 실현을 위해 철인통치를 주장하였다.

16 정답 ②

정답의 이유

② 헌법 제31조에서 모든 국민은 그 보호하는 자녀에게 적어도 초등교육과 법률이 정하는 교육을 받게 할 의무를 진다고 규정하고 있다.

헌법 제31조

① 모든 국민은 능력에 따라 균등하게 교육을 받을 권리를 가진다.
② 모든 국민은 그 보호하는 자녀에게 적어도 초등교육과 법률이 정하는 교육을 받게 할 의무를 진다.
③ 의무교육은 무상으로 한다.
④ 교육의 자주성·전문성·정치적 중립성 및 대학의 자율성은 법률이 정하는 바에 의하여 보장된다.

⑤ 국가는 평생교육을 진흥하여야 한다.
⑥ 학교교육 및 평생교육을 포함한 교육제도와 그 운영, 교육재정 및 교원의 지위에 관한 기본적인 사항은 법률로 정한다.

17 정답 ④

정답의 이유

④ 학습자의 내부에 있는 표상들이 완전한 통합을 이루는 것은 4단계 교수론 중 '체계(계통)'에 해당한다. 이 단계에서는 연합된 관념을 체계적으로 조직한다.

오답의 이유

① 명료화: 물체를 분명하게 보는 것으로 대상에 대한 뚜렷한 인식이다.
② 연합: 이미 존재하는 관념에 새로운 관념을 결합하는 것이다.
③ 방법: 체계화된 지식을 활용·응용하는 단계이다.

더 알아보기

헤르바르트(J. F. Herbart) 4단계 교수론

전심	명료	대상에 대해 분명하게 인식한다.
	연합	이미 가지고 있는 관념에 새로운 관념을 결합한다.
치사	계통	연합된 관념을 체계적으로 조직한다.
	방법	체계적으로 조직된 지식을 활용하고 응용한다.

18 정답 ①

정답의 이유

① 순환교육은 의무교육 이후 각자의 생활적기에 따라 가장 적절한 시기에 교육기회를 가지게 하는 데 의의가 있다.

오답의 이유

②·③·④ 순환교육에 관한 옳은 설명이다.

더 알아보기

순환교육(Recurrent Education)
순환교육이란 의무교육 후의 교육을 개인의 전 생애에 걸쳐 확대시키는 것, 즉 교육을 개인의 생애에 걸쳐 순환하는 방식으로 분산시키는 것을 의미한다. 이 개념은 성인교육·계속교육·현직교육·평생교육 등과 같은 뜻을 내포하나, 개인의 욕구와 자율적 학습상황이 더욱 강조된다.

19 정답 ②

정답의 이유

② 학생이 사설학원에 부담하는 학원비는 공공의 회계절차를 통해 지출되지 않으므로 공교육비에 해당하지 않는다.

오답의 이유

①·③ 사부담 공교육비에 해당한다.
④ 공부담 공교육비에 해당한다.

더 알아보기

교육비

• 공교육비: 공공의 회계절차를 거쳐 교육에 투입되는 경비. 모든 학생에게 동일한 질의 교육 서비스 제공이 원칙
  – 공부담 공교육비: 국가, 지자체 및 학교법인이 지출하는 비용
  – 사부담 공교육비: 입학금, 수업료, 학급운영지원비 등 학생 및 학부모가 지출하는 것이지만, 개개인이 아닌 학교 전체를 위해 쓰이는 비용
• 사교육비: 개인을 위해 학부모가 추가로 부담하는 경비. 개인에 따라 다른 질의 교육서비스 비용

20 정답 ③

정답의 이유

③ 제시된 상황은 도덕적 선택을 할 때 타인을 기쁘게 하거나 도와주며, 타인으로부터 인정을 받는 것이 옳은 행동이라고 여기기 때문에 3단계인 착한 소년/소녀 지향 단계에 해당한다.

더 알아보기

콜버그의 도덕성 발달 이론

전인습적 수준	1단계	복종과 처벌 지향	권위에 복종하고 처벌을 피할 수 있는 행동이 도덕적 행동
	2단계	개인적 쾌락주의 (도구적 목표 지향)	자신의 이익을 추구할 수 있거나 사람들 간의 동등한 교환이 가능한 행동이 옳은 행동
인습적 수준	3단계	착한 소년/ 소녀 지향	도덕적 선택을 할 때 주변 사람들을 기쁘게 하고 타인으로부터 인정을 받는 데 초점
	4단계	사회질서와 권위 지향	법을 준수하고 질서를 유지하기 위해 사회 구성원으로서의 개인적 의무를 다하는 것
후인습적 수준	5단계	사회 계약 지향	사회적 약속(법)은 구성원의 복지를 향상시키는 사회적 계약. 구성원에게 도움이 되지 않으면 의미가 없음
	6단계	보편적 윤리 지향	양심, 존엄성, 정의 등과 같이 추상적인 윤리 원칙이 도덕적 판단의 기준. 개인의 윤리적 원칙이 법보다 우선함

교육학개론 | 2018년 교육청 9급

한눈에 훑어보기

✓ 영역 분석

교육사 및 철학 01 02 03 04
4문항, 20%

교육상담 11 12
2문항, 10%

교수-학습 10 16
2문항, 10%

교육사회학 15
1문항, 5%

교육행정 05 13 17 18 19 20
6문항, 30%

교육평가 및 공학 07 09 14
3문항, 15%

교육과정 06 08
2문항, 10%

✓ 빠른 정답

01	02	03	04	05	06	07	08	09	10
①	④	④	④	①	②	④	②	③	④
11	12	13	14	15	16	17	18	19	20
③	②	③	①	④	①	①	②	③	①

✓ 점수 체크

구분	1회독	2회독	3회독
맞힌 문항 수	/ 20	/ 20	/ 20
나의 점수	점	점	점

01 정답 ①

정답의 이유

① 제시문은 플라톤의 『국가론』에 대한 설명이다.

더 알아보기

플라톤의 『국가론』
- 교육은 지배계층에 한한다.
- 지배계층의 경우 남녀를 동등하게 취급한다.
- 특별히 자질을 갖춘 사람에게만 높은 수준의 교육을 허용한다.
- 과학과 철학의 교육은 비교적 성숙한 나이가 되어야 실시한다.
- 국가가 교육의 모든 과정을 보다 철저하게 조직하고 통제한다.

오답의 이유

② 루소의 『에밀』은 기존 문명인은 악하지만 인간 본연의 모습은 선한 것이라는 루소의 인간성에 대한 기본 신념을 교육이라는 맥락 속에서 철학적으로 설명했다.

더 알아보기

루소의 『에밀』
- 교육의 목적은 자연인의 육성이다.
- 자연에 의해 인간에게 주어진 성향 및 발달단계를 이해하여 그것에 합당한 사물이나 인간에 의한 교육목표를 설정해야 한다.
- 교사의 역할은 학습자의 자연적 성장을 이끌어 주고 학습자의 신분과 능력에 적합한 역할을 할 수 있도록 도와주는 것이다.
- 가장 이상적인 학교는 가정이다.

③ 듀이는 인간은 개개인의 잠재력과 환경과의 상호작용으로 끊임없이 성장해 가는 존재라고 보았다.
④ 피터스는 교육은 문명화된 삶의 형식에의 입문으로서의 성년식이라고 주장했다.

02 정답 ④

정답의 이유

④ 제시문에서 학교장은 학업성취도보다 학생 개개인에게 가치를 두고 있으므로 실존주의 철학에 대한 설명이라고 볼 수 있다. 실존주의 교육철학은 진정한 자아의 새로운 탄생을 갈망하고, '나 자신'의 주체성과 개체성을 찾고자 하는 철학사상이다.

오답의 이유

① 분석적 교육철학은 언어나 개념에 담긴 오류와 편견에서 벗어날 수 있으며 교육이 무엇을 추구하고 어떻게 이루어져야 하는가를 보다 명확하게 밝힐 수 있다고 보았다.

② 항존주의 교육철학은 인간의 이성은 보편적이어서 모두에게 동일하다고 전제하므로 교육은 누구나 보편적으로 가지고 있는 이성을 계발하는 것이라고 주장한다.
③ 본질주의 교육철학은 사회적 경험, 정신적·도덕적 전통과 문화유산에서 가장 본질적인 것을 다음 세대에 전달하는 것을 강조한다.

더 알아보기

실존주의 교육철학
- 실존주의에서는 인간이 불변의 본질을 가지고 세상에 태어난다는 것을 부정한다.
- 인간은 자신의 자유의지에 의해 본질을 창조해 가는 존재이다.
- 인간이 자유의지에 의해 스스로의 본질을 완성시켜 간다는 것은 실존이 본질에 앞선다는 의미가 된다.
- 인간이 자신의 자유의지에 의해 자신의 행동과 운명을 선택할 수 있는 존재라고 한다면 자신의 행동결과에 대해 책임을 져야 한다.
- 모든 인식에 있어 무엇이 자기에게 진리인가를 궁극적으로 결정하는 것은 개별적 자아이다.
- 개인이 자유의지에 따른 선택과 판단에 의하여 자신의 생활과 운명을 결정짓고 책임을 질 수 있도록 하는 '자아실현적 인간의 형성'을 도모하는 것이 교육의 목적이다.

03   정답 ④

[정답의 이유]
④ 감각적 실학주의는 자연과학이 이룩한 지식과 방법을 교육에 도입하였다.

[오답의 이유]
① 몽테뉴는 사회적 실학주의의 대표적인 학자이다.
② 인문적 실학주의가 고전을 중시한다.
③ 사회경험을 통해 세상 이치에 밝은 사람으로 만드는 것을 목적으로 하는 사회적 실학주의에 대한 설명이다.

더 알아보기

실학주의 사상 비교

구분	인문적 실학주의	사회적 실학주의	감각적 실학주의
특징	고전 중시	사회 생활 경험 중시	감각적 직관 중시
교육 목적	현실에 잘 적응하는 사람	신사의 양성	인간 생활의 복지 증진
교육 내용	고전을 중심으로 하는 백과전서식 지식	여행, 사교, 체육, 외국어와 현대어	모국어, 자연과학 중심의 백과전서식 지식
교육 방법	고전의 이해	지식의 활동 위해 학습의 흥미 강조	직관교수법, 합자연의 원리
대표자	밀튼, 라블레	몽테뉴, 로크	라트케, 코메니우스

04   정답 ④

[오답의 이유]
ㄱ. 성균관 유생은 사서오경과 역사서만 읽어야 하며 도가서적, 불경, 제자백가의 글 등을 읽어서는 안 된다.
ㄴ. 매월 8일과 23일에는 의복을 세탁할 수 있도록 휴가를 준다. 유생들은 그날을 이용하여 부족했던 학업을 보강해야 하며, 활쏘기, 장기, 바둑, 사냥, 낚시와 같은 유희를 즐겨서는 안 된다.

더 알아보기

성균관의 학령
- 매월 초하루에 모든 유생들은 예복을 갖추어 입고 문묘를 참배한다.
- 매월 제술 시험을 치른다. 문제는 간결하고 정확하여 의미를 명확히 전달할 수 있어야 한다. 세속적인 문제로 글을 쓰면 퇴학시킨다. 서체는 해서(楷書)로 써야 한다.
- 강경 시험을 평가하는 데는 끊어 읽는 것이 분명하고 해석에 막힘이 없어야 하고 대통, 통, 약통, 조통으로 평가한다. 조통 아래의 경우 벌을 받는다.
- 세력과 부귀를 믿고 윗사람과 연장자를 능멸하거나 사치스럽고 옷차림이 유별나며 교언영색으로 남에게 잘 보이려고 애쓰는 자는 퇴학을 시키되 힘써 배워 행실을 고치는 자는 용서한다.
- 유생으로서 학업을 태만히 하고, 말을 타고 다니는 사람과 금지 사항을 어기는 사람은 벌한다.
- 길에서 선생을 만나면 길 왼편에 가지런히 서서 선생이 말을 타고 지나가기를 기다려야 하며, 만일 몸을 숨기고 예를 지키지 않는 자는 벌한다.
- 매일 새벽에 첫 번째 북소리에 기상한다. 날이 새고 두 번째 북소리에 의복을 갖추고 단정히 앉아 책을 읽으며 세 번째 북소리에는 차례로 식당으로 가서 동서로 마주 앉아 식사를 한다. 식사가 끝나면 차례대로 나오는데 질서를 지키지 않거나 떠드는 사람은 벌한다.

05   정답 ①

[정답의 이유]
① 국가·지방자치단체와 공공기관의 장 또는 각종 사업의 경영자는 소속 직원의 평생학습 기회를 확대하기 위하여 유급 또는 무급의 학습휴가를 실시하거나 도서비·교육비·연구비 등 학습비를 지원할 수 있다(평생교육법 제8조).

[오답의 이유]
② 유급 또는 무급의 학습휴가를 실시한다.
③ 의무 조항이 아닌 권장 사항에 해당한다.
④ 국가·지방자치단체와 공공기관의 소속 직원은 모두 해당된다.

06 정답 ②

정답의 이유

② 파이너는 쿠레레로서의 교육과정, 즉 학습자가 코스를 달리며 가지게 되는 실존적 경험을 강조했다.

오답의 이유

① 교육과정은 1918년 보비트의 「교육과정」에서부터 학문으로 성립하여 발전하게 된다.
③ 타일러는 합리적인 교육과정 개발 단계를 교육목표 설정, 학습경험 선정, 학습경험 조직, 학습경험 평가로 제시하였다.
④ 브루너의 교수이론에 따르면 학습자에게 학습에 대한 강화를 통해 학습을 교정할 수 있으며, 학습에 대한 학습자의 성취감과 만족감 등의 내재적 보상이 주어지면 더 효과적이라고 보았다.

더 알아보기

쿠레레 교육과정의 방법론

파이너는 교육과정의 어원인 '쿠레레'를 길을 따라 달리면서 갖는 체험의 과정으로 해석하여 교육과정을 생생한 체험과 그 반성으로 보았다. 교사나 학생들이 살아오면서 갖게 된 교육적 체험들을 자신의 존재 의미와 연관지어 교육적 상황을 이해하고 자아를 성찰하는 자기반성적인 삶을 살아가도록 하는 과정이라고 볼 수 있다. 이 과정에서 학습자는 자신의 교육경험을 분석하여 자신의 실존적 의미를 찾을 수 있다.

07 정답 ④

정답의 이유

④ 반분검사신뢰도는 신뢰도 추정 방법의 하나로 한 개의 검사를 한 피험 집단에게 실시하고 그것을 적절한 방법으로 두 집단으로 다시 나눈다. 분할된 두 집단을 독립된 검사로 보고 그 사이의 상관을 계산(일치 여부)하여 신뢰도를 추정하는 방법이다. 반분검사신뢰도는 시간과 관계 없으므로 역량검사에 해당한다.

08 정답 ②

정답의 이유

ㄱ·ㄴ. 2015 개정 교육과정의 주요 사항으로 문·이과 공통과목에 해당한다.
ㄷ. 학생들에게 추가적인 학습 부담이 생기지 않도록 창의적 체험활동 시간을 활용해 체험 중심의 '안전한 생활' 과목을 편성·운영하도록 하였다.

오답의 이유

ㄹ·ㅁ. 2009 개정 교육과정에서 초등학교 '우리들은 1학년' 과목이 폐지된 후 '창의적 체험활동' 내용으로 변경되었다.

더 알아보기

안전한 생활

초등학교 1~2학년의 신규과목으로 '안전한 생활'을 편성하여 안전교육을 강화한다. '안전한 생활'은 생활안전/교통안전/신변안전/재난안전 4개 영역으로 구성하여 지식보다는 체험 중심 학습으로 자연스럽게 안전한 생활습관과 의식을 습득하게 하는 것이 목적이다.

09 정답 ③

정답의 이유

③ 사회성 측정법은 경제적이고 간편하며, 다양성을 보여준다.

오답의 이유

① 유의사항은 선택 대상이 되는 집단의 한계를 명확히 해야 한다는 것이다.
② 개인의 사회적 적응력과 집단의 구조에 대한 정보를 알 수 있는 장점이 있다.
④ 소시오그램을 통해 사회성 측정 결과를 그림으로 나타내어 사회적 위치를 파악할 수 있다.

더 알아보기

사회성 측정법

- 개념: 집단 내 구성원들의 관계를 조사하여 집단의 구조를 알아보는 방법이다.
- 용도: 개인의 사회적 적응 개선, 집단의 사회적 구조 개선 등에 활용된다.
- 장점: 개인의 사회적 적응력과 집단의 구조에 대한 정보를 알 수 있으며, 경제적이고 간편하다.
- 단점: 한 번의 측정 결과로 구성원 간의 관계를 고정적으로 보게 될 가능성이 존재하며, 질문 내용에 따라 개인 관계에 여러 영향을 미친다.

10 정답 ④

정답의 이유

④ 쾰러의 통찰학습은 문제상황이 어느 순간 갑자기 전체로 지각, 서로 관련이 없던 부분들이 유의미한 하나의 전체로 파악되면서 불현듯 문제가 해결된다고 본다. 이는 '전체는 단순한 부분의 합이 아닌 그 이상'이라고 주장하는 형태주의와 가장 관련이 깊다.

오답의 이유

① 구성주의: 학습은 개인의 주관적인 의미의 구성 과정이다.
② 인간주의: 학습은 인간의 무한한 성장과 발전가능성을 실현하는 것이다.
③ 행동주의: 학습은 특정한 자극과 반응의 연합으로 일어나며 외현적인 행동의 변화이다.

11 정답 ③

[정답의 이유]

(가) 학교생활 적응검사는 학생들을 이해하고, 생활지도 계획의 수립을 위한 기초단계로 조사활동에 해당한다.

(나) 취업한 학생들에게 연락하여 적응상태를 알아보는 것은 생활지도의 정치활동 이후 결과를 점검하는 내용이므로 추수활동에 해당한다.

[더 알아보기]

생활지도의 주요 활동

학생조사 활동	생활지도를 위한 기초단계로 학생들을 이해하는 데 필요한 기초자료(가정환경, 적성, 흥미 등)를 조사·수집
정보제공 활동	학생들의 문제해결이나 환경의 적응을 돕기 위해 필요한 정보를 제공
상담활동	생활지도의 가장 중심이 되는 활동으로 상담을 통해 학생들의 자율성과 문제해결력 신장을 도움
정치활동	학생의 적성과 능력에 맞는 교육활동을 선택하게 돕거나 직업 알선이나 직업의 선택을 하도록 도움으로써 적재적소에 학생들을 배치하는 활동
추수 (추후지도) 활동	생활지도의 추후 적응상태를 확인하고 보다 나은 적응을 돕는 활동으로 대상은 재학생뿐만 아니라 졸업생, 휴학생, 전학생과 퇴학생도 포함됨

12 정답 ②

[정답의 이유]

ㄱ. 상담약속을 이행할 때마다 스티커(강화)를 주는 것은 행동주의의 조건형성 원리에 기초한다.

ㄷ. 집단상담에서 문제행동을 하는 집단원에게 '타임아웃'을 적용하는 것은 바람직하지 않은 행동을 감소시키기 위한 기법으로 행동주의 원리이다.

[오답의 이유]

ㄴ. '빈 의자 기법'은 게슈탈트 상담에서 사용되는 상담기법으로 실존주의의 원리에 기초한다.

ㄹ. '집단상담'은 집단 구성원들의 역동적인 관계를 바탕으로 문제를 해결하려는 집단적 접근방법이다.

13 정답 ③

[정답의 이유]

③ 징계처분 중 퇴학 조치를 받은 학생 또는 그 보호자는 재심을 청구할 수 있다(초·중등교육법 제18조의2 제1항).

제18조의2(재심청구)

① 제18조 제1항에 따른 징계처분 중 퇴학 조치에 대하여 이의가 있는 학생 또는 그 보호자는 퇴학 조치를 받은 날부터 15일 이내 또는 그 조치가 있음을 알게 된 날부터 10일 이내에 제18조의3에 따른 시·도학생징계조정위원회에 재심을 청구할 수 있다.

② 제18조의3에 따른 시·도학생징계조정위원회는 제1항에 따른 재심청구를 받으면 30일 이내에 심사·결정하여 청구인에게 통보하여야 한다.

③ 제2항의 심사결정에 이의가 있는 청구인은 통보를 받은 날부터 60일 이내에 행정심판을 제기할 수 있다.

④ 제1항에 따른 재심청구, 제2항에 따른 심사 절차와 결정 통보 등에 필요한 사항은 대통령령으로 정한다.

14 정답 ①

[정답의 이유]

① PDA, 태블릿 PC, 스마트폰 등을 이용하여 무선 인터넷으로 학습자가 시간과 장소에 구애받지 않고 학습을 돕는 형태는 모바일 러닝으로 스마트 러닝이라고도 한다.

[오답의 이유]

② 플립드 러닝: 혼합형 학습의 하나로 수업 전 동영상 자료 등의 온라인을 통한 자기주도학습 후에 수업시간에는 토론이나 문제해결 위주로 진행하는 수업 방식이다.

③ 마이크로 러닝: 동영상 기반의 정보를 90초 미만으로 쪼개서 학습자가 필요한 한 정보만 짧은 시간 내에 전달하는 방식이다.

④ 블렌디드 러닝: 혼합형 학습으로 두 가지 이상 학습 방법이 결합된 형태이다.

15 정답 ④

[정답의 이유]

④ 부르디외(P. Bourdieu)는 학교교육 과정은 지배계급의 문화로 이루어져 있기 때문에 학교는 사회적 불평등의 재생산을 정당화한다고 보았다.

[오답의 이유]

① 베버(M. Weber): 베버는 집단 간 권력분배의 불평등이 갈등의 원천이라 보고 경제적 권력을 가진 지배집단이 피지배집단을 억압한다고 주장하였다.

② 일리치(I. Illich): 일리치는 학교교육의 억압에서 벗어나 학교제도를 폐지하는 탈학교론을 주장하며 대안으로 학습망을 제안하였다.

③ 파슨스(T. Parsons): 대표적인 기능론자이며 기능론의 입장은 학교교육이 사회 전체를 유지하고 발전하는 데 기여한다는 내용으로 갈등론과 반대된다.

16 정답 ①

정답의 이유

① 학생에게 정해진 교과 지식을 전달하는 것은 강의식 교수법으로, 이는 대표적인 교사 중심의 교수·학습 방법이다.

오답의 이유

② 소집단 협동학습은 소집단 구성원들이 서로 도움을 주고 받아 공동의 학습목표를 달성하기 위한 수업 방식으로 학습자가 중심이 된다.
③ 학습자 중심 교수·학습 방법의 한 종류인 토론·토의식 수업 방법이다.
④ 학생들이 학습 팀을 구성하여 실제적인 과제를 해결하는 수업 방식은 협동학습의 하나로 학습자 중심의 수업 방식이다.

17 정답 ①

정답의 이유

ㄱ·ㄴ. 교육공무원법과 하위 법령에 따라 교원은 학생을 상대로 교행을 수행하는 교육자로 크게 고등교육을 담당하는 교수와 유치원, 초·중등 교사로 구분할 수 있다. 교감과 교장 또한 교원이다.

오답의 이유

ㄷ. 행정실장은 교원이 아닌 교육행정직 공무원이다.
ㄹ. 교육연구사는 교육전문직원으로 분류되며 교육전문직원은 장학사, 교육연구사가 있다.

더 알아보기

교육공무원의 정의

교육공무원법 제2조(정의)

① 이 법에서 "교육공무원"이란 다음 각 호의 어느 하나에 해당하는 사람을 말한다.
 1. 교육기관에 근무하는 교원 및 조교
 2. 교육행정기관에 근무하는 장학관 및 장학사
 3. 교육기관, 교육행정기관 또는 교육연구기관에 근무하는 교육연구관 및 교육연구사
② 이 법에서 "교육전문직원"이란 제1항 제2호 및 제3호에 따른 교육공무원을 말한다.

18 정답 ②

오답의 이유

ㄷ. 교무를 통할하고 소속 교직원을 지도·감독하는 것은 교장의 의무이다.

더 알아보기

교직원의 임무

초·중등교육법 제20조(교직원의 임무)

① 교장은 교무를 총괄하고, 소속 교직원을 지도·감독하며, 학생을 교육한다.
② 교감은 교장을 보좌하여 교무를 관리하고 학생을 교육하며, 교장이 부득이한 사유로 직무를 수행할 수 없을 때에는 교장의 직무를 대행한다. 다만, 교감이 없는 학교에서는 교장이 미리 지명한 교사(수석교사를 포함한다)가 교장의 직무를 대행한다.
③ 수석교사는 교사의 교수·연구 활동을 지원하며, 학생을 교육한다.
④ 교사는 법령에서 정하는 바에 따라 학생을 교육한다.
⑤ 행정직원 등 직원은 법령에서 정하는 바에 따라 학교의 행정사무와 그 밖의 사무를 담당한다.

19 정답 ③

정답의 이유

③ 학습연구년 연수는 교원능력 개발평가의 결과에 따라 최상위권 교원에게 부여되는 특별연수이다.

오답의 이유

①·② 직무 수행에 필요한 능력을 배양하기 위한 직무연수에 해당한다.
④ 정교사 1급 과정은 자격연수의 연수과정이다.

더 알아보기

특별연수

교원 등의 연수에 관한 규정 제13조(특별연수자의 선발)

① 교육부장관 또는 교육감은 특별연수자(제2항에 따른 특별연수의 대상자는 제외한다)를 선발할 때에는 근무실적이 우수하고 필요한 학력 및 경력을 갖춘 사람 중에서 선발하여야 한다. 이 경우 국외연수자는 필요한 외국어 능력을 갖추어야 한다.
② 교육부장관 또는 교육감은 교원 스스로 수립한 학습·연구계획에 따라 전문성을 계발(啓發)하기 위한 특별연수로서 교육부장관이 정하는 특별연수의 대상자를 선발할 때에는 제1항의 요건을 갖추고 제18조에 따른 교원능력 개발평가 결과가 우수한 사람 중에서 선발하여야 한다.

20 정답 ①

정답의 이유

① 교장이나 교감이 평상시 순시 도중이나 짧은 시간 수업 참관을 하고 교사에게 피드백을 주는 장학은 약식장학이다.

오답의 이유

② 자기장학: 자기장학은 교사 스스로가 발전을 위해 계획을 세우고 실천하는 과정이다.
③ 중앙장학: 교육부 내에서 실시하는 모든 장학활동이다.
④ 확인장학: 지방장학의 하나로 종합장학의 결과 시정할 점, 이행 여부의 확인 및 점검하는 절차이다.

더 알아보기

중앙장학과 지방장학

중앙장학은 중앙 교육행정기관인 교육부 내에서 이루어지는 반면 지방장학은 시·도 교육청에서 이루어지는 장학행정이다. 지방장학은 종합장학, 확인장학, 개별장학, 요청장학, 특별장학 등을 통해서 실시된다.

- 종합장학: 국가의 정책 등을 비롯한 중점업무 추진상황 등 학교 운영 전반에 관해 지도·조언
- 확인장학: 종합장학의 결과 이행여부를 확인·점검, 또는 기타 학교운영상 문제점을 발견하여 지도·조언하는 장학활동
- 요청장학: 개별학교가 장학을 요청하면 전문 장학담당자를 파견
- 특별장학: 현안 문제 해결 및 예상되는 문제의 예방을 위해 실시하는 장학

교육학개론 | 2017년 교육청 9급

한눈에 훑어보기

✔ 영역 분석

교육사 및 철학 01 02 03 04 05
5문항, 25%

교육심리 10 14
2문항, 10%

교육상담 11
1문항, 5%

교수-학습 08 09
2문항, 10%

교육사회학 15 16 17
3문항, 15%

교육행정 18 19 20
3문항, 15%

교육평가 및 공학 12 13
2문항, 10%

교육과정 06 07
2문항, 10%

✔ 빠른 정답

01	02	03	04	05	06	07	08	09	10
③	②	①	①	②	③	④	①	④	①
11	12	13	14	15	16	17	18	19	20
②	①	②	④	③	③	②	③	④	②

✔ 점수 체크

구분	1회독	2회독	3회독
맞힌 문항 수	/ 20	/ 20	/ 20
나의 점수	점	점	점

01 정답 ③

정답의 이유

③ 피터스는 교육은 문명화된 삶의 형식에의 입문으로서의 성년식이라고 주장했다. 교육은 지식의 형식이라는 공적 전통(문명화된 삶의 형식)에 사람들을 입문시켜 지적 이해와 안목, 즉 합리적 마음을 계발하도록 하고 그 전통과 유산이 다음 세대로 계속 이어져 나가도록 하는 일종의 '성년식'이라는 의미이다.

더 알아보기

피터스의 교육개념
- 교육은 교육의 개념 속에 내포해 있는 내재적 가치를 실현하는 활동으로 세상과 삶에 대한 지적 이해와 안목, 즉 합리적인 마음을 계발하도록 하여 행복한 삶을 살도록 함으로써 실현될 수 있다.
- 교육의 목적은 합리적 마음을 계발하여 좋은 삶을 살 수 있도록 돕는 것이다.
- 교육은 문명화된 삶의 형식에의 입문으로서의 성년식이다.
- 지식의 형식은 인간과 사물에 대해 경험한 것을 체계화하고 구조화시킨 학문과 같은 것으로 세상을 합리적으로 이해할 수 있는 안목을 제공한다.

02 정답 ②

정답의 이유

② 퇴계 이황은 서원의 교육목적을 위기지학에 두었다.

오답의 이유

① 향교는 국가에서 지방 행정단위마다 설치했던 관학이고, 서원은 조선 시대의 대표적인 사학이다.
④ 우리나라 최초의 서원인 백운동 서원도 풍기군수 주세붕이 안향을 모시고자 설립했었다. 따라서 선현을 숭상하고 그의 학덕을 기리는 제사의 기능도 겸했었다.

더 알아보기

조선 시대의 서원
- 사림의 정치 주도권의 확립과 붕당정치와 관련을 맺으면서 발달하였다.
- 학문을 공부하는 강학(講學)과 장수(藏修)가 서원의 핵심 기능이다.
- 선현 존경, 후진 장학에 주된 교육의 목적이 있다.
- 개인별 강(講)을 통해 교육하였다.
- 강독으로 소학(小學)과 가례(家禮)를 입문서로 삼고, 사서오경, 심경(心經), 근사록 등이 주된 내용이었다.

03 정답 ①

정답의 이유

① 비판적 교육철학에 대한 설명이다. 비판적 교육철학은 교육이 모순된 자본주의 생산체제를 유지하기 위해 학교의 교육과정에 자본가 계급의 이데올로기를 주입하여 학생들의 사고를 억압하고 삶을 구속함으로써 학생들을 몰개성적이고 획일적인 존재로 만들고 있다고 비판한다.

04 정답 ①

정답의 이유

① 16세기 인문주의 교육은 그리스·로마의 고전, 도덕, 예절, 건강, 7자유과, 문법, 수사학, 수학 등을 가르치며 고대 그리스·로마의 자유교육의 이상을 계승하였다.

오답의 이유

② 실학주의 교육은 17세기 자연과학의 발달에 큰 영향을 받았으며 실용적인 지식을 중시하고 직접적·감각적 교육방법을 강조하였다. 실학주의 교육은 실생활에 유능하게 대처할 수 있는 인간의 양성에 목적을 두고 있으며, 관념적 사고방식보다는 사물에 대한 직접적 경험을 강조하여 자연이나 실재하는 사물을 매개로 하는 실물교육을 도입하였다. 또한, 실학주의자들은 직접적인 경험을 중요시 여겨 수학여행, 직접관찰, 현장답사 등을 교육방법으로 채택하였다.

③ 19세기 국가주의는 국민성을 가치체계에 있어서 우위에 두는 태도를 의미한다. 국가 유지와 보존을 위해 국민 교육에 관심을 가지면서 공교육제도 확립에 기여하였다. 모든 국가는 그들의 공통성과 동질성을 확립하기 위한 수단으로 모국어 교육을 강화했으며 국가의 이념과 전통을 계승하고 시민적 자질을 함양하기 위해 사회과 교과를 중요시했다.

④ 19세기 계발주의는 새로운 근대교육의 지도이념으로서 개인별 학습자의 자연적 본성을 계발해 내는 것을 교육의 본질로 간주하는 개인주의적 관점이다.

05 정답 ②

정답의 이유

② 제시문은 소크라테스가 무지를 타파하기 위해 사용했던 '대화법(산파술)'에 대한 설명이다. 대화법은 오늘날의 토의법, 질문법에 영향을 주었다.

오답의 이유

① 토마스 아퀴나스는 교육이란 잠재적 소질에 의하여야 하며 교육의 소질은 외부의 작용에 의하여 나타난다고 주장하였다. 신을 섬기며 이웃에 봉사할 수 있는 인간을 육성하는 것이 교육의 목적이었다.

③ 프로타고라스는 소피스트로서, '인간은 만물의 척도이다.'라고 주장하였다. 그는 절대적인 진리나 해답은 존재하지 않으며, 세상의 진리 또는 사물에 대한 평가는 주관적이고 상대적인 것이라고 주장하였다.

④ 아리스토텔레스는 실재론을 주장하였다. 그의 교육의 목적은 행복을 최고로 하는 개인의 완성이었으며, 교육의 3요소로 소질, 습관, 이성을 제시하였다. 귀납적 방법을 이용한 객관적이고 과학적인 방법을 강조하였다.

더 알아보기

소크라테스

- 진리가 객관성을 상실한 시대에 그는 초개인적인 것, 보편적이고 객관적인 진리를 탐구하였다.
- 지행일치설에서 자신의 무지를 자각하면 선과 악을 구별할 수 있고, 그리하여 선한 행동을 할 수 있다고 주장하였다.
- 상대주의가 유행하던 시대에 보편적 진리를 주장하였으며, 논리적 철학이 아닌 윤리적 철학을 주장하였다.
- 오늘날의 질문법, 토의법과 계발학습 등에 영향을 주었다.

06 정답 ③

정답의 이유

③ 학습자·사회·교과전문가의 견해 → 잠정적인 교육목표의 추출 → 1차적인 체(교육철학) → 2차적인 체(학습심리) → 교육목표의 설정

더 알아보기

타일러 모형에서의 교육목표 설정과정

1. 목표의 세 가지 원천
   - 학습자 연구: 교육과정의 최종 수혜 대상이 되는 학습자에 대한 연구는 목표의 원천이 된다.
   - 사회에 대한 연구: 사회적 실용성의 전통에 따른 사회연구는 목표의 원천이 된다.
   - 교과전문가의 견해: 시민들에게 가장 중요한 지식은 무엇인가에 대한 교과전문가의 견해가 원천이 된다.
2. 목표 선택의 기준
   - 교육철학: 교육철학을 통해 잠정적인 교육목표의 바람직성과 우선순위를 정한다.
   - 학습심리학: 학습심리학을 통해 학습 가능성과 교수 가능성을 따져본다.

07 정답 ④

정답의 이유

(가) 영 교육과정: 공식적인 교육과정에 편성되지 않았거나, 공식적인 교육과정에 편성되었더라도 학교에서 가르치지 않는 교육 내용을 의미한다.

(나) 공식적 교육과정: 공적인 문서 속에 담긴 교육계획을 말한다. 우리나라에서는 국가 수준의 교육과정, 시·도 교육청의 교육과정 지침, 지역 교육청의 장학자료, 학교 교육과정이 공식적 교육과정에 속한다.

(다) 잠재적 교육과정: 학교에서 의도하지 않았지만 학교생활을 하는 동안에 학생들의 가치관, 태도 및 행동에 영향을 미치는 학

교환경과 교육실천과정을 의미한다. 계획하거나 의식하지 않는 가운데 영향을 주는 것이다.

08 정답 ①

정답의 이유

① 플립드 러닝은 교사가 먼저 학습할 내용에 대한 동영상을 온라인으로 제공하면 학생들이 집에서 예습하고, 학교에서는 예습한 내용을 토대로 학생들이 토론, 실습, 실험 등의 방식으로 진행하는 수업방식이다.

더 알아보기

플립드 러닝의 특징

- 다양한 학습자 중심 수업 적용 가능: 수업 전에 학습내용과 수업 진행 방법에 대해 미리 설명하고 수업을 할 경우 학생과 교사, 학생들 간의 상호작용 시간이 증가하므로 학습자 중심의 수업을 실시할 수 있다.
- 학습자의 특성과 수준에 맞는 수업을 통한 학습 효율 증진: 선행학습을 한 학생이나, 학습내용이 어려워 심화 학습이 필요했던 학생 모두 개인의 특성과 수준에 맞는 질문과 설명 및 과제 제시가 가능해지므로 학습의 효율을 높일 수 있다.
- 고차원적 인지능력 신장: 사전에 교사가 제공하는 학습자료와 강의를 통해 수업에 대한 이해도를 높일 수 있으므로 교실 수업에서는 적용, 분석, 종합, 평가와 같은 고차원적 학습이 가능해진다.

09 정답 ④

정답의 이유

④ 지적기능이란 방법적 지식 또는 절차적 지식으로 여러 가지 기호나 상징(숫자, 문자, 단어, 그림)을 사용하여 '~을 할 수 있는 능력'을 의미한다. 또한 지적기능에는 학습위계가 존재하므로, 선행학습이 중요하다.

오답의 이유

① 언어정보는 '~에 관한 지식'으로 특정한 명칭, 정보, 명제를 학습하여 기억한 다음 이를 진술할 수 있는 능력을 말한다.
② 운동기능은 자전거 타기 등과 같이 운동수행을 가능하게 해주는 능력이다.
③ 인지전략은 주어진 문제들을 보다 효율적으로 해결하기 위하여 새로운 해결방식을 창조해 낼 수 있는 능력이다.

더 알아보기

가네의 학습의 5가지 영역

- 언어정보
- 지적기능
- 인지전략
- 운동기능
- 태도: 학습자가 특정 사건, 사물, 사람 등에 대하여 나타내는 개인적 성향으로 학습자의 행동 방향이나 선택에 영향을 미친다.

10 정답 ①

정답의 이유

① 피아제는 혼잣말을 자기중심적 언어로서 미성숙한 사고를 보여주는 사례라고 하였다. 이에 반해 비고츠키는 혼잣말을 문제해결에 있어 중요한 역할을 수행한다고 보았다.

더 알아보기

피아제와 비고츠키의 사적 언어관 비교

사적 언어는 취학 전 아동들이 무엇을 하기 전에 '나는 ~할 거야' 등의 혼잣말을 반복해서 말하는 것이다.

구분	피아제	비고츠키
발달의 의의	타인의 관점을 수용하고 상호의사소통에 참여하는 능력이 없음을 나타냄	외면화된 사고, 기능은 자기안내와 자기지시의 목적을 위해 자신과 의사소통하는 것임
발달의 과정	연령증가와 함께 쇠함	어릴 때는 증가하고 그후에는 점차적으로 들리지 않는 소리로 되어 내적인 언어 사고가 됨
사회적 언어와의 관계	부정적, 가장사회적·인지적으로 덜 성숙한 아동이 더 자기중심적인 언어를 사용함	긍정적·사적 언어는 타인들과의 사회적 상호작용으로부터 발달함
환경적 맥락과의 상호작용	–	과제 난이도와 함께 증가, 사적 언어는 해결에 도달하기 위하여 더 많은 인지적 노력이 필요한 상황에서 도움이 되는 자기안내 기능을 제공함

11 정답 ②

정답의 이유

② 체계적 둔감법은 파블로프의 고전적 조건화설에 해당한다. 불안, 공포와 같은 부정적인 감정이 이완반응과 점진적으로 대체되면서 부정적인 감정에서 벗어나도록 하는 기법이다.

오답의 이유

① 방어기제란 심리적으로 극복하기 어려운 현실에 당면하여 직접 문제를 해결하지 못하고 현실을 왜곡시켜 체면을 유지하고 심리적 평형을 되찾아 자기를 보존하려는 무의식적 책략을 말한다.

더 알아보기

프로이트 정신분석학의 특징

- 인간관은 성악설이다.
- 문제행동의 원인을 무의식 세계 속의 좌절된 본능적 욕구라고 본다.
- 과거지향적 접근이다.
- 인과결정론(기계론)적 접근이다.

12 정답 ①

정답의 이유

① 스크리븐(Scriven)이 고안한 총괄평가는 주어진 한 학습과제나 한 교과가 끝났을 때 설정된 교수목표의 달성도를 알아보기 위한 평가활동이다. 학교의 중간고사나 기말고사에 해당한다.

오답의 이유

② 스크리븐이 고안한 형성평가는 교수–학습이 진행되고 있는 유동적인 상태에서 학습자에게 피드백을 주고 교사에게는 교육과정 운영이나 수업방안을 개선하기 위해 실시하는 평가체제이다.
③ 능력참조평가는 학생이 지니고 있는 능력에 얼마나 최선을 다했는지에 초점을 두는 평가이다.
④ 성장참조평가는 교육평가를 상대적 서열이나 준거점수에 비추어 평가하는 것보다 교육의 진행과정을 통해 얼마나 성장하였는가에 비추어 평가하는 것이다.

13 정답 ②

정답의 이유

ㄱ·ㄹ. 타당도는 한 검사가 측정하려는 내용 혹은 평가목표를 얼마나 제대로 측정하고 있느냐를 의미한다. '무엇'이라는 개념과 관련이 있으며, 타당도가 없어도 신뢰도는 정확할 수 있으나 신뢰도 없는 타당도란 있을 수 없다.

오답의 이유

ㄴ. 신뢰도는 타당도의 필요조건으로 어떤 평가도구를 가지고 설정된 교육내용이나 목표를 얼마나 정확하게 측정 평가하였는가의 정도를 의미한다. 이는 측정된 정확성, 안정성을 나타낸다. 측정 대상 자체에 변화가 없는 한 몇 회를 측정해도 측정치가 동일하다면 그 측정치는 신뢰할 수 있다.
ㄷ. 객관도는 평가문항을 제작하여 평가를 실시한 채점자에 대한 신뢰도를 나타내는 것으로서 한 검사의 측정한 결과가 검사자 혹은 채점자 간에 어느 정도 일치하는가의 정도이다.

> **더 알아보기**
>
> **평가도구 – 실용도**
> - 실용도: 특정한 검사도구가 경비, 시간, 노력을 적게 들이고도 목적을 얼마나 달성할 수 있느냐의 정도를 나타내는 사항이다.
> - 실용도의 조건: 채점의 간편성, 해석과 활용의 용이성, 실시 절차의 간편성, 비용, 시간, 노력의 절약 등이 있다.

14 정답 ④

정답의 이유

(가) 조직화: 학습해야 할 내용 중 서로 관련 있는 것들을 공통 범주나 유형으로 묶어 제시하여 학습을 촉진하는 전략으로, 학습내용에 대한 개요도나 개념지도를 제공한다.
(나) 심상: 새로운 학습내용들 사이의 추상적인 관계를 시각화하여 학습내용 속에 있는 중요한 정보와 그렇지 않은 정보를 구별할 수 있도록 함으로써 학습을 촉진하는 전략이다. 학습내용과 관련된 그림, 사진, 다이어그램, 모형, 순서도 등을 제공하거나 학습자들로 하여금 직접 시각 자료를 만들어 활용하게 하는 방법이 있다.
(다) 정교화: 새로운 학습내용을 기존의 지식에 연결하여 학습내용을 잘 이해하고 기억할 수 있도록 하는 전략이다. 새로운 개념이나 원리를 설명할 때 학습자들이 가장 잘 이해할 수 있는 다양한 사례를 제공하거나 사례와 유사한 유추를 활용할 경우 정교화를 촉진할 수 있다.

15 정답 ③

정답의 이유

ㄴ·ㄷ. 보상적(결과적) 평등관은 교육 목적이 사회에서 살아가는 데 필요한 것을 학습하는 데 있으므로 필요한 것은 누구나 제대로 배울 수 있도록 하는 것이 교육평등이라고 주장한다. 가정 배경으로 인한 불이익이 발생하는 경우 사회가 이를 보상하여 불리한 위치에 있는 학생, 지역, 계층에 더 많은 혜택을 주고자 하는 노력이다.

오답의 이유

ㄱ. 허용적 평등이란 신분, 성별, 종교, 인종 등으로 인한 교육 차별을 철폐하여 모든 사람에게 교육받을 권리를 허용하는 것이다.
ㄹ. 과정적 평등이란 교육체제 내에서 교사, 교육과정, 교육방법, 교육 시설 등이 학생들의 학업성취와 상급학교 진학에 영향을 주므로 이러한 교육적 조건의 차이가 없어져야 한다는 주장이다.

> **더 알아보기**
>
> **교육결과의 평등을 위한 보상적 평등정책**
> 1. 학생 간 격차를 줄이기 위한 노력
>   - 능력이 낮은 학생에게 더 좋은 교육조건 제공
>   - 학습부진아에 대한 보충학습 지도
> 2. 계층 간 격차를 줄이기 위한 노력
>   - 저소득층의 취학 전 어린이들을 위한 보상교육
>   - 교육복지 우선지원 사업
>   - 기회균형 선발제도
> 3. 지역 간 격차를 줄이기 위한 노력
>   - 읍·면 지역의 중학교 의무교육 우선 실시
>   - 기회균형 선발제도
>   - 교육복지 우선지원 사업

16 정답 ③

정답의 이유

③ 콜만 보고서에서는 학교의 교육조건 차이가 학생들의 학업 성취에 별다른 영향을 주지 못하고 이보다는 가정배경이 훨씬 강한 영향을 준다고 주장했다. 따라서 사회적으로 불리한 계층집단의 학업실패는 학교에 원인이 있는 것이 아니라는 결론이다. 콜만이 가정환경 중에서 주목한 것은 가정의 '사회자본'이었다. 이런 불리한 계층의 교육기회를 보완하기 위해 등장한 교육평등 정책이 '보상교육'이다. 이와 유사하게, 학업성취에 가장 큰 원인은 가정배경과 학생의 인지능력이라고 주장한 젠크스의 연구가 있다.

오답의 이유

④ 보울스와 진티스는 경제적 재생산론에서 자본주의 사회에서의 학교는 지배계급과 생산계급으로 구분되는 위계적인 자본주의 생산조직 내에서 지배계급과 생산계급에 맞는 지식과 기능 및 태도를 가르쳐서 자본주의의 불평등한 사회적 생산 관계를 정당화하여 재생산하는 역할을 담당한다고 주장했다.

17 정답 ②

정답의 이유

② 프레이리의 문제제기식 교육에 대한 설명이다. 프레이리는 기존 학교교육은 교사가 전달한 내용을 단순히 수용하여 은행에 저축하듯이 머릿속에 저장했다가 이를 그대로 꺼내 사용하도록 요구하는 은행저축식 교육이라고 비판한다. 학습자가 주체적으로 사고하고 성찰할 수 있는 능력을 확장시키는 데 교육의 초점을 두고, 학습자 스스로가 관심이 있고 쉽게 접근할 수 있는 주제를 설정하여 교사와 학생이 대화를 통해 비판적으로 공동탐구를 하는 방식을 대안으로 제시하였다.

오답의 이유

① 일리치는 사회를 살아가는 데 유용한 기술의 습득, 인지적 성숙 및 지적인 자율성 등을 교육의 목적으로 여겼다. 그런데 오히려 학교가 교육 목적을 실현시키고 있지 않다고 주장한다. 특히 의무교육이 평등을 저해하고 학생들의 능력개발이나 개성을 존중하지 않으면서, 대신 학교에 다니는 것이 인생에서 유리하다고 잘못된 주장을 하므로 이를 폐지해야 한다고 주장했다.

18 정답 ③

정답의 이유

③ 강임이란 직제변경으로 인한 하위직급으로의 변경을 의미한다. 직제의 변경으로 동일 직렬 내에서 하위직급의 직위에 임명되거나 하위직급이 없는 경우 다른 직렬의 하위직급으로 임명하는 것을 말한다(교육공무원법 제2조 제10항 참조).

오답의 이유

② 전직이란 직렬변경으로, 교육공무원이 직렬을 달리하여 임용되는 것을 말한다. 전직은 일정한 제한 아래에서만 가능하고, 전직시험을 거쳐야 한다(교육공무원법 제2조 제8항 참조).

④ 전보란 교육공무원이 동일직급 내에서 보직을 변경하는 것을 말하며, 임용일로부터 6개월 이내에는 전보할 수 없음이 원칙이다(교육공무원법 제2조 제9항 참조).

19 정답 ④

정답의 이유

④ 합법성의 원리는 모든 행정이 법의 범위 내에서 이루어져야 한다는 것이다. 하지만 이 원리를 지나치게 강조하면 행정이 경직화되는 등 관료주의에 빠져 형식화되기 쉽다.

20 정답 ②

오답의 이유

ㄷ. 학부모위원은 학부모 중에서 민주적 대의절차에 따라 학부모 전체회의에서 직접 선출한다.

더 알아보기

학교운영위원회

- 설치 근거: 「초·중등교육법」에 의거하여 국공립학교 및 사립학교는 의무적으로 설치하여야 함
- 위원은 학부모위원, 교원위원, 지역위원으로 구성
- 학교 헌장 및 학칙의 제정 또는 개정
- 학교의 예산안 및 결산
- 학교 교육과정의 운영방법에 관한 사항
- 교과용 도서 및 교육자료 선정에 관한 사항
- 정규 학습시간 종료 후 또는 방학기간 중의 교육활동 및 수련활동에 관한 사항
- 초빙교원의 추천에 관한 사항
- 학교 발전기금의 조성·운용 및 사용에 관한 심의·의결
- 학교급식에 관한 사항
- 학교운영에 관한 제안 및 건의 사항
- 기타 대통령령, 시·도의 조례로 정한 사항
- 학교의 장은 학교운영위원의 심의 및 자문결과를 최대한 존중하도록 하고 있고, 관할청(시·도교육청 또는 지역교육청)은 정당한 사유 없이 심의·자문 사항을 거치지 아니하고 시행하는 경우 시정을 명할 수 있도록 하고 있음

교육학개론 | 2016년 교육청 9급

한눈에 훑어보기

✓ 영역 분석

교육사 및 철학 01 02 03 04
4문항, 20%

교육심리 12
1문항, 5%

교육상담 09 10
2문항, 10%

교수-학습 07 08
2문항, 10%

교육사회학 13 14
2문항, 10%

교육행정 15 16 17 18 19 20
6문항, 30%

교육평가 및 공학 11
1문항, 5%

교육과정 05 06
2문항, 10%

✓ 빠른 정답

01	02	03	04	05	06	07	08	09	10
①	④	①	④	③	②	③	④	①	③
11	12	13	14	15	16	17	18	19	20
④	②	②	③	①	①	④	③	②	②

✓ 점수 체크

구분	1회독	2회독	3회독
맞힌 문항 수	/ 20	/ 20	/ 20
나의 점수	점	점	점

01 정답 ①

정답의 이유

① 분석적 교육철학에 대한 설명이다. 분석적 교육철학은 교육철학이 교육 논의에서 사용되는 중요한 개념들이 갖는 의미를 명료하게 밝힘으로써 교육관과 교육이론에 내재해 있는 모순성과 모호성 그리고 불명확성을 제거해야 한다고 주장하였다. 이렇게 함으로써 언어나 개념에 담긴 오류와 편견에서 벗어날 수 있으며 교육이 무엇을 추구하고 어떻게 이루어져야 하는가를 보다 명확하게 밝힐 수 있다고 보았다.

오답의 이유

② 비판적 교육철학은 자본주의 체제하에서의 교육이 모순된 자본주의 생산체제의 유지를 위해 학교교육에 자본가 계급의 이데올로기를 주입하여 학생들을 몰개성적이고 획일적인 존재로 만들고 있다고 비판하는 입장이다.
③ 실존주의 교육철학은 스스로 판단하고 선택하여 행동하고 이에 책임을 질 수 있도록 하는 철학사상이다. 이에 따르면 교육현장은 교사와 학생, 학생과 학생 간에 인격적인 만남의 장이어야 하고, 교육은 학생의 개성과 주체성을 존중해야 한다.
④ 프래그머티즘 교육철학은 생활을 통한 경험의 개조와 확대를 교육의 본질로 보며, 학교가 아동의 발달단계에 맞춰서 교과서적인 틀이 아닌 생활경험과 연관된 학습을 구성해야 한다고 본다.

02 정답 ④

정답의 이유

④ 포스트모던 교육철학은 계몽사상으로 대표되는 근대 사회의 보편적 · 합리적 · 절대적 · 객관적 · 총체적 지향을 비판하고, 다양성, 개별성 등을 지향하는 교육철학이다. 학생들을 재해석하고 재창조하는 능동적이고 주체적인 존재로 보아서, 학생들의 생각, 흥미와 행동양식 등에 깊은 관심과 주의를 기울이고 이해하고자 한다. 또한 개방적이고 비판적인 대화와 토론, 협동과 같은 자율적인 참여와 창의적인 탐구의 방법으로의 전환을 추구한다. 지식의 실재성과 가치중립성을 강조하는 것은 전통적인 객관주의 지식관에 해당한다.

오답의 이유

① 소수 의견 존중, 개인이나 소집단에 초점을 맞춘 소서사에 관심을 둔다.
② 다양한 관점과 신념의 존중에 관심을 둔다.
③ 사회적 협동과 대화의 강조에 관심을 둔다.

03 정답 ①

정답의 이유

① 위기지학(爲己之學): 남에게 보이기 위한 배움을 멀리하라는 뜻으로, 나를 위한 배움 즉, 자기의 인격수양을 목적으로 하는 학문을 뜻한다. 이와 반대의 뜻으로 다른 사람을 위한 공부라는 뜻을 가진 위인지학(爲人之學)이 있다.

오답의 이유

② 격물치지(格物致知): 사물에 대해 깊게 연구하여 지식을 확고히 하고 넓히는 것을 뜻한다.
③ 실사구시(實事求是): 사실을 토대로 진리를 탐구하는 태도를 뜻한다.
④ 권학절목(勸學節目): 조선 시대에 유교를 진흥시키기 위해 마련한 장학 제도 중 하나로, 유생들에 대한 장학 규정을 말한다.

04 정답 ④

정답의 이유

④ 반어법과 산파술은 소크라테스의 교육방법 중 하나이다.
- 반어법: 상대방이 사용하고 있는 개념이 명료하지 못하고 그들의 주장이 논리적으로 일관성이 없다는 것을 깨닫게 하는 방법
- 산파술: 질문과 답변의 과정을 통해 상대방이 이미 가지고 있는 개념이나 지식을 토대로 보다 정확한 개념정의에 이르게 하는 방법

05 정답 ③

정답의 이유

(가) 교과중심 교육과정: 인간을 사회적 존재로 만드는 것을 교육의 목표로 하며, 사회적 존재로 만들어 주는 문화와 지식의 전수를 주된 교육목표로 삼는다. 논리적이며 체계적인 것을 중시하며 교사 주도로 이루어진다.

(나) 학문중심 교육과정: 교과의 기본개념(지식의 구조)과 학습방법에서의 탐구를 중요내용 및 활동으로 한다. 기본개념을 배움으로써 얻어지는 지식은 다른 상황에도 잘 전이가 되며, 이를 통해 새로운 지식을 얻을 수 있음을 주장한다.

오답의 이유

- 인간중심 교육과정: 아동을 성장의 가능성을 지닌 주체적 존재로 보고 전인적 능력을 계발하여 자아실현을 할 수 있도록 돕는 것을 교육목적으로 한다.
- 경험중심 교육과정: 진보주의에 근거하여 일상생활에서 겪는 문제해결능력의 신장을 주된 교육목표로 삼아서, 활동형 교육과정을 추구한다.

06 정답 ②

정답의 이유

② 아이즈너(E. Eisner)가 제시한 개념으로, 관습적으로 가르치지 않는 교과의 영역이 학생들에게 영향을 주는 것을 영 교육과정이라고 한다.

오답의 이유

ㄴ. 실제적 교육과정에 해당한다.
ㄷ. 잠재적 교육과정에 해당한다.

> **더 알아보기**
>
> **영 교육과정**
> 공식적인 교육과정에 편성되지 않았거나 공식적인 교육과정에 편성되었더라도 학교에서 가르치지 않는 교육내용을 의미한다.
> 예 음악, 미술, 창의적 체험활동 등이 공식적 교육과정에 포함되어 있다고 하더라도 활동 시간을 줄여서 국어, 영어, 수학 등의 주요 과목의 수업에 시간을 추가로 배정할 경우 가르치지 않은 내용은 영 교육과정이 된다.

07 정답 ③

정답의 이유

③ 사례에서 전문가 집단에서 학습하도록 한 것으로 보아, 과제분담학습Ⅰ(JigsawⅠ) 모형임을 확인할 수 있다. 과제분담학습Ⅰ(JigsawⅠ) 모형은 개인별로 성적을 받게 되고, 집단 보상이 없으므로 개인과제해결의 상호의존성은 높으나 형식적인 집단 목표가 없다.

오답의 이유

② 팀보조개별학습(TAI) 모형: 협동학습과 개별학습이 혼합된 모형으로 수학 과목에서 활발히 적용된다. 팀을 구성하고 개별적인 진단을 통해 학습에 맞는 학습지를 제공하여 개별학습을 우선 진행한다. 개별학습이 완전히 학습될 때까지 동료에게 점검을 받고 도움을 받는다. 단원평가 문제를 풀고 동료간 상호 교환하고 채점한다. 단원평가 점수가 80% 이상인 경우 최종 개별 시험을 실시하며, 개별 시험의 점수의 합은 팀 점수로 산정되고, 기준 팀 점수 초과 시 보상이 주어진다.

④ 학습자팀성취분담(STAD) 모형: 교사의 설명, 모둠학습, 평가, 모둠점수 게시와 보상으로 이루어지며, 교사가 전체 학습 내용을 설명하고 모둠학습을 실시한다. 평가는 개인별 퀴즈를 통해 이루어지며, 모둠 점수는 구성원들의 점수의 합을 평균하여 계산한다. 모둠 점수에 따라 적절한 보상을 제공해야 한다.

> 더 알아보기

Jigsaw II, Jigsaw III

- Jigsaw II: 집단 구성원 개별적 점수에 비해 향상된 점수를 합산하여 팀 점수를 산정하고, 이에 대한 보상을 지급하는 STAD 모형의 평가방식을 적용한다. Jigsaw I 과 달리 모든 학생에게 단원 전체를 학습할 수 있는 기회를 제공한다.
- Jigsaw III: Jigsaw II 의 학습이 종료된 후 일정 시간 퀴즈를 대비하여 학습 기회를 제공하는 모형이다.

08 정답 ④

> 정답의 이유

④ ASSURE 모형은 수업상황을 전제로 개발된 것이다.

> 더 알아보기

하이니히(Heinich)의 ASSURE 모형

A(Analyze Learner Characteristic)		학습자의 태도, 선행학습능력, 학습양식 등을 분석한다.
S(State Objective)		성취목표의 유형을 분석하고, 목표를 확립한다.
S(Select Media and Materials)		수업목표를 달성하는 데 가장 효율적인 수업전략과 이에 적합한 매체 유형을 결정하고 자료를 선정한다.
U(Utilizing Materials)	매체 및 자료에 대한 사전 검토	교수매체와 수업자료가 학습자와 목표에 적합한지 검토한다.
	매체 및 자료 준비	수업활동을 위한 적절한 매체와 자료를 준비한다.
	환경 준비	매체와 자료를 원활하게 사용할 수 있는 시설을 준비하고 점검한다.
	학습자 준비	수업내용에 대한 전반적인 개요·학습목표를 소개하거나, 수업에서 중요한 내용 등을 안내한다.
	학습경험 제공	매체를 활용하여 수업을 진행한다.
R(Require Learner Participation)	수업 중 기회 제공	학습자의 참여를 유도하기 위해 연습문제 등을 제공한다.
	피드백 제공	학습활동에 대한 피드백을 제공하여 학습에의 참여를 촉진한다.
E(Evaluation)	학습자 성취의 평가	학습자의 목표 성취도를 평가한다.
	전략 및 매체의 평가	매체가 목표 달성에 효율적이었는지를 평가한다.
	피드백을 통한 수정	다음 수업을 위해 계획을 수정한다.

09 정답 ①

> 정답의 이유

ㄱ·ㄷ. 정치활동이란 학생의 적성이나 능력을 고려하여 교육활동이나 진로·직업에 필요한 조력활동을 하는 것이다.

> 오답의 이유

ㄴ. 조사활동에 해당한다.
ㄹ. 추수지도활동에 해당한다.

> 더 알아보기

생활지도의 활동

조사 활동	생활지도의 계획과 실천을 보다 과학적이고 정확하게 파악하고 각 학생을 이해하기 위해 관련한 기초적인 자료를 조사하거나 수집하는 활동이다.
정보 활동	조사활동에서 확인된 학생에 관련된 자료를 가지고 이에 필요한 각종 정보 및 자료를 제공하여 학생의 개인적 성장·발달과 사회적 적응을 돕는 활동이다.
상담 활동	생활지도의 중핵적인 활동으로, 상담자와 내담자 간의 관계에서 행해지는 상담과 같은 것이다. 학생들의 자율성과 문제 해결력을 성장시키는 활동이다.
정치 활동	학생의 적성이나 능력을 고려하여 교육활동이나 진로·직업에 필요한 조력활동을 하는 것이다.
추수 활동	사후점검을 위한 활동으로, 정치활동 이후 학생들의 추후의 적응상태를 확인하고, 부적응에 대한 조력과 함께 보다 나은 적응을 돕는 활동이다.

10 정답 ③

> 오답의 이유

① 인간중심 상담에 해당한다.
② 정신분석적 상담에 해당한다.
④ 의사거래 상담에 해당한다.

> 더 알아보기

엘리스(A. Ellis)의 합리적·정서적 상담기법(ABCDE 전략)

A(Activating Event) 선행사상	인간의 정서를 유발하는 어떤 사건이나 현상으로서 촉발사상이라고도 한다.
B(Belief System) 신념체계	환경적 자극에 대하여 사람이 지닌 신념을 의미한다.
C(Consequence) 결과	선행사건과 관련된 신념으로 인해서 생긴 정서적 결과를 말한다. 만약 합리적 신념을 지니고 있었다면 그 상황에 적절한 정서적 반응을 할 수 있게 될 것이지만, 비합리적인 신념을 지니고 있다면 그 결과는 죄책감, 불안, 분노 등을 보이게 될 것이다.

D(Dispute) 논박	비합리적 신념에 대해서 도전하고 다시 생각하도록 하여 재교육하기 위해 적용하는 논박을 의미한다.
E(Effect) 효과	논박의 인지적 효과를 의미하는 것으로, 내담자가 가진 비합리적 신념을 철저하게 논박함으로써 합리적인 신념으로 대치한 다음 자기수용적인 태도와 긍정적인 감정을 느끼게 한다.

11 정답 ④

오답의 이유

ㄱ. 문항변별도 지수는 ±1.0 사이의 값을 갖는다.
ㄷ. 문항변별도는 학생의 능력을 어느 정도 변별하느냐의 정도이므로, 학생의 능력 수준이 다르면 문항변별도는 달라진다.

12 정답 ②

오답의 이유

ㄴ. 콜버그는 도덕적 사고력은 사회적으로 전수되는 것이 아니라, 사회적인 문화와 관계 없이 동일한 발달단계를 거치게 된다고 주장하였다.
ㄷ. 다섯 번째 단계가 아닌 세 번째 단계의 '대인관계 지향' 단계에 해당한다.

더 알아보기

콜버그의 도덕성 발달이론

- 도덕성은 인지구조의 발달에 따라 도덕적 추론능력이 변형·재구조화되면서 발달한다.
- 도덕성 발달단계

단계	내용	도덕성 판단의 기준
1단계	벌과 복종에 의한 도덕성	잡히거나 처벌받게 될 가능성이 있는가?
2단계	욕구충족을 위한 수단으로서의 도덕성	행위가 자신의 욕구를 충족시켜주는 수단인가?
3단계	대인관계의 조화를 위한 도덕성	타인에게 인정받는가?
4단계	법과 질서를 중시하는 도덕성	법과 규칙에 적합한가?
5단계	사회적 계약으로서의 도덕성	좋은 사회를 만들 수 있는가?
6단계	보편적 윤리로서의 도덕성	법이나 사회계약을 초월하는 도덕적 원리와 보편적 정의의 원칙

- 도덕성 발달이론에 근거한 교수전략: 도덕적 토론, 역할놀이

13 정답 ②

정답의 이유

ㄷ. 교육은 개인의 능력을 증진시키며, 개인의 능력과 성취에 따라 선발함으로써 사회적으로는 인력활용을 극대화할 수 있게 해준다고 보았다.
ㄹ. 개인이 사회적 존재로 살아가는 데 필요한 지식과 기능 및 사회적 규범을 개인에게 내면화시켜 사회구성원으로서의 역할을 수행할 수 있도록 하는 데에 교육목적을 두었다.

오답의 이유

ㄱ·ㄴ. 갈등론적 관점에 대한 설명이다. 갈등론에서는 학교가 지배집단에 유리한 기존 질서를 유지하는 데 기여하여 사회의 불평등 구조를 유지·심화시키는 역할을 한다고 본다. 또한 교육과정은 지배집단이 기존 질서를 정당화하기 위해 그들에게 유리한 가치와 태도, 규범을 교육내용으로 조직하기 때문에 학교의 교육내용은 지배계급의 이데올로기를 담고 있는 편협한 것으로 본다.

14 정답 ③

정답의 이유

③ 로젠탈과 제이콥슨은 성적이 크게 올라갈 것이라고 교사가 기대하는 학생은 실제로 성적이 올라간다고 주장하였다. 교사의 기대효과는 교사의 영향을 많이 받게 되는 저학년일수록, 하류 계층일수록, 성적이 중간일수록 뚜렷한 것으로 드러났다.

오답의 이유

① 젠슨은 소수인종의 학업성취가 낮은 이유는 유전적 요인 때문이라고 본다.
② 콜만은 가정배경이 학교 시설·자원보다 학업성취에 더 큰 영향을 미친다고 주장한다.
④ 번스타인은 노동자 계층 자녀의 학업성취가 낮은 이유는 가정에서 제한된 언어코드를 사용하기 때문이라고 본다.

15 정답 ①

정답의 이유

① 교육감에게 등록된 학교교과교습학원은 평생교육기관에 해당하지 않는다.

> **평생교육법 제2조(정의)**
> 2. "평생교육기관"이란 다음 각 목의 어느 하나에 해당하는 시설·법인 또는 단체를 말한다.
>   가. 이 법에 따라 인가·등록·신고된 시설·법인 또는 단체
>   나. 「학원의 설립·운영 및 과외교습에 관한 법률」에 따른 학원 중 학교교과교습학원을 제외한 평생직업교육을 실시하는 학원
>   다. 그 밖에 다른 법령에 따라 평생교육을 주된 목적으로 하는 시설·법인 또는 단체

학원의 설립·운영 및 과외교습에 관한 법률 제2조(정의)
1. "학원"이란 사인(私人)이 대통령령으로 정하는 수 이상의 학습자 또는 불특정다수의 학습자에게 30일 이상의 교습 과정(교습과정의 반복으로 교습일수가 30일 이상이 되는 경우를 포함한다. 이하 같다)에 따라 지식·기술(기능을 포함한다. 이하 같다)·예능을 교습(상급학교 진학에 필요한 컨설팅 등 지도를 하는 경우와 정보통신기술 등을 활용하여 원격으로 교습하는 경우를 포함한다. 이하 같다)하거나 30일 이상 학습장소로 제공되는 시설을 말한다. 다만, 다음 각 목의 어느 하나에 해당하는 시설은 제외한다.
  가. 「유아교육법」, 「초·중등교육법」, 「고등교육법」, 그 밖의 법령에 따른 학교
  나. 도서관·박물관 및 과학관
  다. 사업장 등의 시설로서 소속 직원의 연수를 위한 시설
  라. 「평생교육법」에 따라 인가·등록·신고 또는 보고된 평생교육시설
  마. 「국민 평생 직업능력 개발법」에 따른 직업능력개발훈련시설이나 그 밖에 평생교육에 관한 다른 법률에 따라 설치된 시설
  바. 「도로교통법」에 따른 자동차운전학원
  사. 「주택법」 제2조 제3호에 따른 공동주택에 거주하는 자가 공동으로 관리하는 시설로서 같은 법 제43조에 따른 입주자대표회의의 의결을 통하여 영리를 목적으로 하지 아니하고 입주민을 위한 교육을 하기 위하여 설치하거나 사용하는 시설

[오답의 이유]
② 평생교육법 제30조 제2항

제30조(학교 부설 평생교육시설)
② 대학의 장은 대학생 또는 대학생 외의 사람을 대상으로 자격취득을 위한 직업교육과정 등 다양한 평생교육과정을 운영할 수 있다.

③ 평생교육법 제36조 제2항·제3항

제36조(시민사회단체 부설 평생교육시설)
① 시민사회단체는 상호 유기적인 협조체제를 구축하고 공공시설 및 민간시설 등 유휴시설을 활용하여 해당 시민사회단체의 목적에 부합하는 평생교육과정을 운영하도록 노력하여야 한다.
② 대통령령으로 정하는 시민사회단체는 일반 시민을 대상으로 하는 평생교육시설을 설치·운영할 수 있다.
③ 제2항에 따른 시민사회단체 부설 평생교육시설을 설치하고자 하는 자는 대통령령으로 정하는 바에 따라 교육감에게 신고하여야 한다. 이를 폐쇄하고자 하는 경우에는 그 사실을 교육감에게 통보하여야 한다.

④ 평생교육법 제32조 제1항

제32조(사내대학형태의 평생교육시설)
① 대통령령으로 정하는 규모 이상의 사업장(공동으로 참여하는 사업장도 포함한다)의 경영자는 교육부장관의 인가를 받아 전문대학 또는 대학졸업자와 동등한 학력·학위가 인정되는 평생교육시설을 설치·운영할 수 있다.

16 정답 ①

[정답의 이유]
(가) 평생학습계좌제: 개인의 다양한 학습경험을 온라인 학습 계좌에 누적·관리하고 그 결과를 학력이나 자격인정과 연계하거나 고용정보로 활용하는 제도이다. 이러한 평생학습계좌제는 개인의 평생학습 이력에 대한 사회적 인정 및 활용과 학습자의 학습선택권 보장 및 자기주도적 학습 설계 촉진에 필요하다.

(나) 학점은행제: 학점인정 등에 관한 법률에 의거하여 학교에서뿐만 아니라 학교 밖에서 이루어지는 다양한 형태의 학습과 자격을 학점으로 인정하고, 학점이 누적되어 일정 기준을 충족하면 학위취득을 가능하게 함으로써 궁극적으로 열린 교육사회, 평생학습사회를 구현하기 위한 제도이다. 이는 다양한 방법 수단과 미디어를 통해 학습자의 학습권을 보장하고, 소외계층에게 평생교육을 통해 자기발전을 추구하는 제2의 기회를 제공하며, 공식적 영역과 비공식적 영역에 걸친 다양한 교육기관들을 연결하여 유기적 협력체제를 구축한다.

[오답의 이유]
- 문하생학력인정제: 무형유산의 보전 및 진흥에 관한 법률에 따라 인정된 중요 무형유산의 보유자와 그 문하생으로서 일정한 전수교육을 받은 자에 대한 학점 및 학력을 인정하는 제도이다.
- 독학학위제: 독학에 의한 학위취득에 관한 법률에 의거하여 고교 졸업자 중 국가가 시행하는 단계별 시험에 합격하면 학사학위를 취득할 수 있는 제도이다. 국어국문학, 영어영문학, 심리학, 경영학, 법학, 행정학, 유아교육학, 가정학, 컴퓨터공학, 정보통신학, 간호학의 11개 전공영역의 학위를 수여한다.

학점인정 등에 관한 법률 제7조(학점인정)
② 교육부장관은 다음 각 호의 어느 하나에 해당하는 자에게 그에 상당하는 학점을 인정할 수 있다.
  1. 대통령령으로 정하는 학교 또는 평생교육시설에서 「고등교육법」, 「평생교육법」 또는 학칙으로 정하는 바에 따라 교육과정을 마친 자
  2. 외국이나 군사분계선 이북지역에서 대학교육에 상응하는 교육과정을 마친 자
  3. 「고등교육법」 제36조 제1항, 「평생교육법」 제32조 또는 제33조에 따라 시간제로 등록하여 수업을 받은 자
  4. 대통령령으로 정하는 자격을 취득하거나 그 자격 취득에 필요한 교육과정을 마친 자
  5. 대통령령으로 정하는 시험에 합격하거나 그 시험이 면제되는 교육과정을 마친 자
  6. 「무형유산의 보전 및 진흥에 관한 법률」 제17조에 따라 국가무형유산의 보유자로 인정된 사람과 그 전수교육을 받은 사람으로서 대통령령으로 정하는 사람

17 정답 ④

정답의 이유

④ 과학적 관리론에서는 절약과 능률을 위한 최선의 방법이나 수단의 채택을 주요 관건으로 보았다. 보비트는 테일러의 과학적 관리론을 교육행정에 도입하였다. 교사를 노동자, 학교장을 관리자로 보고 학교 조직을 하나의 기업체에 비유하여, 교사는 교수자로서 학생을 가르치는 데 전념하고 학교장은 관리자로서 학교행정을 책임지는 일에 집중해야 한다고 주장하였다.

18 정답 ③

정답의 이유

③ 변혁적 지도성과 반대되는 개념으로 일컬어지는 거래적 리더십에 대한 설명이다.

더 알아보기

변혁적 지도성

- 부하의 가치·신념 체계를 변화시킴으로써 조직이나 집단의 성과를 제고하려는 유형
- 부하들에게 확실한 목표 설정 및 본인이 모범을 보임으로써 지도자의 신념과 가치관에 대한 부하들의 확고한 믿음 유발

19 정답 ②

정답의 이유

② 견책된 자는 전과에 대해 훈계하고 회개하게 한다.

오답의 이유

① 정직된 자는 1개월 이상 3개월 이하의 기간에 공무원 신분은 보유하나 직무에 종사하지 못하며 보수는 전액을 감액한다.
③ 해임된 자는 공무원 관계로부터 배제되고, 3년간 공무원에 임용될 수 없다.
④ 파면된 자는 공무원 관계로부터 배제되고, 5년간 공무원에 임용될 수 없다.

20 정답 ②

정답의 이유

② 초·중등교육법 제30조의3 제3항

오답의 이유

① 학교회계 세입세출예산안은 학교의 장이 편성한다(초·중등교육법 제30조의3 제2항).
③ 학교회계는 매년 3월 1일에 시작하여 다음 해 2월 말일에 끝난다(초·중등교육법 제30조의3 제1항).
④ 학교발전기금으로부터 받은 전입금은 학교회계의 세입으로 할 수 있다(초·중등교육법 제30조의2 제2항 제3호).

제30조의2(학교회계의 설치)

② 학교회계는 다음 각 호의 수입을 세입(歲入)으로 한다.
1. 국가의 일반회계나 지방자치단체의 교육비특별회계로부터 받은 전입금
2. 제32조 제1항에 따라 학교운영위원회 심의를 거쳐 학부모가 부담하는 경비
3. 제33조의 학교발전기금으로부터 받은 전입금
4. 국가나 지방자치단체의 보조금 및 지원금
5. 사용료 및 수수료
6. 이월금
7. 물품매각대금
8. 그 밖의 수입

제30조의3(학교회계의 운영)

① 학교회계의 회계연도는 매년 3월 1일에 시작하여 다음 해 2월 말일에 끝난다.
② 학교의 장은 회계연도마다 학교회계 세입세출예산안을 편성하여 회계연도가 시작되기 30일 전까지 제31조에 따른 학교운영위원회에 제출하여야 한다.
③ 학교운영위원회는 학교회계 세입세출예산안을 회계연도가 시작되기 5일 전까지 심의하여야 한다.
④ 학교의 장은 제3항에 따른 예산안이 새로운 회계연도가 시작될 때까지 확정되지 아니하면 다음 각 호의 경비를 전년도 예산에 준하여 집행할 수 있다. 이 경우 전년도 예산에 준하여 집행된 예산은 해당 연도의 예산이 확정되면 그 확정된 예산에 따라 집행된 것으로 본다.
1. 교직원 등의 인건비
2. 학교교육에 직접 사용되는 교육비
3. 학교시설의 유지관리비
4. 법령상 지급 의무가 있는 경비
5. 이미 예산으로 확정된 경비

좋은 책을 만드는 길, 독자님과 함께하겠습니다.

2026 시대에듀 기출이 답이다 9급 공무원 교육학개론 10개년 기출문제집

개정4판1쇄 발행	2025년 10월 15일 (인쇄 2025년 08월 27일)
초 판 발 행	2021년 09월 28일 (인쇄 2021년 08월 23일)
발 행 인	박영일
책 임 편 집	이해욱
편 저	시대공무원시험연구소
편 집 진 행	박종옥 · 김연지
표지디자인	박종우
편집디자인	최혜윤 · 임창규
발 행 처	(주)시대고시기획
출 판 등 록	제10-1521호
주 소	서울시 마포구 큰우물로 75 [도화동 538 성지 B/D] 9F
전 화	1600-3600
팩 스	02-701-8823
홈 페 이 지	www.sdedu.co.kr
I S B N	979-11-383-9742-1 (13350)
정 가	21,000원

※ 이 책은 저작권법의 보호를 받는 저작물이므로 동영상 제작 및 무단전재와 배포를 금합니다.
※ 잘못된 책은 구입하신 서점에서 바꾸어 드립니다.

기출이 답이다

[9급 공무원]

교육학개론

10개년

기출문제집

정답 및 해설

시대에듀 9급 공무원

교정직 시리즈로 한 번에 합격하기!

한 권으로
교정직 핵심이론 완벽 정리

- 과목별 핵심이론으로 학습의 효율성 극대화
- 2025년 시험 반영

교정직 전과목 한권으로 다잡기

기출이 답이다!
기출문제로 최종 점검

- 최신 개정법령 완벽 반영
- 혼자서도 학습 가능한 자세하고 정확한 해설
- 모바일 OMR 답안분석 서비스로 실력 점검

교정직 전과목 기출문제집

나는 이렇게 합격했다

자격명: 위험물산업기사
구분: 합격수기
작성자: 배*상

나는 할 수 있다

69년생 50중반 직장인 입니다. 요즘 자격증을 2개 정도는 가지고 입사하는 젊은 친구들에게 일을 시키고 지시하는 역할이지만 정작 제자신에게 부족한 점이 많다는 것을 느꼈기 때문에 자격증을 따야겠다고 결심했습니다. 처음 시작할 때는 과연 되겠냐? 하는 의문과 걱정이 한가득이었지만 **합격은 시대에듀** 시대에듀 인강을 우연히 접하게 되었고 잘 차려진 밥상과 같은 커리큘럼은 뒤늦게 시작한 늦깎이 수험생이었던 저를 **합격의 길**로 인도해주었습니다. 직장생활을 하면서 취득했기에 더 욱 기뻤습니다.

감사합니다!
♥

당신의 합격 스토리를 들려주세요.
추첨을 통해 선물을 드립니다.

QR코드 스캔하고 ▷▷▶
이벤트 참여해 푸짐한 경품받자!

베스트 리뷰	상/하반기 추천 리뷰	인터뷰 참여
갤럭시탭 / 버즈 2	상품권 / 스벅커피	백화점 상품권

합격의 공식
시대에듀